中国期货市场年鉴

（2015年）

China Futures Market Yearbook (2015)

中国证券监督管理委员会
中 国 期 货 业 协 会　编

中国财经出版传媒集团
中国财政经济出版社

图书在版编目（CIP）数据

中国期货市场年鉴.2015年/中国证券监督管理委员会，中国期货业协会编.
—北京：中国财政经济出版社，2016.9
ISBN 978-7-5095-6924-5

Ⅰ.①中…　Ⅱ.①中…②中…　Ⅲ.①期货市场-中国-2015-年鉴
Ⅳ.①F832.53-54

中国版本图书馆CIP数据核字（2016）第200169号

责任编辑：耿　伟　　　　责任校对：黄亚青
封面设计：孙俪铭　　　　版式设计：兰　波

中国财政经济出版社 出版
URL：http：//www.cfeph.cn
E-mail：cfeph@cfeph.cn

社址：北京市海淀区阜成路甲28号　邮政编码：100142
营销中心电话：88190406　北京财经书店电话：64033436　84041336
北京财经印刷厂印刷　各地新华书店经销
787×1092毫米　16开　21.25印张　460 000字
2016年9月第1版　2016年9月北京第1次印刷
定价：40.50元
ISBN 978-7-5095-6924-5/F·5558
（图书出现印装问题，本社负责调换）
本社质量投诉电话：010-88190744

前　言

1995年，中国证监会第一次编撰了《中国期货市场年鉴（1995）》，系统介绍了中国期货市场的发展概况，成为中国期货市场重要的历史资料文献，后来由于种种原因暂停了年鉴的编撰工作。2005年起，中国证监会再次启动编撰《中国期货市场年鉴》，客观记录中国期货市场的发展变化和改革监管情况，至今已有十余年，已成为全面反映中国期货市场改革、发展和监管概况的专业性、权威性、综合性年鉴，为社会各界了解和研究期货市场提供了详实的资料，获得了良好的市场反响。2008年起，中国期货业协会开始组织编撰《中国期货业发展报告》，每年一卷，主要反映中国期货市场和行业经营、发展和改革状况，在市场和行业均取得了不错的反响。为进一步统筹、整合系统资源，更加全面、客观、权威地反映中国期货市场发展情况，加强期货市场的研究和宣传，更好地服务实体经济发展，从2015年起，决定在整合《中国期货市场年鉴》和《中国期货业发展报告》的基础上，由中国证监会、中国期货业协会组织编撰出版《中国期货市场年鉴》。

合并后的《中国期货市场年鉴》主要分为四个部分：第一部分概述了2015年中国期货市场运行情况；第二部分概述了2015年中国期货经营机构基本情况；第三部分介绍了2015年中国期货市场监管与自律情况；第四部分介绍了2015年中国期货市场服务实体经济及履行社会责任情况。此外，年鉴在特别专题部分，介绍了2015年全球期货与其他衍生品行业发展报告。在附录部分，收录了大事记、文件汇编、统计数据及机构名录，以便读者查阅相关资料。

合并后的《中国期货市场年鉴》编撰工作由中国证监会方星海副主席主持，中国证监会期货监管部负责统筹指导，证券基金机构监管部给予了大力支持，中国期货业协会牵头负责具体编撰工作，各期货交易所、中国期货市场监控中心和相关期货经营机构共同参与编写。

欢迎期货行业和社会各界对年鉴提出批评和指正，以便今后不断改进和完善。

中国证券监督管理委员会

中国期货业协会

2016 年 6 月

目　录

① 有关期货市场的详细数据，收录在本书该部分的 PDF 电子版中。

第一部分

2015年中国期货市场运行情况

第一节　期货市场总体运行情况

一、宏观经济背景

2015年，世界经济整体温和复苏的大趋势没有改变，美国、欧元区和日本等发达国家和地区经济增速有所回升，新兴经济体增速进一步下滑。世界主要经济体的经济政策继续分化，其中美国货币政策从宽松向适度中性回归，启动加息步伐，进一步吸引部分流动性从新兴市场经济国家回流美国，但欧洲和日本仍持续加大货币刺激力度。美元走强对全球大宗商品价格形成下行压力。中国经济运行处于合理区间，经济结构性调整进一步深化，对大宗商品需求仍显不足。

（一）世界经济与金融形势

1. 世界经济增长情况

国际货币基金组织（IMF）对2015年全球经济增长率的最新估测值是3.1%，较2014年下降0.3个百分点。其中，美国、欧元区和日本三大发达经济体表现较好，新兴经济体经济增速继续下滑。

2015年，美国GDP增长2.4%，增速与2014年持平，欧元区和日本的GDP增速分别为1.6%和0.5%，较2014年分别上升0.7和0.5个百分点。美欧日以外的其他发达经济体GDP增长2.2%，比2014年下降0.6个百分点。新兴市场和发展中经济体GDP增长4.0%，继2014年下滑0.4个百分点之后，再次下滑了0.6个百分点。新兴和发展中亚洲经济体依然是世界经济中增长最快的地区，2015 年 GDP 增速估计值为 6.6%，较 2014 年下滑 0.2 个百分点，这主要是由于中国、印度尼西亚和马来西亚等经济规模较大的新兴亚洲国家出现 0.1—0.4 个百分点的经济增速下滑。

2. 世界主要经济体宏观经济政策与市场流动性

2015 年，世界主要经济体经济政策继续分化。美国自 2014 年 10 月正式结束实施了 5 年之久的量化宽松货币政策后，2015 年逐步转向适度中性货币政策，并于 12 月 16 日宣布将联邦基金利率提高 0.25 个百分点，正式启动了加息步伐。同时，美国财政政策仍保持中性，政府开支缩减，税收增加，财政赤字降至 2007 年以来最低水平。

欧洲和日本仍在加大货币刺激力度。欧洲央行先是自 2015 年 3 月起，每月实施 600 亿欧元债券购买计划，而后于 12 月下调欧元区隔夜存款利率 10 个基点至 -0.30%，下调基准利率 25 个基点至 2.50%，并表示量化宽松政策将延期至 2017 年 3 月，同时扩大拟购买资产的范围。在 2014 年财政整固措施基本告一段落之后，欧元区整体财政政策趋于中性，不再实施紧缩措施。日本则继续保持 2014 年的货币与财政双宽松政策，2015 年 12 月 18 日，日本央行承诺以每年 80 万亿日元的速度扩大基础货币，且将购买日债平均到期年限的范围扩大至 7—12 年，同时扩大购买 ETF。

美国加息推高美元，引发资本从新兴经济体向美国回流。据国际金融协会报告显示，2015 年主要新兴经济体资本流出金额高达 7 350 亿美元，大大高于 2014 年的 1 110 亿美元。资本加速流出，加剧了新兴经济体的金融市场风险，也进一步拖累了经济增长。

3. 世界金融市场概况

2015 年，美元继续走强以及美股持续差强人意的牛市状态，令国际油价等大宗商品价格继续承压，全球金融风险上升。

（1）股市。巨幅震荡是 2015 年全球股市最明显的特征。8 月中旬，全球股市大幅动荡，两周时间内蒸发的市值一度高达 5 万亿美元。美股 8 月重挫之后全年基本徘徊于平盘附近，标准普尔 500 指数微跌 0.69%，道琼斯工业指数跌幅 2.29%（见图 1-1-1）。日本股市 2015 年延续 2014 年的上涨态势，东京日经 225 指数上涨 9.33%。德国、英国和法国等主要欧洲股市全年收涨。

（2）债市。2015 年，美债与欧债收益率在保持平稳的基础上小幅上涨。12 月 31 日美国 10 年期国债收益率为 2.27%，比年初上涨 0.15 个百分点；德国、法国、英国分别上涨 0.12、0.21 和 0.24 个百分点（见图 1-1-2）。美国债券市场流动性持续下降，债券市场日均成交量由 2007 年的 10 149 亿美元下降至 2015 年的 7 287 亿美元。

（3）汇市。2015 年，全球外汇市场分化严重，受经济政策影响市场震荡运行，主要表现为美元走强，全年上涨 9.31%（见图 1-1-3）。欧元波动中走弱，贬值 9.62%；日元年初年末基本维持稳定，贬值 0.06%（见图 1-1-4）。

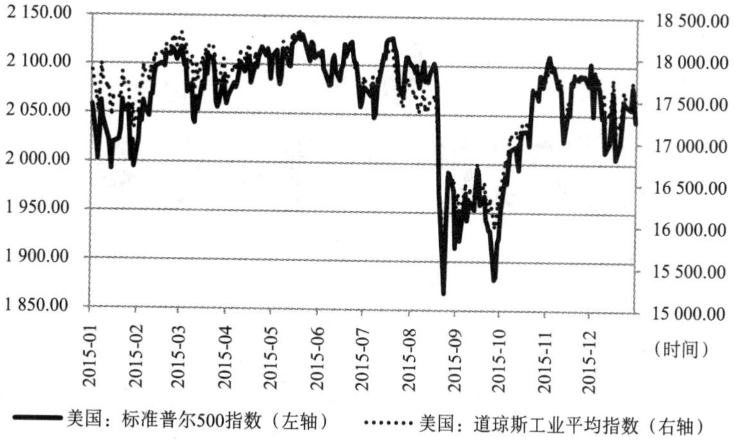

数据来源：Wind 资讯。

图 1－1－1　2015 年美国股市走势

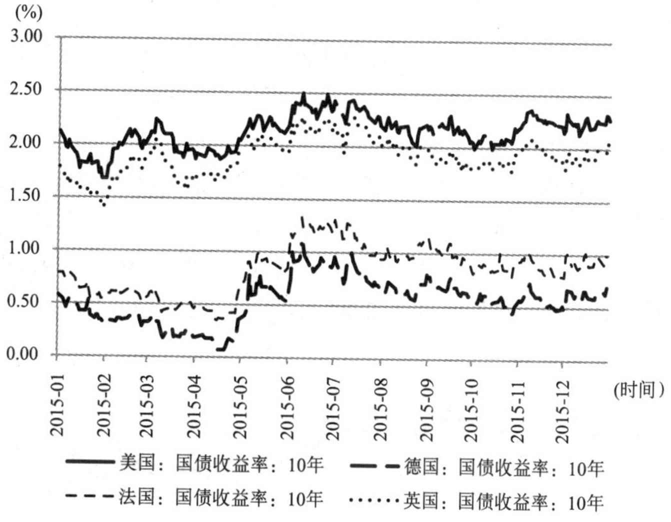

数据来源：Wind 资讯。

图 1－1－2　2015 年美欧 10 年期国债收益率

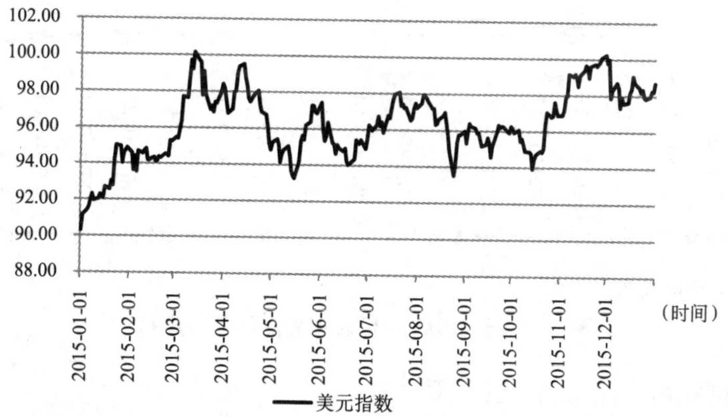

数据来源：Wind 资讯。

图 1－1－3　美元指数走势

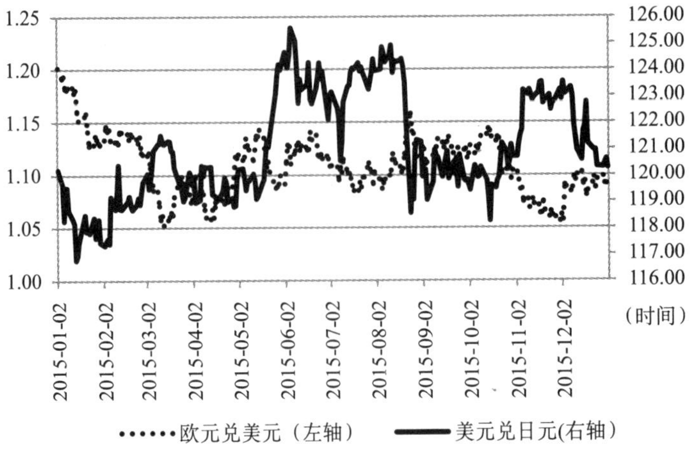

数据来源：Wind 资讯。

图 1－1－4　欧元、日元汇率走势

（4）大宗商品市场。受新兴经济体增速回落、美元升值、大宗商品市场整体供过于求影响，2015 年全球大宗商品总体呈现下滑态势，标普高盛商品指数从年初的 3 208.34 下降到 2 170.62，跌幅达 32.34%（见图 1－1－5）。由于 OPEC 不但没有减产，甚至小幅增产，而发达国家原油需求虽然回暖，但是涨幅较小，供过于求的市场形势对原油等能源价格造成打压，油价甚至跌穿 2009 年的低点，标普高盛的能源价格指数在 2015 年下降了 40.98%，远远高于工业金属（－24.00%）、贵金属（－11.32%）和农产品（－15.76%）的降幅。

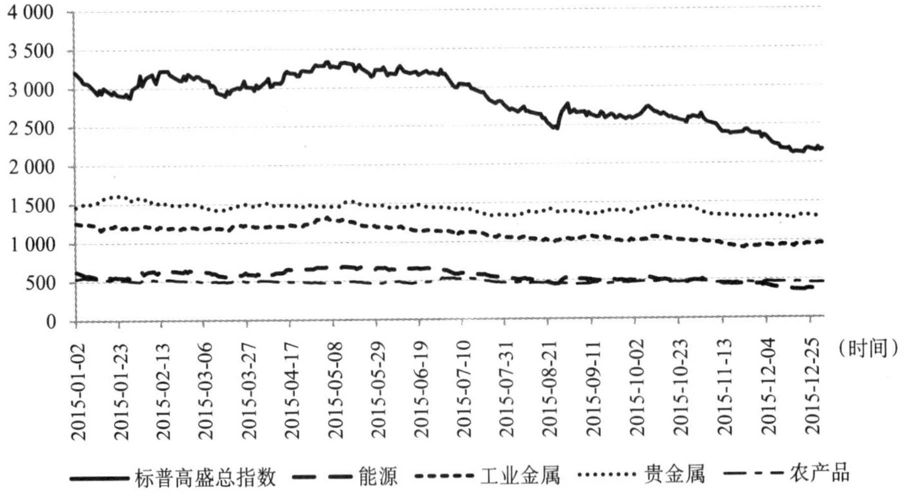

数据来源：Wind 资讯。

图 1－1－5　2015 年标普高盛商品指数走势

4. 发达国家衍生品市场监管政策

2015 年，行业新监管法案与规定的出台节奏有所放缓甚至停滞，主要工作集中在对现有法规，包括美国的《多德—弗兰克华尔街改革与消费者保护法》（"Dodd－

Frank Wall Street Reform and Consumer Protection Act"，简称《多德—弗兰克法案》）和欧洲的《金融工具市场指引》（"The Market in Financial Instruments Directive"，MiFID）与《欧洲市场基础设施监管规定》（European Market Infrastructure Regulation，EMIR）等的解释、完善与加强实施等方面。

（1）美国期货业协会对零售外汇实施更严格监管要求。2015 年 6 月，美国期货业协会（NFA）修订外汇交易的监管条例，并获得美国商品期货交易委员会（CFTC）通过。新的监管修正条例包括：对外汇交易商成员（FDMs）提出更高的资金要求；要求 FDMs 提高场外外汇交易客户，包括合约用户和零售客户的保证金要求；要求 FDMs 实施更加严格的风险管理计划；要求 FDMs 对外公开更多信息，包括在网站上必须公布公司的特别信息，以便现有和潜在的客户更多地了解到场外外汇交易的风险，以及和外汇交易商交易的风险。

修订后的监管条例提高了对美国外汇经纪商的资金、信息公布和安全入金等的要求，强化了监管政策，以求更好地保护 NFA 外汇交易商成员（FDMs）零售外汇客户的利益。在新的监管条例下，外汇交易商调整后净资金要求最低为 2 000 万美元，另外还有各类义务不同比例的资金要求。

（2）美国公布关于未清偿掉期交易保证金要求的新提案。2015 年 7 月，美国商品期货交易委员会（CFTC）发布了一项关于未清偿掉期交易保证金要求的新提案，以防止美国银行将掉期业务转移海外以规避美国掉期交易监管。新提案规定，美国掉期交易商的所有交易必须遵守 CFTC 提出的未清偿保证金要求，无论这些交易在哪里进行。如果美国掉期交易商与非美国交易商进行交易，则需要遵守与 CFTC 同等级别的对方国家监管机构的要求，而且保证金要求是针对乙方提供的资金，而非筹集到的资金。按照新的提案，非美国掉期实体的未清偿交易如果没有美国居民进行担保，那么他们将要遵守更高规格的规定，除非掉期交易对方为美国掉期实体，或非美国掉期实体但有美国居民担保掉期义务。

非中心清偿的掉期交易是掉期市场的重要组成部分，对未清偿掉期交易的保证金要求，有利于保证掉期交易商和主要掉期交易参与者的公平性和安全性，维护美国金融系统的稳定。

（3）比特币作为大宗商品正式接受 CFTC 监管。2015 年 9 月，CFTC 发布公告，首次把比特币和其他虚拟货币合理的定义为大宗商品。因此，比特币期货和期权要符合 CFTC 的规定并接受监管。如果发生期货市场操作等不正当行为，那么 CFTC 将能够对这种行为进行惩罚。按照美国现行监管法规，比特币的衍生品交易平台需在 CFTC 进行登记。据此，CFTC 命令加州公司 Coinflip 和其首席执行官 Francisco Riordan 关闭未登记的比特币期权交易平台 Derivabit，原因是它们不符合商品交易法案和其他规定。这家交易平台提供"管理比特币波动的金融衍生品"。

（4）美国法院制裁高频交易。2015 年 11 月 3 日，美国联邦法院裁定高频交易员米歇尔·科斯夏（Michael Coscia）在商品交易欺诈以及幌骗（Spoofing）罪名成立，这是美国也是全球针对这种违法交易行为的首宗刑事起诉，是美国《多德—弗兰克法案》规定 2011 年出台以来关于其中"防欺诈法规"的首个案例，具有里程碑的意义。美国期货监管机构 CFTC 将采取严厉措施，限制期货市场中的高频、自动交易，以防止其对市场产生干扰。

（5）欧洲证券及市场管理局启动全新的担保品清算方案。欧美最高市场监管机构就清算所接收担保品的方式进行了磋商，对于同时受到欧盟和美国法律监管的机构来说，这代表解决两地分歧的工作向前迈出了一大步。欧洲证券与市场管理局（ESMA）于 2015 年 12 月 14 日宣布，将启动全新的担保品清算方案，要求欧洲范围内的清算所收取的担保品可覆盖参与人在一个交易日内对清算所产生的风险。目前的政策要求清算所可以接受的风险处理敞口为两日，与美国的政策不一致。对于全球衍生品市场来说，这一举措将加强这个市场的透明度和稳定性。

（6）欧盟养老金获得两年的衍生品监管新规豁免。欧盟养老金将会在衍生品监管生效日起，额外获得两年的监管豁免权，为适应新规要求获取了更多的准备时间。欧盟首先将针对利率掉期实施集中清算，但是由于养老金采用利率掉期和通胀掉期来进行债务匹配，因此将面对高额的清算成本，另外也缺乏足够的现金作为抵押品。

（二）中国经济运行情况回顾

1. 整体经济运行情况

2015 年中国经济运行保持在合理区间，国内生产总值达到 67.7 万亿元，同比增长 6.9%，增速较上年下降 0.5 个百分点。全年居民消费价格同比上涨 1.4%，工业生产者出厂价格同比下降 5.2%，涨幅较上年均有所下降。

投资增速持续减缓拉低了 2015 年的经济增长速度。全年固定资产投资（不含农户）实际同比增长 12.0%，增速较上年回落 2.9 个百分点。2015 年我国国际贸易也呈现下滑态势，进出口贸易总额比上年下降 7.0%。

2. 重要改革措施与政策调整

2015 年是我国“十二五”规划的收官之年与“十三五”规划的编制之年，多项改革措施相继出台，对我国经济与市场的未来发展有着重要影响。核心点在于供给侧改革。在 2015 年 11 月 10 日召开的中央财经领导小组第十一次会议上，习近平总书记首次提出“供给侧改革”概念，强调要“抓好去产能、去库存、去杠杆、降成本、补短板”，即“三去一降一补”。供给侧改革迅速成为政策讨论和学术研究的焦点。为实现中央提出的供给侧改革的“三去一降一补”总体要求，各部委结合实际情况，分别提出了助力“供给侧改革”实现的具体工作目标。

（1）金融改革。

利率市场化改革进一步深化。2015 年 3 月 31 日，国务院发布《存款保险条例》，明确存款保险实行限额偿付，最高偿付限额为人民币 50 万元，存款保险制度作为金融业的一项重要的基础制度安排，为人民币利率市场化提供了制度保障。中国人民银行从 2015 年 3 月 1 日起，将存款利率浮动区间上限扩大至 1.3 倍；2015 年 5 月 10 日，再次将存款利率浮动区间上限扩大至 1.5 倍；2015 年 10 月 23 日，中国人民银行宣布对商业银行和农村合作金融机构等不再设置存款利率浮动上限，并抓紧完善利率市场化的形成和调控机制。至此，除对活期存款和一年以内（含一年）定期存款利率保留基准利率 1.5 倍的上限管理之外，其余的利率管制都已经放开，我国利率市场化改革也进入了全新阶段。

汇率市场化改革加快步伐。2015 年 8 月 11 日，中国人民银行发布《中国人民银行关于完善人民币兑美元汇率中间价报价的声明》，宣布完善人民币中间价报价机制，将参考上日收盘价，并综合考虑外汇供求情况，最终确定中间价报价。此次改革提高了人民币汇率中间价的市场化程度及其基准性。

人民币国际化程度不断提高。2015 年 11 月 30 日，国际货币基金组织（IMF）正式批准人民币纳入特别提款权（SDR）货币篮子，这是人民币国际化进程中的标志性事件。2015 年，中国央行首次在海外发行了以人民币计价的央行票据；三菱东京日联银行和蒙古政府也发行了人民币债券。2015 年共发行 353 支离岸人民币债券，总发行额为 1 609.59 亿元，较上年增加 2.6 倍。2015 年，获准进入银行间市场的境外主体数目增加，截至 2015 年末，参与境内银行间外汇市场的境外清算行共 15 家，较上年新增 7 家，参与拆借市场的境外机构共 6 家，较上年新增 3 家。

互联网金融监管逐步完善。2015 年 7 月 18 日，为鼓励金融创新，促进金融健康发展，明确监管责任，规范市场秩序，中国人民银行会同十部委联合印发《关于促进互联网金融健康发展的指导意见》，正式将互联网金融纳入监管框架。

期货市场国际化出现新举措。2015 年 6 月 26 日，中国证监会正式发布《境外交易者和境外经纪机构从事境内特定品种期货交易管理暂行办法》，确定原油期货为我国首个境内特定品种，允许境外交易者和境外经纪机构通过多种模式从事境内特定品种期货交易。

（2）价格改革向纵深发展。

2015 年 10 月 15 日，国务院发布《关于推进价格机制改革的若干意见》，价格改革纵深发展步伐加快，市场定价机制范围和深度都将再度延伸。同月 21 日，国家发改委发布《中央定价目录》，中央政府定价范围限于天然气价格、省及省以上输配电价、特殊药品等 7 类价格，97% 以上的商品和服务价格由市场形成。

天然气价格改革。2015 年 4 月 1 日，国家发改委按照 2013 年确定的“三步走”改革计划，实现存量气与增量气价格并轨，理顺非居民用气价格，同时试点放开了直供用户用气价格。7 月，上海市批准组建的上海石油天然气交易中心开始试运行，开展天然气现货交易。

电力价格改革。在 2015 年 3 月国务院出台《关于进一步深化电力体制改革的若干意见》之后，国家发改委、国家能源局于 11 月公布《关于推进输配电价改革的实施意见》、《关于推进电力市场建设的实施意见》、《关于电力交易机构组建和规范运行的实施意见》、《关于有序放开发用电计划的实施意见》、《关于推进售电侧改革的实施意见》、《关于加强和规范燃煤自备电厂监督管理的指导意见》6 个电力体制改革配套文件，标志着新一轮电力体制市场化改革从顶层设计进入到全面“施工”阶段。

煤电价格联动机制改革。2015 年 12 月 31 日，国家发改委宣布进一步完善煤电价格联动机制，以中国电煤价格指数为煤电价格联动机制电价调整的依据，联动机制以一个年度为周期，由国家发改委统一部署启动，以省（区、市）为单位组织实施。完善后的机制自2016年1月1日起开始实施。

（3）相关产业政策调整。

钢铁行业政策。2015年4月20日，工信部印发《关于印发部分产能严重过剩行业产能置换实施办法的通知》，严禁钢铁、水泥、电解铝、平板玻璃行业新增产能，制定产能置换方案，在京津冀、长三角、珠三角等环境敏感区域，实施减量置换。

煤炭行业政策。2015年5月，国家能源局公布了全国2015年煤炭行业淘汰落后产能计划，要求在2015年要淘汰煤炭行业落后产能7 779万吨、煤矿1 254座。

农业政策。2015年农业政策集中于农业现代化、农业绿色发展以及农业产业化。5月22日，财政部、农业部发布《关于调整完善农业三项补贴政策的指导意见》，在全国范围内调整20%的农资综合补贴资金用于支持粮食适度规模经营，选择部分地区开展农业“三项补贴”改革试点，将农业“三项补贴”合并为“农业支持保护补贴”，政策目标调整为支持耕地地力保护和粮食适度规模经营。6月，财政部发布《农业综合开发推进农业适度规模经营的指导意见》，加大对农产品流通环节的扶持力度。

二、期货市场总体运行情况

目前国内期货市场共有52个期货期权品种，2015年新上市5个期货品种和1个期权品种，分别为镍、锡、上证50、中证500股指期货、10年期国债期货、上证50ETF期权。2015年，期货市场资金总量增大、成交持仓增长，市场结构优化。

（一）大宗商品价格普跌，股指期货波动较大

2015年，大宗商品价格受多重利空因素影响，全年跌幅较大。监控中心商品期货指数全年收于694.54点，较2014年底下跌13.4%，工业品期货指数累计下跌18%，农产品期货指数累计下跌5.9%（见图1－1－6）。分板块看，建材板块深度调整，焦炭、铁矿石、热轧卷板、螺纹钢跌幅均超过30%；有色金属板块除铅上涨6.4%外，其余5个品种都下跌；能源化工板块中，沥青跌幅居首，全年下跌46%；贵金属波动较大，黄金、白银分别下跌5.8%、5.9%左右；农产品板块整体弱势运行。

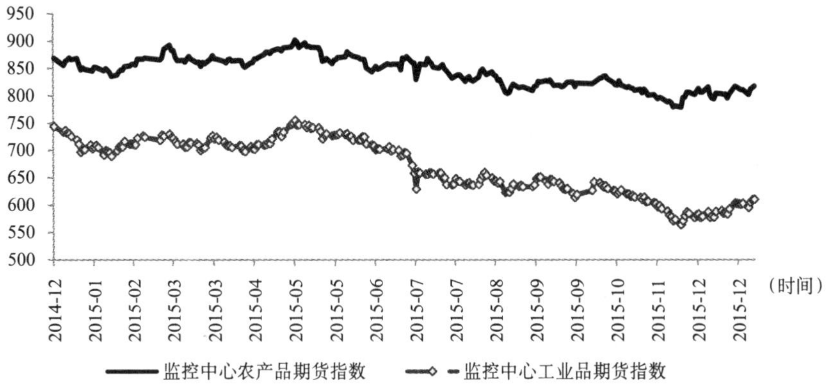

数据来源：中国期货市场监控中心。

图1－1－6　中国期货市场监控中心商品期货指数

目前国内期货市场共有3个股指期货合约，上证50、中证500股指期货合约于2015年4月16日开始上市交易。股指期货跟随股票现货市场先涨后跌，沪深300股指期货全年累计上涨1.8%。2015年3月20日，10年期国债期货开始挂牌交易，目前国内期货市场共有2个国债期货品种。2015年，5年期国债期货上涨4%，10年期国债期货合约自上市至年底期间上涨3%（见图1－1－7）。

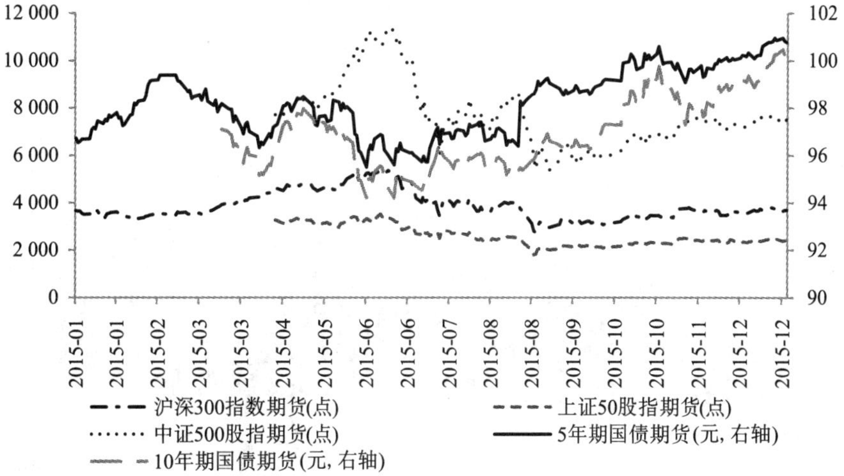

数据来源：Wind资讯，中国期货市场监控中心。

图1－1－7　中国金融期货运行情况

（二）期货市场资金总量稳步增长

2015年，期货市场总资金先增后减，年初期货市场资金大约为3 060亿元，随后资金量稳步增长，8月末达到4 650多亿元，创历史新高。截至2015年末，全市场资金总量为4 100多亿元，日均资金3 910多亿元，同比增长58.2%（见图1－1－8）。

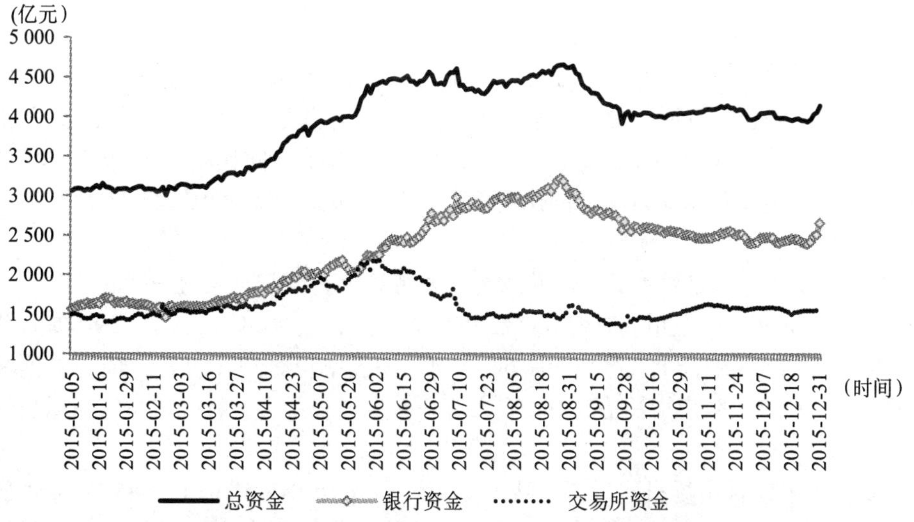

数据来源：Wind资讯。

图1－1－8　2015年全市场资金变化趋势

（三）市场成交活跃

2015 年期货市场交投活跃，全年日均成交 1 466.4 万手（全市场成交、持仓均为单边统计，下同），同比增长 43.6%。2015 年 7 月 9 日，全市场成交量达到 2 472.7万手，创历史新高（见图 1－1－9）。2015 年商品期货日均成交 1 326.7 万手，同比增长 42%，金融期货日均成交 139.7 万手，同比增长 57.3%。成交比较活跃的品种主要集中于建材板块、能源化工板块、油脂油料板块等。品种间成交量分化明显，成交量前 20 名的品种占市场总成交量的 93.3%，排名最后的 20 个品种在总成交量中占比仅为 0.3%。

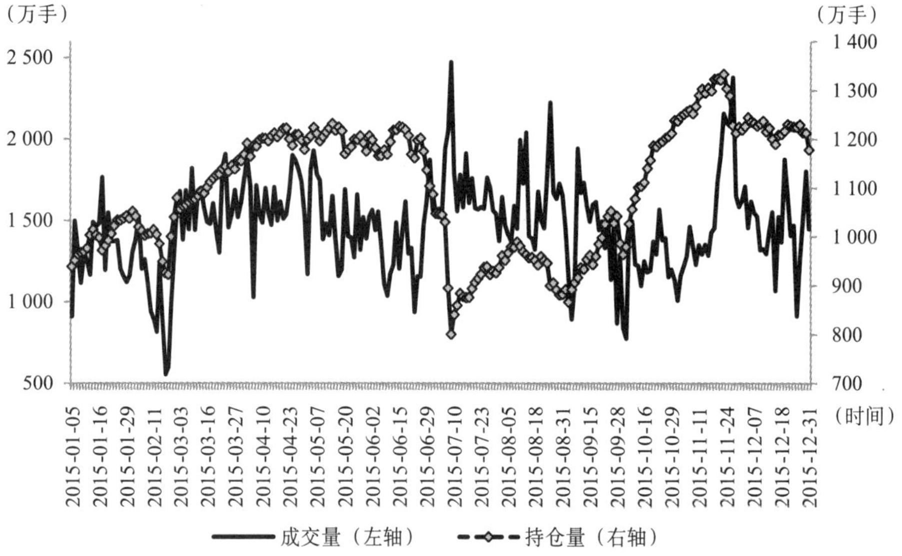

数据来源：Wind 资讯。

图 1－1－9　2015 年全市场成交量、持仓量走势

（四）总持仓量屡创新高

2015 年期货市场持仓量波动上行，年初至 6 月上旬持仓量稳步增长，6 月中旬—7 月上旬持仓量有所下降，随后持仓量不断攀升并于 11 月 23 日创出历史新高（见图 1－1－9）。2015 年，全市场日均持仓 1 099 万手，同比增长 13.9%，其中商品期货日均持仓 1 076.5 万手，同比增长 13.3%，金融期货日均持仓 22.5 万手，同比增长 29.6%。

（五）客户数量稳步增长，机构投资者发展迅速，市场结构进一步优化

截至 2015 年末，全市场有效客户数 107.76 万户，较 2014 年末增长 30.6%。分客户类别看，2015 年末，个人客户 104.62 万户，一般单位客户 2 万户，特殊单位客户 8 600多户。从有效客户增长情况看，个人客户数量增长最多，特殊单位客户增长幅度最大。

2015 年末期货市场机构投资者达 1.15 万户，较上年末增长 173.8%，主要是公募基金、私募基金以及期货资管数量增加。机构投资者的资金量增长较快，期货市场机构投资者资金量 2015 年末接近 1 830 亿元，较上年同期增长 207%，全市场占

比由20%上升至44%，其中基金公司、私募基金、证券公司和期货资管的资金量增长最快。与此同时，机构投资者成交量占全市场的比率由2014年的12.3%上升到2015年的15.3%；持仓量占全市场的比率由9%上升到13.5%。

第二节　上海期货交易所上市品种运行报告

上海期货交易所（简称上期所，SHFE）2015年全年累计成交量为10.50亿手，占全国期货市场成交量的29.36%，同比增长24.72%；全年累计成交额为63.56万亿元，同比增长0.51%。成交较为活跃的品种有螺纹钢、白银、铜、天然橡胶、镍、锌；成交较为低迷的品种有线材、燃料油、锡、铅和热轧卷板，单个品种年成交量在全国占比均不足0.1%。

一、铜期货运行报告

2015年，上期所铜期货价格呈震荡下行走势。

（一）交易情况

2015年，上期所铜期货成交量8 831.86万手，同比增加25.26%；成交金额17.59万亿元，同比增加4.26%；年末持仓38.67万手，同比增加13.82%。其中，月度成交量最高为11月的1 173.36万手，最低为6月的436.03万手；月末持仓最大为1月的47.6万手，最小为6月的26.43万手。

2015年铜期货月度、年度交易情况见表1－2－1、表1－2－2，铜期货内外盘交易情况比较见表1－2－3。

表1－2－1　　2015年铜期货月度交易情况

月度	成交量（万手）	同比变化（%）	成交金额（万亿元）	同比变化（%）	月末持仓量（万手）	同比变化（%）
1月	940.51	139.39	1.94	91.79	47.60	96.37
2月	548.00	86.58	1.13	53.46	38.73	19.50
3月	821.65	－29.15	1.76	－33.48	41.40	10.89
4月	558.80	－16.98	1.21	－22.92	37.78	－4.56
5月	440.10	－17.13	1.00	－22.12	29.79	－19.63
6月	436.03	－11.70	0.93	－22.14	26.43	－16.67
7月	836.41	36.16	1.66	7.03	37.17	28.88
8月	775.82	69.40	1.50	31.37	29.82	2.97
9月	730.07	14.78	1.45	－5.89	29.90	3.51
10月	589.56	9.92	1.16	－8.76	30.29	－5.96
11月	1 173.36	121.73	2.09	68.00	38.96	－3.92
12月	981.55	33.94	1.74	4.52	38.67	13.82
总计	8 831.86	25.26	17.59	4.26	—	—

数据来源：上海期货交易所网站。

表 1-2-2　　2014—2015 年铜期货年度交易情况

年度	成交量（万手）	同比变化（%）	成交金额（万亿元）	同比变化（%）	年末持仓量（万手）	同比变化（%）
2014 年	7 051.03	9.67	16.873	0.84	33.97	30.99
2015 年	8 831.86	25.26	17.591	4.26	38.67	13.82

数据来源：上海期货交易所网站。

表 1-2-3　　2014—2015 年铜期货内外盘交易情况比较

年度	成交量（万手）		年末持仓量（万手）	
	上期所（内盘）	LME（外盘）	上期所（内盘）	LME（外盘）
2014 年	7 051.03	3 881.16	33.97	30.28
2015 年	8 831.86	3 855.78	38.67	28.85

数据来源：上海期货交易所网站，伦敦金属交易所（LME），路透（Reuters）。

（二）交割情况

截至 2015 年底，上期所铜期货交割仓库 14 家，场地共 20 处，其中上海市 11 处，江苏省 5 处（无锡市 2 处，苏州市 1 处，常州市 1 处，宜兴市 1 处），浙江省 2 处（宁波市），广东省 1 处（广州市），江西省 1 处（鹰潭市）。

2015 年，上期所铜期货交割总量 69 090 手折合 345 450 吨，同比增加 48.13%，交割金额 140.83 亿元，同比增加 23.07%。其中，3 月交割量最大，为 8 080 手折合 40 400 吨；1 月交割量最低，为 3 130 手折合 15 650 吨。

2015 年铜期货月度、年度交割情况见表 1-2-4、表 1-2-5。

表 1-2-4　　2015 年铜期货月度交割情况

月度	交割量（手）	同比变化（%）	交割金额（亿元）	同比变化（%）
1 月	3 130	-23.75	6.4	-39.74
2 月	4 705	8.41	9.72	-11.88
3 月	8 080	70.46	17.15	62.41
4 月	7 960	250.66	17.15	215.26
5 月	6 460	348.61	14.81	306.87
6 月	4 235	155.89	9.07	121.76
7 月	4 410	-35.62	9.11	-47.76
8 月	5 790	50.98	11.35	19.98
9 月	4 985	27.01	10.12	5.20
10 月	5 010	20.72	10.03	-1.18
11 月	7 965	63.55	14.4	22.55
12 月	6 360	42.60	11.52	8.47
总计	69 090	48.13	140.83	23.07

数据来源：上海期货交易所网站。

表 1-2-5　　**2014—2015 年铜期货年度交割情况**

年度	交割量（手）	同比变化（%）	交割金额（亿元）	同比变化（%）
2014 年	46 640	-9.61	114.43	-17.83
2015 年	69 090	48.13	140.83	23.07

数据来源：上海期货交易所网站。

（三）价格走势

1. 总体价格走势

2015 年，上期所铜主力连续合约年初开盘价 45 500 元/吨（1 月 5 日），最高价 46 390 元/吨（5 月 13 日），最低价 33 220 元/吨（11 月 24 日），最大价差（年度最高价与年度最低价之差，下同）13 170 元/吨，年末收盘价 36 560 元/吨（12 月 31 日）。全年下跌 8 940 元/吨，跌幅 19.65%。

2015 年，上海 1 号电解铜现货价格年初报价 46 110 元/吨（1 月 5 日），最高价 46 150 元/吨（5 月 13 日），最低价 33 625 元/吨（11 月 24 日），最大价差 12 525 元/吨，年末报价 36 640 元/吨（12 月 31 日）。全年下跌 9 470 元/吨，跌幅 20.54%。

2015 年，伦敦金属交易所（LME）铜连续合约年初开盘价 6 255 美元/吨（1 月 2 日），最高价 6 480 美元/吨（5 月 5 日），最低价 4 443.5 美元/吨（11 月 23 日），最大价差 2 036.5 美元/吨，年末收盘价 4 705 美元/吨（12 月 31 日）。全年下跌 1 550 美元/吨，跌幅 24.78%。

2015 年铜期货内外盘和现货市场价格比较见图 1-2-1。

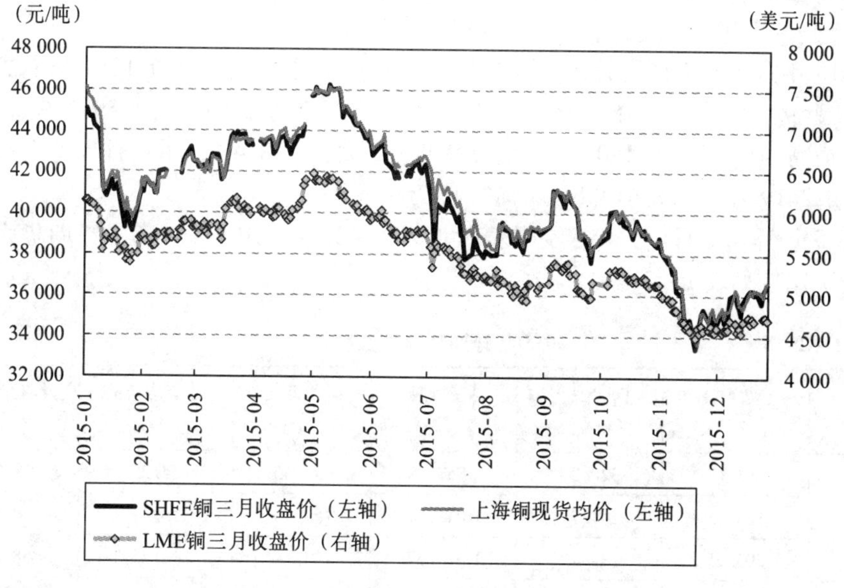

数据来源：上海期货交易所网站，路透，上海有色金属网（SMM）。

图 1-2-1　2015 年铜期货内外盘和现货市场价格比较

2. 价格相关性分析

2015 年铜期货内外盘和现货市场价格主要显性指标见表 1 -2 -6，2015 年铜期货内外盘和现货市场价格相关性见表 1 -2 -7。

表 1 -2 -6　　2015 年铜期货内外盘和现货市场价格主要显性指标

市场分类	绝对指标（元/吨、美元/吨）					相对指标（%）	
	最高价	最低价	平均价	标准差	极差	离散率	波幅率
上期所连续价格	46 390	34 080	40 543	3 010. 57	12 310	7. 43	30. 36
LME 连续价格	6 480	4 443. 5	5 493	507	2 036. 5	9. 23	37. 07
铜现货市场价格	46 150	33 625	40 768	3 045. 64	12 525	7. 47	30. 72

数据来源：上海期货交易所网站，路透，上海有色金属网，安泰科。

表 1 -2 -7　　2015 年铜期现内外盘和现货市场价格相关性

价格选择	相关系数
上期所连续价格与 LME 连续价格	0. 9777
上期所连续价格与现货市场价格	0. 9926
LME 连续价格与现货市场价格	0. 9775

数据来源：上海期货交易所网站，上海有色金属网，路透。

二、锌期货运行报告

2015 年，上期所锌期货价格呈先扬后抑走势。

（一）交易情况

2015 年全年，上期所锌期货成交量 4 523. 74 万手，同比增加 11. 89%；成交金额 3. 22 万亿元，同比下降 3. 33%；年末持仓 20. 56 万手，同比增加 59. 73%。其中，成交量最高为 11 月的 1 180. 39 万手，最低为 2 月的 128. 43 万手；月末持仓最大为 11 月的 22. 19 万手，最小为 3 月的 12. 43 万手。

2015 年锌期货月度、年度交易情况见表 1 -2 -8、表 1 -2 -9，锌期货内外盘交易情况比较见表 1 -2 -10。

表 1 -2 -8　　2015 年锌期货月度交易情况

月度	成交量（万手）	同比变化（%）	成交金额（亿元）	同比变化（%）	月末持仓量（万手）	同比变化（%）
1 月	353. 13	328. 26	2 857. 08	357. 45	14. 25	39. 25
2 月	128. 43	141. 77	1 042. 61	159. 18	13. 41	20. 61
3 月	203. 95	92. 79	1 615. 32	104. 64	12. 43	58. 50
4 月	202. 51	402. 75	1 672. 31	453. 03	15. 49	88. 15
5 月	218. 57	449. 04	1 850. 03	512. 01	13. 64	68. 72
6 月	173. 42	19. 64	1 394. 77	23. 53	13. 81	-11. 72

续表

月度	成交量（万手）	同比变化（%）	成交金额（亿元）	同比变化（%）	月末持仓量（万手）	同比变化（%）
7月	249.36	-68.43	1 896.64	-71.28	14.29	-42.58
8月	248.30	-66.59	1 815.45	-70.83	15.05	-35.52
9月	281.01	-65.03	1 972.12	-70.24	16.82	5.38
10月	414.88	-12.84	2 955.20	-24.99	16.64	0.59
11月	1 180.39	182.88	7 541.10	116.02	22.19	70.09
12月	869.78	150.97	5 566.23	95.35	20.56	59.73
总计	4 523.74	11.89	32 178.85	-3.33	—	—

数据来源：上海期货交易所网站。

表1-2-9　　2014—2015年锌期货年度交易情况

年度	成交量（万手）	同比变化（%）	成交金额（亿元）	同比变化（%）	年末持仓量（万手）	同比变化（%）
2014年	4 042.93	234.59	33 285.68	268.17	12.87	12.09
2015年	4 523.74	11.89	32 178.85	-3.33	20.56	59.73

数据来源：上海期货交易所网站。

表1-2-10　　2014—2015年锌期货内外盘交易情况比较

年度	成交量（万手）		年末持仓量（万手）	
	上期所（内盘）	LME（外盘）	上期所（内盘）	LME（外盘）
2014年	4 042.93	3 032.39	12.87	29.86
2015年	4 523.74	2 875.12	20.56	28.82

数据来源：上海期货交易所网站，伦敦金属交易所，路透。

（二）交割情况

截至2015年底，上期所锌期货交割仓库共20家，其中上海市10家、广东省3家、江苏省3家、浙江省4家。

2015年，上期所锌期货交割总量38 360手折合191 800吨，同比减少1.38%，交割金额29.11亿元，同比减少6.91%。其中，9月交割量最大，为5 055手折合25 275吨；1月交割量最小，为955手折合4 775吨。

2015年锌期货月度、年度交割情况见表1-2-11、表1-2-12。

表1-2-11　　2015年锌期货月度交割情况

月度	交割量（手）	同比变化（%）	交割金额（亿元）	同比变化（%）
1月	955	61.86	0.76	71.75
2月	1 120	-46.15	0.91	-41.50
3月	1 730	-31.76	1.36	-26.26

续表

月度	交割量（手）	同比变化（%）	交割金额（亿元）	同比变化（%）
4 月	3 710	72. 56	3. 02	88. 47
5 月	4 800	22. 76	4. 03	35. 48
6 月	3 600	247. 83	2. 91	268. 59
7 月	3 665	12. 60	2. 87	7. 98
8 月	3 845	-18. 02	2. 89	-24. 93
9 月	5 055	5. 09	3. 67	-6. 04
10 月	3 645	-49. 23	2. 67	-55. 95
11 月	2 490	-29. 86	1. 62	-45. 87
12 月	3 745	20. 42	2. 39	-7. 12
总计	38 360	-1. 38	29. 11	-6. 91

数据来源：上海期货交易所网站。

表 1-2-12　　2014—2015 年锌期货年度交割情况

年度	交割量（手）	同比变化（%）	交割金额（亿元）	同比变化（%）
2014 年	38 895	3. 97	31. 27	12. 60
2015 年	38 360	-1. 38	29. 11	-6. 91

数据来源：上海期货交易所网站。

（三）价格走势

1. 总体价格走势

2015 年，上期所锌主力连续合约年初开盘价 16 710 元/吨（1 月 5 日），最高价 17 470 元/吨（5 月 6 日），最低价 11 815 元/吨（11 月 20 日），最大价差 5 655 元/吨，年末收盘价 13 440 元/吨（12 月 31 日）。全年下跌 3 270 元/吨，跌幅 19. 57%。

2015 年，上海 0 号锌现货价格年初报价 17 010 元/吨（1 月 5 日），最高价 17 210 元/吨（5 月 6 日），最低价 12 500 元/吨（11 月 20 日），最大价差 4 710 元/吨，年末报价 13 300 元/吨（12 月 31 日）。全年下跌 3 710 元/吨，跌幅 21. 81%。

2015 年，伦敦金属交易所（LME）锌连续合约年初开盘价 2 204 美元/吨（1 月 2 日），最高价 2 400 美元/吨（5 月 5 日），最低价 1 483 美元/吨（12 月 17 日），最大价差 917 美元/吨，年末收盘价 1 609 美元/吨（12 月 31 日）。全年下跌 595 美元/吨，跌幅 27. 00%。

2015 年锌期货内外盘和现货市场价格比较见图 1-2-2。

2. 价格相关性分析

2015 年锌期货内外盘和现货市场价格主要显性指标见表 1-2-13，2015 年锌期货内外盘和现货市场价格相关性见表 1-2-14。

三、铝期货运行报告

2015 年，上期所铝期货价格呈现震荡下行走势。

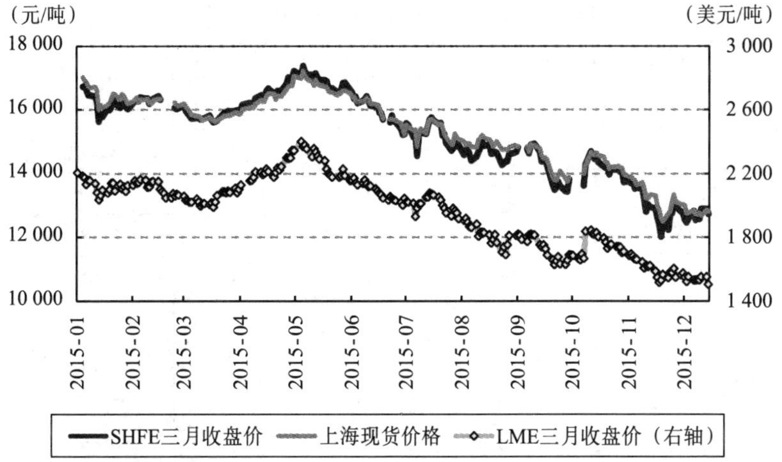

数据来源：上海期货交易所网站，路透，上海有色金属网。

图 1-2-2　2015 年锌期货内外盘和现货市场价格比较

表 1-2-13　　2015 年锌期货内外盘和现货市场价格主要显性指标

市场分类	绝对指标（元/吨、美元/吨）					相对指标（%）	
	最高价	最低价	平均价	标准差	极差	离散率	波幅率
上期所连续价格	17 470	11 815	15 115	1 364	5 655	9.02	37.41
LME 连续价格	2 400	1 483	1 938	238	917	12.28	47.32
锌现货市场价格	17 210	12 500	15 194	1 283	4 710	8.44	31.00

数据来源：上海期货交易所网站，路透，上海有色金属网。

表 1-2-14　　2015 年锌期现内外盘和现货市场价格相关性

价格选择	相关系数
上期所连续价格与 LME 连续价格	0.98
上期所连续价格与现货市场价格	0.99
LME 连续价格与现货市场价格	0.97

数据来源：上海期货交易所网站。

（一）交易情况

2015 年，上期所铝期货市场运行稳定，成交活跃，全年共成交为 2 290.07 万手，同比增加 64.44%；全年成交金额达 12 741.35 亿元，同比增加 32.33%。全年整体看，年初和年末成交最为活跃，月度成交量最高为 12 月的 710.98 万手，最低为 2 月的 57.12 万手。

2015 年，上期所铝期货月末持仓整体比 2014 年增加，其中 10 月、11 月和 12 月的月末持仓量分别为 61.35 万手、77.63 万手和 69.73 万手，与本年度其他月份的月末持仓量约 30 至 40 万手相比大幅增加，与去年同期相比分别增加了 62.77%、126.78% 和 103.48%。

2015 年铝期货月度、年度交易情况见表 1-2-15、表 1-2-16。

表 1-2-15　　2015 年铝期货月度交易情况

月度	成交量（万手）	同比变化（%）	成交金额（亿元）	同比变化（%）	月末持仓量（万手）	同比变化（%）
1月	98.23	243.38	629.56	220.01	38.97	62.70
2月	57.12	67.46	374.52	63.81	32.90	3.52
3月	88.53	43.92	582.36	45.32	33.18	-5.02
4月	83.56	8.08	553.01	7.42	34.61	2.57
5月	74.92	-17.51	500.65	-17.18	31.73	-6.96
6月	70.98	-51.91	456.28	-54.37	34.54	-2.29
7月	91.80	-54.65	568.50	-59.65	37.95	-12.63
8月	82.19	-50.47	493.52	-58.09	39.07	-13.39
9月	72.73	-71.28	431.79	-76.48	35.65	-0.98
10月	232.89	102.48	1 251.79	57.52	61.35	62.77
11月	626.14	484.05	3 165.90	326.88	77.63	126.78
12月	710.98	553.34	3 733.48	415.62	69.73	103.48
总计	2 290.07	64.44	12 741.35	32.33	—	—

数据来源：上海期货交易所网站。

表 1-2-16　　2014—2015 年铝期货年度交易情况

年度	成交量（万手）	同比变化（%）	成交金额（万亿元）	同比变化（%）	年末持仓量（万手）	同比变化（%）
2014年	1 392.63	321.3	0.96	0.84	34.27	58.64
2015年	2 290.07	64.44	1.27	32.33	69.73	103.48

数据来源：上海期货交易所网站。

表 1-2-17 是上海期货交易所与伦敦金属交易所（LME）铝期货年度成交数据比较。2015 年 LME 铝期货共成交 5 988.06 万手，与 2014 年同期相比下降了 8.5%。上期所铝期货成交量为 2 290 万手，按照上期所铝期货合约 5 吨/手和 LME 铝期货合约 25 吨/手折算成实际吨数进行比较，上期所铝期货成交量约为 LME 的 7.65%，二者比值与2014 年的1%相比大幅增加，表明2015 年上期所铝期货成交比较活跃。

表 1-2-17　　2015 年铝期货内外盘交易情况比较

年度	成交量（万手）		年末持仓量（万手）	
	上期所（内盘）	LME（外盘）	上期所（内盘）	LME（外盘）
2014年	1 392.63	6 543.97	17.13	79.09
2015年	2 290	5 988.06	69.73	79.56

数据来源：上海期货交易所网站，路透。

（二）交割情况

上期所铝期货指定交割存放点28个（隶属于20家交割仓库），分布于华东和华南地区。其中，华东地区共有交割存放点24个（上海市14个，江苏省4个，浙江省6个），华南地区有交割存放点4个（佛山市）。

2015年，铝期货交割总量138 875手，折合吨数为69.44万吨，交割金额84.23亿元。其中，9月份的交割量最大为16 340手，交割金额为9.7亿元；1月份交割量最低，为6 845手，交割金额为4.33亿元。

2015年铝期货月度、年度交割情况见表1－2－18、表1－2－19。

表1－2－18　　2015年铝期货月度交割情况

月度	交割量（手）	同比变化（%）	交割金额（亿元）	同比变化（%）
1月	6 845	－27.34	4.33	－31.05
2月	6 915	1.02	4.53	4.62
3月	9 875	42.81	6.47	42.83
4月	11 090	12.30	7.23	11.75
5月	15 760	42.11	10.4	43.85
6月	12 285	－22.05	7.74	－25.58
7月	10 320	－16.00	6.35	－17.96
8月	11 415	10.61	6.85	7.87
9月	16 340	43.14	9.7	41.61
10月	11 450	－29.93	6.45	－33.51
11月	11 480	0.26	5.88	－8.84
12月	15 100	31.53	8.3	41.16
总计	138 875	－4.29	84.23	－13.13

数据来源：上海期货交易所网站。

表2－2－19　　2014—2015年铝期货年度交割情况

年度	交割量（手）	同比变化（%）	交割金额（亿元）	同比变化（%）
2014年	145 100	77.15	96.96	62.09
2015年	138 875	－4.29	84.23	－13.13

数据来源：上海期货交易所网站。

（三）价格走势

1. 总体价格走势

2015年，上期所铝期货主力连续合约年初开盘价12 970元/吨，最高价13 620元/吨（5月6日），最低价9 550元/吨（11月24日），最大价差为4 070元，年末收盘价10 820元/吨。全年下跌2 150元/吨，跌幅16.58%。

2015年，伦敦金属交易所铝主力合约年初开盘价1 850美元/吨，最高价1 977美元/吨（5月6日），最低价1 432.5美元/吨（11月23日），最大价差为544.5美元/吨，年末收盘价 1 501 美元/吨。全年下跌 349 美元/吨，跌幅 18.87%。

2015 年，上海电解铝现货价格年初报价 12 840 元/吨，年度最高价 13 300 元/吨（3 月 19 日），最低价 9 700 元/吨（11 月 24 日），年末报价 11 000 元/吨。全年下跌 1 840 元/吨，全年价格下跌幅度为 14.33%。

2015 年铝期货内外盘和现货市场价格比较见图 1－2－3。

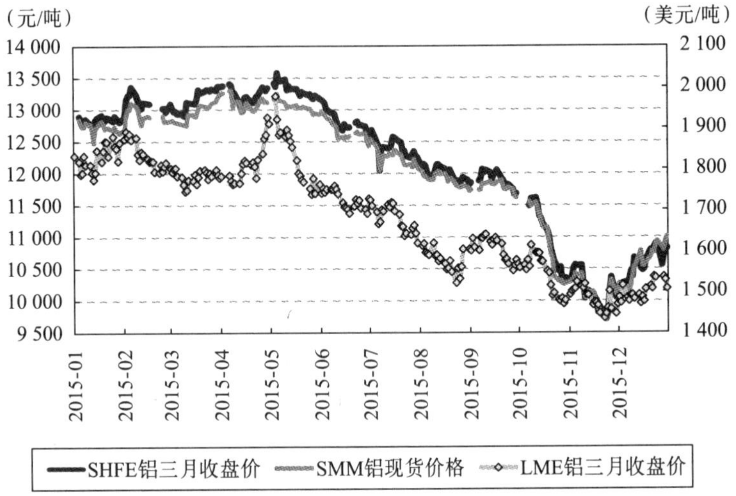

数据来源：上海期货交易所网站，上海有色金属网，路透。

图 1－2－3　2015 年铝期货内外盘和现货市场价格比较

2. 价格相关性分析

2015 年铝期货内外盘和现货市场价格主要显性指标见表 1－2－20，2015 年铝期货内外盘和现货市场价格相关性见表 1－2－21。

表 1－2－20　　2015 年铝期货内外盘和现货市场价格主要显性指标

市场分类	绝对指标（美元/吨、元/吨）					相对指标（%）	
	最高价	最低价	均价	标准差	极差	离散率	波幅率
上期所主力合约价格	13 620	9 550	12 185	1 084	4 070	8.90	33.40
LME 主力合约价格	1 977	1 432.5	1 681	135	544.5	8.03	32.39
SMM 现货市场价格	13 300	9 700	12 063	1 025	3 600	8.50	29.84

数据来源：上海期货交易所网站，上海有色金属网，路透。

表 1－2－21　　2015 年铝期货内外盘和现货市场价格相关性

价格选择	相关系数
上期所主力合约结算价与 LME 主力合约结算价	0.930
上期所主力合约结算价与现货市场价格	0.997
LME 主力合约结算价与现货市场价格	0.925

数据来源：上海期货交易所网站，上海有色金属网，路透。

四、螺纹钢期货运行报告

2015 年，上期所螺纹钢期货价格呈现震荡下行走势。

（一）交易情况

2015 年全年，上期所螺纹钢期货成交量 54 103.59 万手，同比增加 32.58%；成交金额 114 949.4 亿元，同比减少 1.08%；年末持仓 189.56 万手，同比增加 50.14%。其中，成交量最高为 7 月的 7 367.40 万手，最低为 2 月的 1 492.04 万手；月末持仓最大为 11 月的 201.96 万手，最小为 2 月的 132.28 万手。

2015 年螺纹钢期货月度、年度交易情况见表 1-2-22、表 1-2-23。

表 1-2-22　　2015 年螺纹钢期货月度交易情况

月度	成交量（万手）	同比变化（%）	成交金额（亿元）	同比变化（%）	月末持仓量（万手）	同比变化（%）
1 月	4 256.99	204.52	10 730.54	120.49	141.06	64.28
2 月	1 492.04	28.46	3 744.53	-5.41	132.28	16.86
3 月	4 110.05	47.79	10 215.38	12.29	146.75	34.59
4 月	6 767.23	205.55	15 818.25	115.61	166.45	46.52
5 月	4 253.16	84.98	10 137.60	40.67	147.58	15.06
6 月	3 820.20	72.29	8 698.35	28.43	173.31	41.56
7 月	7 367.40	161.40	15 109.89	73.44	163.47	27.30
8 月	5 173.04	100.33	10 527.54	34.32	156.26	-0.44
9 月	3 966.12	-28.19	7 631.78	-49.15	169.06	-5.57
10 月	2 666.29	-51.65	4 852.28	-66.09	191.74	-4.13
11 月	3 734.11	-40.44	6 412.96	-59.30	201.96	12.16
12 月	6 496.95	7.78	11 070.30	-27.84	189.56	50.14
总计	54 103.59	32.58	114 949.40	-1.08	—	—

数据来源：上海期货交易所网站。

表 1-2-23　　2014—2015 年螺纹钢期货年度交易情况

年度	成交量（万手）	同比变化（%）	成交金额（亿元）	同比变化（%）	年末持仓量（万手）	同比变化（%）
2014 年	40 807.81	38.93	116 204.03	6.21	126.25	24.98
2015 年	54 103.59	32.58	114 949.40	-1.08	189.56	50.14

数据来源：上海期货交易所网站。

（二）交割情况

截至 2015 年底，上期所螺纹钢期货交割仓库共 8 家，其中上海市 1 家，浙江省 1 家，江苏省 3 家，广东省 1 家，天津市 1 家，此外中储发展股份有限公司在天津市和江苏省各有 1 处存放点。

2015 年，上期所螺纹钢期货交割总量 28 500 手折合 28.5 万吨，同比增加 166.11%，交割金额 5.98 亿元，同比增加 93.18%。其中，5 月交割量最大，为 13 230 手折合 13.23 万吨；12 月交割量最低，为 60 手折合 600 吨。

2015 年螺纹钢期货月度、年度交易情况见表 1－2－24、表 1－2－25。

表 1－2－24　　2015 年螺纹钢期货月度交易情况

月度	交割量（手）	同比变化（%）	交割金额（万元）	同比变化（%）
1 月	5 370	135.53	12 726.90	70.86
2 月	1 560	246.67	3 432.00	139.08
3 月	2 340	3 800.00	5 115.24	2 650.13
4 月	300	150.00	677.70	71.14
5 月	13 230	902.27	27 481.80	521.11
6 月	960	300.00	1 920.00	180.70
7 月	690	43.75	1 200.60	－14.34
8 月	270	—	580.50	—
9 月	270	－47.06	513.27	－64.12
10 月	3 210	－25.17	5 627.13	－48.89
11 月	240	－65.22	427.20	－76.64
12 月	60	－77.78	96.00	－86.48
总计	28 500	166.11	59 798.34	93.18

数据来源：上海期货交易所网站。

表 1－2－25　　2014—2015 年螺纹钢期货年度交割情况

年份	交割量（手）	同比变化（%）	交割金额（亿元）	同比变化（%）
2014 年	10 710	－46.32	3.10	－57.11
2015 年	28 500	166.11	5.98	93.18

数据来源：上海期货交易所网站。

（三）价格走势

1. 总体价格走势

2015 年，上期所螺纹钢主力连续合约年初开盘价 2 550 元/吨（1 月 5 日），最高价 2 647 元/吨（1 月 6 日），最低价 1 618 元/吨（12 月 1 日），最大价差 1 029 元/吨，年末收盘价 1 784 元/吨（12 月 31 日）。全年下跌 766 元/吨，跌幅 30.04%。

2015 年，上海螺纹钢现货价格年初开盘价 2 670 元/吨（1 月 4 日），最高价 2 763 元/吨（1 月 6 日），最低价 1 742 元/吨（12 月 14 日），最大价差 1 021 元/吨，年末收盘价 1 890 元/吨（12 月 31 日）。全年下跌 780 元/吨，跌幅 29.21%。

2015 年螺纹钢期货和现货市场价格比较见图 1－2－4。

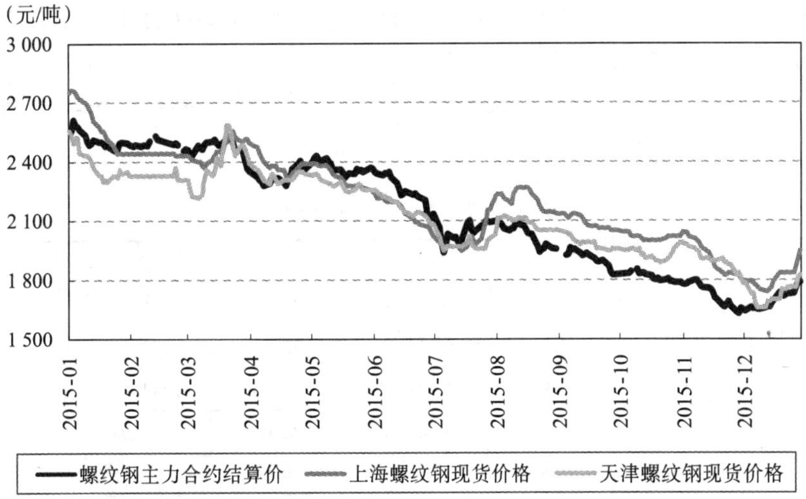

数据来源：上海期货交易所网站，我的钢铁网。

图1－2－4　2015年螺纹钢期货和现货市场价格比较

2. 价格相关性分析

2015年螺纹钢期货内外盘和现货市场价格主要显性指标见表1－2－26，2015年螺纹钢期货内外盘和现货市场价格相关性见表1－2－27。

表1－2－26　　2015年螺纹钢期货和现货市场价格主要显性指标

市场分类	绝对指标（元/吨）					相对指标（%）	
	最高价	最低价	平均价	标准差	极差	离散率	波幅率
上期所连续价格	2 647	1 618	2 136	296	1 029	13.86	48.17
上海现货价格	2 763	1 742	2 201	244	1 021	11.09	46.39
天津现货价格	2 588	1 660	2 127	219	928	10.30	43.63

数据来源：上海期货交易所网站，我的钢铁网。

表1－2－27　　2015年螺纹钢期货和现货市场价格相关性

价格选择	相关系数
螺纹钢主力合约结算价与上海地区现货市场价格	0.93
螺纹钢主力合约结算价与天津地区现货市场价格	0.95

数据来源：上海期货交易所网站，我的钢铁网。

五、黄金期货运行报告

2015年上期所黄金期货价格呈先上扬后震荡下行走势。

（一）交易情况

2015年，上期所黄金期货成交量2 531.72万手，同比增加6.08%；成交金额59 919.53亿元，同比增加0.01%；年末持仓12.95万手，同比增加32.98%。其中，成交量最高为8月的361.08万手，最低为6月的116.49万手；月末持仓最大为11月的14.06万手，最小为6月的8.87万手。

2015年黄金期货月度、年度交易情况见表1－2－28、表1－2－29，黄金期货内外盘交易情况比较见表1－2－30。

表1－2－28　　2015年黄金期货月度交易情况

月度	成交量（万手）	同比变化（%）	成交金额（亿元）	同比变化（%）	月末持仓量（万手）	同比变化（%）
1月	252.95	37.37	6 422.55	41.66	11.41	47.09
2月	142.71	－13.98	3 607.82	－15.85	11.94	17.33
3月	226.41	－18.64	5 447.50	－26.03	10.98	3.59
4月	197.64	－1.57	4 760.77	－8.64	10.15	0.31
5月	149.57	－5.66	3 627.95	－11.85	8.97	－23.22
6月	116.49	－22.04	2 789.82	－27.74	8.87	－11.24
7月	238.74	50.09	5 418.01	29.51	12.06	20.97
8月	361.08	156.50	8 400.65	130.92	12.21	20.37
9月	179.29	15.98	4 176.78	9.81	11.24	14.61
10月	176.70	15.11	4 228.79	13.34	11.47	－11.52
11月	222.44	－32.07	5 004.82	－34.25	14.06	13.02
12月	267.70	－14.76	6 034.07	－20.31	12.95	32.98
总计	2 531.72	6.08	59 919.53	0.01	—	—

数据来源：上海期货交易所网站。

表1－2－29　　2014—2015年黄金期货年度交易情况

年度	成交量（万手）	同比变化（%）	成交金额（亿元）	同比变化（%）	年末持仓量（万手）	同比变化（%）
2014年	2 386.54	18.81	59 913.14	11.89	9.74	13.93
2015年	2 531.72	6.08	59 919.53	0.01	12.95	32.98

数据来源：上海期货交易所网站。

表1－2－30　　2014—2015年黄金期货内外盘交易情况比较

年度	成交量（万手）		年末持仓量（万手）	
	上期所（内盘）	纽约商业交易所（外盘）	上期所（内盘）	纽约商业交易所（外盘）
2014年	2 386.54	4 051.88	9.74	37.16
2015年	2 531.72	4 184.73	12.95	41.52

数据来源：路透，上海期货交易所网站，纽约商业交易所网站。

注：纽约商业交易所黄金选取100盎司单位期货合约。

（二）交割情况

截至2015年底，上期所黄金期货交割金库有5家银行，涉及39个存放点，其中北京市3个，上海市4个，深圳市5个，山东省5个，河南省7个，福建省5个，陕西省2个，江西省1个，安徽省1个，浙江省1个，贵州省1个，云南省1个，湖北省1个，辽宁省1个，广西壮族自治区1个。

2015年，上期所黄金期货交割总量7 056手，折合7.06吨，同比增加93.26%，交割金额16.16亿元，同比增加79.60%。其中，6月交割量最大，为3 765手折合3.77吨。

2015年黄金期货月度、年度交割情况见表1－2－31、表1－2－32。

表1－2－31　　2015年黄金期货月度交割情况

月度	交割量（手）	同比变化（%）	交割金额（亿元）	同比变化（%）
1月	30	－91.07	0.07	－90.96
2月	15	－44.44	0.04	－45.22
3月	0	－100.00	0.00	－100.00
4月	0	－100.00	0.00	－100.00
5月	120	3 900.00	0.29	2 798.00
6月	3 765	135.90	8.82	118.80
7月	12	0.00	0.03	－7.50
8月	36	－57.14	0.08	－64.20
9月	0	—	0.00	—
10月	0	－100.00	0.00	－100.00
11月	0	—	0.00	—
12月	3 078	103.57	6.83	88.68
总计	7 056	93.26	16.16	79.60

数据来源：上海期货交易所网站。

表1－2－32　　2014—2015年黄金期货年度交割情况

年度	交割量（手）	同比变化（%）	交割金额（亿元）	同比变化（%）
2014年	3 651	28.51	9	19.25
2015年	7 056	93.26	16.16	79.60

数据来源：上海期货交易所网站。

（三）价格走势

1. 总体价格走势

2015年，上期所黄金主力合约年初开盘价240元/克（1月5日），最高价263.20元/克（1月22日），最低价216.8元/克（7月24日），最大价差46.4元/克，年末收盘价226.05元/克（12月31日）。全年下跌13.95元/克，跌幅5.81%。

2015年，上海黄金交易所黄金T＋D年初开盘价238.5元/克（1月5日），最高价 261.59 元/克（1 月 21 日），最低价 215.59 元/克（7 月 24 日），最大价差 46 元/克，年末收盘价 222.99 元/克（12 月 31 日）。全年下跌 15.51 元/克，跌幅 6.50%。

2015 年，芝加哥商业交易所（CME）黄金期货主力合约年初开盘价 1 184 美元/盎司（1 月 2 日），最高价 1 307.8 美元/盎司（1 月 22 日），最低价 1 045.4 美元/盎司（12 月 3 日），最大价差 262.4 美元/盎司，年末收盘价 1 060.2 美元/盎司（12 月 31 日）。全年下跌 123.8 美元/盎司，跌幅 10.46%。

2015 年黄金期货内外盘和现货市场价格比较见图 1 - 2 - 5。

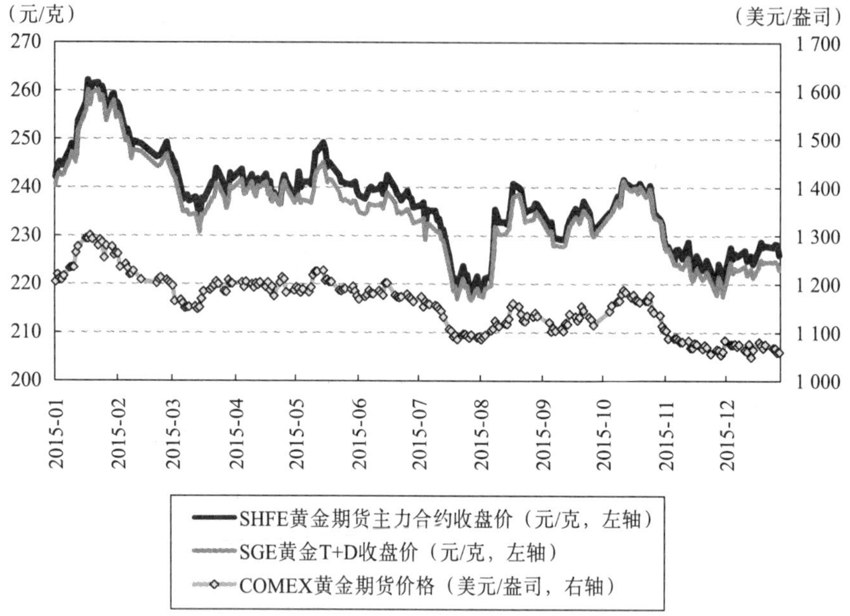

数据来源：路透，上海期货交易所网站。

图 1 - 2 - 5　2015 年黄金期货内外盘和现货市场价格比较

2. 价格相关性分析

2015 年黄金期货内外盘和现货市场价格主要显性指标见表 1 - 2 - 33，2015 年黄金期货内外盘和现货市场价格相关性见表 1 - 2 - 34。

表 1 - 2 - 33　2015 年黄金期货内外盘和现货市场价格主要显性指标

市场分类	绝对指标（元/克、美元/盎司）					相对指标（%）	
	最高价	最低价	平均价	标准差	极差	离散率	波幅率
上期所黄金期货价格	263.20	216.80	237.11	9.65	46.4	4.07	19.57
COMEX 黄金期货价格	1 307.80	1 045.40	1 158.94	57.15	262.40	4.93	22.64
SGE 黄金 T + D 价格	261.59	215.59	234.80	9.72	46	4.14	19.59

数据来源：路透，上海期货交易所网站。

表 1－2－34　　2015 年黄金期现内外盘和现货市场价格相关性

价格选择	相关系数
上期所黄金期货价格与 COMEX 黄金期货价格	0.95
上期所黄金期货价格与 SGE 黄金 T＋D 价格	0.99
COMEX 黄金期货价格与 SGE 黄金 T＋D 价格	0.95

数据来源：路透，上海期货交易所网站。

六、白银期货运行报告

2015 年，上期所白银期货价格呈现先扬后震荡下行走势。

（一）交易情况

2015 年，上期所白银期货成交量 14 478.65 万手，同比减少 25.17%；成交金额 76 151.47 亿元，同比减少 33.83%；年末持仓 26.00 万手，同比增加 27.78%。其中，成交量最高为 1 月的 2 112.04 万手，最低为 10 月的 577.30 万手。月末持仓最大为 4 月的 32.12 万手，最小为 9 月的 18.92 万手。

2015 年白银期货月度、年度交易情况见表 1－2－35、表 1－2－36，白银期货内外盘交易情况比较见表 1－2－37。

表 1－2－35　　2015 年白银期货月度交易情况

月度	成交量（万手）	同比变化（%）	成交金额（亿元）	同比变化（%）	月末持仓量（万手）	同比变化（%）
1 月	2 112.04	－21.30	11 711.26	－29.63	25.79	7.19
2 月	1 211.27	－44.97	6 595.33	－53.89	19.95	－29.41
3 月	1 775.73	－26.35	9 434.47	－38.39	27.60	10.37
4 月	1 333.33	18.41	7 091.66	2.53	32.12	26.96
5 月	1 257.60	55.75	6 938.93	39.94	23.00	－14.05
6 月	975.20	－8.91	5 223.10	－23.19	31.04	25.37
7 月	1 262.58	16.36	6 262.32	－11.05	29.84	26.59
8 月	1 732.00	143.27	8 799.34	96.56	21.54	－23.98
9 月	903.36	－1.33	4 534.56	－16.06	18.92	－41.69
10 月	577.30	－39.57	2 993.01	－44.92	23.21	－41.85
11 月	667.27	－71.64	3 272.20	－72.58	27.56	－7.75
12 月	670.97	－77.84	3 295.30	－79.24	26.00	27.78
总计	14 478.65	－25.17	76 151.47	－33.83	—	—

数据来源：上海期货交易所网站。

表 1-2-36　　2014—2015 年白银期货年度交易情况

年度	成交量（万手）	同比变化（%）	成交金额（亿元）	同比变化（%）	年末持仓量（万手）	同比变化（%）
2014 年	19 348.77	11.70	115 091.49	-0.40	20.35	-39.27
2015 年	14 478.65	-25.17	76 151.47	-33.83	26.00	27.78

数据来源：上海期货交易所网站。

表 1-2-37　　2014—2015 年白银期货内外盘交易情况比较

年度	上海期货交易所白银期货成交量		纽约商业交易所白银期货成交量	
	万手	万吨	万手	万吨
2014 年	19 348.77	290.23	1 369.70	213.01
2015 年	14 478.65	217.18	1 345.44	209.24

注：纽约商业交易所白银选取 5 000 盎司单位期货合约。
数据来源：上海期货交易所网站，路透，纽约商业交易所网站。

（二）交割情况

截至 2015 年底，上期所白银期货共有 2 家交割仓库，均在上海市，分别为中储发展股份有限公司和中国外运华东有限公司。2015 年，上期所白银期货交割总量 36 846 手折合 552.69 吨，同比增加 46.67%，交割金额 18.31 亿元，同比增加 18.95%。其中，12 月交割量最大，为 15 556 手折合 233.34 吨；8 月交割量最低，为 270 手折合 4.05 吨。

2015 年白银期货月度、年度交割情况见表 1-2-38、表 1-2-39。

表 1-2-38　　2015 年白银期货月度交割情况

月度	交割量（手）	同比变化（%）	交割金额（亿元）	同比变化（%）
1 月	2 160	-58.67	1.14	-64.10
2 月	716	-81.50	0.39	-84.36
3 月	674	-81.59	0.35	-85.13
4 月	712	-35.15	0.37	-45.67
5 月	1 068	-39.46	0.59	-46.62
6 月	6 704	119.37	3.48	84.13
7 月	1 112	-0.18	0.55	-23.29
8 月	270	-55.30	0.14	-63.06
9 月	1 798	74.22	0.87	36.98
10 月	2 792	1 339.18	1.44	1 151.09
11 月	3 284	1 978.48	1.60	1 866.70
12 月	15 556	365.19	7.39	307.40
总计	36 846	46.67	18.31	18.95

数据来源：上海期货交易所网站。

表 1-2-39　　2014—2015 年白银期货年度交割情况

年度	交割量（公斤）	同比变化（%）	交割金额（亿元）	同比变化（%）
2014 年	376 830	-56.53	15.40	-63.75
2015 年	552 690	46.67	18.31	18.95

数据来源：上海期货交易所网站。

（三）价格走势

1. 总体价格走势

2015 年，上期所白银期货主力合约年初开盘价 3 498 元/千克（1 月 5 日），最高价 3 934 元/千克（1 月 22 日），最低价 3 150 元/吨（7 月 27 日），最大价差 784 元/千克，年末收盘价 3 290 元/千克（12 月 31 日）。全年下跌 208 元/千克，跌幅 5.95%。

2015 年，SGE 白银 T+D 年初开盘价 3 420 元/千克（1 月 5 日），最高价 3 898 元/吨（7 月 22 日），最低价 3 128 元/千克（12 月 3 日），最大价差 770 元/千克，年末收盘价 3 210 元/千克。全年下跌 210 元/千克，跌幅 6.14%。

2015 年，COMEX 白银期货主力合约年初开盘价 15.73 美元/盎司（1 月 2 日），最高价 18.51 美元/盎司（1 月 21 日），最低价 13.62 美元/吨（12 月 14 日），最大价差 4.89 美元/盎司，年末收盘价 13.80 美元/盎司（12 月 31 日）。全年下跌 1.93 美元/盎司，跌幅 12.27%。

2015 年白银期货内外盘和现货市场价格比较见图 1-2-6。

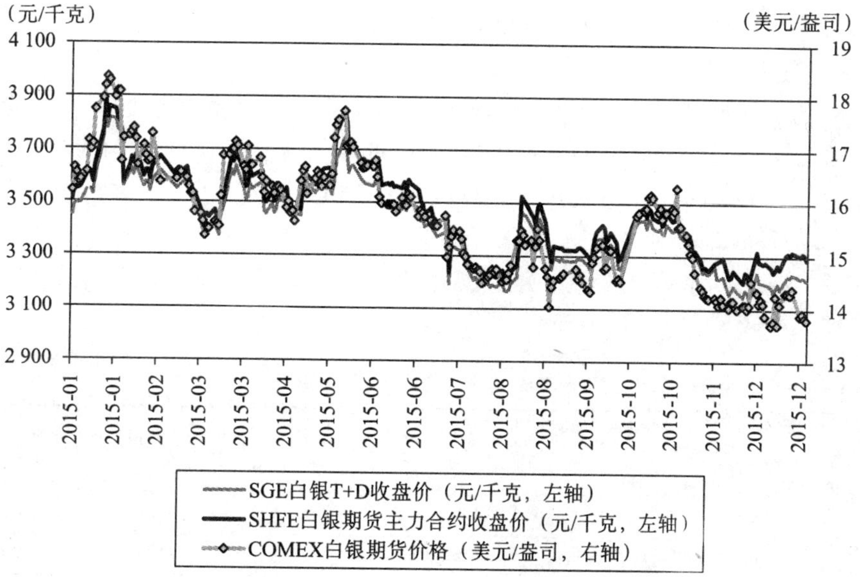

数据来源：上海期货交易所网站，路透。

图 1-2-6　2015 年白银期货内外盘和现货市场价格比较

2. 价格相关性分析

2015 年白银期货内外盘和现货市场价格主要显性指标见表 1 -2 -40，2015 年白银期货内外盘和现货市场价格相关性见表 1 -2 -41。

表 1 -2 -40　　2015 年白银期货内外盘和现货市场价格主要显性指标

市场分类	绝对指标（美元/盎司、元/千克）					相对指标（%）	
	最高价	最低价	平均价	标准差	极差	离散率	波幅率
上期所白银期货价格	3 934	3 150	3 465.40	163.97	784	4.73	22.62
SGE 白银 T + D 价格	3 898	3 128	3 412.89	160.95	770	4.72	22.56
COMEX 白银期货价格	18.51	13.62	15.67	1.07	4.89	6.85	31.21

数据来源：上海期货交易所网站，路透。

表 1 -2 -41　　2015 年白银期货内外盘和现货市场价格相关性

价格选择	相关系数
上期所白银期货价格与 SGE 白银 T + D 价格	0.99
上期所白银期货价格与 COMEX 白银期货价格	0.94
SGE 白银 T + D 价格与 COMEX 白银期货价格	0.95

数据来源：上海期货交易所网站，路透。

七、天然橡胶期货运行报告

2015 年，上期所天然橡胶期货价格呈现震荡下行走势。

（一）交易情况

2015 年，上期所天胶期货成交量 8 306 万手，同比减少 6.28%；成交金额 102 448 亿元，同比减少 19.83%；年末持仓 35.8 万手，同比增加 14.94%。其中，成交量最高为 12 月的 959.8 万手，最低为 2 月的 428.97 万手；月末持仓量大为 10 月的 39.2 万手，最小为 7 月的 23.3 万手。

2015 年天然橡胶期货月度、年度交易情况见表 1 -2 -42、表 1 -2 -43，内外盘交易情况比较见表 1 -2 -44。

表 1 -2 -42　　2015 年天然橡胶期货月度交易情况

月度	成交量（万手）	同比变化（%）	成交金额（亿元）	同比变化（%）	月末持仓量（万手）	同比变化（%）
1 月	729.16	15.7	9 488.16	-9.92	29.7	-0.7
2 月	428.97	-24.8	5 798.8	-34.72	32.8	-12.09
3 月	590.96	-44.8	7 654.9	-53.11	30.6	-13.57
4 月	515.93	-47.5	6 837.53	-53.36	35	-23.92
5 月	637.58	-22.3	9 316.85	-21.68	32.4	-26.66
6 月	639.36	-10.1	9 261.4	-12.33	26.2	-41.68

续表

月度	成交量（万手）	同比变化（%）	成交金额（亿元）	同比变化（%）	月末持仓量（万手）	同比变化（%）
7月	743.58	4.6	9 609.66	-9.95	23.3	-36.8
8月	662.11	36.4	7 892.37	7.93	23.4	-32.74
9月	805.76	27.7	9 354.31	12.58	24	-15.28
10月	728.60	9.2	8 286.85	-3.94	39.2	13.06
11月	864.93	3.5	9 018.84	-15.85	34.1	13.46
12月	959.80	28.5	9 928.5	6.90	35.8	14.94
总计	8 306.75	-6.3	102 448.18	-19.83	—	—

数据来源：上海期货交易所网站。

表1-2-43　　2014—2015年天然橡胶期货年度交易情况

年度	成交量（万手）	同比变化（%）	成交金额（亿元）	同比变化（%）	月末持仓量（万手）	同比变化（%）
2014年	8 863.16	22.36	127 785.04	-12.03	15.56	6.58
2015年	8 306.75	-6.28	102 448.18	-19.83	35.8	130.08

数据来源：上海期货交易所网站。

表1-2-44　　2014—2015年天然橡胶期货内外盘交易情况比较

年度	成交量（万手）		年末持仓量（万手）	
	上期所（内盘）	TOCOM（外盘）	上期所（内盘）	TOCOM（外盘）
2014年	8 863.16	244.04	15.56	2.99
2015年	8 306.75	240.8	35.8	2.80

数据来源：上海期货交易所网站，东京工业品交易所（TOCOM）。

（二）交割情况

截至2015年底，上海期货交易所天然橡胶期货交割仓库共14家，其中上海市6家，山东省3家，海南省2家，天津市2家，云南省1家。

2015年，上海期货交易所天然橡胶期货交割总量21 052手折合210 520吨，同比增加18.68%；交割金额25.69亿元，同比增加4.39%。其中，1月交割量最大，为9 037手折合90 370吨；2月和12月交割量最低，为0手。

2015年天然橡胶期货月度、年度交割情况见表1-2-45、表1-2-46。

表1-2-45　　2015年天然橡胶期货月度交割情况

月度	交割量（手）	同比变化（%）	交割金额（亿元）	同比变化（%）
1月	9 037	105.39	12.70	78.37
2月	0	0	0	—
3月	455	-56.75	0.59	-61.18

续表

月度	交割量（手）	同比变化（%）	交割金额（亿元）	同比变化（%）
4月	39	-97.29	0.05	-97.64
5月	1 328	-64	1.88	-62.55
6月	315	-75.26	0.45	-74.58
7月	87	-91	0.11	-91.73
8月	84	-79.26	0.09	-83.02
9月	6 838	172.76	7.09	141.16
10月	317	32.08	0.33	26.92
11月	2 552	44.59	2.4	20.00
12月	0	—	0	—
总计	21 052	18.68	25.69	4.39

数据来源：上海期货交易所网站。

表1-2-46　　2014—2015年天然橡胶期货年度交割情况

年度	交割量（手）	同比变化（%）	交割金额（亿元）	同比变化（%）
2014年	17 739	21.44	24.62	-15.74
2015年	21 052	18.68	25.69	4.39

数据来源：上海期货交易所网站。

（三）价格走势

1. 总体价格走势

2015年，上海期货交易所天然橡胶期货主力合约年初开盘价13 520元/吨（1月5日），最高价15 270元/吨（5月7日），最低价9 680元/吨（11月26日），最大价差5 590元/吨，年末收盘价10 540元/吨（12月31日）。全年下跌2 980元/吨，跌幅22.04%。

2015年，中橡全乳胶成交价年初为12 500元/吨（1月5日），最高价13 700元/吨（5月4日），最低价8 900元/吨（11月24日），最大价差4 800元/吨，年末报价9 700元/吨（12月31日）。全年下跌2 800元/吨，跌幅22.4%。

2015年，东京工业品交易所（TOCOM）天胶主力连续合约年初开盘价214.5日元/千克（1月5日），最高价243.8元/千克（6月1日），最低价154.7日元/千克（11月24日），最大价差89.1日元/千克，年末收盘价159日元/千克（12月30日）。全年下跌55.5日元/千克，跌幅25.87%。

2015年天然橡胶期货内外盘和现货市场价格比较见图1-2-7。

2. 价格相关性分析

2015年天然橡胶期货内外盘和现货市场价格主要显性指标、内外盘和现货市场价格相关性见表1-2-47、表1-2-48。

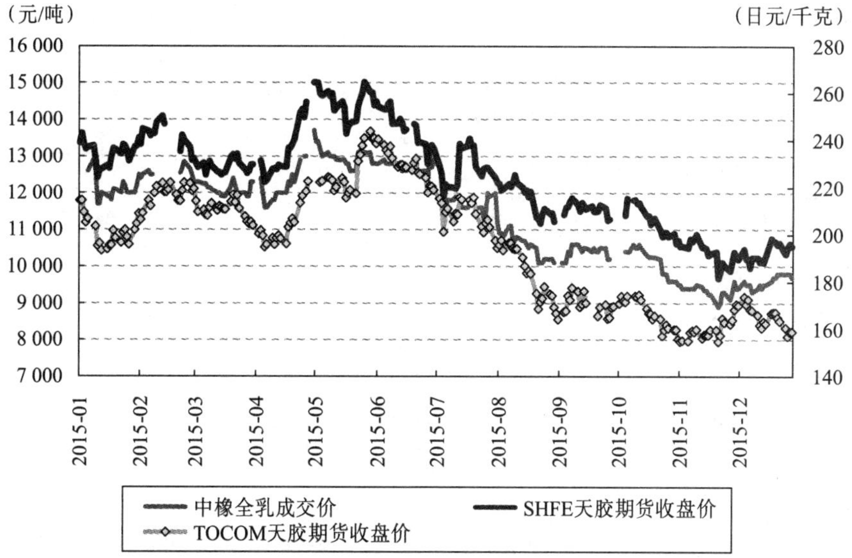

数据来源：上海期货交易所网站，中国橡胶信息贸易网，东京工业品交易所网。

图 1－2－7　2015 年天然橡胶内外盘和现货价格比较

表 1－2－47　2015 年天然橡胶期货内外盘和现货市场价格主要显性指标

市场分类	绝对指标（元/吨、日元/千克）					相对指标（%）	
	最高价	最低价	平均价	标准差	极差	离散率	波幅率
上期所连续价格	15 010	9 675	12 416	1 338.36	5 335	10.78	42.97
TOCOM 连续价格	243.8	154.7	195.4	24.82	89.1	12.70	45.60
橡胶现货市场价格	13 700	8 900	11 349	1 278.82	4 800	11.27	42.29

数据来源：上海期货交易所相关资料，东京工业品交易所网，中国橡胶信息贸易网。

表 1－2－48　2015 年天然橡胶期货内外盘和现货市场价格相关性

价格选择	相关系数
上期所连续价格与 TOCOM 连续价格	0.94
上期所连续价格与现货市场价格	0.96

数据来源：上海期货交易所相关资料，东京工业品交易所网，中国橡胶信息贸易网。

八、石油沥青期货运行报告

2015 年，上期所石油沥青期货价格呈现震荡下行走势。

（一）交易情况

2015 年，上期所石油沥青期货合约成交量 3 239.77 万手，同比增加 4 883%，成交金额 0.74 万亿元，同比增加 2 558%；年末持仓 10.55 万手，去年同期 83 手，同比增长 1 269 倍。其中，成交量最高为 12 月份的 790 万手，最低为 1 月份的 4.64 万手。

2015 年石油沥青期货月度、年度交易情况见表 1－2－49、表 1－2－50。

表 1－2－49　　2015 年石油沥青期货月度交易情况

月度	成交量（万手）	同比变化（%）	成交金额（亿元）	同比变化（%）	月末持仓量（万手）	同比变化（%）
1 月	4.64	－0.73	13.38	－0.82	0.34	－0.70
2 月	8.18	－0.05	23.73	－0.37	0.58	－0.42
3 月	54.90	2.88	168.87	1.83	1.14	－0.13
4 月	172.10	14.34	572.04	11.21	2.93	1.23
5 月	77.20	14.79	247.45	11.03	3.12	1.02
6 月	39.50	15.05	120.04	10.60	2.44	0.80
7 月	103.85	26.87	266.64	15.80	1.69	0.30
8 月	147.35	54.63	355.27	30.54	2.03	0.91
9 月	550.00	704.95	1 322.79	393.71	2.58	97.69
10 月	525.40	8 094.69	1 210.78	4 558.43	8.18	329.99
11 月	766.65	7 870.65	1 623.37	4 286.15	6.87	412.80
12 月	790.00	17 437.26	1 434.48	9 189.49	10.55	1 269.48
总计	3 239.77	4 883.13	7 358.82	2 558.00	—	—

数据来源：上海期货交易所相关资料。

表 1－2－50　　2014—2015 年石油沥青期货年度交易情况

年度	成交量（万手）	同比变化（%）	成交金额（亿元）	同比变化（%）	年末持仓量（万手）	同比变化（%）
2014 年	65.015	－79.26	276.86	－79.80	0.0083	－99.62
2015 年	3 239.77	4 883.13	7 358.82	2 558.00	10.55	1 269.48

数据来源：上海期货交易所相关资料。

（二）交割情况

截至 2015 年底，上期所石油沥青期货交割仓库共 7 家，其中江苏 4 家，浙江 1 家，安徽 2 家；上期所石油沥青期货交割厂库共 7 家，其中广东 1 家，江苏 3 家，山东 3 家。

2015 年，上期所石油沥青期货交割总量 22 564 手折合 225 640 吨，同比增加 67.07%，交割金额 5.66 亿元，同比减少 1.55%。其中，6 月交割量最大，为 13 208 手折合 132 080 吨；1 月、2 月、3 月、4 月、5 月、7 月、10 月、11 月无交割。

2015 年石油沥青期货月度、年度交割情况见表 1－2－51、表 1－2－52。

表 1-2-51　　2015 年石油沥青期货月度交割情况

月度	交割量（手）	同比变化（%）	交割金额（亿元）	同比变化（%）
1 月	0	0	0	0
2 月	0	-100.00	0	0
3 月	0	-100.00	0	0
4 月	0	0	0	0
5 月	0	-100.00	0	0
6 月	13 208	242.62	3.74	27.06
7 月	0	0	0	0
8 月	4	-20.00	0.0001	-20
9 月	4 352	-31.58	1.07	-61.79
10 月	0	0	0	0
11 月	0	0	0	0
12 月	5 000	38 361.54	0.85	191 756.27
总计	22 564	67.07	5.66	-1.55

数据来源：上海期货交易所相关资料。

表 1-2-52　　2014—2015 年沥青期货年度交割情况

月度	交割量（手）	同比变化（%）	交割金额（亿元）	同比变化（%）
2014 年	13 506	—	5.75	—
2015 年	22 564	67.07	5.66	-1.55

数据来源：上海期货交易所相关资料。

（三）价格走势

1. 总体价格走势

2015 年，上期所石油沥青主力合约年初开盘价 3 498 元/吨（1 月 5 日），最高价 3 666 元/吨（1 月 6 日），最低价 1 642 元/吨（12 月 11 日），最大价差 2 024 元/吨，年末收盘价 1 894 元/吨（12 月 31 日），全年下跌 1 604 元/吨，跌幅 45.85%。

2015 年，百川资讯国产沥青均价年初报价 3 563 元/吨（1 月 5 日），最高价 3 563 元/吨（1 月 5 日），最低价 2 000 元/吨（12 月 31 日），最大价差 1 563 元/吨，年末报价 2 000 元/吨。全年下跌 1 563 元/吨，跌幅 43.87%。

2015 年，Duri 重油沥青价格年初开盘价 51.66 美元/桶（1 月 5 日），最高价 70.08 美元/桶（7 月 1 日），最低价 30.53 美元/桶（12 月 31 日），最大价差 39.55 美元/桶，年末收盘价 30.53 美元/桶（12 月 31 日）。全年下跌 21.13 美元/桶，跌幅 40.9%。

2015 年石油沥青期货内外盘和现货市场价格比较见图 1-2-8。

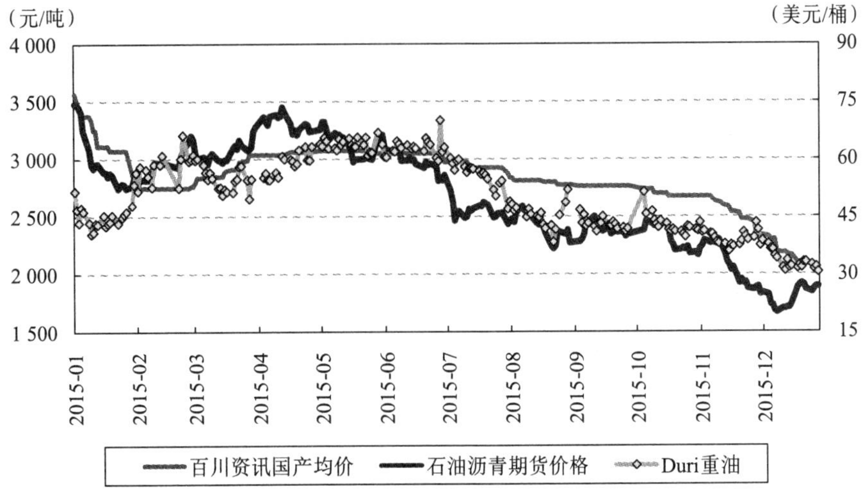

数据来源：上海期货交易所相关资料，安迅思官网，百川资讯官网。

图 1－2－8　2015 年沥青期货内外盘和现货市场价格比较

2. 价格相关性分析

2015 年石油沥青期货内外盘和现货市场价格主要显性指标、内外盘和现货市场价格相关性见表 1－2－53、表 1－2－54。

表 1－2－53　2015 年石油沥青期货内外盘和现货市场价格主要显性指标

市场分类	绝对指标（元/吨、美元/桶）					相对指标（%）	
	最高价	最低价	平均价	标准差	极差	离散率	波幅率
上期所沥青价格	3 480	1 670	2 651.78	470.32	1 810	17.74	68.26
百川资讯国产沥青均价	3 563	2 000	2 827.27	285.36	1 563	10.09	55.28
Duri 重油沥青	70.08	30.53	50.10	10.09	39.55	20.14	78.94

数据来源：上海期货交易所相关资料，百川资讯官网。

表 1－2－54　2015 年石油沥青期货内外盘和现货市场价格相关性

价格选择	相关系数
上期所价格与百川资讯国产沥青价格	0.86
上期所价格与 Duri 重油现货市场价格	0.81

数据来源：上海期货交易所相关资料，百川资讯官网。

九、热轧卷板期货运行报告

2015 年，上期所热轧卷板期货价格呈现震荡下行走势。

（一）交易情况

2015 年全年，上期所热轧卷板期货成交量 201.24 万手，同比增加 60.30%；成交金额 430.52 亿元，同比增加 7.45%；年末持仓 5.01 万手，同比增加 301.23%。其中，成交量最高为 12 月的 44.09 万手，最低为 10 月的 7.77 万手；月末持仓最大为 12 月的 5.01 万手，最小为 4 月的 1.72 万手。

2015 年热轧卷板期货年度交易情况见表 1 –2 –55。

表 1 –2 –55　　2015 年热轧卷板期货年度交易情况

年度	成交量（万手）	同比变化（%）	成交金额（亿元）	同比变化（%）	年末持仓量（万手）	同比变化（%）
2014 年	125.54	—	400.68	—	1.25	—
2015 年	201.24	60.30	430.52	7.45	5.01	301.23

数据来源：上海期货交易所。

（二）交割情况

截至 2015 年底，上期所热轧卷板期货交割仓库共 13 家，其中天津市 1 家，江苏省 6 家，浙江省 2 家，广东省 2 家；此外，中国外运华东有限公司在上海市和江苏省各有 1 处存放点；中储发展股份有限公司在天津市有 1 处存放点，在江苏省有 2 处存放点，在湖北省有 1 处存放点。2015 年热卷期货交割仓库数量较 2014 新增两家，分别为广东欧浦钢铁物流股份有限公司和玖隆钢铁物流有限公司。

2015 年，上期所热轧卷板期货交割总量 9 930 手折合 9.93 万吨，交割金额 2.41 亿元。其中，1 月交割量最大，为 4 560 手折合 4.56 万吨；2 月、4 月、6 月、7 月、8 月、11 月和 12 月均无交割。

2015 年热轧卷板期货年度交割情况见表 1 –2 –56。

表 1 –2 –56　　2015 年热轧卷板期货年度交割情况

年份	交割量（手）	同比变化（%）	交割金额（万元）	同比变化（%）
2014 年	180	—	576.00	—
2015 年	9 930	5 416.67	24 096.00	4 083.33

数据来源：上海期货交易所。

（三）价格走势

2015 年，上期所热轧卷板主力连续合约年初开盘价 2 928 元/吨（1 月 5 日），最高价 2 992 元/吨（1 月 6 日），最低价 1 675 元/吨（12 月 1 日），最大价差 1 317 元/吨，年末收盘价 1 949 元/吨（12 月 31 日）。全年下跌 979 元/吨，跌幅 33.44%。

2015 年，上海热轧卷板现货价格年初开盘价 2 670 元/吨（1 月 4 日），最高价 2 680 元/吨（1 月 6 日），最低价 1 690 元/吨（12 月 14 日），最大价差 990 元/吨，年末收盘价 1 890 元/吨（12 月 31 日）。全年下跌 780 元/吨，跌幅 29.21%。

2015 年热轧卷板期货和现货市场价格比较见图 1 –2 –9。

数据来源：上海期货交易所，我的钢铁网。

图 1－2－9　2015 年热轧卷板期货和现货市场价格比较

十、铅期货运行报告

2015 年，上期所铅期货价格呈现震荡上涨走势。

（一）交易情况

2015 年全年，上期所铅期货成交量 131.01 万手，同比下降 10.13%；成交金额 845.4 亿元，同比下降 18.43%；年末持仓 1.73 万手，同比下降 21.92%。其中，成交量最高为 12 月的 17.3 万手，最低为 2 月的 4.71 万手；月末持仓最大为 8 月的 1.84 万手，最小为 3 月的 1.26 万手。

2015 年铅期年度交易情况见表 1－2－57。

表 1－2－57　　2014—2015 年铅期货年度交易情况

年度	成交量（万手）	同比变化（%）	成交金额（亿元）	同比变化（%）	年末持仓量（万手）	同比变化（%）
2014 年	145.78	743.85	1 036.43	320.84	2.21	69.88
2015 年	131.01	－10.13	845.40	－18.43	1.73	－21.92

数据来源：上海期货交易所。

（二）交割情况

截至 2015 年底，上期所铅期货交割仓库共 15 家，其中上海市 6 家、广东省 3 家、江苏省 1 家、浙江省 2 家、天津市 3 家。

2015 年，铅期货交割总量 10 130 手折合 50 650 吨，同比下降 65.29%，交割金额 6.56 亿元，同比下滑 67.25%。其中，1 月交割量最大，为 1 425 手折合 7 125 吨；10 月交割量最小，为 295 手折合 1 475 吨。

2015 年铅期货年度交割情况见表 1 －2 －58。

表 1 －2 －58　　2014—2015 年铅期货年度交割情况

年度	交割量（手）	同比变化（%）	交割金额（亿元）	同比变化（%）
2014 年	29 185	48.96	20.03	－38.34
2015 年	10 130	－65.29	6.56	－67.25

数据来源：上海期货交易所。

（三）价格走势

2015 年，上期所铅主力连续合约年初开盘价 12 410 元/吨（1 月 5 日），最高价 14 025元/吨（5 月 5 日），最低价 11 770 元/吨（1 月 14 日），最大价差 2 255 元/吨，年末收盘价 13 170 元/吨（12 月 31 日）。全年上涨 760 元/吨，涨幅 6.12%。

2015 年，上海 0 号铅现货价格年初报价 12 600 元/吨（1 月 5 日），最高价 13 925 元/吨（5 月 6 日），最低价 12 300 元/吨（3 月 3 日），最大价差 1 625 元/吨，年末报价 13 200 元/吨（12 月 31 日）。全年上涨 600 元/吨，涨幅 4.76%。

2015 年，伦敦金属交易所（LME）铅连续合约年初开盘价 1 860 美元/吨（1 月 2 日），最高价 2 158 美元/吨（5 月 5 日），最低价 1 562 美元/吨（11 月 23 日），最大价差 596 美元/吨，年末收盘价 1 793 美元/吨（12 月 31 日）。全年下跌 67 美元/吨，跌幅 3.60%。

2015 年铅期货内外盘和现货市场价格比较见图 1 －2 －10。

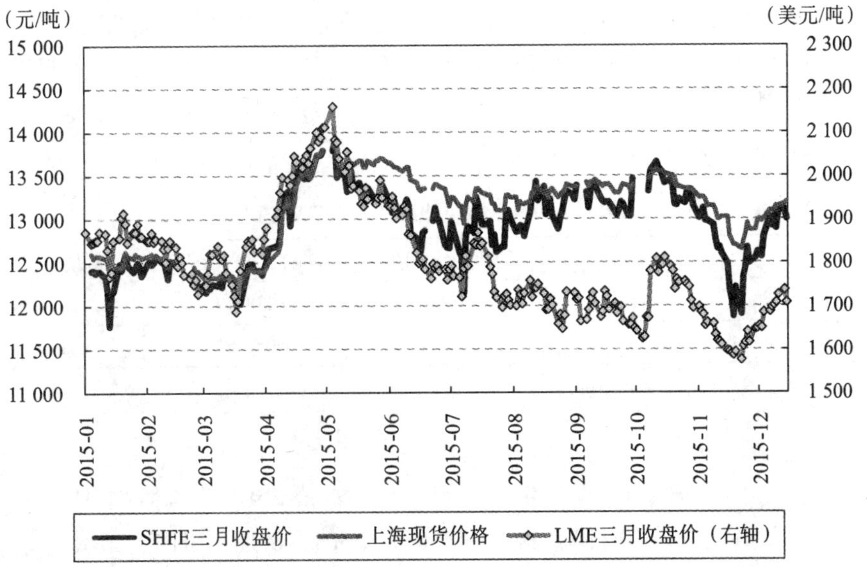

数据来源：上海期货交易所，路透，上海有色金属网。

图 1 －2 －10　2015 年铅期货内外盘和现货市场价格比较

十一、燃料油期货运行报告

2015 年，上期所燃料油期货价格呈现震荡下行走势。

（一）交易情况

2015 年，上期所燃料油期货成交量 3 875 手，同比增加 163.78%；成交金额 5.75 亿元，同比增加 131.85%；年末持仓 11 手，同比减少 70.27%。其中，成交量最高为 5 月的 85 手，最低为 1 月的 1 手，月末持仓量最大为 3 月和 4 月的 110 手，最小为 11 月的 8 手。

2015 年燃料油期货年度交易情况见表 1－2－59。

表 1－2－59　　2014—2015 年燃料油期货年度交易情况

年度	成交量（手）	同比变化（%）	成交金额（万元）	同比变化（%）	年末持仓量（手）	同比变化（%）
2014 年	1 469	41.39	24 798.24	－1.23	37	85
2015 年	3 875	163.78	57 485.45	131.85	11	－70.27

数据来源：上海期货交易所相关资料。

（二）交割情况

截至 2015 年底，上期所燃料油期货交割仓库共 8 家，其中上海市 1 家，广东省 5 家，浙江省 2 家。

2015 年，上期所燃料油期货交割总量 78 手折合 3 900 吨，同比增加 358.82%，交割金额 0.11 亿元，同比增加 295.41%。其中，6 月交割量最大，为 37 手折合 1 850 吨；1 月、2 月、3 月、4 月、5 月、7 月、11 月和 12 月交割量最低，为 0 手。

2015 年燃料油期货年度交割情况见表 1－2－60。

表 1－2－60　　2014—2015 年燃料油期货年度交割情况

年度	交割量（手）	同比变化（%）	交割金额（万元）	同比变化（%）
2014 年	17	－77.92	278.19	－84.84
2015 年	78	358.82	1 050.83	295.41

数据来源：上海期货交易所相关资料。

（三）价格走势

2015 年，上期所燃料油期货主力合约年初开盘价 2 979 元/吨（1 月 5 日），最高价 4 089 元/吨（3 月 10 日），最低价 1 671 元/吨（8 月 31 日），最大价差 2 418 元/吨，年末收盘价 2 553 元/吨（12 月 31 日）。全年下跌 426 元/吨，跌幅 14.30%。

2015 年，国内燃料油现货报价年初为 3 550 元/吨（1 月 4 日），最高价 3 550 元/吨（1 月 4 日），最低价 2 080 元/吨（12 月 31 日），最大价差 1 470 元/吨，年末报价 2 080 元/吨（12 月 31 日）。全年下跌 1 470 元/吨，跌幅 41.41%。

2015 年，新加坡现货燃料油年初开盘价 296.08 美元/吨（1 月 5 日），最高价 404.92 美元/吨（5 月 6 日），最低价 155.80 美元/吨（12 月 21 日），最大价差 249.12 美元/吨，年末收盘价 163.22 美元/吨（12 月 31 日）。全年下跌 132.86 美元/吨，跌幅 44.87%。

2015 年燃料油期货内外盘和现货市场价格比较见图 1－2－11。

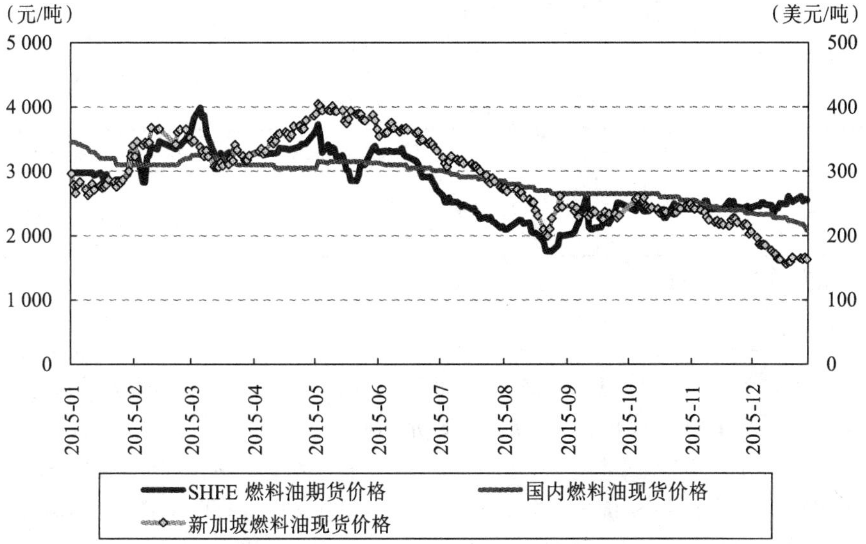

数据来源：上海期货交易所相关资料。

图 1－2－11　2015 年燃料油期货内外盘和现货价格市场价格比较

十二、线材期货运行报告

2015 年，上期所线材期货价格整体呈震荡下行走势。

（一）交易情况

2015 年全年，上期所线材期货成交量 327 手，同比减少 50.83%；成交金额 841.79 万元，同比减少 61.55%；年末持仓 0 手。其中，成交量最高为 3 月的 73 手，最低为 12 月的 0 手；月末持仓最大为 9 月的 12 手，最小为 11 月和 12 月的 0 手。

2015 年线材期货年度交易情况见表 1－2－61。

表 1－2－61　　2014—2015 年线材期货年度交易情况

年度	成交量（万手）	同比变化（%）	成交金额（亿元）	同比变化（%）	年末持仓量（手）	同比变化（%）
2014 年	0.07	－82.78	0.22	－84.99	9	80.00
2015 年	0.03	－50.83	0.08	－61.55	0	－100

数据来源：上海期货交易所。

目前，国际市场上没有对应的线材期货品种。

（二）交割情况

截至2015年底，上期所线材期货交割仓库共6家，其中上海市1家，天津市1家，江苏省2家，浙江省1家，此外中储发展股份有限公司在天津市和江苏省各有1处存放点。2015年线材期货交割仓库数量较2014年没有变化。

2015年，上期所线材期货全年未发生交割，交割总量为0手。

2015年线材期货年度交割情况见表1－2－62。

表1－2－62　　2014—2015年线材期货年度交割情况

年份	交割量（手）	同比变化（%）	交割金额（亿元）	同比变化（%）
2014年	0	—	0	—
2015年	0	—	0	—

数据来源：上海期货交易所。

（三）价格走势

2015年，上期所线材主力连续合约年初开盘价2 941元/吨（1月5日），最高价2 941元/吨（1月5日），最低价1 698元/吨（11月30日），最大价差1 243元/吨，年末收盘价1 881元/吨（12月31日）。全年下跌1 060元/吨，跌幅36.04%。

2015年，上海线材现货价格年初开盘价2 600元/吨（1月4日），最高价2 600元/吨（1月4日），最低价1 800元/吨（12月14日），最大价差800元/吨，年末收盘价1 820元/吨（12月31日）。全年下跌780元/吨，跌幅30.00%。

2015年线材期货和现货市场价格比较见图1－2－12。

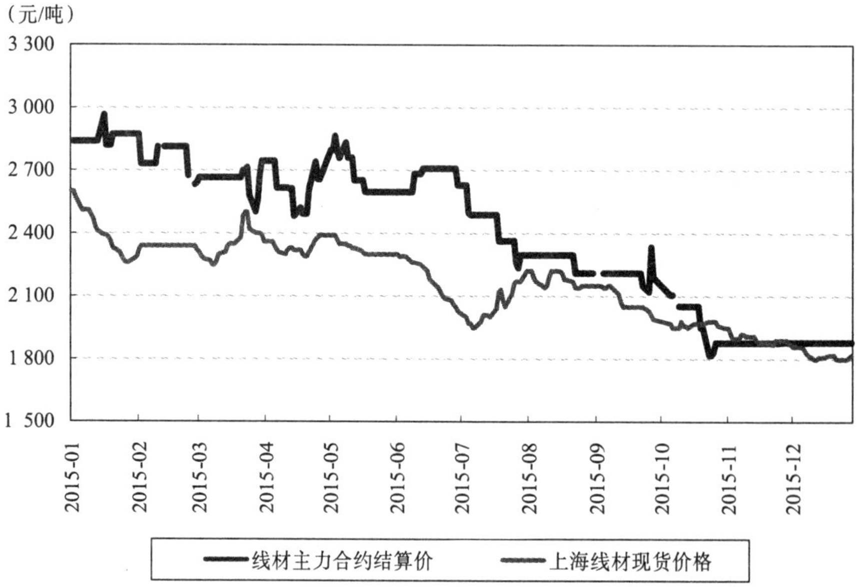

数据来源：上海期货交易所，我的钢铁网。

图1－2－12　2015年线材期货和现货市场价格比较

十三、镍期货运行报告

2015 年 3 月 27 日上期所镍期货品种上市交易，期价呈震荡下行走势。

（一）交易情况

2015 年 3—12 月上期所镍期货累计成交量 6 359.01 万手，全国期货品种成交量占比为 1.78%，累计成交金额 5.21 万亿元，全国期货品种成交金额占比为 0.94%；年末持仓 26.92 万手。其中，成交量最高为 12 月的 1 133.51 万手，最低为上市首月 3 月的 104.2 万手；成交金额最高为 12 月的 7 878 亿元，最低为上市首月 3 月的 101.6 亿元；月末持仓最大为 12 月的 26.92 万手，最小为上市首月 3 月的 2.92 万手。

2015 年镍期货年度交易情况见表 1－2－63。

表 1－2－63　　2015 年镍期货年度交易情况

年度	成交量（万手）	同比变化（%）	成交金额（亿元）	同比变化（%）	年末持仓量（万手）	同比变化（%）
2015 年	6 359.01	—	52 047.12	—	26.92	—

数据来源：上海期货交易所。

（二）交割情况

截至 2015 年底，上期所镍期货交割仓库共 7 家，其中上海市 3 家、江苏省 1 家、浙江省 2 家、山东省 1 家。上期所镍期货交割仓库总体库容 7 万吨，主要集中分布于华东地区，其中上海地区 3 家交割仓库，合计交割库容为 6 万吨。

2015 年 7 月镍期货品种首次平稳顺利交割，2015 年 7—12 月上期所镍期货交割总量 17 772 手，折合 17 772 吨，交割金额 13.78 亿元。其中，9 月交割量最大，为 11 736 手，折合 11 736 吨；8 月交割量最小，为 744 手，折合 744 吨。

2015 年镍期货年度交割情况见表 1－2－64。

表 1－2－64　　2015 年镍期货年度交割情况

年度	交割量（手）	同比变化（%）	交割金额（亿元）	同比变化（%）
2015 年	17 772	—	13.78	—

数据来源：上海期货交易所。

（三）价格走势

2015 年 3 月 27 日上期所镍期货品种上市以来，上期所镍主力连续合约开盘价 101 870 元/吨（3 月 27 日），最高价 115 300 元/吨（5 月 7 日），最低价 63 310 元/吨（11 月 24 日），最大价差 51 990 元/吨，年末收盘价 70 630 元/吨（12 月 31 日），相对于 3 月 27 日 102 070 元/吨挂盘基准价下跌 31 440 元/吨，跌幅 30.8%。

2015 年，上海 1 号镍现货价格年初报价 107 700 元/吨（1 月 5 日），最高价 110 850 元/吨（1 月 8 日），最低价 64 150 元/吨（11 月 24 日），最大价差 46 700 元/吨，年末报价 68 700 元/吨（12 月 31 日）。全年下跌 39 000 元/吨，跌幅 36.2%。

2015 年，伦敦金属交易所（LME）镍连续合约年初收盘价 14 830 美元/吨（1 月 2 日），最高价 15 677 美元/吨（1 月 9 日），最低价 8 175 美元/吨（11 月 23 日），最大价差 7 502 美元/吨，年末收盘价 8 820 美元/吨（12 月 31 日）。全年下跌 6 010 美元/吨，跌幅 40.5%。

2015 年镍期货内外盘和现货市场价格比较见图 1－2－13。

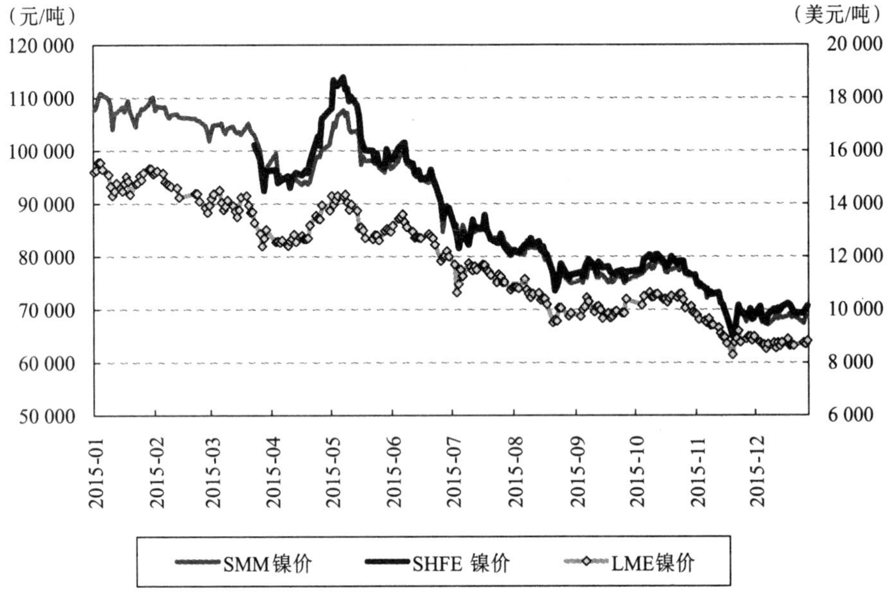

数据来源：上海期货交易所，路透，上海有色金属网。

图 1－2－13　2015 年镍期货内外盘和现货市场价格比较

十四、锡期货运行报告

锡期货于 2015 年 3 月 27 日在上期所挂牌上市，期价呈震荡下行走势。

（一）交易情况

2015 年，上期所锡期货成交量 51.58 万手，成交金额 562.37 亿元；全年日均成交量 0.27 万手，日均成交额 2.96 亿元。其中，成交量最高为 5 月的 20.53 万手，最低为 3 月的 0.44 万手；月末持仓最大为 12 月的 6 718 手，最小为 3 月的 1 198 手。

2015 年锡期货内外盘年度交易情况见表 1－2－65。

表 1－2－65　　2015 年锡期货内外盘交易情况比较

年度	成交量（万手）		年末持仓量（手）	
	上期所（内盘）	LME（外盘）	上期所（内盘）	LME（外盘）
2014 年	—	211.19	—	21 817
2015 年	51.58	146.31	3 359	17 407

数据来源：上海期货交易所，路透。

（二）交割情况

截至2015年底，上期所锡期货交割仓库共5家，存放地点共6个，其中上海市、江苏省、广东省各2个。

2015年，上期所锡期货交割总量2 048手折合2 048吨，交割金额2.15亿元。其中，7月交割量最大，为1 332手折合1 332吨；11月交割量最低，为32手折合32吨。

2015年锡期货年度交割情况见表1－2－66。

表1－2－66　　2014—2015年锡期货年度交割情况

年度	交割量（手）	同比变化（%）	交割金额（亿元）	同比变化（%）
2015年	2 048	—	2.15	—

数据来源：上海期货交易所。

（三）价格走势

2015年，上期所锡期货主力连续合约年初开盘价120 000元/吨（3月27日），最高价125 910元/吨（5月7日），最低价80 000元/吨（11月24日），最大价差45 910元/吨，年末收盘价93 790元/吨（12月31日）。全年下跌26 210元/吨，跌幅21.84%。

2015年，上海锡现货价格年初报价128 250元/吨（1月5日），最高价129 000元/吨（1月7日和1月8日），最低价84 000元/吨（12月9日），年末报价94 250元/吨（12月31日）。全年下跌34 000元/吨，跌幅26.5%。

2015年，伦敦金属交易所锡连续合约年初开盘价19 100美元/吨（1月2日），最高价20 100美元/吨（1月5日），最低价13 365美元/吨（6月30日），最大价差6 735美元/吨，年末收盘价14 565美元/吨（12月31日）。全年下跌4 535美元/吨，跌幅23.74%。

2015年锡期货内外盘和现货市场价格比较见图1－2－14。

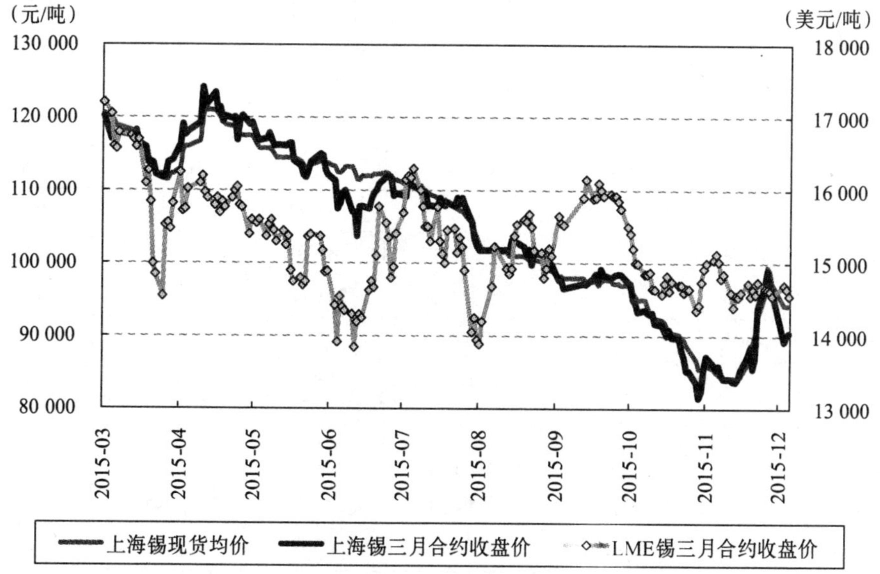

数据来源：上海期货交易所，上海有色金属网，路透。

图1－2－14　2015年锡期货内外盘和现货市场价格比较

第三节　郑州商品交易所上市品种运行报告

郑州商品交易所（简称郑商所，ZCE）2015 年全年累计成交量为 10.7亿手，占全国期货市场成交量的 29.91%，同比增长 58.25%；全年累计成交额为 31 万亿元，同比增长 33.3%。成交较为活跃的品种有甲醇、菜籽粕、PTA、白糖、玻璃、一号棉、菜籽油；成交较为低迷的品种有动力煤、锰硅、硅铁、强麦、普麦、油菜籽、早籼稻、晚籼稻、粳稻，单个品种年成交量在全国占比不足 0.1%。

一、棉花期货运行报告

2015 年，郑商所棉花期货价格呈现震荡下行走势。

（一）交易情况

2015 年全年，郑商所棉花期货成交量 2 261.33 万手，同比减少 28.85%；成交金额 14 349.94 亿元，同比减少 34.47%；年末持仓 30.07 万手，同比减少 3.32%。其中，成交量最高为 4 月的 250.27 万手，最低为 9 月的 123.48 万手；月末持仓最大为 4 月的 31.85 万手，最小为 3 月的 17.07 万手。

2015 年棉花期货月度、年度交易情况见表 1－3－1、表 1－3－2，内外盘交易情况比较见表 1－3－3。

表 1－3－1　　2015 年棉花期货月度交易情况

月度	成交量（万手）	同比变化（%）	成交金额（亿元）	同比变化（%）	月末持仓量（万手）	同比变化（%）
1 月	234.57	343.66	1 535.71	204.05	24.57	247.58
2 月	153.60	384.98	1 024.46	242.90	24.79	208.18
3 月	154.83	194.97	1 026.61	120.85	17.07	86.89
4 月	250.27	392.42	1 652.89	295.49	31.85	255.50
5 月	247.73	957.43	1 653.17	781.02	26.23	139.90
6 月	144.66	261.48	944.63	203.68	22.28	80.13
7 月	163.36	15.01	1 044.81	1.20	22.14	15.14
8 月	151.62	－49.67	949.56	－56.66	23.47	－14.08
9 月	123.48	－83.53	766.67	－84.73	23.37	－31.17
10 月	200.87	－70.60	1 200.66	－74.18	29.32	－24.66
11 月	217.94	－61.51	1 293.74	－64.73	29.93	－30.20
12 月	218.40	－54.92	1 257.03	－60.09	30.07	－3.32
总计	2 261.33	－28.85	14 349.94	－34.47	—	—

数据来源：郑州商品交易所网站。

表 1-3-2　　2014—2015 年棉花期货年度交易情况

年度	成交量（万手）	同比变化（%）	成交金额（亿元）	同比变化（%）	年末持仓量（万手）	同比变化（%）
2014 年	3 178.27	326.46	21 897.79	195.65	31.10	394.96
2015 年	2 261.33	-28.85	14 349.94	-34.47	30.07	-3.32

数据来源：郑州商品交易所网站。

表 1-3-3　　2014—2015 年棉花期货内外盘交易情况比较

年度	成交量（万手）		年末持仓量（万手）	
	郑商所（内盘）	ICE（外盘）	郑商所（内盘）	ICE（外盘）
2014 年	3 178.27	578.79	31.10	17.84
2015 年	2 261.33	672.58	30.07	18.54

数据来源：郑州商品交易所网站，洲际交易所网站。

（二）交割情况

截至 2015 年底，郑商所棉花期货交割仓库共 19 家，其中江苏省 4 家、山东省 4 家、河南省 3 家、新疆自治区 3 家、湖北省 2 家、河北省 1 家、安徽省 1 家、浙江省 1 家。新疆自治区新增的 3 家为新疆棉花交割中转库，自 2015 年 11 月 18 日开展中转交割业务。

2015 年，郑商所棉花期货交割总量 15 304 手折合 76 520 吨，同比增加 268.59%，交割金额 9.85 亿元，同比增加 212.11%。其中，5 月交割量最大，为 7 832 手折合 39 160 吨；11 月交割量最低，为 232 手折合 1 160 吨。

2015 年棉花期货月度、年度交割情况见表 1-3-4、表 1-3-5。

表 1-3-4　　2015 年棉花期货月度交割情况

月度	交割量（手）	同比变化（%）	交割金额（亿元）	同比变化（%）
1 月	3 776	742.86	2.45	471.26
3 月	552	6 800.00	0.36	4 496.46
5 月	7 832	1 587.93	5.09	1 199.24
7 月	656	4 000.00	0.41	2 965.97
9 月	2 256	729.41	1.40	495.41
11 月	232	-92.12	0.14	-93.17
总计	15 304	268.59	9.85	212.11

数据来源：郑州商品交易所网站。

表 1-3-5　　2014—2015 年棉花期货年度交割情况

年度	交割量（手）	同比变化（%）	交割金额（亿元）	同比变化（%）
2014 年	4 152	-51.04	3.15	-63.49
2015 年	15 304	268.59	9.85	212.11

数据来源：郑州商品交易所网站。

（三）价格走势

1. 总体价格走势

2015 年，郑商所棉花主力连续合约年初开盘价 13 040 元/吨（1 月 5 日），最高价 13 640 元/吨（5 月 5 日），最低价 11 280 元/吨（12 月 10 日），最大价差 2 360 元/吨，年末收盘价 11 400 元/吨（12 月 31 日）。全年下跌 1 640 元/吨，跌幅 12.58%。

2015 年，国家棉花价格指数 CN cotton B 年初报价 13 375 元/吨（1 月 5 日），最高价 13 375 元/吨（1 月 5 日），最低价 12 819 元/吨（10 月 26 日），最大价差 556 元/吨，年末报价 12 846 元/吨。全年下跌 529 元/吨，跌幅 3.96%。

2015 年，洲际交易所网站（ICE）棉花连续合约年初开盘价 60.27 美分/磅（1 月 2 日），最高价 68.30 美分/磅（8 月 17 日），最低价 57.05 美分/磅（1 月 23 日），最大价差 11.25 美分/磅，年末收盘价 63.28 美分/磅（12 月 31 日）。全年上涨 3.01 美分/磅，涨幅 4.99%。

2015 年棉花期货内外盘和现货市场价格比较见图 1－3－1。

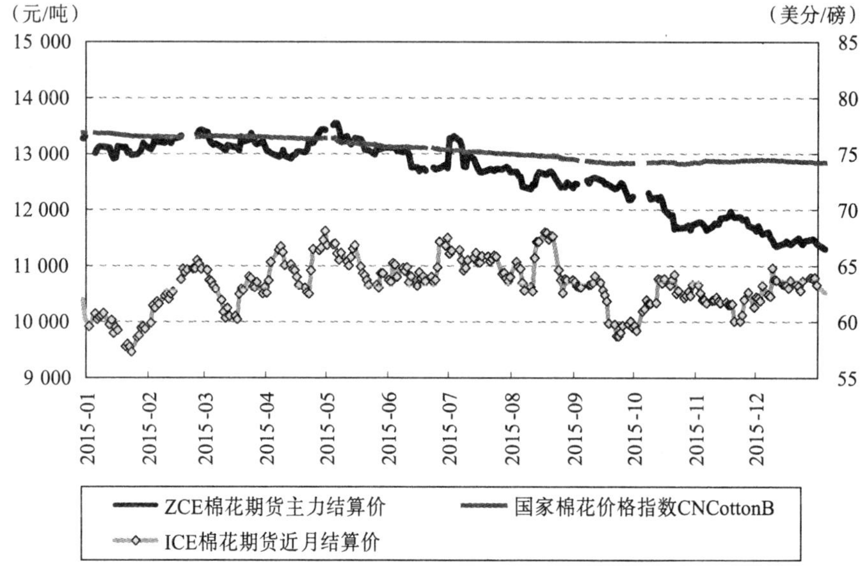

数据来源：郑州商品交易所网站，洲际交易所网站，中国棉花网。

图 1－3－1　2015 年棉花期货内外盘和现货市场价格比较

2. 价格相关性分析

2015 年棉花期货内外盘和现货市场价格主要显性指标见表 1－3－6，2015 年棉花期货内外盘和现货市场价格相关性见表 1－3－7。

二、白糖期货运行报告

2015 年，郑商所白糖期货价格呈现震荡上行走势。

表 1-3-6　　2015 年棉花期货内外盘和现货市场价格主要显性指标

市场分类	绝对指标（元/吨、美分/磅）					相对指标（%）	
	最高价	最低价	平均价	标准差	极差	离散率	波幅率
郑商所连续价格	13 200	11 805	12 572	350.66	1 395	2.79	11.10
ICE 连续价格	68.12	57.30	63.28	2.22	10.82	3.51	17.10
现货市场价格	13 375	12 819	13 076	191.52	556	1.46	4.25

数据来源：郑州商品交易所网站，洲际交易所网站，中国棉花网。

表 1-3-7　　2015 年棉花期现内外盘和现货市场价格相关性

价格选择	相关系数
郑商所连续价格与 ICE 连续价格	-0.07
郑商所连续价格与现货市场价格	0.88

数据来源：郑州商品交易所网站，洲际交易所网站，中国棉花网。

（一）交易情况

2015 年全年，郑商所白糖期货成交量 18 732.35 万手，同比增加 91.68%；成交金额 100 620.37 亿元，同比增加 119.21%；年末持仓 72.31 万手，同比增加 44.13%。其中，成交量最高为 11 月的 2 383.21 万手，最低为 6 月的 905.90 万手；月末持仓最大为 11 月的 73.93 万手，最小为 7 月的 37.50 万手。

2015 年白糖期货月度、年度交易情况见表 1-3-8、表 1-3-9，内外盘交易情况比较见表 1-3-40。

表 1-3-8　　2015 年白糖期货月度交易情况

月度	成交量（万手）	同比变化（%）	成交金额（亿元）	同比变化（%）	月末持仓量（万手）	同比变化（%）
1 月	1 434.62	200.38	7 008.71	223.28	56.60	12.95
2 月	1 240.23	118.78	6 285.61	138.99	64.96	31.83
3 月	1 677.02	83.43	8 586.01	96.05	49.61	7.39
4 月	1 453.84	74.69	8 020.10	98.05	52.53	-5.18
5 月	1 029.20	27.15	5 732.26	44.20	49.98	-0.77
6 月	905.90	45.40	5 026.54	63.11	40.92	-11.89
7 月	1 108.97	83.91	5 950.16	104.53	37.50	-25.38
8 月	1 507.37	153.01	7 859.52	188.82	41.62	-30.13
9 月	2 289.36	122.47	12 498.59	173.08	51.96	-8.32
10 月	1 910.21	67.63	10 688.40	102.21	60.25	-8.19
11 月	2 383.21	107.95	12 991.45	141.91	73.93	22.64
12 月	1 792.44	73.05	9 973.00	109.74	72.31	44.13
总计	18 732.35	91.68	100 620.37	119.21	—	—

数据来源：郑州商品交易所网站。

表 1-3-9　　2014—2015 年白糖期货年度交易情况

年度	成交量（万手）	同比变化（%）	成交金额（亿元）	同比变化（%）	年末持仓量（万手）	同比变化（%）
2014 年	9 772. 67	40. 02	45 902. 38	26. 42	50. 17	17. 31
2015 年	18 732. 35	91. 68	100 620. 37	119. 21	72. 31	44. 13

数据来源：郑州商品交易所网站。

表 1-3-10　　2014—2015 年白糖期货内外盘交易情况比较

年度	成交量（万手）		年末持仓量（万手）	
	郑商所（内盘）	ICE（外盘）	郑商所（内盘）	ICE（外盘）
2014 年	9 772. 67	2 939. 66	50. 17	83. 61
2015 年	18 732. 35	3 439. 45	72. 31	87. 86

数据来源：郑州商品交易所网站，洲际交易所网站。

（二）交割情况

截至 2015 年底，郑商所白糖期货交割仓库共 30 家，其中广西壮族自治区 8 家、云南省 3 家、河北省 3 家、山东省 3 家、辽宁省 2 家、河南省 2 家、广东省 2 家、江苏省 2 家、天津市 2 家、浙江省 1 家、湖北省 1 家、陕西省 1 家。

2015 年，郑商所白糖期货交割总量 63 097 手折合 630 970 吨，同比增加 613. 52%，交割金额 31. 76 亿元，同比增加 716. 81%。其中，1 月交割量最大，为 31 094 手折合 310 940 吨；11 月交割量最低，为 365 手折合 3 650 吨。

2015 年白糖期货月度、年度交割情况见表 1-3-11、表 1-3-12。

表 1-3-11　　2015 年白糖期货月度交割情况

月度	交割量（手）	同比变化（%）	交割金额（亿元）	同比变化（%）
1 月	31 094	3 225. 56	14. 97	3 306. 95
3 月	569	648. 68	0. 28	705. 14
5 月	16 424	370. 47	8. 90	448. 79
7 月	790	58. 00	0. 41	83. 49
9 月	13 855	294. 39	7. 01	390. 15
11 月	365	11. 28	0. 18	34. 16
总计	63 097	613. 52	31. 76	716. 81

数据来源：郑州商品交易所网站。

表 1-3-12　　2014—2015 年白糖期货年度交割情况

年度	交割量（手）	同比变化（%）	交割金额（亿元）	同比变化（%）
2014 年	8 843	118. 40	3. 89	76. 94
2015 年	63 097	613. 52	31. 76	716. 81

数据来源：郑州商品交易所网站。

（三）价格走势

1. 总体价格走势

2015 年，郑商所白糖期货主力连续合约年初开盘价 4 580 元/吨（1 月 5 日），最高价 5 798 元/吨（10 月 8 日），最低价 4 525 元/吨（1 月 5 日），最大价差 1 273 元/吨，年末收盘价 5 665 元/吨（12 月 31 日）。全年上涨 1 085 元/吨，涨幅 23.69%。

2015 年，南宁现货价格年初报价 4 395 元/吨（1 月 5 日），最高价 5 490 元/吨（4 月 20 日），最低价 4 395 元/吨（1 月 5 日），最大价差 1 095 元/吨，年末报价 5 305 元/吨。全年上涨 910 元/吨，涨幅 20.71%。

2015 年，洲际交易所网站（ICE）白糖期货连续合约年初开盘价 14.52 美分/磅（1 月 2 日），最高价 16.16 美分/磅（1 月 21 日），最低价 10.13 美分/磅（8 月 24 日），最大价差 6.03 美分/磅，年末收盘价 15.24 美分/磅（12 月 31 日）。全年上涨 0.72 美分/磅，涨幅 4.96%。

2015 年白糖期货内外盘和现货市场价格比较见图 1-3-2。

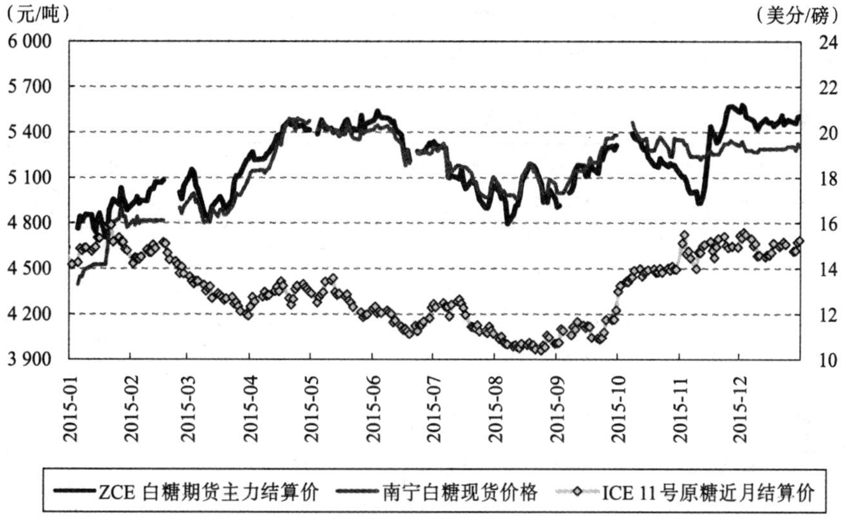

数据来源：郑州商品交易所网站，洲际交易所网站，广西糖网。

图 1-3-2　2015 年白糖期货内外盘和现货市场价格比较

2. 价格相关性分析

2015 年白糖期货内外盘和现货市场价格主要显性指标见表 1-3-13，2015 年白糖期货内外盘和现货市场价格相关性见表 1-3-14。

表 1-3-13　　2015 年白糖期货内外盘和现货市场价格主要显性指标

市场分类	绝对指标（元/吨、美分/磅）					相对指标（%）	
	最高价	最低价	平均价	标准差	极差	离散率	波幅率
郑商所连续价格	5 580	4 706	5 194	223.54	874	4.30	16.83
ICE 连续价格	15.92	10.39	13.08	1.51	5.53	11.53	42.27
白糖现货市场价格	5 490	4 395	5 150	244.23	1 095	4.74	21.26

数据来源：郑州商品交易所网站，洲际交易所网站，广西糖网。

表 1－3－14　　2015 年白糖期现内外盘和现货市场价格相关性

价格选择	相关系数
郑商所连续价格与 ICE 连续价格	0.09
郑商所连续价格与现货市场价格	0.85

数据来源：郑州商品交易所网站，洲际交易所网站，广西糖网。

三、菜籽油期货运行报告

2015 年，郑商所菜籽油（以下简称菜油）期货价格整体呈现震荡下跌走势。

（一）交易情况

2015 年全年，郑商所菜油期货成交量 778.05 万手，同比减少 44.02%；成交金额 4 540.84 亿元，同比减少 51.45%；年末持仓 12.25 万手，同比增加 57.44%。其中，成交量最高为 12 月的 103.35 万手，最低为 2 月的 40.97 万手；月末持仓最大为 12 月的 12.25 万手，最小为 2 月的 7.56 万手。

2015 年菜油期货月度、年度交易情况见表 1－3－15、表 1－3－16。

表 1－3－15　　2015 年菜油期货月度交易情况

月度	成交量（万手）	同比变化（%）	成交金额（亿元）	同比变化（%）	月末持仓量（万手）	同比变化（%）
1 月	80.55	-60.62	481.44	-66.16	9.87	-40.47
2 月	40.97	-64.04	238.67	-70.17	7.56	-48.32
3 月	46.33	-78.87	272.94	-82.58	7.70	-55.02
4 月	46.22	-63.52	274.91	-69.87	8.32	-49.16
5 月	52.31	-49.33	317.72	-57.52	8.43	-39.28
6 月	74.57	-14.17	453.37	-25.36	11.09	-27.44
7 月	71.34	-24.52	426.21	-31.69	10.75	-30.67
8 月	61.12	-27.31	351.53	-32.68	10.71	-27.41
9 月	67.98	-41.48	382.90	-45.62	9.50	-12.68
10 月	51.32	-30.68	292.00	-33.92	10.52	9.06
11 月	82.00	-11.60	462.40	-18.19	10.52	12.13
12 月	103.35	40.21	586.74	34.32	12.25	57.44
总计	778.05	-44.02	4 540.84	-51.45	—	—

数据来源：郑州商品交易所网站。

表 1－3－16　　2014—2015 年菜油期货年度交易情况

年度	成交量（万手）	同比变化（%）	成交金额（亿元）	同比变化（%）	年末持仓量（万手）	同比变化（%）
2014 年	1 389.77	9.35	9 352.01	-2.15	7.78	-51.81
2015 年	778.05	-44.02	4 540.84	-51.45	12.25	57.44

数据来源：郑州商品交易所网站。

（二）交割情况

截至2015年底，郑商所菜油期货交割仓库共16家，其中江苏省4家，湖北省3家，安徽省2家，四川省2家，广西壮族自治区2家，广东省、陕西省和福建省各1家。

2015年，郑商所菜油期货交割总量7 436手折合74 360吨，同比增加0.60%，交割金额4.41亿元，同比减少0.57%。其中，9月交割量最大，为5 185手折合51 850吨；7月和11月交割量最低，交割量为0手。

2015年菜油期货月度、年度交割情况见表1－3－17、表1－3－18。

表1－3－17　　2015年菜油期货月度交割情况

月度	交割量（手）	同比变化（%）	交割金额（亿元）	同比变化（%）
1月	1 390	377.66	0.81	306.32
3月	3	50.00	0.002	22.36
5月	858	－7.74	0.51	－21.02
7月	0	0	0	0
9月	5 185	－15.92	3.08	－13.92
11月	0	－100.00	0	－100.00
总计	7 436	0.60	4.41	－0.57

数据来源：郑州商品交易所网站。

表1－3－18　　2014—2015年菜油期货年度交割情况

年度	交割量（手）	同比变化（%）	交割金额（亿元）	同比变化（%）
2014年	7 392	80.12	4.43	74.12
2015年	7 436	0.60	4.41	－0.57

数据来源：郑州商品交易所网站。

（三）价格走势

1. 总体价格走势

2015年，郑商所菜油期货主力连续合约年初开盘价6 002元/吨（1月5日），最高价6 246元/吨（7月1日），最低价5 430元/吨（11月17日），最大价差816元/吨，年末收盘价5 702元/吨（12月31日）。全年下跌300元/吨，跌幅5.00%。

2015年，广东湛江四级菜油现货价格年初报价5 850元/吨（1月5日），最高价5 950元/吨（5月5日），最低价5 500元/吨（9月30日），最大价差450元/吨，年末报价5 840元/吨。全年下跌10元/吨，跌幅0.17%。

2015年菜油期货内盘和现货市场价格比较见图1－3－3。

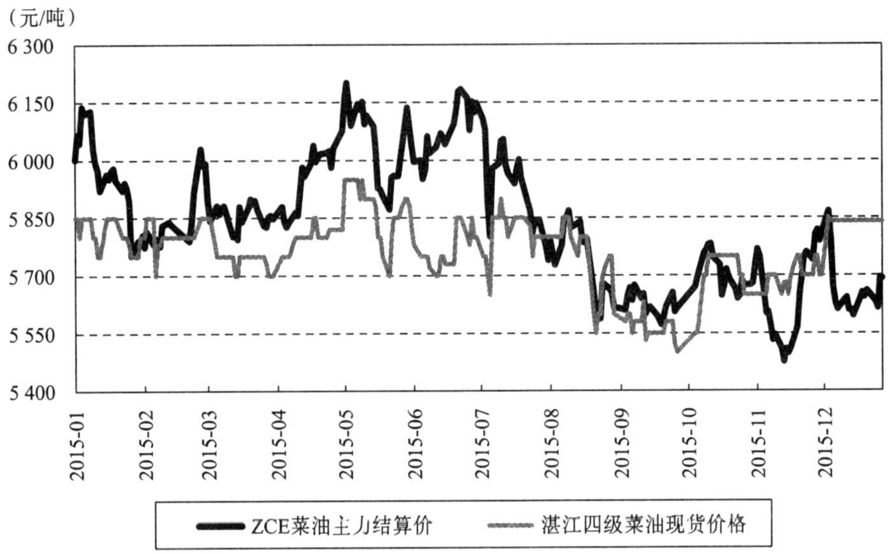

数据来源：郑州商品交易所网站，国家粮油信息中心。

图 1-3-3　2015 年菜油期货内盘和现货市场价格比较

2. 价格相关性分析

2015 年菜油期货和现货市场价格主要显性指标见表 1-3-19，2015 年菜油期货和现货市场价格相关性见表 1-3-20。

表 1-3-19　　2015 年菜油期货和现货市场价格主要显性指标

市场分类	绝对指标（元/吨）					相对指标（%）	
	最高价	最低价	平均价	标准差	极差	离散率	波幅率
郑商所连续价格	6 074	5 480	5 832.68	165.48	594	2.84	10.18
菜油现货市场价格	5 950	5 500	5 765.41	92.59	450	1.61	7.81

数据来源：郑州商品交易所网站，国家粮油信息中心。

表 1-3-20　　2015 年菜油期货和现货市场价格相关性

价格选择	相关系数
郑商所连续价格与现货市场价格	0.28

数据来源：郑州商品交易所网站，国家粮油信息中心。

四、菜籽粕期货运行报告

2015 年，郑商所菜籽粕（以下简称菜粕）期货价格整体呈现前期区间整理、后期震荡下行走势。

（一）交易情况

2015 年全年，郑商所菜粕期货成交量 26 148.72 万手，同比减少 13.85%；成交金额 55 808.62 亿元，同比减少 28.30%；年末持仓 33.88 万手，同比减少 45.75%。

其中，成交量最高为7月的4 428.41万手，最低为10月的1 182.89万手；月末持仓最大为3月的100.41万手，最小为8月的30.67万手。

2015年菜粕期货月度、年度交易情况见表1－3－21、表1－3－22。

表1－3－21　　2015年菜粕期货月度交易情况

月度	成交量（万手）	同比变化（%）	成交金额（亿元）	同比变化（%）	月末持仓量（万手）	同比变化（%）
1月	1 982.49	－22.57	4 259.31	－35.65	70.73	－6.96
2月	1 268.82	－16.35	2 779.89	－28.99	73.28	－11.13
3月	3 297.14	80.82	7 513.20	61.72	100.41	58.74
4月	2 604.28	27.28	5 739.03	3.91	94.17	51.60
5月	2 481.22	－15.17	5 371.33	－36.54	93.62	18.34
6月	2 051.40	－48.99	4 248.51	－64.04	75.36	－24.54
7月	4 428.41	22.42	9 891.33	0.01	43.70	－49.19
8月	2 416.59	－2.44	5 061.62	－15.80	30.67	－49.42
9月	1 897.97	－14.95	3 854.35	－21.16	31.14	－45.20
10月	1 182.89	－35.37	2 338.89	－42.45	45.34	－34.70
11月	1 316.34	－47.77	2 454.89	－56.91	33.84	－49.53
12月	1 221.19	－56.10	2 296.29	－63.58	33.88	－45.75
总计	26 148.72	－13.85	55 808.62	－28.30	—	—

数据来源：郑州商品交易所网站。

表1－3－22　　2014—2015年菜粕期货年度交易情况

年度	成交量（万手）	同比变化（%）	成交金额（亿元）	同比变化（%）	年末持仓量（万手）	同比变化（%）
2014年	30 351.60	89.58	77 837.58	98.59	62.46	－17.22
2015年	26 148.72	－13.85	55 808.62	－28.30	33.88	－45.75

数据来源：郑州商品交易所网站。

（二）交割情况

截至2015年底，郑商所菜粕期货交割仓库共19家，其中湖北省4家，江苏省3家，福建省3家，广西壮族自治区3家，安徽省2家，广东省2家，湖南省和四川省各1家。

2015年，郑商所菜粕期货交割总量10 497手折合104 970吨，同比减少21.21%，交割金额2.25亿元，同比减少34.91%。其中，5月交割量最大，为3 900手折合39 000吨；11月交割量最低，为400手折合4 000吨。

2015年菜粕期货月度、年度交割情况见表1－3－23、表1－3－24。

表 1－3－23　　2015 年菜粕期货月度交割情况

月度	交割量（手）	同比变化（%）	交割金额（亿元）	同比变化（%）
1 月	1 627	－40. 21	0. 37	－50. 24
3 月	743	－7. 24	0. 17	－19. 52
5 月	3 900	61. 83	0. 87	20. 61
7 月	661	54. 44	0. 14	5. 11
8 月	1 050	250. 00	0. 22	175. 60
9 月	2 116	－25. 88	0. 41	－39. 28
11 月	400	－89. 49	0. 06	－92. 81
总计	10 497	－21. 21	2. 25	－34. 91

数据来源：郑州商品交易所网站。

表 1－3－24　　2014—2015 年菜粕期货年度交割情况

年度	交割量（手）	同比变化（%）	交割金额（亿元）	同比变化（%）
2014 年	13 322	290. 22	3. 45	270. 42
2015 年	10 497	－21. 21	2. 25	－34. 91

数据来源：郑州商品交易所网站。

（三）价格走势

1. 总体价格走势

2015 年，郑商所菜粕期货主力连续合约年初开盘价 2 214 元/吨（1 月 5 日），最高价 2 401 元/吨（7 月 15 日），最低价 1 699 元/吨（11 月 24 日），最大价差 702 元/吨，年末收盘价 1 918 元/吨（12 月 31 日）。全年下跌 296 元/吨，跌幅 13. 37%。

2015 年，广东湛江普通菜粕现货价格年初报价 2 330 元/吨（1 月 5 日），最高价 2 450 元/吨（3 月 6 日），最低价 1 750 元/吨（11 月 23 日），最大价差 700 元/吨，年末报价 1 880 元/吨。全年下跌 450 元/吨，跌幅 19. 31%。

2015 年菜粕期货内盘和现货市场价格比较见图 1－3－4。

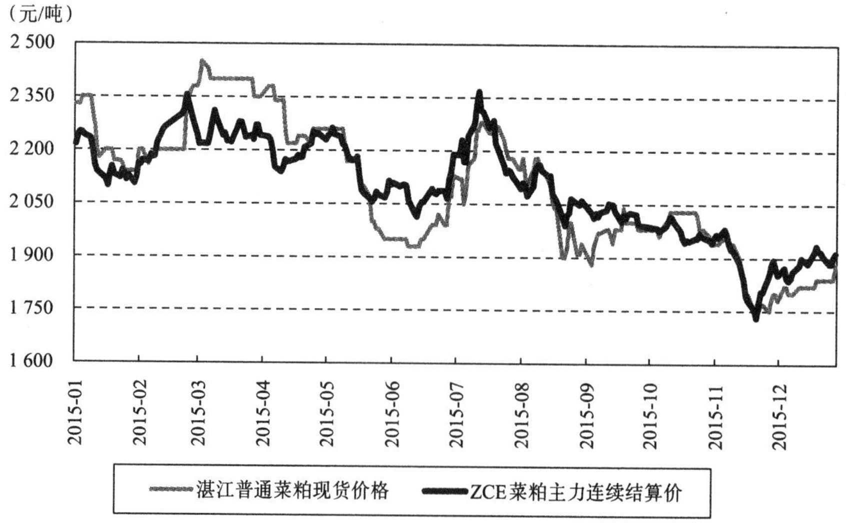

数据来源：郑州商品交易所网站，国家粮油信息中心。

图 1－3－4　2015 年菜粕期货内盘和现货市场价格比较

2. 价格相关性分析

2015 年菜粕期货内盘和现货市场价格主要显性指标见表 1 – 3 – 25，2015 年菜粕期货和现货市场价格相关性见表 1 – 3 – 26。

表 1 – 3 – 25　　2015 年菜粕期货内盘和现货市场价格主要显性指标

市场分类	绝对指标（元/吨）					相对指标（%）	
	最高价	最低价	平均价	标准差	极差	离散率	波幅率
郑商所连续价格	2 387	1 529	2 063.84	208.07	858	10.08	41.57
菜粕现货市场价格	2 450	1 750	2 094.80	184.06	700	8.79	33.42

数据来源：郑州商品交易所网站，国家粮油信息中心。

表 1 – 3 – 26　　2015 年菜粕期货和现货市场价格相关性

价格选择	相关系数
郑商所连续价格与现货市场价格	0.89

数据来源：郑州商品交易所网站，国家粮油信息中心。

五、PTA 期货运行报告

2015 年，郑商所精对苯二甲酸（以下简称 PTA）期货价格呈现震荡下跌走势。

（一）交易情况

2015 年全年，郑商所 PTA 期货成交量 23 157.80 万手，同比增加 96.48%；成交金额 55 676 亿元，同比增加 52.53%；年末持仓 47.06 万手，同比减少 12.69%。其中，成交量最高为 4 月的 2 799.01 万手，最低为 2 月的 1 328.09 万手；月末持仓最大为 3 月的 108.75 万手，最小为 11 月的 41.14 万手。

2015 年 PTA 期货月度、年度交易情况见表 1 – 3 – 27、表 1 – 3 – 28。

表 1 – 3 – 27　　2015 年 PTA 期货月度交易情况

月度	成交量（万手）	同比变化（%）	成交金额（亿元）	同比变化（%）	月末持仓量（万手）	同比变化（%）
1 月	1 785.50	573.12	4 153.05	346.48	84.98	235.74
2 月	1 328.09	272.73	3 171.17	167.31	91.83	77.70
3 月	2 601.14	244.43	6 271.57	158.98	108.75	149.80
4 月	2 799.01	473.05	7 219.60	363.30	83.49	149.05
5 月	2 180.56	269.41	5 747.05	208.39	74.76	118.37
6 月	1 800.48	65.21	4 627.26	22.26	65.24	62.78
7 月	1 922.82	24.50	4 479.47	–18.98	46.19	23.81
8 月	1 870.22	78.09	4 292.57	17.75	43.31	10.81
9 月	1 917.46	138.15	4 414.72	70.88	42.10	25.07
10 月	1 347.45	16.76	3 154.42	–2.78	52.89	–7.76
11 月	2 072.62	14.64	4 773.80	–6.03	41.14	–20.46
12 月	1 532.43	–18.46	3 371.34	–27.87	47.06	–12.69
总计	23 157.80	96.48	55 676.00	52.53	—	—

数据来源：郑州商品交易所网站。

表 1-3-28　　2014—2015 年 PTA 期货年度交易情况

年度	成交量（万手）	同比变化（%）	成交金额（亿元）	同比变化（%）	年末持仓量（万手）	同比变化（%）
2014 年	11 786.52	54.51	36 501.18	20.35	53.90	91.96
2015 年	23 157.80	96.48	55 676.00	52.53	47.06	-12.69

数据来源：郑州商品交易所网站。

（二）交割情况

截至2015 年底，郑商所PTA 期货交割仓库共21 家，其中浙江省有11 家交割仓库，分别是宁波4 家，杭州萧山2 家、绍兴、嘉兴、桐乡、平湖及海宁各1 家；江苏省有8 家交割仓库，分别是张家港5 家，江阴2 家，南通1 家；福建漳州和上海各有1 家交割仓库。

2015 年，郑商所 PTA 期货交割总量 112 991 手折合 56.5 万吨，同比减少 6.36%，交割金额 27.82 亿元，同比减少 32.48%。其中，5 月交割量最大，为 69 208 手折合 34.6 万吨；6 月交割量最低，为130 手折合650 吨。

2015 年 PTA 期货月度、年度交割情况见表 1-3-29、表 1-3-30。

表 1-3-29　　2015 年 PTA 期货月度交割情况

月度	交割量（手）	同比变化（%）	交割金额（亿元）	同比变化（%）
1 月	10 048	-85.33	2.25	-90.87
2 月	338	10.82	0.08	-23.14
3 月	451	-91.51	0.11	-93.65
4 月	200	-94.13	0.05	-95.86
5 月	69 208	137.65	18.10	105.93
6 月	130	-46.50	0.03	-61.30
7 月	228	235.29	0.05	112.45
8 月	354	1 080.00	0.08	607.56
9 月	31 199	129.05	6.87	46.33
10 月	209	—	0.05	—
11 月	305	1 352.38	0.07	1 150.57
12 月	321	542.00	0.07	428.48
总计	112 991	-6.36	27.82	-32.48

数据来源：郑州商品交易所网站。

表 1-3-30　　2014—2015 年 PTA 期货年度交割情况

年度	交割量（手）	同比变化（%）	交割金额（亿元）	同比变化（%）
2014 年	120 664	232.07	41.20	191.18
2015 年	112 991	-6.36	27.82	-32.48

数据来源：郑州商品交易所网站。

（三）价格走势

1. 总体价格走势

2015 年，郑商所 PTA 期货主力连续合约年初开盘价 4 824 元/吨（1 月 5 日），最高价 5 634 元/吨（5 月 7 日），最低价 4 214 元/吨（8 月 25 日），最大价差 1 420 元/吨，年末收盘价 4 462 元/吨（12 月 31 日）。全年下跌 362 元/吨，跌幅 7.50%。

2015 年，国产 PTA 现货价格年初报价 4 510 元/吨（1 月 5 日），最高价 5 300 元/吨（5 月 6 日），最低价 4 090 元/吨（8 月 25 日），年末报价 4 305 元/吨。全年下跌 205 元/吨，跌幅 4.55%。

2015 年 PTA 期货和现货市场价格比较见图 1－3－5。

数据来源：郑州商品交易所网站，中国化纤信息网。

图 1－3－5　2015 年 PTA 期货和现货市场价格比较

2. 价格相关性分析

2015 年 PTA 期货和现货市场价格主要显性指标见表 1－3－31，2015 年 PTA 期货和现货市场价格相关性见表 1－3－32。

表 1－3－31　　2015 年 PTA 期货和现货市场价格主要显性指标

市场分类	绝对指标（元/吨）					相对指标（%）	
	最高价	最低价	平均价	标准差	极差	离散率	波幅率
郑商所连续价格	5 338	4 076	4 661.10	266.07	1 262	5.71	27.08
PTA 现货市场价格	5 300	4 090	4 624.26	265.33	1 210	5.74	26.17

数据来源：郑州商品交易所网站，中国化纤信息网。

表 1-3-32　　2015 年 PTA 期货和现货市场价格相关性

价格选择	相关系数
郑商所连续价格与现货市场价格	0.95

数据来源：郑州商品交易所网站，中国化纤信息网。

六、甲醇期货运行报告

2015 年，郑商所甲醇期货价格呈现先扬后抑走势。

（一）交易情况

2015 年全年，郑商所甲醇期货成交量 31 475.06 万手，同比增加 1 178.71%；成交金额 69 472.31 亿元，同比增加 305.16%；年末持仓 30.26 万手，同比增加 45.80%。其中，成交量最高为 3 月的 7 191.48 万手，最低为 10 月的 1 429.46 万手；月末持仓最大为 3 月的 42.20 万手，最小为 6 月的 23.21 万手。

2015 年甲醇期货月度、年度交易情况见表 1-3-33、表 1-3-34。

表 1-3-33　　2015 年甲醇期货月度交易情况

月度	成交量（万手）	同比变化（%）	成交金额（亿元）	同比变化（%）	月末持仓量（万手）	同比变化（%）
1 月	1 847.24	2 786.31	3 852.49	311.92	28.39	2 325.18
2 月	1 588.10	2 362.44	3 528.18	268.72	36.60	1 510.80
3 月	7 191.48	9 847.57	17 445.14	1 698.92	42.20	2 478.43
4 月	3 691.82	6 178.22	9 228.05	1 053.96	33.00	1 963.06
5 月	2 102.33	3 801.49	5 253.67	641.55	27.60	1 053.46
6 月	1 555.80	1 267.14	3 857.01	155.22	23.21	347.81
7 月	1 921.94	1 736.71	4 442.78	219.00	25.88	457.35
8 月	2 799.52	2 746.74	5 658.78	319.89	30.05	431.71
9 月	2 929.17	2 789.82	5 691.66	321.02	26.28	434.67
10 月	1 429.46	1 394.99	2 780.48	137.60	37.44	571.03
11 月	2 287.16	1 333.95	4 157.69	153.28	38.10	236.45
12 月	2 131.04	44.50	3 576.38	-18.00	30.26	45.80
总计	31 475.06	1 178.71	69 472.31	305.16	—	—

数据来源：郑州商品交易所网站。

表 1-3-34　　2014—2015 年甲醇期货年度交易情况

年度	成交量（万手）	同比变化（%）	成交金额（亿元）	同比变化（%）	年末持仓量（万手）	同比变化（%）
2014 年	2 461.48	603.74	17 146.79	208.85	20.76	858.24
2015 年	31 475.06	1 178.71	69 472.31	305.16	30.26	45.80

数据来源：郑州商品交易所网站。

（二）交割情况

截至2015年底，郑商所甲醇期货交割仓库共21家，其中江苏省有10家交割仓库，分别是太仓、张家港、泰州、常熟、常州各1家，江阴2家，南通3家；广东省3家，2家在东莞，1家在广州；内蒙古自治区2家，均在鄂尔多斯；山东省2家，分别位于邹城和滕州；河北省1家，位于定州；河南省1家，位于濮阳；浙江省1家，位于宁波；福建省1家，位于泉州。

2015年，郑商所甲醇期货交割总量25 321手折合34.41万吨，同比增加4 835.87%，交割金额8.06亿元，同比增加1 119.63%。其中，6月交割量最大，为19 844手折合19.84万吨；4月交割量最低，为1手折合50吨。

2015年甲醇期货月度、年度交割情况见表1－3－35、表1－3－36。

表1－3－35　　2015年甲醇期货月度交割情况

月度	交割量（手）	同比变化（%）	交割金额（亿元）	同比变化（%）
1月	843	1 693.62	0.74	987.25
2月	10	—	0.01	—
3月	0	—	0	—
4月	1	—	0.00	—
5月	1 418	530.22	1.75	496.91
6月	19 844	—	4.97	—
7月	0	—	0	—
8月	0	—	0	—
9月	3 205	1 235.42	0.59	98.38
10月	0	—	0	—
11月	0	—	0	—
12月	0	—	0	—
总计	25 321	4 835.87	8.06	1 119.63

数据来源：郑州商品交易所网站。

表1－3－36　　2014—2015年甲醇期货年度交割情况

年度	交割量（手）	同比变化（%）	交割金额（亿元）	同比变化（%）
2014年	513	－74.63	0.66	－75.97
2015年	25 321	4 835.87	8.06	1 119.63

数据来源：郑州商品交易所网站。

（三）价格走势

1. 总体价格走势

2015年，郑商所甲醇期货主力连续合约年初开盘价1 984元/吨（1月5日），最高价2 654元/吨（4月28日），最低价1 590元/吨（12月9日），最大价差1 064元/吨，年末收盘价1 736元/吨（12月31日）。全年下跌248元/吨，跌幅 12.50%。

2015 年，华东甲醇现货价格年初报价 1 800 元/吨（1 月 5 日），最高价 2 570 元/吨（4 月 20 日），最低价 1 740 元/吨（12 月 29 日），年末报价 1 750 元/吨。全年下跌 50 元/吨，跌幅 2.78%。

2015 年甲醇期货和现货市场价格比较见图 1－3－6。

数据来源：郑州商品交易所网站，金银岛。

图 1－3－6　2015 年甲醇期货和现货市场价格比较

2. 价格相关性分析

2015 年甲醇期货和现货市场价格主要显性指标见表 1－3－37，2015 年甲醇期货和现货市场价格相关性见表 1－3－38。

表 1－3－37　2015 年甲醇期货和现货市场价格主要显性指标

市场分类	绝对指标（元/吨）					相对指标（%）	
	最高价	最低价	平均价	标准差	极差	离散率	波幅率
郑商所连续价格	2 627	1 675	2 136.17	312.49	952	14.63	44.57
甲醇现货市场价格	2 570	1 740	2 128.93	265.55	830	12.47	38.99

数据来源：郑州商品交易所网站，金银岛。

表 1－3－38　2015 年甲醇期货和现货市场价格相关性

价格选择	相关系数
郑商所连续价格与现货市场价格	0.80

数据来源：郑州商品交易所网站，金银岛。

七、玻璃期货运行报告

2015 年，郑商所玻璃期货价格呈现震荡下跌走势。

（一）交易情况

2015 年全年，郑商所玻璃期货成交量 4 154.83 万手，同比减少 47.22%；成交金额 7 419.24 亿元，同比减少 55.96%；年末持仓 14.38 万手，同比减少 56.73%。其中，成交量最高为 11 月的 688.87 万手，最低为 2 月的 170.27 万手；月末持仓最大为 2 月的 30.37 万手，最小为 8 月的 8.16 万手。

2015 年玻璃期货月度交易、年度交易情况见表 1－3－39、表 1－3－40。

表 1－3－39　　2015 年玻璃期货月度交易情况

月度	成交量（万手）	同比变化（%）	成交金额（亿元）	同比变化（%）	月末持仓量（万手）	同比变化（%）
1 月	447.03	7.39	834.61	－20.63	23.91	111.35
2 月	170.27	－55.38	318.76	－67.73	30.37	95.56
3 月	329.83	－33.39	625.15	－49.43	22.00	32.00
4 月	422.57	－0.42	767.37	－27.52	13.06	－36.04
5 月	353.48	4.01	657.96	－17.39	13.40	－48.32
6 月	260.28	－55.90	490.06	－61.11	10.90	－62.92
7 月	266.74	－70.49	466.60	－74.77	8.53	－77.56
8 月	255.35	－71.24	451.19	－75.58	8.16	－81.20
9 月	265.34	－83.19	445.43	－86.15	12.86	－65.55
10 月	347.10	－54.15	592.80	－60.85	27.17	－38.07
11 月	688.87	28.96	1 193.00	19.23	16.26	－55.27
12 月	347.99	－38.20	576.32	－43.81	14.38	－56.73
总计	4 154.83	－47.22	7 419.24	－55.96	—	—

数据来源：郑州商品交易所网站。

表 1－3－40　　2014—2015 年玻璃期货年度交易情况

年度	成交量（万手）	同比变化（%）	成交金额（亿元）	同比变化（%）	年末持仓量（万手）	同比变化（%）
2014 年	7 872.55	－57.70	16 845.55	－68.45	33.24	116.86
2015 年	4 154.83	－47.22	7 419.24	－55.96	14.38	－56.73

数据来源：郑州商品交易所网站。

（二）交割情况

截至 2015 年底，郑商所玻璃期货共有交割厂库 12 家，其中河北省 6 家，山东省 4 家，湖北省 2 家。

2015 年，郑商所玻璃期货交割总量 753 手折合 15 060 吨，同比减少 35.36%，交割金额1 339.36万元，同比减少51.22%。其中，6月交割量最大，为364手折合7 280吨；1月交割量最低，为4手折合80吨。

2015年玻璃期货月度交割、年度交割情况见表1－3－41、表1－3－42。

表1－3－41　　2015年玻璃期货月度交割情况

月度	交割量（手）	同比变化（%）	交割金额（万元）	同比变化（%）
1月	4	-98.55	8.70	-98.73
2月	0	—	0	—
3月	0	—	0	—
4月	0	—	0	—
5月	0	—	0	—
6月	364	45.60	669.03	21.75
7月	130	—	228.54	—
8月	15	150.00	26.04	102.80
9月	240	-4.00	407.04	-30.12
10月	0	—	0	—
11月	0	—	0	—
12月	0	—	0	—
总计	753	-35.36	1 339.36	-51.22

数据来源：郑州商品交易所网站。

表1－3－42　　2014—2015年玻璃期货年度交割情况

年度	交割量（手）	同比变化（%）	交割金额（亿元）	同比变化（%）
2014年	1 165	-57.42	0.27	-61.87
2015年	753	-35.36	0.13	-51.22

数据来源：郑州商品交易所网站。

（三）价格走势

1. 总体价格走势

2015年，郑商所玻璃期货主力连续合约年初开盘价944元/吨（1月5日），最高价985元/吨（3月31日），最低价788元/吨（12月1日），最大价差197元/吨，年末收盘价831元/吨（12月31日）。全年下跌113元/吨，跌幅11.97%。

2015年，北京地区河北安全5毫米玻璃现货价格年初报价992元/吨（1月5日），最高价1 089元/吨（11月11日），最低价875元/吨（3月10日），最大价差214元/吨，年末报价1 031元/吨。全年上涨39元/吨，涨幅3.93%。

2015年玻璃期货和现货市场价格比较见图1－3－7。

数据来源：郑州商品交易所网站，中国玻璃信息网。

图 1－3－7　2015 年玻璃期货和现货市场价格比较

2. 价格相关性分析

2015 年玻璃期货和现货市场价格主要显性指标见表 1－3－43，2015 年玻璃期货和现货市场价格相关性见表 1－3－44。

表 1－3－43　　2015 年玻璃期货和现货市场价格主要显性指标

市场分类	绝对指标（元/吨）					相对指标（%）	
	最高价	最低价	平均价	标准差	极差	离散率	波幅率
郑商所连续价格	1 122	820	963. 93	91. 60	302	9. 50	31. 33
玻璃现货市场价格	1 089	875	947. 70	63. 16	214	6. 66	22. 57

数据来源：郑州商品交易所网站，中国玻璃信息网。

表 1－3－44　　2015 年玻璃期货和现货市场价格相关性

价格选择	相关系数
郑商所连续价格与现货市场价格	－0. 16

数据来源：郑州商品交易所网站，中国玻璃信息网。

八、动力煤期货运行报告

2015 年，郑商所动力煤期货价格呈现震荡下跌走势。

（一）交易情况

2015 年全年，郑商所动力煤期货成交量 265. 20 万手，同比减少 53. 03%；成交金额 1 648. 57 亿元，同比减少 71. 74%；年末持仓 4. 05 万手，同比增加 92. 20%。其中，成交量最高为 12 月的 62. 97 万手，最低为 2 月的 6. 28 万手；月末持仓最大为 12 月的 4. 05 万手，最小为 7 月的 1. 15 万手。

2015 年动力煤期货年度交易情况见表 1 -3 -45，动力煤期货内外盘交易情况比较见表 1 -3 -46。

表 1 -3 -45　　2014—2015 年动力煤期货年度交易情况

年度	成交量（万手）	同比变化（%）	成交金额（亿元）	同比变化（%）	月末持仓量（万手）	同比变化（%）
2014 年	564.63	29.58	5 832.75	17.80	2.11	-37.32
2015 年	265.20	-53.03	1 648.57	-71.74	4.05	92.20

数据来源：郑州商品交易所网站。

表 1 -3 -46　　2014—2015 年动力煤期货内外盘交易情况比较

年度	成交量（万手）		月末持仓量（万手）	
	郑商所（内盘）	CME（外盘）	郑商所（内盘）	CME（外盘）
2014 年	564.63	1.90	2.11	0.08
2015 年	265.20	0.27	4.05	0.01

数据来源：郑州商品交易所网站，芝加哥商品交易所集团网站。

（二）交割情况

截至2015 年底，郑商所动力煤期货交割厂库共 10 家，其中北京 2 家，内蒙古 3 家，山西、陕西、上海、浙江、江苏各 1 家。

2015 年，郑商所动力煤期货交割总量 6 600 手折合 132 万吨，交割金额 6.40 亿元。其中，1 月交割量最大，为 5 250 手折合 105 万吨；9 月交割量最低，为 200 手折合 4 万吨。

2015 年动力煤期货年度交割情况见表 1 -3 -47。

表 1 -3 -47　　2014—2015 年动力煤期货年度交割情况

年度	交割量（手）	同比变化（%）	交割金额（亿元）	同比变化（%）
2014 年	1 400	—	1.34	—
2015 年	6 600	371.43	6.40	377.38

数据来源：郑州商品交易所网站。

（三）价格走势

1. 总体价格走势

2015 年，郑商所动力煤期货主力连续合约年初开盘价 481 元/吨（1 月 5 日），最高价 487 元/吨（1 月 6 日），最低价 278.4 元/吨（11 月 24 日），最大价差 208.6 元/吨，年末收盘价 305.2 元/吨（12 月 31 日）。全年下跌 175.8 元/吨，跌幅 36.55%。

2015 年，秦皇岛港 5 500 千卡/千克动力煤现货价格年初报价 525 元/吨（1 月 5 日），最高价 525 元/吨（1 月 5 日），最低价 351 元/吨（11 月 16 日），最大价差 174 元/吨，年末报价 366 元/吨。全年下跌 159 元/吨，跌幅 30.29%。

2015 年，芝加哥商业交易所（CME）动力煤连续合约年初开盘价 48.53 美元/吨（1 月 2 日），最高价 53.32 美元/吨（3 月 5 日），最低价 40.73 美元/吨（6 月 29 日），最大价差 12.59 美元/吨，年末收盘价 43.33 美元/吨（12 月 31 日）。全年下跌 5.20 美元/吨，跌幅 10.72%。

2015 年动力煤期货内外盘和现货市场价格比较见图 1－3－8。

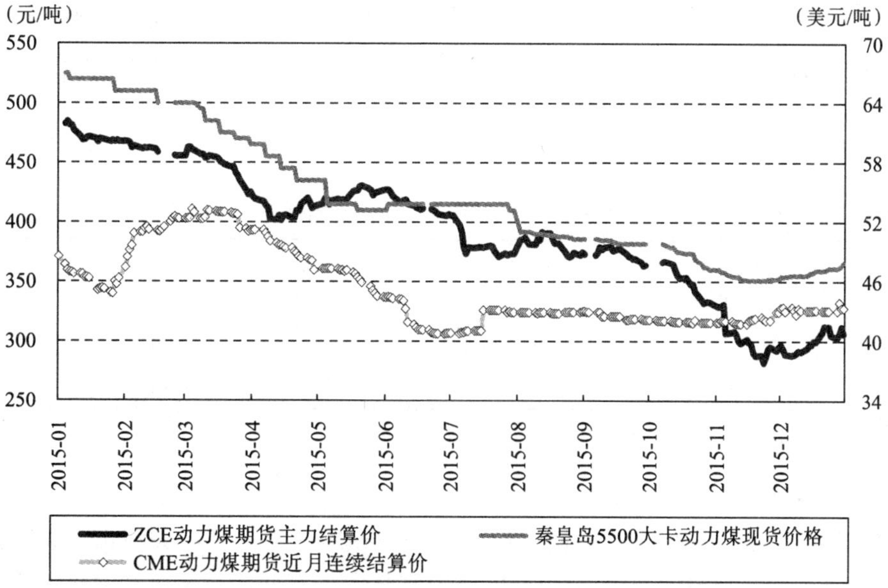

数据来源：郑州商品交易所网站，芝加哥商品交易所集团网站，中国煤炭市场网。

图 1－3－8　2015 年动力煤期货内外盘和现货市场价格比较

2. 价格相关性分析

2015 年动力煤期货内外盘和现货市场价格主要显性指标见表 1－3－48，2015 年动力煤期货内外盘和现货市场价格相关性见表 1－3－49。

表 1－3－48　　2015 年动力煤期货内外盘和现货市场价格主要显性指标

市场分类	绝对指标（元/吨、美元/吨）					相对指标（%）	
	最高价	最低价	平均价	标准差	极差	离散率	波幅率
郑商所连续价格	520	309.4	402	55.55	210.6	13.82	52.41
CME 连续价格	53.32	40.73	45	3.82	12.59	8.46	27.87
动力煤现货市场价格	525	351	420	53.33	174	12.71	41.46

数据来源：郑州商品交易所网站，芝加哥商品交易所集团网站，中国煤炭市场网。

表 1－3－49　　2015 年动力煤期现内外盘和现货市场价格相关性

价格选择	相关系数
郑商所连续价格与 CME 连续价格	0.71
郑商所连续价格与现货市场价格	0.96

数据来源：郑州商品交易所网站，芝加哥商品交易所集团网站，中国煤炭市场网。

九、硅铁期货运行报告

2015 年，郑商所硅铁期货价格呈现震荡下跌走势。

（一）交易情况

2015 年全年，郑商所硅铁期货成交量 3.94 万手，同比减少 94.87%；成交金额 7.62 亿元，同比减少 96.56%；年末持仓 54 手，同比减少 19.40%。其中，成交量最高为 11 月的 26 257 手，最低为 6 月的 23 手；月末持仓最大为 11 月的 509 手，最小为 6 月的 1 手。

2015 年硅铁期货年度交易情况见表 1－3－50。

表 1－3－50　　2014—2015 年硅铁期货年度交易情况

年度	成交量（万手）	同比变化（%）	成交金额（亿元）	同比变化（%）	年末持仓量（万手）	同比变化（%）
2014 年	76.76	—	221.23	—	0.01	—
2015 年	3.94	－94.87	7.62	－96.56	0.01	－19.40

数据来源：郑州商品交易所网站。

（二）交割情况

截至 2015 年底，郑商所硅铁期货共有交割仓库 5 家，其中天津市 2 家，河北省、江苏省、湖北省各 1 家；交割厂库 5 家，其中宁夏回族自治区 2 家，内蒙古自治区、甘肃省、青海省各 1 家。

2015 年，郑商所硅铁交割量为 7 手，折合 35 吨；交割金额为 206 010 元，2015 年度仅 1 月有交割，其他月份无交割。因 2014 年郑商所硅铁期货无交割，无法计算同比。

2015 年硅铁期货年度交割情况见表 1－3－51。

表 1－3－51　　2014—2015 年硅铁期货年度交割情况

年度	交割量（手）	同比变化（%）	交割金额（万元）	同比变化（%）
2014 年	0	—	0	—
2015 年	7	—	20.60	—

数据来源：郑州商品交易所网站。

（三）价格走势

1. 总体价格走势

2015 年，郑商所硅铁期货主力连续合约上市开盘价 5 300 元/吨（1 月 5 日），最高价 5 442 元/吨（1 月 13 日），最低价 3 366 元/吨（12 月 4 日），最大价差 2 076 元/吨，年末收盘价 3 738 元/吨（12 月 31 日）。全年下跌 1 562 元/吨，跌幅 29.47%。

2015 年，河北地区 75－B 硅铁贸易商现货价格年初报价 5 700 元/吨（1 月 5

日），最高价 5 700 元/吨（1 月 5 日），最低价 4 250 元/吨（12 月 14 日），最大价差 1 450 元/吨，年末报价 4 250 元/吨。全年下跌 1 450 元/吨，跌幅 25.44%。

2015 年硅铁期货和现货市场价格比较见图 1－3－9。

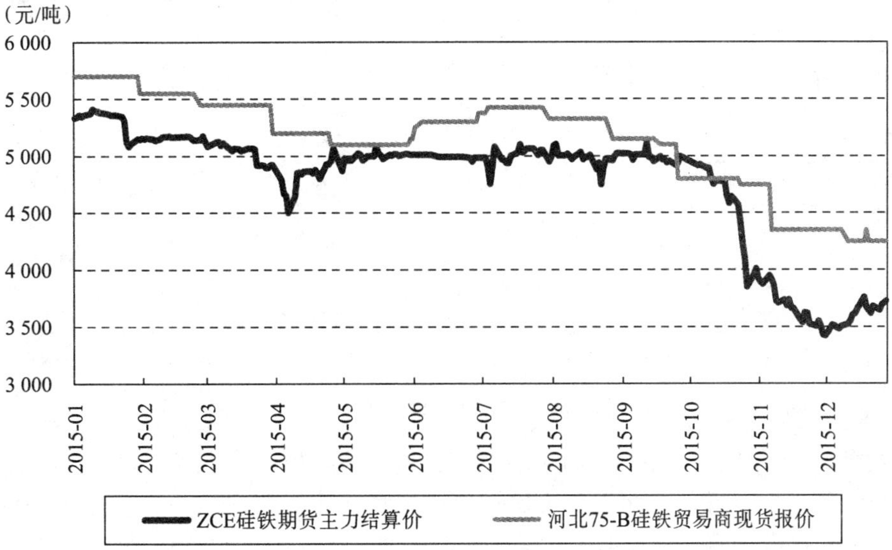

数据来源：郑州商品交易所网站，我的钢铁网。

图 1－3－9　2015 年硅铁期货和现货市场价格比较

2. 价格相关性分析

2015 年硅铁期货和现货价格主要显现指标见表 1－3－52，硅铁期货和现货市场价格相关性见表 1－3－53。

表 1－3－52　　2015 年硅铁期货和现货市场价格主要显性指标

市场分类	绝对指标（元/吨）					相对指标（%）	
	最高价	最低价	平均价	标准差	极差	离散率	波幅率
郑商所连续价格	5 886	3 554	5 055	580.42	2 332	11.48	46.13
硅铁现货市场价格	5 700	4 250	5 128	421.21	1 450	8.21	28.27

数据来源：郑州商品交易所网站，我的钢铁网。

表 1－3－53　　2015 年硅铁期货和现货市场价格相关性

价格选择	相关系数
郑商所连续价格与现货市场价格	0.78

数据来源：郑州商品交易所网站，我的钢铁网。

十、锰硅期货运行报告

2015 年，郑商所锰硅期货价格呈现震荡下跌走势。

（一）交易情况

2015 年全年，郑商所锰硅期货成交量 5.04 万手，同比减少 86.05%；成交金额 10.68 亿元，同比减少 90.79%；年末持仓 110 手，同比减少 97.12%。其中，成交量最高为 11 月的 32 034 手，最低为 6 月的 30 手；月末持仓最大为 2 月的 2 375 手，最小为 4 月的 0 手。

2015 年锰硅期货年度交易情况见表 1－3－54。

表 1－3－54　　2014—2015 年锰硅期货年度交易情况

年度	成交量（万手）	同比变化（%）	成交金额（亿元）	同比变化（%）	年末持仓量（万手）	同比变化（%）
2014 年	36.15	—	115.97	—	0.38	—
2015 年	5.04	-86.05	10.68	-90.79	0.01	-97.12

数据来源：郑州商品交易所网站。

（二）交割情况

截至 2015 年底，郑商所锰硅期货共有交割仓库 7 家，其中天津市、江苏省各 2 家，河北省、山东省、湖北省各 1 家；交割厂库 7 家，其中贵州省 2 家，吉林省、内蒙古自治区、宁夏回族自治区、云南省、广西壮族自治区各 1 家。

2015 年，郑商所锰硅期货交割总量 3 682 手，折合 18 410 吨，同比增加 13 050.00%；交割金额 1.12 亿元，同比增加 13 028.48%。2015 年度锰硅期货仅于 1 月交割 3 682 手，其余月份无交割。

2015 年锰硅期货年度交割情况见表 1－3－55。

表 1－3－55　　2014—2015 年锰硅期货年度交割情况

年度	交割量（手）	同比变化（%）	交割金额（亿元）	同比变化（%）
2014 年	28	—	0.01	—
2015 年	3 682	13 050	1.12	13 028.48

数据来源：郑州商品交易所网站。

（三）价格走势

1. 总体价格走势

2015 年，郑商所锰硅期货主力连续合约上市开盘价 6 050 元/吨（1 月 5 日），最高价 6 160 元/吨（1 月 12 日），最低价 3 452 元/吨（10 月 30 日），最大价差 2 708 元/吨，年末收盘价 3 814 元/吨（12 月 31 日）。全年下跌 2 346 元/吨，跌幅 38.08%。

2015 年，江苏地区 6 818 锰硅贸易商现货价格年初报价 6 300 元/吨（1 月 5 日），最高价 6 300 元/吨（1 月 5 日），最低价 4 075 元/吨（12 月 21 日），最大价差 2 225 元/吨，年末报价 4 175 元/吨。全年下跌 2 125 元/吨，跌幅 33.73%。

2015 年锰硅期货和现货市场价格比较见图 1－3－10。

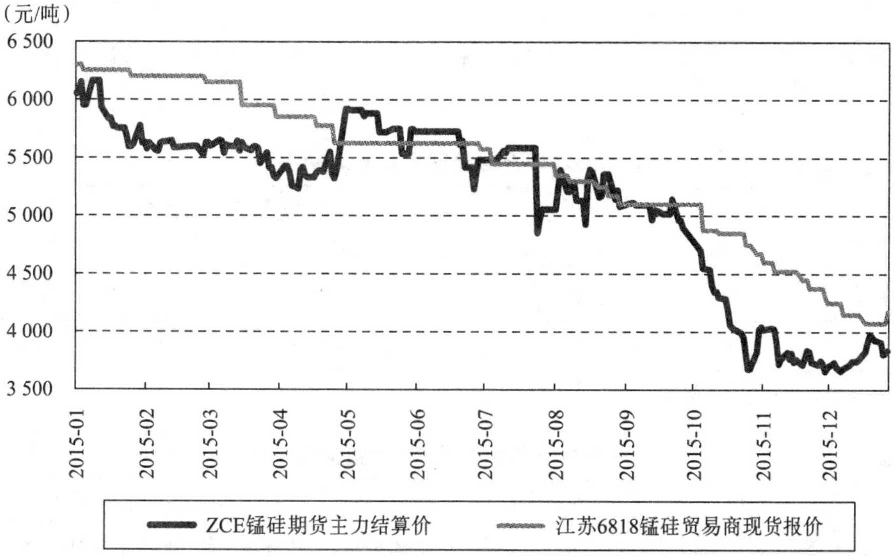

数据来源：郑州商品交易所网站，我的钢铁网。

图 1－3－10　2015 年锰硅期货和现货市场价格比较

2. 价格相关性分析

2015 年锰硅期货和现货价格主要显现指标见表 1－3－56，锰硅期货和现货市场价格相关性见表 1－3－57。

表 1－3－56　　2015 年锰硅期货和现货市场价格主要显性指标

市场分类	绝对指标（元/吨）					相对指标（%）	
	最高价	最低价	平均价	标准差	极差	离散率	波幅率
郑商所连续价格	6 300	3 744	5 395	572. 99	2 556	10. 62	47. 38
锰硅现货市场价格	6 300	4 075	5 399	635. 86	2 225	11. 78	41. 21

数据来源：郑州商品交易所网站，我的钢铁网。

表 1－3－57　　2015 年锰硅期货和现货市场价格相关性

价格选择	相关系数
郑商所连续价格与现货市场价格	0. 90

数据来源：郑州商品交易所，我的钢铁网。

十一、强麦期货运行报告

2015 年，郑商所强麦期货价格呈现震荡上涨走势。

（一）交易情况

2015 年全年，郑商所强麦期货成交量 46. 07 万手，同比减少 55. 09%；成交金额 254. 51 亿元，同比减少 54. 7%；年末持仓 3. 49 万手，同比增加 305. 41%。其中，成交量最高为 10 月的 11. 6 万手，最低为 2 月的 0. 42 万手；月末持仓最大为 10

月的3.59万手，最小为5月的0.13万手。

2014—2015年强麦期货年度交易情况见表1－3－58，内外盘交易情况比较见表1－3－59。

表1－3－58　　2014—2015年强麦期货年度交易情况

年度	成交量（万手）	同比变化（%）	成交金额（亿元）	同比变化（%）	年末持仓量（万手）	同比变化（%）
2014年	102.59	－64.72	561.86	－56.59	0.86	－89.30
2015年	46.07	－55.09	254.51	－54.70	3.49	305.41

数据来源：郑州商品交易所网站。

表1－3－59　　2014—2015年强麦期货内外盘交易情况

年度	成交量（万手）		年末持仓量（万手）	
	郑商所（内盘）	CBOT（外盘）	郑商所（内盘）	CBOT（外盘）
2014年	102.59	2 585.30	0.86	37.13
2015年	46.07	3 110.06	3.49	36.79

数据来源：郑州商品交易所网站，芝加哥商品交易所集团网站。

（二）交割情况

截至2015年底，郑商所强麦期货交割仓库共14家，其中河南省5家，分别是濮阳皇甫、郑州兴隆、延津金麦、中储粮鹤壁和安阳安林；河北省4家，分别是藁城永安、河北元氏、邢台粮库和衡水粮库；山东省2家，分别是济宁一库和菏泽粮库；江苏省2家，分别是徐州粮库和南京铁心桥；陕西省1家，是陕西西瑞。

2015年，郑商所强麦期货交割量4 170手折合83 400吨，同比减少75.98%，交割金额2.11亿元，同比减少78.91%。其中，1月交割量最大，为2 446手折合48 920吨；其中，3月、7月和11月交割量最低，为0手。

2015年强麦期货年度交割情况见表1－3－60。

表1－3－60　　2014—2015年强麦期货年度交割情况

年度	交割量（手）	同比变化（%）	交割金额（亿元）	同比变化（%）
2014年	17 363	－17.47	10	64.78
2015年	4 170	－75.98	2.11	－78.91

数据来源：郑州商品交易所网站。

（三）价格走势

1. 总体价格走势

2015年，郑商所强麦期货主力连续合约年初开盘价2 535元/吨（1月5日），最高价2 900元/吨（12月29日），最低价2 514元/吨（4月17日），最大价差386元/吨，年末收盘价2 891元/吨（12月31日）。全年上涨356元/吨，涨幅14.04%。

2015 年，郑州强麦现货价格年初报价 2 830 元/吨（1 月 5 日），最高价 2 830 元/吨（1 月 5 日），最低价 2 540 元/吨（8 月 10 日），最大价差 290 元/吨，年末报价 2 680 元/吨（12 月 31 日）。全年下跌 150 元/吨，跌幅 5.3%。

2015 年，芝加哥期货交易所（CBOT）软红冬麦期货合约年初开盘价 589.75 美分/蒲式耳（1 月 2 日），最高价 615.75 美分/蒲式耳（7 月 1 日），最低价 451.25 美分/蒲式耳（12 月 2 日），最大价差 164.5 美分/蒲式耳，年末收盘价 470 美分/蒲式耳（12 月 31 日）。全年下跌 119.75 美分/蒲式耳，跌幅 20.31%。

2015 年强麦期货内外盘和现货市场价格比较见图 1－3－11。

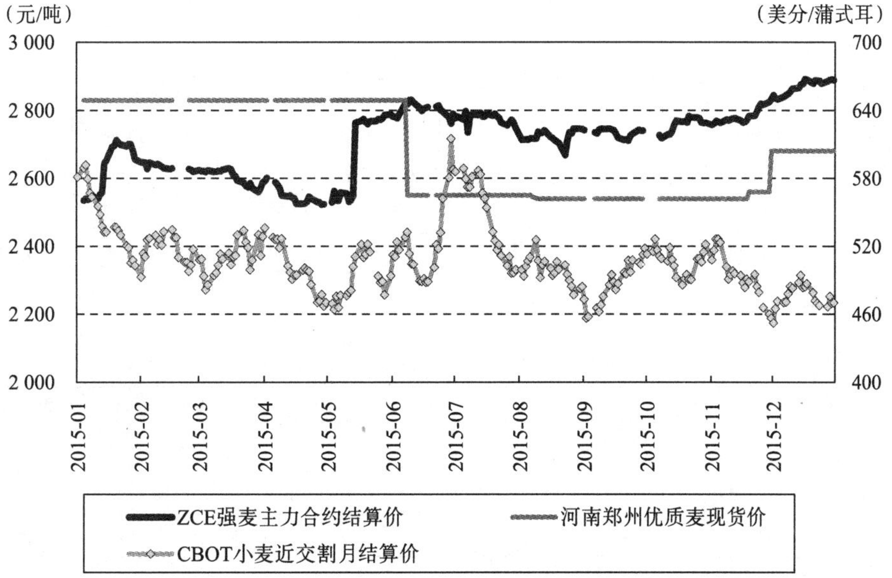

数据来源：郑州商品交易所网站，芝加哥商品交易所集团网站，国家粮油信息中心。

图 1－3－11　2015 年强麦期货内外盘和现货市场价格比较

2. 价格相关性分析

2015 年强麦期货内外盘和现货市场价格主要显性指标见表 1－3－61，2015 年强麦期货内外盘和现货市场价格相关性见表 1－3－62。

表 1－3－61　　2015 年强麦期货内外盘和现货市场价格主要显性指标

市场分类	绝对指标（元/吨、美分/蒲式耳）					相对指标（%）	
	最高价	最低价	平均价	标准差	极差	离散率	波幅率
郑商所连续价格	2 992	2 210	2 629.33	182.40	782	6.94	29.74
CBOT 连续价格	615.75	451.25	507.38	29.17	164.50	5.75	32.03
强麦现货市场价格	2 830	2 540	2 679.14	135.51	290	5.06	10.82

数据来源：郑州商品交易所网站，芝加哥商品交易所集团网站，国家粮油信息中心。

表 1 -3 -62　　2015 年强麦期现内外盘和现货市场价格相关性

价格选择	相关系数
郑商所连续价格与 CBOT 连续价格	-0.14
郑商所连续价格与现货市场价格	-0.04

数据来源：郑州商品交易所网站，芝加哥商品交易所集团网站，国家粮油信息中心。

十二、普麦期货运行报告

2015 年，郑商所普麦期货价格呈现宽幅震荡走势。

（一）交易情况

2015 年全年，郑商所普麦期货成交量 1 175 手，同比减少 2.33%；成交金额 1.46 亿元，同比减少 5.53%；年末持仓 18 手，同比减少 25%。其中，成交量最高为 12 月的 832 手，最低为 3 月的 6 手；月末持仓最大为 11 月的 36 手，最小为 4 月的 0 手。

2015 年普麦期货年度交易情况见表 1 -3 -63，内外盘交易情况比较见表 1 -3 -64。

表 1 -3 -63　　2014—2015 年普麦期货年度交易情况

年度	成交量（手）	同比变化（%）	成交金额（亿元）	同比变化（%）	年末持仓量（手）	同比变化（%）
2014 年	1 203	-36.48	1.54	-34.18	24	-31.43
2015 年	1 175	-2.33	1.46	-5.53	18	-25

数据来源：郑州商品交易所网站。

表 1 -3 -64　　2014—2015 年普麦期货内外盘交易情况比较

年度	成交量（手）		年末持仓量（手）	
	郑商所（内盘）	CBOT（外盘）	郑商所（内盘）	CBOT（外盘）
2014 年	1 203	25 853 004	24	371 349
2015 年	1 175	31 100 598	18	367 911

数据来源：郑州商品交易所网站，芝加哥商交易所集团网站。

（二）交割情况

截至 2015 年底，郑商所普麦期货交割仓库共 14 家，其中河南省 5 家，分别是郑州兴隆、安阳安林、许昌新兴、郾城粮库和周口东郊；河北省 3 家，分别是河北元氏、邢台粮库和衡水粮库；山东省 2 家，分别是济宁一库和菏泽粮库；江苏省 2 家，分别是徐州粮库和南京铁心桥；陕西省 1 家，是陕西西瑞；安徽省 1 家，是阜阳中谷。

2015 年，郑商所普麦期货交割量 0 手折合 0 吨，同比减少 100%，交割金额 0 元，同比减少 100%。

2015 年普麦期货年度交割情况见表 1－3－65。

表 1－3－65　　2014—2015 年普麦期货年度交割情况

年度	交割量（手）	同比变化（%）	交割金额（亿元）	同比变化（%）
2014 年	19	1 800	0.02	1 983.57
2015 年	0	－100	0	－100

数据来源：郑州商品交易所网站。

（三）价格走势

1. 总体价格走势

2015 年，郑商所普麦期货主力连续合约年初开盘价 2 610 元/吨（1 月 12 日），最高价 2 730 元/吨（6 月 18 日），最低价 2 242 元/吨（12 月 25 日），最大价差 488 元/吨，年末收盘价 2 320 元/吨（12 月 28 日）。全年下跌 290 元/吨，跌幅 11.11%。

2015 年，郑州普麦现货价格年初报价 2 580 元/吨（1 月 5 日），最高价 2 580 元/吨（1 月 5 日），最低价 2 300 元/吨（10 月 8 日），最大价差 280 元/吨，年末报价 2 420 元/吨。全年下跌 160 元/吨，跌幅 6.20%。

2015 年，芝加哥期货交易所（CBOT）软红冬麦期货合约年初开盘价 589.75 美分/蒲式耳（1 月 2 日），最高价 615.75 美分/蒲式耳（7 月 1 日），最低价 451.25 美分/蒲式耳（12 月 2 日），最大价差 164.5 美分/蒲式耳，年末收盘价 470 美分/蒲式耳（12 月 31 日）。全年下跌 119.75 美分/蒲式耳，跌幅 20.31%。

2015 年普麦期货内外盘和现货市场价格比较见图 1－3－12。

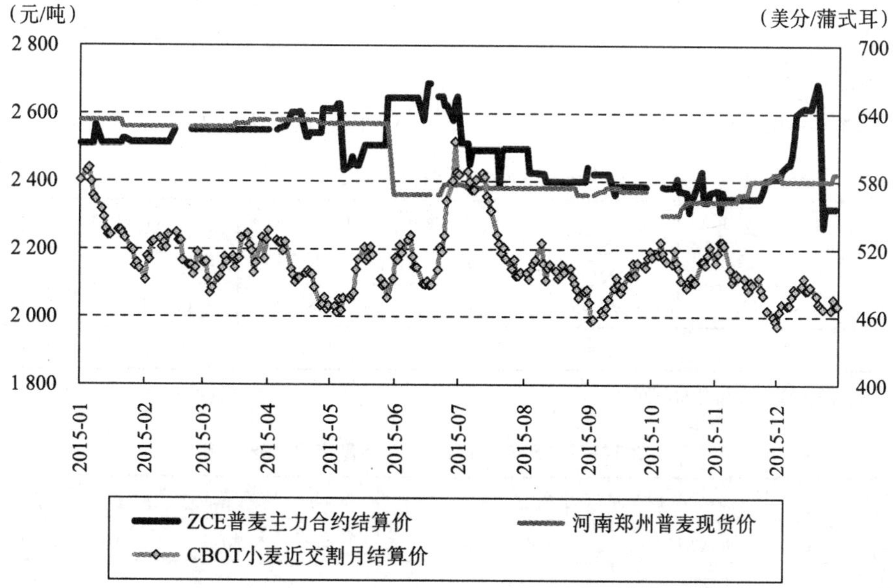

数据来源：郑州商品交易所网站，芝加哥商品交易所集团网站，国家粮油信息中心。

图 1－3－12　2015 年普麦期货内外盘和现货市场价格比较

2. 价格相关性分析

2015 年普麦期货内外盘和现货市场价格主要显性指标见表 1 -3 -66，2015 年普麦期货内外盘和现货市场价格相关性见表 1 -3 -67。

表 1 -3 -66　2015 年普麦期货内外盘和现货市场价格主要显性指标

市场分类	绝对指标（元/吨，美分/蒲式耳）					相对指标（%）	
	最高价	最低价	平均价	标准差	极差	离散率	波幅率
郑商所连续价格	2 699	2 123	2 360. 05	159. 13	576	6. 74	24. 41
CBOT 连续价格	614. 75	452. 25	507. 38	29. 17	162. 50	5. 75	32. 03
普麦现货市场价格	2 580	2 300	2 452. 38	99. 74	280	4. 07	11. 42

数据来源：郑州商品交易所网站，芝加哥商品交易所集团网站，国家粮油信息中心。

表 1 -3 -67　2015 年普麦期现内盘和现货市场价格相关性

价格选择	相关系数
郑商所连续价格与 CBOT 连续价格	-0. 16
郑商所连续价格与现货市场价格	0. 53

数据来源：郑州商品交易所网站，芝加哥商品交易所集团网站，国家粮油信息中心。

十三、油菜籽期货运行报告

2015 年，郑商所油菜籽（以下简称菜籽）期货价格呈现震荡下行走势。

（一）交易情况

2015 年全年，郑商所菜籽期货成交量 4. 57 万手，同比增加 165. 42%；成交金额 17. 30 亿元，同比增加 106. 76%；年末持仓 364 手，同比增加 833. 33%。其中，成交量最高为 7 月的 20 725 手，最低为 10 月的 45 手；月末持仓最大为 7 月的 2 268 手，最小为 4 月的 28 手。

2015 年菜籽期货年度交易情况见表 1 -3 -68，内外盘交易情况比较见表 1 -3 -69。

表 1 -3 -68　2014—2015 年菜籽期货年度交易情况

年度	成交量（万手）	同比变化（%）	成交金额（亿元）	同比变化（%）	年末持仓量（万手）	同比变化（%）
2014 年	1. 72	-98. 53	8. 37	-98. 68	0. 004	143. 75
2015 年	4. 57	165. 42	17. 30	106. 76	0. 04	833. 33

数据来源：郑州商品交易所网站。

表 1 -3 -69　2014—2015 年菜籽期货内外盘交易情况

年度	成交量（万手）		年末持仓量（万手）	
	郑商所（内盘）	ICE（外盘）	郑商所（内盘）	ICE（内盘）
2014 年	1. 72	555. 69	0. 004	13. 62
2015 年	4. 57	557. 88	0. 04	18. 32

数据来源：郑州商品交易所网站，洲际交易所网站。

（二）交割情况

截至2015年底，郑商所菜籽期货交割仓库共11家，其中湖北省4家，江苏省3家，安徽省2家，湖南省和四川省各1家。

2015年，郑商所菜籽期货交割总量418手折合4 180吨，同比增加660%，交割金额0.15亿元，同比增加448.03%。其中，9月交割量最大，为400手折合4 000吨；8月交割量最低，为3手折合30吨。

2015年菜籽期货年度交割情况见表1－3－70。

表1－3－70　　2014—2015年菜籽期货年度交割情况

年度	交割量（手）	同比变化（%）	交割金额（亿元）	同比变化（%）
2014年	55	－81.67	0.03	－81.86
2015年	418	660.00	0.15	448.03

数据来源：郑州商品交易所网站。

（三）价格走势

1. 总体价格走势

2015年，郑商所菜籽期货主力连续合约年初开盘价4 485元/吨（1月5日），最高价5 068元/吨（3月13日），最低价3 535元/吨（7月8日），最大价差1 533元/吨，年末收盘价3 970元/吨（12月31日）。全年下跌515元/吨，跌幅11.48%。

2015年，湖北荆州菜籽现货价格年初报价5 100元/吨（1月5日），最高价5 100元/吨（1月5日），最低价3 300元/吨（5月26日），最大价差1 800元/吨，年末报价3 520元/吨。全年下跌1 580元/吨，跌幅30.98%。

2015年，洲际交易所（ICE）菜籽连续合约年初开盘价453加元/吨（1月2日），最高价543.5加元/吨（7月2日），最低价437.1加元/吨（4月17日），最大价差106.4加元/吨，年末收盘价476.5加元/吨（12月31日）。全年上涨23.5加元/吨，涨幅5.19%。

2015年菜籽期货内外盘和现货市场价格比较见图1－3－13。

数据来源：郑州商品交易所网站，国家粮油信息中心，洲际交易所网站。

图1－3－13　2015年菜籽期货内外盘和现货市场价格比较

2. 价格相关性分析

2015 年菜籽期货内外盘和现货市场价格主要显性指标见表 1－3－71，2015 年菜籽期现内外盘和现货市场价格相关性见表 1－3－72。

表 1－3－71　　2015 年菜籽期货内外盘和现货市场价格主要显性指标

市场分类	绝对指标（元/吨、加元/吨）					相对指标（%）	
	最高价	最低价	平均价	标准差	极差	离散率	波幅率
郑商所连续价格	4 920	3 514	4 163.55	462.59	1 406	11.11	33.77
ICE 连续价格	542.9	441.1	474.14	21.39	101.8	4.51	21.47
菜籽现货市场价格	5 100	3 300	4 226.39	689.47	1 800	16.31	42.59

数据来源：郑州商品交易所网站，国家粮油信息中心，洲际交易所网站。

表 1－3－72　　2015 年菜籽期现内外盘和现货市场价格相关性

价格选择	相关系数
郑商所连续价格与 ICE 连续价格	－0.53
郑商所连续价格与现货市场价格	0.81

数据来源：郑州商品交易所网站，国家粮油信息中心，洲际交易所网站。

十四、早籼稻期货运行报告

2015 年，郑商所早籼稻期货价格呈现震荡上涨走势。

（一）交易情况

2015 年全年，郑商所早籼稻期货成交量 3 571 手，同比减少 98.93%；成交金额 1.76 亿元，同比减少 98.86%；年末持仓 3 手，同比减少 99.44%。其中，成交量最高为 1 月的 569 手，最低为 5 月的 67 手；月末持仓最大为 1 月的 261 手，最小为 12 月的 3 手。

2015 年早籼稻期货年度交易情况见表 1－3－73，内外盘交易情况比较见表 1－3－74。

表 1－3－73　　2014—2015 年早籼稻期货年度交易情况

年度	成交量（手）	同比变化（%）	成交金额（亿元）	同比变化（%）	年末持仓量（手）	同比变化（%）
2014 年	332 910	－61.90	154.23	－56.49	535	－96.71
2015 年	3 571	－98.93	1.76	－98.86	3	－99.44

数据来源：郑州商品交易所网站。

表 1－3－74　　2014—2015 年早籼稻期货内外盘交易情况比较

年度	成交量（手）		年末持仓量（手）	
	郑商所（内盘）	CBOT（外盘）	郑商所（内盘）	CBOT（外盘）
2014 年	332 910	225 694	535	8 930
2015 年	3 571	316 315	3	13 801

数据来源：郑州商品交易所网站，芝加哥商品交易所集团网站。

（二）交割情况

截至2015年底，郑商所早籼稻期货交割仓库共11家，其中江西省5家，分别是中储万年、江西樟树粮库、江西温圳粮库、江西九江粮库和江粮新干；湖南省5家，分别是湖南金霞、金健粮食、湖南永州下河、湖南赤山粮库和衡阳三塘；湖北省1家，是武汉大花岭。

2015年，郑商所早籼稻期货交割量192手折合3 840吨，同比减少88.67%，交割金额0.09亿元，同比减少88.31%。其中，1月交割量最大，为192手折合3 840吨；其余月份均没有交割。

2015年早籼稻期货年度交割情况见表1－3－75。

表1－3－75　　2014—2015年早籼稻期货年度交割情况

年度	交割量（手）	同比变化（%）	交割金额（亿元）	同比变化（%）
2014年	1 695	－36.78	0.73	－24.61
2015年	192	－88.67	0.09	－88.31

数据来源：郑州商品交易所网站。

（三）价格走势

1. 总体价格走势

2015年，郑商所早籼稻期货主力连续合约年初开盘价2 275元/吨（1月5日），最高价2 738元/吨（12月31日），最低价2 261元/吨（1月14日），最大价差477元/吨，年末收盘价2 631元/吨（12月31日）。全年上涨356元/吨，涨幅15.65%。

2015年，湖南长沙早籼稻现货价格年初报价2 680元/吨（1月5日），最高价2 700元/吨（7月31日），最低价2 600元/吨（7月20日），最大价差100元/吨，年末报价2 640元/吨（12月31日）。全年下跌40元/吨，跌幅1.49%。

2015年，芝加哥期货交易所（CBOT）籼稻期货合约年初开盘价11.53美元/英担（1月2日），最高价13.44美元/英担（10月5日），最低价9.21美元/英担（5月14日），最大价差4.23美元/英担，年末收盘价11.565美元/英担（12月31日）。全年上涨0.035美元/英担，涨幅0.3%。

2015年早籼稻期货内外盘和现货市场价格比较见图1－3－14。

2. 价格相关性分析

2015年早籼稻期货内外盘和现货市场价格主要显性指标见表1－3－76，2015年早籼稻期货内外盘和现货市场价格相关性见表1－3－77。

十五、晚籼稻期货运行报告

2015年，郑商所晚籼稻期货价格呈现震荡下行走势。

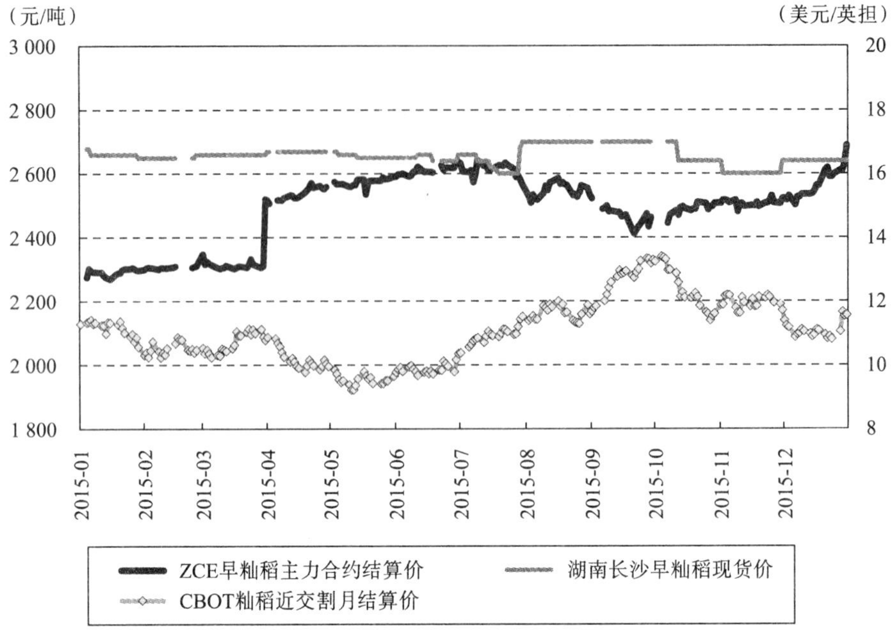

数据来源：郑州商品交易所网站，芝加哥商品交易所集团网站，国家粮油信息中心。

图 1－3－14　2015 年早籼稻期货内外盘和现货市场价格比较

表 1－3－76　　2015 年早籼稻期货内外盘和现货市场价格主要显性指标

市场分类	绝对指标（元/吨、美元/英担）					相对指标（%）	
	最高价	最低价	平均价	标准差	极差	离散率	波幅率
郑商所连续价格	2 735	2 046	2 338.03	178.87	689	7.65	29.47
CBOT 连续价格	13.40	9.22	11.06	0.99	4.18	8.93	37.80
早籼稻现货市场价格	2 700	2 600	2 655.86	28.51	100	1.07	3.77

数据来源：郑州商品交易所网站，芝加哥商品交易所集团网站，国家粮油信息中心。

表 1－3－77　　2015 年早籼稻期现内外盘和现货市场价格相关性

价格选择	相关系数
郑商所连续价格与 CBOT 连续价格	－0.04
郑商所连续价格与现货市场价格	0.04

数据来源：郑州商品交易所网站，芝加哥商品交易所集团网站，国家粮油信息中心。

（一）交易情况

2015 年全年，郑商所晚籼稻期货成交量 1 063 手，同比减少 97.96%；成交金额 0.59 亿元，同比减少 98.01%；年末持仓 3 手，同比减少 99.62%。其中，成交量最高为 1 月的 584 手，最低为 6 月和 10 月的 0 手；月末持仓最大为 1 月的 257 手，最小为 5 月和 6 月的 0 手。

2015 年晚籼稻期货年度交易情况见表 1－3－78，内外盘交易情况见表 1－3－79。

表 1-3-78　　2014—2015 年晚籼稻期货年度交易情况

年度	成交量（手）	同比变化（%）	成交金额（亿元）	同比变化（%）	年末持仓量（手）	同比变化（%）
2014 年	52 116	—	29.50	—	800	—
2015 年	1 063	-97.96	0.59	-98.01	3	-99.62

数据来源：郑州商品交易所网站。

表 1-3-79　　2014—2015 年晚籼稻期货内外盘交易情况比较

年度	成交量（手）		年末持仓量（手）	
	郑商所（内盘）	CBOT（外盘）	郑商所（内盘）	CBOT（外盘）
2014 年	52 116	225 694	800	8 930
2015 年	1 063	316 315	3	13 801

数据来源：郑州商品交易所网站，芝加哥商品交易所集团网站。

（二）交割情况

截至 2015 年底，郑商所晚籼稻期货交割仓库共 6 家，其中江西省 2 家，分别是益海南昌和江粮新干；湖北省 2 家，分别是武汉大花岭和湖北康宏；湖南省 1 家，是湖南赤山粮库；安徽省 1 家，是中粮安徽库。

2015 年，郑商所晚籼稻期货交割量 213 手折合 4 260 吨，同比增加 4 160%，交割金额 1 178.67 万元，同比增加 3 964.37%。其中，1 月交割量最大，为 155 手折合 3 100 吨；其中，3 月、7 月、9 月和 11 月交割量最低，为 0 手。

2015 年晚籼稻期货年度交割情况见表 1-3-80。

表 1-3-80　　2014—2015 年晚籼稻期货年度交割情况

年度	交割量（手）	同比变化（%）	交割金额（万元）	同比变化（%）
2014 年	5	—	29	—
2015 年	213	4 160	1 178.67	3 964.37

数据来源：郑州商品交易所网站。

（三）价格走势

1. 总体价格走势

2015 年，郑商所晚籼稻期货主力连续合约年初开盘价 2 833 元/吨（1 月 6 日），最高价 2 876 元/吨（1 月 7 日），最低价 2 294 元/吨（7 月 3 日），最大价差 582 元/吨，年末收盘价 2 465 元/吨（12 月 24 日）。全年下跌 368 元/吨，跌幅 12.99%。

2015 年，江西九江晚籼稻现货价格年初报价 2 760 元/吨（1 月 5 日），最高价 2 810 元/吨（4 月 3 日），最低价 2 700 元/吨（10 月 14 日），最大价差 110 元/吨，年末报价 2 730 元/吨（12 月 31 日）。全年下跌 30 元/吨，跌幅 1.09%。

2015 年，芝加哥期货交易所（CBOT）籼稻期货合约年初开盘价 11.53 美元/英担（1 月 2 日），最高价 13.44 美元/英担（10 月 5 日），最低价 9.21 美元/英担（5 月 14 日），最大价差 4.23 美元/英担，年末收盘价 11.565 美元/英担（12 月 31

日）。全年上涨 0.035 美元/英担，涨幅 0.30%。

2015 年晚籼稻期货内外盘和现货市场价格比较见图 1－3－15。

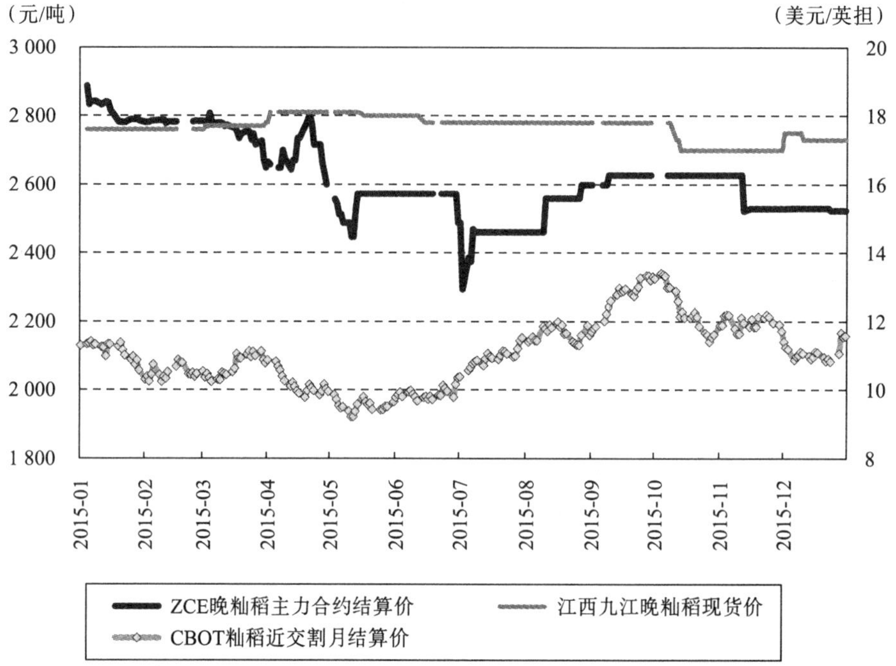

数据来源：郑州商品交易所网站，芝加哥商品交易所集团网站，国家粮油信息中心。

图 1－3－15　2015 年晚籼稻期货内外盘和现货市场价格比较

2. 价格相关性分析

2015 年晚籼稻期货内外盘和现货市场价格主要显性指标见表 1－3－81，2015 年晚籼稻期货内外盘和现货市场价格相关性见表 1－3－82。

表 1－3－81　2015 年晚籼稻期货内外盘和现货市场价格主要显性指标

市场分类	绝对指标（元/吨、美元/英担）					相对指标（%）	
	最高价	最低价	平均价	标准差	极差	离散率	波幅率
郑商所连续价格	2 890	2 488	2 646.93	99.53	402	3.76	15.19
CBOT 连续价格	13.40	9.22	11.06	0.99	4.18	8.93	37.80
晚籼稻现货市场价格	2 810	2 700	2 765.57	33.43	110	1.21	3.98

数据来源：郑州商品交易所网站，芝加哥商品交易所集团网站，国家粮油信息中心。

表 1－3－82　2015 年晚籼稻期现内外盘和现货市场价格相关性

价格选择	相关系数
郑商所连续价格与 CBOT 连续价格	－0.27
郑商所连续价格与现货市场价格	0.15

数据来源：郑州商品交易所网站，芝加哥商品交易所集团网站，国家粮油信息中心。

十六、粳稻期货运行报告

2015年，郑商所粳稻期货价格呈现震荡整理走势。

（一）交易情况

2015年全年，郑商所粳稻期货成交量99手，同比减少99.01%；成交金额608.5万元，同比减少99.02%；年末持仓0手，与上年末持平。其中，成交量最高为8月的35手，最低为11月和12月的0手；月末持仓最大为7月和8月的2手，最小为1月、2月、6月、10月、11月和12月的0手。

2015年粳稻期货年度交易情况见表1－3－83。

表1－3－83　　2014—2015年粳稻期货年度交易情况

年度	成交量（手）	同比变化（%）	成交金额（万元）	同比变化（%）	年末持仓量（手）	同比变化（%）
2014年	10 005	－75.28	62 387.50	－74.87	0	－100
2015年	99	－99.01	608.50	－99.02	0	0

数据来源：郑州商品交易所网站。

（二）交割情况

截至2015年底，郑商所粳稻期货交割仓库共7家，其中黑龙江省3家，分别是中储哈尔滨、中粮绥化和益海哈尔滨；辽宁省2家，分别是营口港务和辽阳收储；吉林省2家，分别是中粮吉林和北京古船米业。

2015年，郑商所粳稻期货交割量为0手，同比减少100%。

2015年粳稻期货年度交割情况见表1－3－84。

表1－3－84　　2014—2015年粳稻期货年度交割情况

年度	交割量（手）	同比变化（%）	交割金额（万元）	同比变化（%）
2014年	150	100	1 013	100
2015年	0	－100	0	－100

数据来源：郑州商品交易所网站。

（三）价格走势

1. 总体价格走势

2015年，郑商所粳稻期货主力连续合约年初开盘价3 000元/吨（1月7日），最高价3 360元/吨（8月5日），最低价2 742元/吨（7月28日），最大价差618元/吨，年末收盘价3 060元/吨（10月30日）。全年上涨60元/吨，涨幅2%。

2015年，黑龙江佳木斯现货价格年初报价3 100元/吨（1月5日），最高价3 220元/吨（8月10日），最低价3 050元/吨（10月23日），最大价差170元/吨，年末报价3 100元/吨（12月31日），与年初持平。

2015年粳稻期货内盘和现货市场价格比较见图1－3－16。

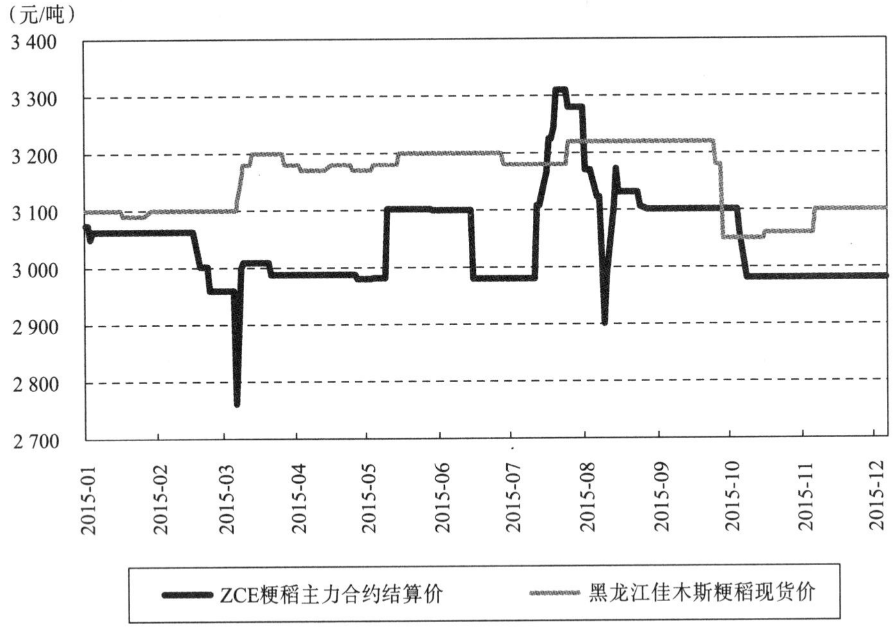

数据来源：郑州商品交易所网站，国家粮油信息中心。

图 1－3－16　2015 年粳稻期货内盘和现货市场价格比较

2. 价格相关性分析

2015 年粳稻期货内盘和现货市场价格主要显性指标见表 1－3－85，2015 年粳稻期货内盘和现货市场价格相关性见表 1－3－86。

表 1－3－85　　2015 年粳稻期货内盘和现货市场价格主要显性指标

市场分类	绝对指标（元/吨）					相对指标（%）	
	最高价	最低价	平均价	标准差	极差	离散率	波幅率
郑商所连续价格	3 190	2 974	3 045.86	60.21	216	1.98	7.09
晚籼稻现货市场价格	3 220	3 050	3 152.62	56.89	170	1.80	5.39

数据来源：郑州商品交易所网站，国家粮油信息中心。

表 1－3－86　　2015 年粳稻期现内盘和现货市场价格相关性

价格选择	相关系数
郑商所连续价格与现货市场价格	0.02

数据来源：郑州商品交易所网站，国家粮油信息中心。

第四节　大连商品交易所上市品种运行报告

大连商品交易所（简称大商所，DCE）2015 年全年累计成交量为111 632.34 万手，占全国期货市场成交量的31.20%，同比增长45.05%；全年累计成交额为419 359.74亿元，同比增长1.06%。成交较为活跃的品种有豆粕、铁矿石、线型低密度聚乙烯、棕榈油、聚丙烯、豆油、玉米、玉米淀粉、黄大豆1号、焦煤、焦炭、鸡蛋；成交较为低迷的品种有聚氯乙烯、胶合板、纤维板、黄大豆2号，单个品种年成交量在全国占比不足0.1%。

一、黄大豆1号期货运行报告

2015年，大商所黄大豆1号期货价格呈现震荡下行走势。

（一）交易情况

2015年全年，大商所黄大豆1号期货成交量1 881.09万手，同比减少30.84%；成交金额7 722.09亿元，同比减少36.79%；年末持仓12.94万手，同比减少32.41%。其中，成交量最高为10月的238.65万手，最低为2月的62.17万手；月末持仓最大为3月的17.28万手，最小为9月的8.17万手。

2015年黄大豆1号期货月度、年度交易情况见表1-4-1、表1-4-2，内外盘交易情况比较见表1-4-3。

表1-4-1　　2015年黄大豆1号期货月度交易情况

月度	成交量（万手）	同比变化（%）	成交金额（亿元）	同比变化（%）	月末持仓量（万手）	同比变化（%）
1月	120.86	10.50	538.80	9.28	14.40	34.98
2月	62.17	-6.44	271.45	-10.00	11.91	-21.96
3月	149.99	139.79	625.56	127.84	17.28	34.71
4月	219.05	66.73	899.47	57.00	14.16	-33.83
5月	154.50	-61.07	674.69	-62.50	11.48	-66.83
6月	123.08	-40.42	526.20	-43.51	8.66	-70.86
7月	150.41	4.11	625.84	-0.58	8.74	-60.28
8月	166.37	-46.09	712.25	-49.44	9.13	-70.74
9月	133.09	-68.10	548.68	-71.41	8.17	-70.20
10月	238.65	-35.08	937.76	-42.63	13.12	-61.16
11月	185.94	-36.02	705.97	-45.12	14.66	-51.24
12月	176.99	-18.82	655.40	-32.08	12.94	-32.41
总计	1 881.09	-30.84	7 722.09	-36.79	—	—

数据来源：大连商品交易所网站。

表1-4-2　　2014—2015年黄大豆1号期货年度交易情况

年度	成交量（万手）	同比变化（%）	成交金额（亿元）	同比变化（%）	年末持仓量（万手）	同比变化（%）
2014年	2 719.74	147.40	12 215.68	141.31	19.14	85.97
2015年	1 881.09	-30.84	7 722.09	-36.79	12.94	-32.41

数据来源：大连商品交易所网站。

表 1-4-3　　2014—2015 年黄大豆 1 号期货内外盘交易情况比较

年度	成交量（万手）		年末持仓量（万手）	
	大商所（内盘）	CME（外盘）	大商所（内盘）	CME（外盘）
2014 年	2 719. 74	2 422. 64	19. 14	29. 96
2015 年	1 881. 09	2 619. 09	12. 94	32. 37

数据来源：大连商品交易所网站。

（二）交割情况

截至 2015 年底，大商所黄大豆 1 号期货交割仓库共 13 家，其中辽宁省 8 家，黑龙江省 5 家。

2015 年，大商所黄大豆 1 号期货交割总量 30 815 手折合 308 150 吨，同比增加 431. 48%；交割金额 13. 55 亿元，同比增加 413. 12%。其中，1 月交割量最大，为 13 713 手折合 137 130 吨；3 月交割量最低，为 3 手折合 30 吨。

2014 年黄大豆 1 号期货月度、年度交割情况见表 1-4-4、表 1-4-5。

表 1-4-4　　2015 年黄大豆 1 号期货月度交割情况

月度	交割量（手）	同比变化（%）	交割金额（亿元）	同比变化（%）
1 月	13 713	2 542. 20	6. 45	2 702. 71
3 月	3	200. 00	0. 0012	144. 68
5 月	13 018	1 124. 65	5. 44	967. 09
7 月	9	—	0. 0037	—
9 月	4 052	-3. 75	1. 65	-13. 40
11 月	20	300. 00	0. 01	284. 60
总计	30 815	431. 48	13. 55	413. 12

数据来源：大连商品交易所网站。

表 1-4-5　　2014—2015 年黄大豆 1 号期货年度交割情况

年度	交割量（手）	同比变化（%）	交割金额（亿元）	同比变化（%）
2014 年	5 798	-4. 95	2. 64	-7. 37
2015 年	30 815	431. 48	13. 55	413. 12

数据来源：大连商品交易所网站。

（三）价格走势

1. 总体价格走势

2015 年，大商所黄大豆 1 号期货主力合约年初开盘价 4 488 元/吨（1 月 5 日），最高价 4 548 元/吨（1 月 6 日），最低价 3 580 元/吨（12 月 28 日），最大价差 968 元/吨，年末收盘价 3 620 元/吨（12 月 31 日）。全年下跌 868 元/吨，跌幅 19. 34%。

2015 年，大连大豆现货价格年初报价 4 240 元/吨（1 月 5 日），最高价 4 240 元/吨

(1 月 5 日)，最低价 3 700 元/吨（11 月 10 日)，最大价差 540 元/吨，年末报价 3 760 元/吨。全年下跌 480 元/吨，跌幅 11. 32%。

2015 年，芝加哥交易所（CME）大豆期货主力合约年初开盘价 1 021. 5 美分/蒲式耳（1 月 2 日)，最高价 1 062 美分/蒲式耳（1 月 8 日)，最低价 844. 25 美分/蒲式耳（11 月 23 日)，最大价差 217. 75 美分/蒲式耳，年末收盘价 863 美分/蒲式耳（12 月 31 日)。全年下跌 158. 5 美分/蒲式耳，跌幅 15. 52%。

2015 年黄大豆 1 号期货内外盘和现货市场价格比较见图 1 -4 -1。

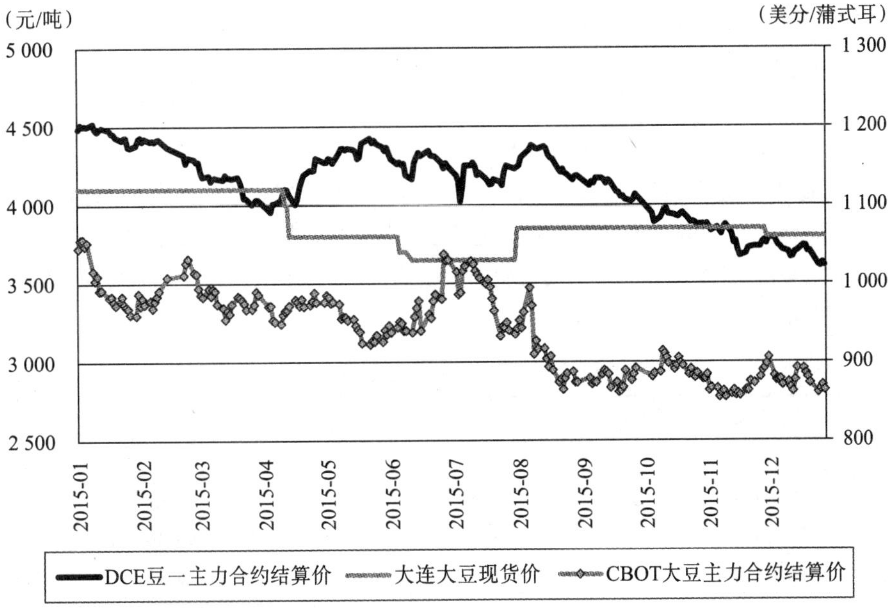

数据来源：大连商品交易所网站，Wind 资讯。

图 1 -4 -1　2015 年黄大豆 1 号期货内外盘和现货市场价格比较

2. 价格相关性分析

2015 年黄大豆 1 号期货内外盘和现货市场价格主要显性指标见表 1 -4 -6，2015 年黄大豆 1 号期现内外盘和现货市场价格相关性见表 1 -4 -7。

表 1 -4 -6　2015 年黄大豆 1 号期货内外盘和现货市场价格主要显性指标

市场分类	绝对指标（元/吨、美分/蒲式耳）					相对指标（%）	
	最高价	最低价	平均价	标准差	极差	离散率	波幅率
大商所连续价格	4 717	3 745	4 097	208. 91	972. 00	5. 10	23. 73
CME 连续价格	1 056. 25	857. 5	944. 97	54. 89	198. 75	5. 81	21. 03
现货市场价格	4 100	3 650	3 879	152. 76	450. 00	3. 94	11. 60

数据来源：大连商品交易所网站，Wind 资讯。

表 1-4-7　　2015 年黄大豆 1 号期现内外盘和现货市场价格相关性

价格选择	相关系数
大商所连续价格与 CME 连续价格	0.60
大商所连续价格与现货市场价格	0.31

数据来源：大连商品交易所网站，Wind 资讯。

二、豆粕期货运行报告

2015 年，大商所豆粕期货价格呈现震荡下行走势。

（一）交易情况

2015 年全年，大商所豆粕期货成交量 28 949.68 万手，同比上涨 41.23%；成交金额 76 963.64 亿元，同比增加 15.62%；年末持仓 108.75 万手，同比下降 32.12%。其中，成交量最高为 7 月的 4 113.81 万手，最低为 2 月的 1 584.86 万手；月末持仓最大为 5 月的 275.36 万手，最小为 12 月的 108.75 万手。

2015 年豆粕期货月度、年度交易情况见表 1-4-8、表 1-4-9，内外盘交易情况比较见表 1-4-10。

表 1-4-8　　2015 年豆粕期货月度交易情况

月度	成交量（万手）	同比变化（%）	成交金额（亿元）	同比变化（%）	月末持仓量（万手）	同比变化（%）
1 月	2 397.01	95.17	6 545.41	63.09	181.62	26.15
2 月	1 584.86	43.31	4 364.01	18.98	196.46	16.11
3 月	3 028.86	72.74	8 511.63	47.33	225.15	69.17
4 月	2 450.25	40.49	6 724.40	10.26	233.07	87.90
5 月	2 270.94	34.96	6 029.28	-1.64	275.36	81.42
6 月	2 582.16	26.08	6 613.59	-11.13	227.98	26.56
7 月	4 113.81	130.03	11 219.63	88.30	133.69	-15.36
8 月	3 096.72	76.64	8 366.99	46.78	102.18	-38.34
9 月	1 767.00	-1.10	4 721.79	-12.09	100.94	-33.59
10 月	1 651.94	5.23	4 313.54	-6.97	137.44	-25.79
11 月	2 047.88	-2.37	4 933.64	-20.05	131.58	-30.42
12 月	1 958.24	0.89	4 619.75	-17.45	108.75	-32.12
总计	28 949.68	41.23	76 963.64	15.62	—	—

数据来源：大连商品交易所网站。

表 1-4-9　　2014—2015 年豆粕期货年度交易情况

年度	成交量（万手）	同比变化（%）	成交金额（亿元）	同比变化（%）	年末持仓量（万手）	同比变化（%）
2014 年	20 498.87	-22.75	66 563.18	-24.72	160.21	16.85
2015 年	28 949.68	41.23	76 963.64	15.62	108.75	-32.12

数据来源：大连商品交易所网站。

表 1-4-10　　2014—2015 年豆粕期货内外盘交易情况比较

年度	成交量（万手）		年末持仓量（万手）	
	大商所（内盘）	CBOT（外盘）	大商所（内盘）	CBOT（外盘）
2014 年	20 498.87	2 044.45	160.21	34.16
2015 年	28 949.68	2 359.89	108.75	40.21

数据来源：大连商品交易所网站。

（二）交割情况

截至 2015 年底，大商所豆粕期货交割仓库共 28 家，其中天津市 4 家，山东省 4 家，江苏省 11 家，广东省 9 家。

2015 年，大商所豆粕期货交割总量 16 549 手折合 165 490 吨，同比减少 6.44%，交割金额 4.55 亿元，同比减少 29.56%。其中，5 月交割量最大，为 8 839 手折合 88 390 吨。

2015 年豆粕期货月度、年度交割情况见表 1-4-11、表 1-4-12。

表 1-4-11　　2015 年豆粕期货月度交割情况

月度	交割量（手）	同比变化（%）	交割金额（亿元）	同比变化（%）
1 月	4 490	188.19	1.34	134.55
3 月	116	-38.30	0.03	-51.45
5 月	8 839	-6.09	2.37	-34.10
7 月	435	-19.44	0.11	-41.44
8 月	900	—	0.23	—
9 月	1 699	-61.60	0.44	-71.16
11 月	29	—	0.01	—
12 月	41	-97.38	0.01	-98.00
总计	16 549	-6.44	4.55	-29.56

数据来源：大连商品交易所网站。

表 1-4-12　　2014—2015 年豆粕期货年度交割情况

年度	交割量（手）	同比变化（%）	交割金额（亿元）	同比变化（%）
2014 年	17 689	27.11	6.46	19.16
2015 年	16 549	-6.44	4.55	-29.56

数据来源：大连商品交易所网站。

（三）价格走势

1. 总体价格走势

2015 年，大商所豆粕期货连续合约年初开盘价 2 816 元/吨（1 月 5 日），最高价 2 863 元/吨（1 月 7 日），最低价 2 285 元/吨（11 月 24 日），最大价差 578 元/吨，年末收盘价 2 367 元/吨（12 月 31 日）。全年下跌 496 元/吨，跌幅 17.61%。

2015 年，江苏南通地区现货价格年初报价 3 200 元/吨（1 月 5 日），最高价 3 200 元/吨（1 月 5 日），最低价 2 420 元/吨（11 月 24 日），年末报价 2 600 元/吨。全年下跌 600 元/吨，跌幅 18.75%。

2015 年，芝加哥期货交易所（CBOT）豆粕连续合约年初开盘价 340.40 美元/短吨（1 月 2 日），最高价 355.10 美元/短吨（1 月 6 日），最低价 265.50 美元/短吨（12 月 31 日），最大价差 89.6 美元/短吨，年末收盘价 265.50 美元/短吨（12 月 31 日）。全年下跌 59.30 美元/短吨，跌幅 22%。

2015 年内外盘豆粕期货和现货价格比较见图 1－4－2。

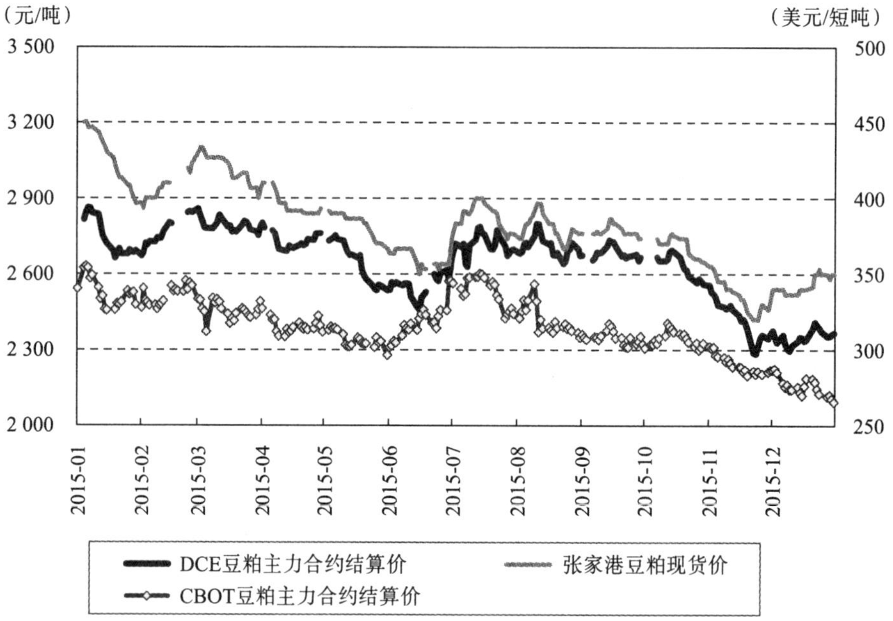

数据来源：Wind 资讯。

图 1－4－2　2015 年豆粕期货内外盘和现货市场价格比较

2. 价格相关性分析

2015 年豆粕期货内外盘和现货市场价格主要显性指标见表 1－4－13，2015 年豆粕期现内外盘和现货市场价格相关性见表 1－4－14。

表 1－4－13　　2015 年豆粕期货内外盘和现货市场价格主要显性指标

市场分类	绝对指标（美元/短吨、元/吨）					相对指标（%）	
	最高价	最低价	平均价	标准差	极差	离散率	波幅率
大商所连续价格	2 863	2 285	2 642	144.25	578	5.46	21.88
CBOT 连续价格	355.1	265.5	315	19.54	89.6	6.20	28.44
豆粕现货市场价格	3 200	2 420	2 789	171.63	780	6.15	27.97

数据来源：Wind 资讯。

表 1－4－14　　2015 年豆粕期现内外盘和现货市场价格相关性

价格选择	相关系数
CBOT 连续价格与大商所连续价格	0.82
大商所连续价格与现货市场价格	0.89

数据来源：Wind 资讯。

三、豆油期货运行报告

2015 年，大商所豆油期货价格呈现震荡整理走势。

（一）交易情况

2015 年全年，大商所豆油期货成交量 9 250.43 万手，同比上涨 44.35%；成交金额 51 831.09 亿元，同比增加 25.16%；年末持仓 40.22 万手，同比减少 2.76%。其中，成交量最高为 12 月的 1 073.59 万手，最低为 2 月的 347.49 万手；月末持仓最大为 4 月的 60.90 万手，最小为 8 月的 33.46 万手。

2015 年豆油期货月度、年度交易情况见表 1－4－15、表 1－4－16，内外盘交易情况见表 1－4－17。

表 1－4－15　　2015 年豆油期货月度交易情况

月度	成交量（万手）	同比变化（%）	成交金额（亿元）	同比变化（%）	月末持仓量（万手）	同比变化（%）
1 月	503.24	－17.30	2 817.83	－30.44	53.39	－7.35
2 月	347.49	－21.69	1 912.37	－36.26	53.85	－4.95
3 月	645.33	－24.11	3 548.98	－40.41	59.01	20.42
4 月	856.13	39.46	4 777.71	10.90	60.90	48.44
5 月	984.10	155.15	5 746.64	117.64	56.16	10.20
6 月	926.29	97.73	5 419.60	68.35	44.64	－14.41
7 月	771.91	83.24	4 339.05	57.34	39.03	－25.20
8 月	874.24	94.40	4 782.97	73.32	33.46	－39.89
9 月	660.80	4.96	3 554.62	－5.60	35.30	－40.30
10 月	690.83	28.99	3 846.31	22.19	43.32	－22.23
11 月	916.48	66.25	5 040.16	55.00	43.19	－11.36
12 月	1 073.59	138.42	6 044.88	136.83	40.22	－2.76
总计	9 250.43	44.35	51 831.09	25.16	—	—

数据来源：大连商品交易所网站。

表 1－4－16　　2014—2015 年豆油期货年度交易情况

年度	成交量（万手）	同比变化（%）	成交金额（亿元）	同比变化（%）	年末持仓量（万手）	同比变化（%）
2014 年	6 408.26	－33.48	41 410.53	－42.64	41.36	－26.42
2015 年	9 250.43	44.35	51 831.09	25.16	40.22	－2.76

数据来源：大连商品交易所网站。

表 1－4－17　　2014—2015 年豆油期货内外盘交易情况比较

年度	成交量（万手）		年末持仓量（万手）	
	大商所（内盘）	CBOT（外盘）	大商所（内盘）	CBOT（外盘）
2014 年	6 408. 26	2 362. 46	41. 36	35. 56
2015 年	9 250. 43	2 806. 22	40. 22	38. 38

数据来源：大连商品交易所网站。

（二）交割情况

截至2015 年底，大商所豆油期货交割仓库共22 家，其中天津市5 家，河北省2 家，山东省6 家，江苏省8 家，浙江省1 家。

2015 年，大商所豆油期货交割总量 21 791 手，折合 21 910 吨，同比增加 64. 83%，交割金额 12. 11 亿元，同比增加 52. 27%。其中，9 月交割量最大，为 10 009 手，折合 100 090 吨。

2015 年豆油期货月度、年度交割情况见表 1－4－18、表 1－4－19。

表 1－4－18　　2015 年豆油期货月度交割情况

月度	交割量（手）	同比变化（%）	交割金额（亿元）	同比变化（%）
1 月	5 301	196. 31	2. 89	142. 86
3 月	27	1 250	0. 01	—
5 月	6 445	206. 18	3. 71	166. 91
7 月	0	－100	0	—
8 月	0	－100	0	－100
9 月	10 009	8. 11	5. 49	3
11 月	5	－50	0	－68. 3
12 月	4	－89. 74	0	－88. 8
总计	21 791	64. 83	12. 11	52. 27

数据来源：大连商品交易所网站。

表 1－4－19　　2014—2015 年豆油期货年度交割情况

年度	交割量（手）	同比变化（%）	交割金额（亿元）	同比变化（%）
2014 年	13 220	60. 01	7. 95	33. 66
2015 年	21 791	64. 83	12. 11	52. 27

数据来源：大连商品交易所网站。

（三）价格走势

1. 总体价格走势

2015 年，大商所豆油期货连续合约年初开盘价 5 650 元/吨（1 月 5 日），最高价 5 930 元/吨（5 月 6 日），最低价 5 274 元/吨（8 月 27 日），最大价差 656 元/吨，年末收盘价 5 706 元/吨（12 月 31 日）。全年上涨 56 元/吨，涨幅 0. 99%。

2015 年，张家港豆油现货价格年初报价 5 660 元/吨（1 月 5 日），最高价 6 150 元/吨（5 月 11 日），最低价 5 540 元/吨（9 月 23 日），最大价差 610 元/吨，年末报价 5 990 元/吨。全年上涨 330 元/吨，涨幅 5.83%。

2015 年，芝加哥期货交易所（CBOT）豆油连续合约年初开盘价 32.09 美分/磅（1 月 2 日），最高价 34.78 美分/磅（6 月 5 日），最低价 26.25 美分/磅（9 月 18 日），最大价差 9 美分/磅，年末收盘价 30.75 美分/磅（12 月 31 日）。全年下跌 1.34 美分/磅，跌幅 4.18%。

2015 年豆油期货内外盘和现货市场价格比较见图 1 –4 –3。

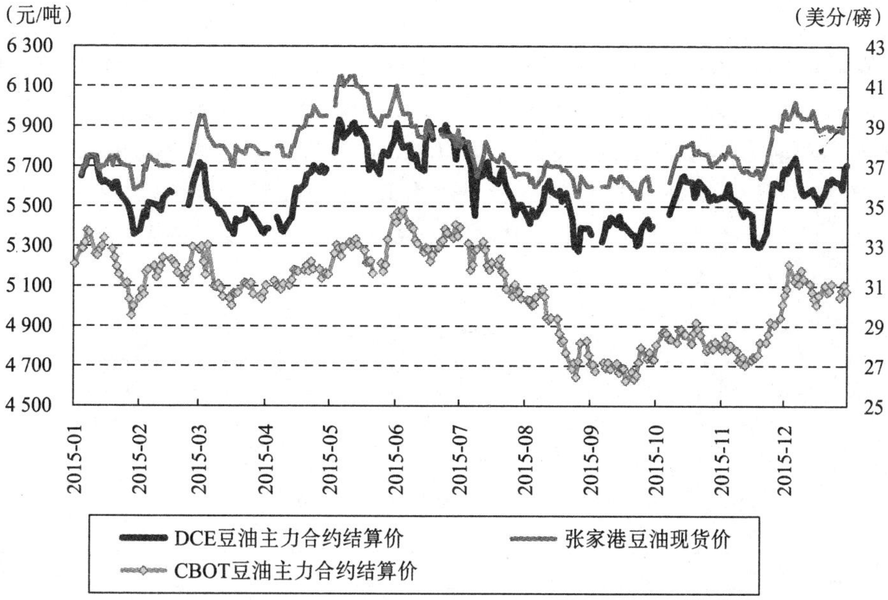

数据来源：Wind 资讯。

图 1 –4 –3　2015 年豆油期货内外盘和现货市场价格比较

2. 价格相关性分析

2015 年豆油期货内外盘和现货市场价格主要显性指标见表 1 –4 –20，2015 年豆油期现内外盘和现货市场价格相关性见表 1 –4 –21。

表 1 –4 –20　2015 年豆油期货内外盘和现货市场价格主要显性指标

市场分类	绝对指标（元/吨、美分/磅）					相对指标（%）	
	最高价	最低价	平均价	标准差	极差	离散率	波幅率
大商所连续价格	5 930	5 274	5 580.34	155.77	656	2.79	11.76
CBOT 连续价格	35	26	30.66	2.13	9	6.96	27.83
张家港现货市场价格	6 150	5 540	5 791.07	138.43	610	2.39	10.53

数据来源：Wind 资讯。

表 1－4－21　　2015 年豆油期现内外盘和现货市场价格相关性

价格选择	相关系数
CBOT 连续价格与大商所连续价格	0.72
大商所连续价格与现货市场价格	0.77

数据来源：Wind 资讯。

四、玉米期货运行报告

2015 年，大商所玉米期货价格呈现震荡下行走势。

（一）交易情况

2015 年全年，大商所玉米期货成交量 4 209.02 万手，同比增加 351.13%；成交金额 8 276.01 亿元，同比增加 273.69%；年末持仓 86.88 万手，同比增加 522.80%。其中，成交量最高为 11 月的 1 042.40 万手，最低为 2 月的 45.95 万手；月末持仓最大为 10 月的 111.23 万手，最小为 1 月的 16.55 万手。

2015 年玉米期货月度、年度交易情况见表 1－4－22、表 1－4－23，内外盘交易情况比较见表 1－4－24。

表 1－4－22　　2015 年玉米期货月度交易情况

月度	成交量（万手）	同比变化（%）	成交金额（亿元）	同比变化（%）	月末持仓量（万手）	同比变化（%）
1 月	52.47	-20.12	126.87	-18.19	16.55	-27.11
2 月	45.95	-25.82	114.00	-21.62	16.65	-51.25
3 月	77.98	-16.22	197.01	-10.47	18.23	-21.06
4 月	81.48	13.35	202.71	19.70	17.92	26.26
5 月	60.55	20.32	148.51	24.75	17.46	4.40
6 月	120.25	302.98	274.90	287.57	29.95	106.25
7 月	362.82	259.39	779.32	227.45	65.34	235.48
8 月	420.94	201.98	881.32	163.60	69.12	217.99
9 月	676.10	694.48	1 279.20	532.86	100.82	423.06
10 月	575.34	487.05	1 047.92	351.22	111.23	394.79
11 月	1 042.40	1 635.17	1 936.58	1 242.85	98.15	481.11
12 月	692.74	802.95	1 963.13	967.18	86.88	522.80
总计	4 209.02	351.13	8 276.01	273.69	—	—

数据来源：大连商品交易所网站。

表 1－4－23　　2014—2015 年玉米期货年度交易情况

年度	成交量（万手）	同比变化（%）	成交金额（亿元）	同比变化（%）	年末持仓量（万手）	同比变化（%）
2014 年	933.00	-29.92	2 214.74	-30.24	13.95	-41.61
2015 年	4 209.02	351.13	8 276.01	273.68	86.88	522.80

数据来源：大连商品交易所网站。

表 1－4－24　　　　2014—2015 年玉米期货内外盘交易情况比较

年度	成交量（万手）		年末持仓量（万手）	
	大商所（内盘）	CME（外盘）	大商所（内盘）	CME（外盘）
2014 年	1 865.99	6 932.61	27.90	124.35
2015 年	4 209.02	8 206.19	86.88	133.39

数据来源：大连商品交易所网站。

（二）交割情况

截至 2015 年底，大商所玉米期货交割仓库共 8 家，全部分布在辽宁省沿海地区的大连、营口、锦州附近。

2015 年，大商所玉米期货交割总量 46 473 手折合 464 730 吨，同比增加 584.03%，交割金额 10.59 亿元，同比增加 603.86%。其中，9 月交割量最大，为 36 182 手折合 361 820 吨；3 月交割量最低，为 0 手折合 0 吨。

2015 年玉米期货月度、年度交割情况见表 1－4－25、表 1－4－26。

表 1－4－25　　　　2015 年玉米期货月度交割情况

月度	交割量（手）	同比变化（%）	交割金额（万元）	同比变化（%）
1 月	4 160	－0.24	9 342.35	6.18
3 月	0	－100	0	－100
5 月	6 009	157.34	14 418.45	156.95
7 月	86	—	196.60	—
9 月	36 182	72 264	81 855.31	59 648.40
11 月	36	3 500	64.84	2 833.76
总计	46 473	584.03	105 877.54	603.86

数据来源：大连商品交易所网站。

表 1－4－26　　　　2014—2015 年玉米期货年度交割情况

年度	交割量（手）	同比变化（%）	交割金额（亿元）	同比变化（%）
2014 年	6 794	－91.04	1.50	－91.78
2015 年	46 473	584.03	10.59	603.86

数据来源：大连商品交易所网站。

（三）价格走势

1. 总体价格走势

2015 年，大商所玉米主力合约年初开盘价 2 377 元/吨（1 月 5 日），最高价 2 572 元/吨（3 月 11 日），最低价 1 760 元/吨（10 月 13 日），最大价差 812 元/吨，年末收盘价 1 896 元/吨（12 月 31 日）。全年下跌 481 元/吨，跌幅 20.24%。

2015 年，大连玉米现货价格年初报价 2 300 元/吨（1 月 5 日），最高价 2 450 元/吨（3 月 24 日），最低价 1 970 元/吨（10 月 28 日），最大价差 480 元/吨，年末报价2 110元/吨。全年下跌190元/吨，跌幅8.26%。

2015年，芝加哥交易所（CME）玉米主力合约年初开盘价396.25美分/蒲式耳（1月2日），最高价454.25美分/蒲式耳（7月14日），最低价346.75美分/蒲式耳（6月15日），最大价差107.5美分/蒲式耳，年末收盘价358.25美分/蒲式耳（12月31日）。全年下跌38美分/蒲式耳，跌幅9.60%。

2015年玉米期货内外盘和现货市场价格比较见图1-4-4。

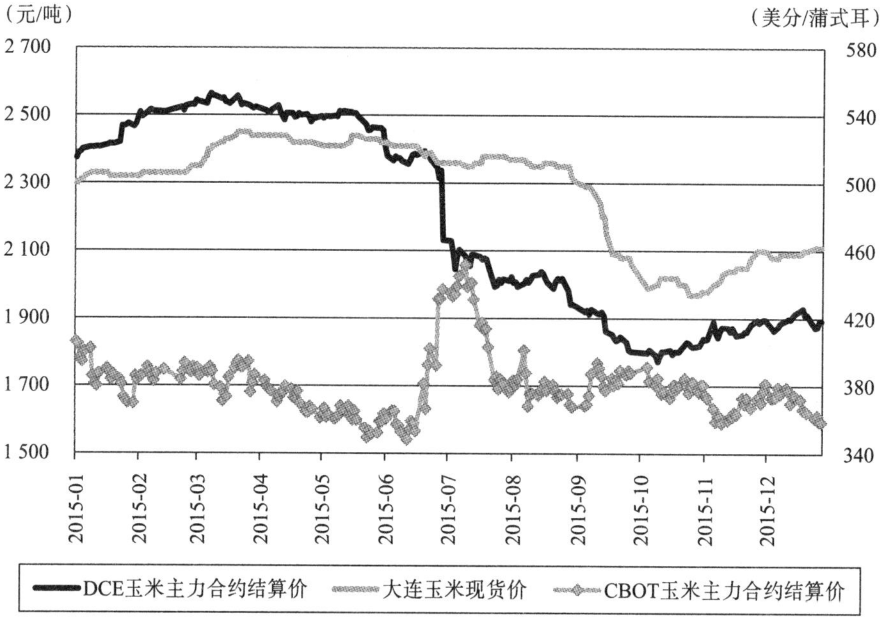

数据来源：大连商品交易所网站，Wind资讯。

图1-4-4 2015年玉米期货内外盘和现货市场价格比较

2. 价格相关性分析

2015年玉米期货内外盘和现货市场价格主要显性指标见表1-4-27，2015年玉米现货内外盘和现货市场价格相关性见表1-4-28。

表1-4-27 2015年玉米期货内外盘和现货市场价格主要显性指标

市场分类	绝对指标（元/吨、美分/蒲式耳）					相对指标（%）	
	最高价	最低价	平均价	标准差	极差	离散率	波幅率
大商所连续价格	2 494	1 796	2 236	201.90	698	9.03	31.21
CME连续价格	433.50	347.75	376.67	16.34	85.75	4.34	22.77
玉米现货市场价格	2 450	1 970	2 282	154.91	480	6.79	21.03

数据来源：大连商品交易所网站，Wind资讯。

表 1-4-28　　2015 年玉米现货内外盘和现货市场价格相关性

价格选择	相关系数
大商所连续价格与 CME 连续价格	-0.05
大商所连续价格与现货市场价格	0.97

数据来源：大连商品交易所网站，Wind 资讯。

五、玉米淀粉期货运行报告

2015 年，大商所玉米淀粉期货价格呈现先扬后抑走势。

（一）交易情况

2015 年，大商所玉米淀粉期货成交量 2 705.37 万手，同比上升 37 496.49%；成交金额 5 835.31 亿元，同比上升 29 269.45%；年末持仓 38.01 万手，同比上升 7 391.64%。其中，成交量最高为 11 月的 1 147.57 万手，最低为 1 月的 12.71 万手；月末持仓最大为 11 月的 39.25 万手，最小为 1 月的 0.91 万手。

2015 年玉米淀粉期货月度、年度交易情况见表 1-4-29、表 1-4-30。

表 1-4-29　　2015 年玉米淀粉期货月度交易情况

月度	成交量（万手）	同比变化（%）	成交金额（亿元）	同比变化（%）	月末持仓量（万手）	同比变化（%）
1 月	12.71	—	34.41	—	0.91	—
2 月	19.66	—	56.56	—	1.61	—
3 月	70.23	—	210.43	—	3.57	—
4 月	48.51	—	144.24	—	1.91	—
5 月	25.37	—	75.67	—	1.49	—
6 月	18.18	—	51.93	—	2.08	—
7 月	21.81	—	60.31	—	2.20	—
8 月	25.13	—	60.49	—	2.87	—
9 月	61.10	—	137.35	—	7.83	—
10 月	308.71	—	607.26	—	26.04	—
11 月	1 147.57	—	2 433.59	—	39.25	—
12 月	946.38	13 051.87	1 963.14	9 780.56	38.01	7 391.64
总计	2 705.37	37 496.49	5 835.31	29 269.45	—	—

数据来源：大连商品交易所网站。

表 1-4-30　　2014—2015 年玉米淀粉期货年度交易情况

年度	成交量（万手）	同比变化（%）	成交金额（亿元）	同比变化（%）	年末持仓量（万手）	同比变化（%）
2014 年	7.20	—	19.87	—	0.51	—
2015 年	2 705.37	37 496.49	5 835.31	29 269.45	38.01	7 391.64

数据来源：大连商品交易所网站。

（二）交割情况

截至2015年底，大商所玉米淀粉期货交割厂库9家，交割仓库2家，分布在吉林、辽宁、山东的淀粉主产区及部分港口。

2015年，大商所玉米淀粉期货首次进入交割，交割总量为4 539手折合45 390吨，交割金额1.21亿元。其中，9月交割量最大，为4 124手折合41 240吨；3月交割量最小，为52手折合520吨。

2015年玉米淀粉期货月度、年度交割情况见表1－4－31、表1－4－32。

表1－4－31　　2015年玉米淀粉期货月度交割情况

月度	交割量（手）	同比变化（%）	交割金额（万元）	同比变化（%）
3月	52	—	145.91	—
5月	236	—	674.84	—
7月	127	—	364.39	—
9月	4 124	—	10 911.33	—
11月	0	—	0	—
总计	4 539	—	12 096.47	—

数据来源：大连商品交易所网站。

表1－4－32　　2015年玉米淀粉期货年度交割情况

年度	交割量（手）	同比变化（%）	交割金额（亿元）	同比变化（%）
2015年	4 539	—	1.21	—

数据来源：大连商品交易所网站。

（三）价格走势

1. 总体价格走势

2015年，大商所玉米淀粉期货主力合约年初开盘价2 718元/吨（1月5日），最高价3 100元/吨（3月31日），最低价1 890元/吨（10月23日），最大价差1 210元/吨，年末收盘价2 054元/吨（12月31日）。全年下跌664元/吨，跌幅24.43%。

2015年，吉林玉米淀粉现货价格年初报价2 770元/吨（1月5日），最高价3 120元/吨（3月25日），最低价2 100元/吨（10月28日），最大价差1 020元/吨，年末报价2 320元/吨。全年下跌450元/吨，跌幅16.25%。

2015年玉米淀粉期现货市场价格比较见图1－4－5。

2. 价格相关性分析

2015年玉米淀粉期现货市场价格主要显性指标见表1－4－33，2015年玉米淀粉期现货市场价格相关性见表1－4－34。

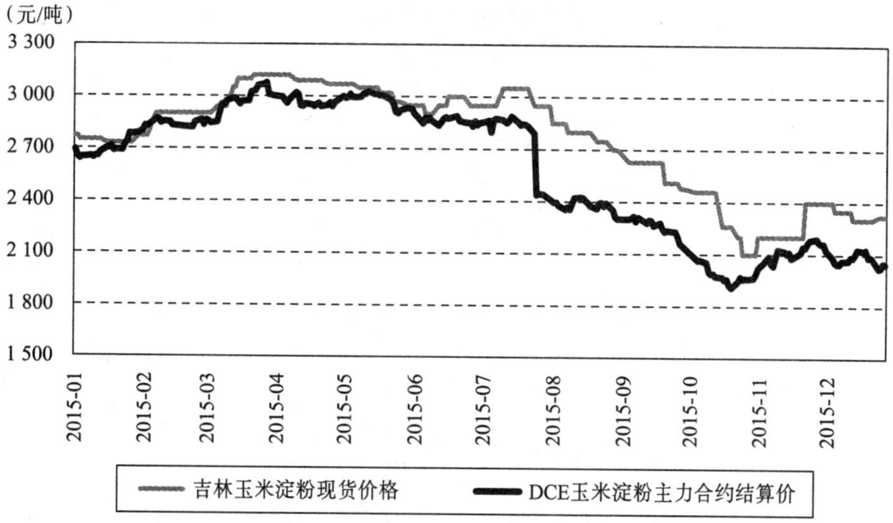

数据来源：大连商品交易所网站，Wind 资讯。

图 1－4－5　2015 年玉米淀粉期现货市场价格比较

表 1－4－33　　2015 年玉米淀粉期现货市场价格主要显性指标

市场分类	绝对指标（元/吨）					相对指标（%）	
	最高价	最低价	平均价	标准差	极差	离散率	波幅率
大商所连续价格	3 078	2 077	2 656	272.81	1 001	10.27	37.69
玉米淀粉现货价格	3 120	2 100	2 751	304.76	1 020	11.08	37.08

数据来源：大连商品交易所网站，Wind 资讯。

表 1－4－34　　2015 年玉米淀粉期现货市场价格相关性

价格选择	相关系数
大商所连续价格与现货市场价格	0.95

数据来源：大连商品交易所网站，Wind 资讯。

六、棕榈油期货运行报告

2015 年，大商所棕榈油期货价格呈现震荡下跌走势。

（一）交易情况

2015 年全年，大商所棕榈油期货成交量 11 151.50 万手，同比增加 39.40%；成交金额 52 496.51 亿元，同比增加 17.22%；年末持仓 47.73 万手，同比增加 56.54%。其中，成交量最高为 12 月的 1 398.59 万手，最低为 2 月的 351.68 万手；月末持仓最大为 5 月的 53.35 万手，最小为 7 月的 26.48 万手。

2015 年棕榈油期货月度、年度交易情况见表 1－4－35、表 1－4－36，内外盘交易情况比较见表 1－4－37。

表 1 -4 -35　　2015 年棕榈油期货月度交易情况

月度	成交量（万手）	同比变化（%）	成交金额（亿元）	同比变化（%）	月末持仓量（万手）	同比变化（%）
1 月	442.60	-28.26	2 172.83	-40.19	38.26	44.53
2 月	351.68	-28.03	1 706.57	-42.63	35.31	-11.23
3 月	646.93	-11.80	3 105.04	-32.50	35.85	13.35
4 月	709.33	34.98	3 405.76	4.87	46.47	57.78
5 月	1 016.74	167.35	5 161.01	126.61	53.35	54.02
6 月	1 218.51	201.27	6 322.68	163.94	31.82	-3.83
7 月	839.42	30.29	4 106.61	11.45	26.48	-19.42
8 月	934.53	59.34	4 169.75	32.45	29.77	-18.62
9 月	1 085.89	48.24	4 738.62	24.30	34.04	-4.79
10 月	1 120.75	44.84	5 100.03	25.68	50.34	22.71
11 月	1 386.53	26.45	5 954.51	1.86	46.20	47.91
12 月	1 398.59	37.56	6 553.13	28.34	47.73	56.54
总计	11 151.50	39.40	52 496.51	17.22	—	—

数据来源：大连商品交易所网站。

表 1 -4 -36　　2014—2015 年棕榈油期货年度交易情况

年度	成交量（万手）	同比变化（%）	成交金额（亿元）	同比变化（%）	年末持仓量（万手）	同比变化（%）
2014 年	7 999.64	-3.03	44 783.15	-11.92	30.49	6.58
2015 年	11 151.50	39.40	52 496.51	17.22	47.73	56.54

数据来源：大连商品交易所网站。

表 1 -4 -37　　2014—2015 年棕榈油期货内外盘交易情况比较

年度	成交量（万手）		年末持仓量（万手）	
	大商所（内盘）	BMD（外盘）	大商所（内盘）	BMD（外盘）
2014 年	7 999.64	1 003.69	30.49	17.64
2015 年	11 151.50	1 082.50	47.73	19.73

数据来源：大连商品交易所网站。

（二）交割情况

截至 2015 年底，大商所棕榈油期货交割仓库共 20 家，其中天津市 5 家，江苏省 8 家，上海市 1 家，浙江省 1 家，广东省 5 家。

2015 年，大商所棕榈油期货交割总量 22 868 手，折合 228 680 吨，同比增加 13.86%，交割金额 10.01 亿元，同比减少 10.77%。其中，9 月交割量最大，为 14 245 手折合 142 450 吨。

2015 年棕榈油期货月度、年度交割情况见表 1 -4 -38、表 1 -4 -39。

表 1－4－38　　2015 年棕榈油期货月度交割情况

月度	交割量（手）	同比变化（%）	交割金额（亿元）	同比变化（%）
1 月	7 420	29.04	3.59	7.34
2 月	0	0	0	0
3 月	0	0	0	0
4 月	0	—	0	—
5 月	1 203	－86.23	0.61	－86.23
6 月	0	—	0	—
7 月	0	—	0	—
8 月	0	—	0	—
9 月	14 245	－67.74	5.82	67.74
10 月	0	—	0	—
11 月	0	—	0	—
12 月	0	—	0	—
总计	22 868	13.86	10.01	－10.77

数据来源：大连商品交易所网站。

表 1－4－39　　2014—2015 年棕榈油期货年度交割情况

年度	交割量（手）	同比变化（%）	交割金额（亿元）	同比变化（%）
2014 年	20 084	25.49	11.22	23.31
2015 年	22 868	13.86	10.01	－10.77

数据来源：大连商品交易所网站。

（三）价格走势

1. 总体价格走势

2015 年，大商所棕榈油期货主力连续合约年初开盘价 5 048 元/吨（1 月 5 日），最高价 5 412 元/吨（6 月 8 日），最低价 3 984 元/吨（11 月 20 日），最大价差 1 428 元/吨，年末收盘价 4 870 元/吨（12 月 31 日）。全年下跌 178 元/吨，跌幅 3.53%。

2015 年，黄埔港棕榈油现货价格年初报价 4 820 元/吨（1 月 5 日），最高价 5 200 元/吨（3 月 2 日），最低价 4 050 元/吨（8 月 27 日），最大价差 1 150 元/吨，年末报价 4 450 元/吨。全年下跌 370 元/吨，跌幅 7.68%。

2015 年，马来西亚衍生品交易所（BMD）棕榈油期货连续合约年初开盘价 2 261 令吉/吨（1 月 2 日），最高价 2 409 令吉/吨（1 月 15 日），最低价 1 800 令吉/吨（8 月 26 日），最大价差 609 令吉/吨，年末收盘价 2 398 令吉/吨（12 月 31 日）。全年上涨 137 令吉/吨，涨幅 6.06%。

2015 年棕榈油期货内外盘和现货市场价格比较见图 1－4－6。

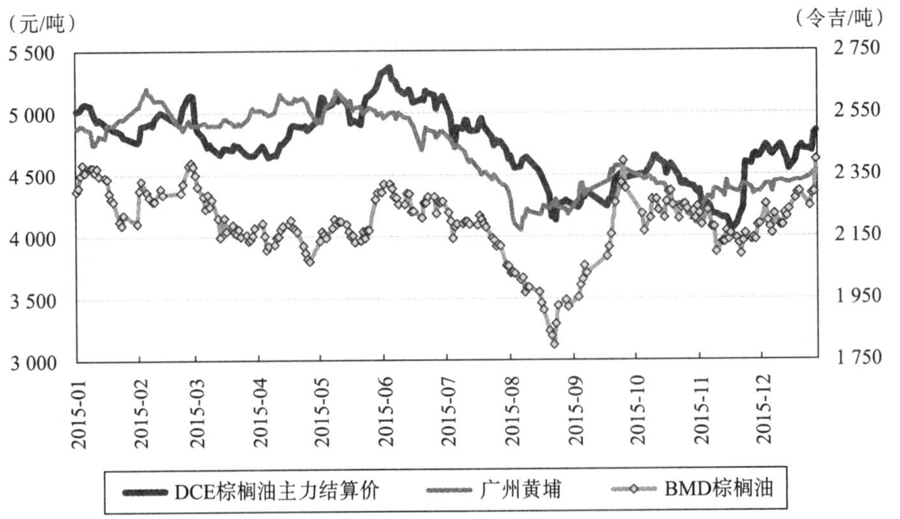

数据来源：Wind 资讯。

图 1－4－6　2015 年棕榈油期货内外盘和现货市场价格比较

2. 价格相关性分析

2015 年棕榈油期货内外盘和现货市场价格主要显性指标见表 1－4－40，2015 年棕榈油期现内外盘和现货市场价格相关性见表 1－4－41。

表 1－4－40　2015 年棕榈油期货内外盘和现货市场价格主要显性指标

市场分类	绝对指标（令吉/吨、元/吨）					相对指标（%）	
	最高价	最低价	平均价	标准差	极差	离散率	波幅率
大商所连续价格	5 368	4 042	4 734	296. 12	1 326	6. 26	28. 01
BMD 连续价格	2 398	1 800	2 190	110. 98	598	5. 07	27. 30
现货市场价格	5 200	4 050	4 683	316. 18	1 150	6. 75	24. 56

数据来源：Wind 资讯。

表 1－4－41　2015 年棕榈油期现内外盘和现货市场价格相关性

价格选择	相关系数
大商所连续价格与 BMD 连续价格	0. 54
大商所连续价格与现货市场价格	0. 75

数据来源：Wind 资讯。

七、鸡蛋期货运行报告

2015 年，大商所鸡蛋期货价格呈现震荡下行走势。

（一）交易情况

2015 年，大商所鸡蛋期货成交量 1 471. 87 万手，同比减少 58. 17%；成交金额 5 936. 44 亿元，同比减少 64. 87%，年末持仓 9. 17 万手，同比增加 19. 41%。其中，成交量最高为7月的149.05万手，最低为2月的94.65万手；月末持仓最大为10月的10.74万手，最小为4月的4.78万手。

2015年鸡蛋期货月度、年度交易情况见表1－4－42、表1－4－43。

表1－4－42　　2015年鸡蛋期货月度交易情况

月度	成交量（万手）	同比变化（%）	成交金额（亿元）	同比变化（%）	月末持仓量（万手）	同比变化（%）
1月	142.87	101.88	604.84	121.35	9.30	98.16
2月	94.65	24.29	399.68	33.36	9.14	38.15
3月	138.38	－35.15	592.51	－34.92	7.42	9.52
4月	130.36	－34.53	562.13	－40.93	4.78	－64.25
5月	98.21	－82.41	429.22	－84.77	5.72	－66.19
6月	104.30	－76.96	431.54	－81.23	5.25	－79.19
7月	149.05	－76.79	629.96	－80.93	6.14	－65.44
8月	125.18	－68.86	515.65	－73.16	6.09	－52.77
9月	138.00	－47.61	533.21	－55.00	9.15	－2.06
10月	98.90	－56.65	363.02	－66.25	10.74	－6.97
11月	137.85	－33.21	498.99	－47.04	8.61	19.17
12月	114.12	－44.67	375.72	－59.06	9.17	19.41
总计	1 471.87	－58.17	5 936.44	－64.87	—	—

数据来源：大连商品交易所网站。

表1－4－43　　2014—2015年鸡蛋期货年度交易情况

年度	成交量（万手）	同比变化（%）	成交金额（亿元）	同比变化（%）	年末持仓量（万手）	同比变化（%）
2014年	3 518.82	1 703.30	16 897.95	2 016.52	7.68	94.78
2015年	1 471.87	－58.17	5 936.44	－64.87	9.17	19.41

数据来源：大连商品交易所网站。

（二）交割情况

截至2015年底，大商所鸡蛋期货交割仓库共16家，其中辽宁省有厂库1家；河北省有厂库2家，仓库1家；山东省有厂库2家，河南省有厂库2家，湖北省有厂库4家；江苏省有厂库3家，仓库1家。

2015年，大商所鸡蛋期货交割总量65手折合325吨，交割金额231.78万元。其中，9月交割量最大，为22手折合110吨；1月、3月、12月交割量最低，各有1手，折合5吨。

2015年鸡蛋期货月度、年度交割情况见表1－4－44、表1－4－45。

表 1-4-44　　2015 年鸡蛋期货月度交割情况

月度	交割量（手）	同比变化（%）	交割金额（万元）	同比变化（%）
1月	1	—	4.63	—
2月	0	—	0	—
3月	1	—	3.91	—
4月	0	-100	0	-100.00
5月	21	950	73.33	645.40
6月	0	-100	0	-100.00
9月	22	15.79	86.06	-11.51
10月	8	—	26.90	—
11月	11	10	33.63	-25.17
12月	1	0	3.32	37.00
总计	65	71.05	231.78	25.47

数据来源：大连商品交易所网站。

表 1-4-45　　2014—2015 年鸡蛋期货年度交割情况

年度	交割量（手）	同比变化（%）	交割金额（万元）	同比变化（%）
2014年	38	—	184.73	—
2015年	65	71.05	231.78	25.47

数据来源：大连商品交易所网站。

（三）价格走势

1. 总体价格走势

2015 年，大商所鸡蛋期货主力连续合约年初开盘价 4 255 元/500 千克（1 月 5 日），最高价 4 587 元/500 千克（4 月 1 日），最低价 3 141 元/500 千克（12 月 14 日），最大价差 1 446 元/500 千克，年末收盘价 3 209 元/500 千克（12 月 31 日）。全年下跌 1 046 元/500 千克，跌幅 24.58%。

2015 年，河北鸡蛋现货价格年初报价 4 160 元/500 千克（1 月 5 日），最高价 4 560 元/500 千克（2 月 12 日），最低价 2 930 元/500 千克（7 月 3 日），最大价差 1 630 元/500 千克，年末报价 3 690 元/500 千克。全年下跌 470 元/500 千克，跌幅 11.3%。

2015 年鸡蛋期货和现货市场价格比较见图 1-4-7。

2. 价格相关性分析

2015 年鸡蛋期货内外盘和现货市场价格主要显性指标见表 1-4-46，2015 年鸡蛋期现内外盘和现货市场价格相关性见表 1-4-47。

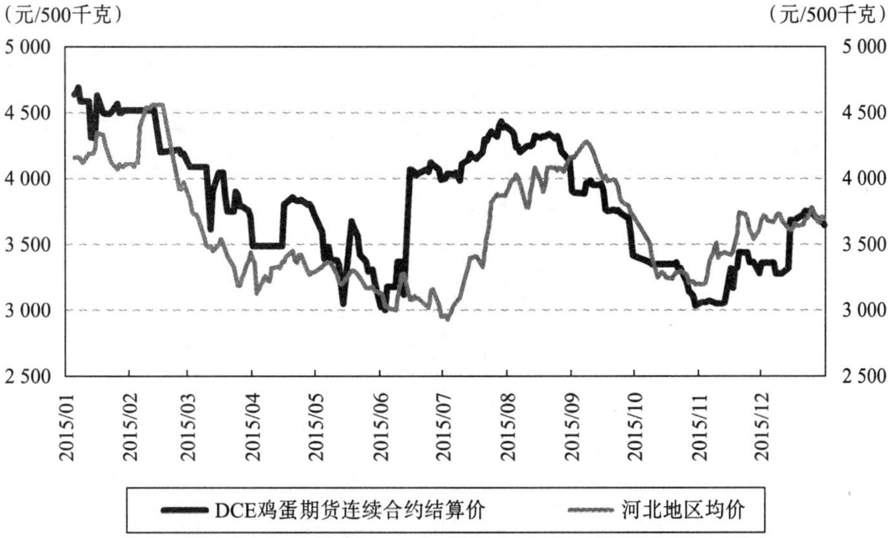

数据来源：大连商品交易所网站，芝华数据。

图 1－4－7　2015 年鸡蛋期货和现货市场价格比较

表 1－4－46　2015 年鸡蛋期货内外盘和现货市场价格主要显性指标

市场分类	绝对指标（元/500 千克）					相对指标（%）	
	最高价	最低价	平均价	标准差	极差	离散率	波幅率
大商所鸡蛋连续价格	4 680	3 160	4 022	359.84	1 520	8.95	37.79
鸡蛋现货市场价格	4 560	2 930	3 619	401.00	1 630	11.08	45.04

数据来源：大连商品交易所网站，芝华数据。

表 1－4－47　2015 年鸡蛋期现内外盘和现货市场价格相关性

价格选择	相关系数
大商所连续价格与现货市场价格	0.64

数据来源：大连商品交易所网站，芝华数据。

八、LLDPE 期货运行报告

2015 年，大商所的 LLDPE 期货价格呈震荡下跌走势。

（一）交易情况

2015 年全年，大商所的 LLDPE 期货成交量 23 971.4 万手，同比增长 67.04%；成交金额 105 482.07 亿元，同比提高 42.57%；年末持仓 66.3 万手，同比增加 18.05%。其中，成交量最高为 3 月的 2 894.67 万手，最低为 10 月的 1 093.35 万手；月末持仓最大为 1 月的 81.24 万手，最小为 4 月的 44.73 万手。

2015 年 LLDPE 期货月度、年度交易情况见表 1－4－48、表 1－4－49。

表1-4-48　　2015年LLDPE期货月度交易情况

月度	成交量（万手）	同比变化（%）	成交金额（亿元）	同比变化（%）	月末持仓量（万手）	同比变化（%）
1月	2 213.26	153.53	9 119.16	90.32	81.24	127.85
2月	1 604.92	137.76	7 102.25	96.90	72.35	25.82
3月	2 894.67	163.95	13 593.25	137.56	71.98	75.36
4月	2 250.00	165.93	11 014.64	137.84	44.73	-19.65
5月	1 810.39	96.71	8 723.45	70.18	57.22	-33.48
6月	1 743.10	60.41	8 331.64	31.77	66.24	-23.90
7月	1 991.76	40.33	9 232.36	12.23	55.35	-24.71
8月	2 191.19	140.33	9 364.70	87.01	48.49	29.23
9月	1 698.54	59.22	7 200.21	29.81	53.12	2.62
10月	1 093.35	-22.75	4 579.70	-33.94	63.59	36.33
11月	2 288.94	40.04	8 869.36	11.81	57.50	-14.78
12月	2 191.27	-8.91	8 351.41	-17.62	66.30	18.05
总计	23 971.40	67.04	105 482.07	42.57	—	—

数据来源：大连商品交易所网站。

表1-4-49　　2014—2015年LLDPE期货年度交易情况

年度	成交量（万手）	同比变化（%）	成交金额（亿元）	同比变化（%）	年末持仓量（万手）	同比变化（%）
2014年	14 350.88	-0.54	73 985.05	-4.28	56.17	83.48
2015年	23 971.40	67.04	105 482.07	42.57	66.30	18.05

数据来源：大连商品交易所网站。

（二）交割情况

截至2015年底，大商所的LLDPE期货交割仓库共18家，其中天津市4家，山东省2家，上海市4家，浙江省4家，广东省4家。

2015年，大商所的LLDPE期货交割总量6 015手，折合30 075吨，同比减少16.52%，交割金额2.87亿元，同比减少29.83%。其中，9月交割量最大，为3 602手，折合18 010吨。

2015年LLDPE期货月度、年度交割情况见表1-4-50、表1-4-51。

表1-4-50　　2015年LLDPE期货月度交割情况

月度	交割量（手）	同比变化（%）	交割金额（亿元）	同比变化（%）
1月	671	-68.02	0.32	-74.44
2月	2	-90.91	0	-93.76
3月	16	—	0.01	—
4月	0	-100.00	0	-100.00
5月	1 502	-0.46	0.81	-7.36
6月	47	—	0.02	—
7月	103		0.05	—

续表

月度	交割量（手）	同比变化（%）	交割金额（亿元）	同比变化（%）
8 月	52	1 200.00	0.02	912.38
9 月	3 602	1.07	1.63	-16.50
10 月	6	—	0	—
11 月	7	—	0	—
12 月	7	—	0	—
总计	6 015	-16.52	2.87	-29.92

数据来源：大连商品交易所网站。

表 1-4-51　　2014—2015 年 LLDPE 期货年度交割情况

年度	交割量（手）	同比变化（%）	交割金额（亿元）	同比变化（%）
2014 年	7 205	-62.46	4.09	64.03
2015 年	6 015	-16.52	2.87	29.83

数据来源：大连商品交易所网站。

（三）价格走势

1. 总体价格走势

2015 年，大商所的 LLDPE 期货连续合约年初开盘价 8 540 元/吨（1 月 5 日），最高价 10 400 元/吨（4 月 27 日），最低价 7 080 元/吨（12 月 08 日），最大价差 3 320 元/吨，年末收盘价 8 040 元/吨（12 月 31 日）。全年下跌 345 元/吨，跌幅 4.11%。

2015 年，华北天津地区 LLDPE 吉林石化 7042 现货价格年初报价 9 700 元/吨（1 月 1 日），最高价 10 710 元/吨（5 月 4 日），最低价 8 350 元/吨（11 月 19 日），年末报价 8 700 元/吨。全年下跌 1 000 元/吨，跌幅 10.31%。

2015 年大商所的 LLDPE 期货和天津市场现货价格比较见图 1-4-8 。

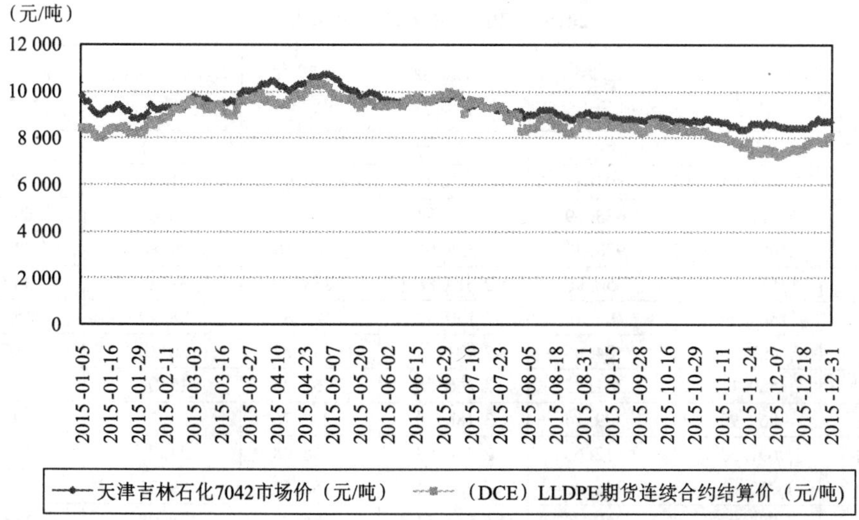

数据来源：大连商品交易所网站，卓创资讯。

图 1-4-8　2015 年 LLDPE 期货和天津市场现货价格比较

2. 价格相关性分析

2015 年 LLDPE 期货和现货市场价格主要显性指标见表 1 －4 －52，2015 年 LLDPE 期货和现货市场价格相关性见表 1 －4 －53。

表 1 －4 －52　　2015 年 LLDPE 期货和现货市场价格主要显性指标

市场分类	绝对指标（元/吨）					相对指标（%）	
	最高价	最低价	平均价	标准差	极差	离散率	波幅率
大商所连续价格	10 280	7 185	8 806	757.62	3 095	8.60	35.15
LLDPE 现货市场价格	10 710	8 350	9 280	586.12	2 360	6.32	25.43

数据来源：卓创资讯。

表 1 －4 －53　　2015 年 LLDPE 期货和现货市场价格相关性

价格选择	相关系数
大商所连续价格与现货市场价格	0.93

数据来源：卓创资讯。

九、聚丙烯期货运行报告

2015 年，大商所聚丙烯（以下简称 PP）期货价格呈现震荡下行的走势。

（一）交易情况

2015 年全年，大商所 PP 期货成交量 10 751.33 万手，同比增加 333.85%；成交金额 38 965.30 亿元，同比增加 221.02%；年末持仓 38.08 万手，同比增加 113.17%。其中，成交量最高为 12 月的 1 983.8 万手，最低为 2 月的 478.64 万手；月末持仓最大为 12 月的 38.08 万手，最小为 8 月的 15.07 万手。

2015 年 PP 期货月度、年度交易情况见表 1 －4 －54、表 1 －4 －55。

表 1 －4 －54　　2015 年 PP 期货月度交易情况

月度	成交量（万手）	同比变化（%）	成交金额（亿元）	同比变化（%）	月末持仓量（万手）	同比变化（%）
1 月	669.39	—	2 437.20	—	30.81	—
2 月	478.64	4 893.38	1 877.81	3 620.07	21.91	1 037.19
3 月	1 141.07	1 683.69	4 725.84	1 324.94	30.61	697.80
4 月	1 006.53	988.32	4 334.06	768.68	29.86	330.16
5 月	616.52	356.90	2 619.88	258.99	31.21	309.22
6 月	505.99	92.73	2 150.41	47.38	28.29	155.48
7 月	492.76	84.85	2 001.34	36.67	20.10	86.10
8 月	589.11	267.75	2 266.86	167.23	15.07	54.64
9 月	860.98	329.14	3 186.39	207.76	23.3	97.42
10 月	691.55	112.60	2 458.68	56.08	31.75	139.08
11 月	1 715	316.26	5 253.31	168.57	29.31	73.08
12 月	1 983.8	260.74	5 653.54	158.30	38.08	113.17
总计	10 751.33	333.85	38 965.30	221.02	—	—

数据来源：大连商品交易所网站。

表 1-4-55　　2014—2015 年 PP 期货年度交易情况

年度	成交量（万手）	同比变化（%）	成交金额（亿元）	同比变化（%）	年末持仓量（万手）	同比变化（%）
2014 年	2 478.12	—	12 138.02	—	17.87	—
2015 年	10 751.33	333.85	38 965.30	221.02	38.08	113.17

数据来源：大连商品交易所网站。

（二）交割情况

截至 2015 年底，PP 期货交割仓库共 11 家，其中山东省 2 家，江苏省 1 家，浙江省 4 家，上海市 2 家，广东省 2 家。

2015 年，PP 期货交割总量 17 035 手折合 85 175 吨，同比增加 523.54%，交割金额 7.7 亿元，同比增加 378.34%。其中，5 月交割量最大，为 10 425 手折合 52 125 吨。

2015 年 PP 期货月度、年度交割情况见表 1-4-56、表 1-4-57。

表 1-4-56　　2015 年 PP 期货月度交割情况

月度	交割量（手）	同比变化（%）	交割金额（亿元）	同比变化（%）
1 月	4 753	—	2.03	—
2 月	8	—	0	—
3 月	42	—	0.02	—
4 月	0	—	0	—
5 月	10 425	744.81	4.93	593.68
6 月	44	—	0.02	—
7 月	62	—	0.03	—
8 月	33	—	0.01	—
9 月	1 668	12.1	0.66	-23.59
10 月	0	—	0	—
11 月	0	-100.00	0	—
12 月	0	—	0	—
总计	17 035	523.54	7.70	387.34

数据来源：大连商品交易所网站。

表 1-4-57　　2014—2015 年 PP 期货年度交割情况

年度	交割量（手）	同比变化（%）	交割金额（亿元）	同比变化（%）
2014 年	2 732	—	1.58	—
2015 年	17 035	523.54	7.70	387.34

数据来源：大连商品交易所网站。

（三）价格走势

1. 总体价格走势

2015 年，PP 期货连续合约年初开盘价 7 892 元/吨（1 月 5 日），最高价 9 027

元/吨（5 月 4 日），最低价 5 335 元/吨（11 月 24 日），最大价差 3 692 元/吨，年末收盘价 5 825 元/吨（12 月 31 日）。全年下跌 2 067 元/吨，跌幅 26.19%。

2015 年，浙江余姚地区绍兴三圆 T30S 现货价格年初报价 9 350 元/吨（1 月 5 日），最高价 9 725 元/吨（5 月 4 日），最低价 6 225 元/吨（12 月 15 日），年末报价 6 475 元/吨。全年下跌 2 875 元/吨，跌幅 30.75%。

2015 年 PP 期货和现货价格比较见图 1－4－9。

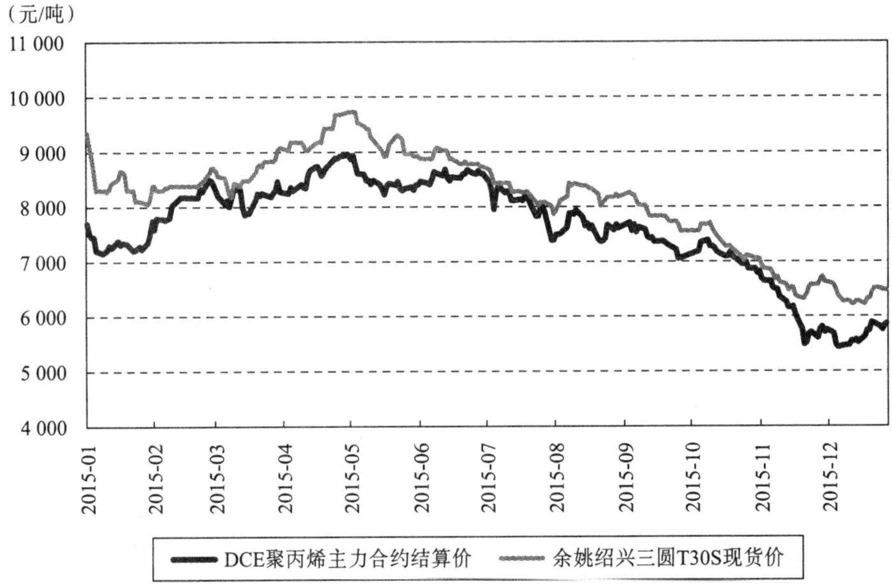

数据来源：大连商品交易所网站。

图 1－4－9　2015 年 PP 期货和现货市场价格比较

2. 价格相关性分析

2015 年 PP 期货和现货市场价格主要显性指标见表 1－4－58，2015 年 PP 期货和现货市场价格相关性见表 1－4－59。

表 1－4－58　2015 年 PP 期货和现货市场价格主要显性指标

市场分类	绝对指标（元/吨）					相对指标（%）	
	最高价	最低价	平均价	标准差	极差	离散率	波幅率
大商所连续价格	8 948	5 434	7 589	935.11	3 514	12.32	46.30
聚丙烯现货市场价格	9 725	6 225	8 137	926.65	3 500	11.39	43.01

数据来源：大连商品交易所网站。

表 1－4－59　2015 年 PP 期货和现货市场价格相关性

价格选择	相关系数
大商所连续价格与现货市场价格	0.95

数据来源：大连商品交易所网站。

十、焦炭期货运行报告

2015 年，大商所焦炭期货价格呈现震荡下行走势。

（一）交易情况

2015 年全年，大商所焦炭期货成交量 1 566.23 万手，同比下降 75.41%；成交金额 13 162.74 亿元，同比下降 82.51%；年末持仓 9.29 万手，同比增加 17.33%。其中，成交量最高为 5 月的 282.67 万手，最低为 2 月的 30.71 万手；月末持仓最大为 11 月的 12.4011 万手，最小为 8 月的 3.738 万手。

2015 年焦炭期货月度、年度交易情况见表 1 –4 –60、表 1 –4 –61。

表 1 –4 –60　　2015 年焦炭期货月度交易情况

月度	成交量（万手）	同比变化（%）	成交金额（亿元）	同比变化（%）	月末持仓量（万手）	同比变化（%）
1 月	131.47	–76.74	1 373.85	–82.40	5.67	–37.60
2 月	30.71	–92.55	317.37	–94.17	4.19	–68.82
3 月	74.14	–92.94	727.15	–94.26	6.32	–55.71
4 月	167.26	–78.32	1 536.74	–83.78	7.09	–58.03
5 月	282.67	–55.58	2 599.78	–65.25	8.25	–48.53
6 月	130.17	–76.67	1 171.96	–81.80	7.86	–52.92
7 月	148.39	–75.42	1 233.41	–81.84	4.65	–71.85
8 月	86.56	–82.35	700.57	–87.16	3.74	–73.95
9 月	72.26	–84.53	562.69	–88.85	5.44	–50.30
10 月	82.81	–74.64	611.36	–82.77	11.66	–1.90
11 月	174.96	–25.89	1 166.06	–53.29	12.40	16.02
12 月	184.84	–26.82	1 161.79	–55.57	9.29	17.33
总计	1 566.23	–75.41	13 162.74	–82.51	—	—

数据来源：大连商品交易所网站。

表 1 –4 –61　　2013—2015 年焦炭期货年度交易情况

年度	成交量（万手）	同比变化（%）	成交金额（亿元）	同比变化（%）	年末持仓量（万手）	同比变化（%）
2014 年	6 368.83	–44.77	75 275.41	–59.14	7.92	–28.07
2015 年	1 566.23	–75.41	13 162.74	–82.51	9.29	17.33

数据来源：大连商品交易所网站。

（二）交割情况

截至 2015 年底，大商所焦炭期货交割仓库（厂库）共 14 家，其中山东省 4 家，山西省 3 家，天津市 3 家，河北省 3 家，江苏省 1 家。

2015 年，大商所焦炭期货交割总量 9 030 手折合 903 000 吨，同比增加

360.71%，交割金额9.72亿元，同比增加348.45%。其中，1月交割量最大，为6 530手折合653 000吨。

2015年焦炭期货月度、年度交割情况见表1－4－62、表1－4－63。

表1－4－62　　2015年焦炭期货月度交割情况

月度	交割量（手）	同比变化（%）	交割金额（亿元）	同比变化（%）
1月	6 530	2 006.45	7.62	1 708.85
2月	0	—	0	—
3月	0	—	0	—
4月	0	－100.00	0	－100.00
5月	180	－77.78	0.15	－83.35
6月	10	0.00	0.01	－10.74
7月	0	－100.00	0	－100.00
8月	10	－83.33	0.01	－87.33
9月	2 300	215.07	1.94	155.67
10月	0	—	0	—
11月	0	－100.00	0	－100.00
12月	0	—	0	—
总计	9 030	360.71	9.72	348.45

数据来源：大连商品交易所网站。

表1－4－63　　2014—2015年焦炭期货年度交割情况

年度	交割量（手）	同比变化（%）	交割金额（亿元）	同比变化（%）
2014年	1 960	20.25	2.17	－10.02
2015年	9 030	360.71	9.72	348.45

数据来源：大连商品交易所网站。

（三）价格走势

1. 总体价格走势

2015年，大商所焦炭期货主力连续合约年初开盘价1 030元/吨（1月5日），最高价1 057元/吨（1月8日），最低价606元/吨（12月10日），最大价差451元/吨，年末收盘价645元/吨（12月31日）。全年下跌385元/吨，跌幅37.38%。

2015年，焦炭现货价格年初报价1 090元/吨（1月5日），最高价1 090元/吨（1月5日），最低价740元/吨（12月8日），年末报价740元/吨（12月31日）。全年下跌350元/吨，跌幅32.11%。

2015年焦炭期货和现货价格比较见图1－4－10。

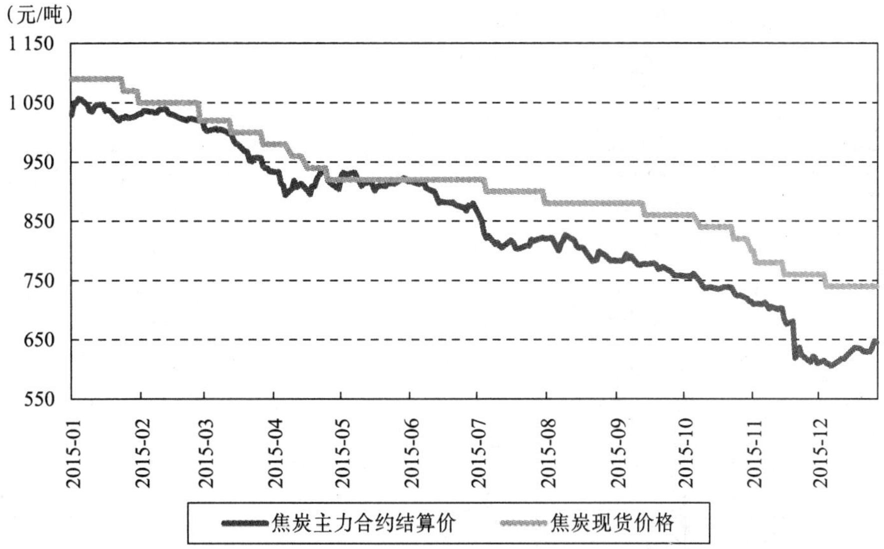

数据来源：Wind 资讯。

图 1-4-10　2015 年焦炭期货和现货市场价格比较

2. 价格相关性分析

2015 年焦炭期货和现货市场价格主要显性指标见表 1-4-64，2015 年焦炭期货和现货市场价格相关性见表 1-4-65。

表 1-4-64　2015 年焦炭期货和现货市场价格主要显性指标

市场分类	绝对指标（元/吨）					相对指标（%）	
	最高价	最低价	平均价	标准差	极差	离散率	波幅率
大商所连续价格	1 057	606	849.05	129.09	451	15.20	53.12
焦炭现货市场价格	1 090	740	909.71	98.76	350	10.86	38.47

数据来源：Wind 资讯。

表 1-4-65　2015 年焦炭期货市场和现货市场价格相关性

价格选择	相关系数
大商所连续价格与现货市场价格	0.97

数据来源：Wind 资讯。

十一、焦煤期货运行报告

2015 年，大商所焦煤期货价格呈现震荡下行走势。

（一）交易情况

2015 年全年，大商所焦煤期货成交量 1 570.66 万手，同比下降 72.73%；成交金额 5 932.84 亿元，同比下降 79.23%；年末持仓 11.53 万手，同比增加 23.55%。其中，成交量最高为 5 月的 274.09 万手，最低为 2 月的 31.14 万手；月末持仓最大为4月的15.63万手，最小为9月的4.07万手。

2015年焦煤期货月度、年度交易情况见表1-4-66、表1-4-67。

表1-4-66　　2015年焦煤期货月度交易情况

月度	成交量（万手）	同比变化（%）	成交金额（亿元）	同比变化（%）	月末持仓量（万手）	同比变化（%）
1月	108.19	-60.02	475.62	-69.69	7.45	-34.94
2月	31.14	-85.37	137.31	-88.43	6.00	-55.51
3月	75.03	-88.98	318.77	-90.69	7.85	-53.40
4月	193.57	-77.73	780.48	-82.55	15.63	-15.06
5月	274.09	-65.54	1 117.08	-71.93	10.84	-39.96
6月	126.66	-78.92	520.83	-82.38	5.66	-67.55
7月	119.66	-74.82	457.90	-79.65	4.23	-74.24
8月	77.35	-85.14	277.11	-88.88	4.34	-71.64
9月	82.20	-82.26	287.50	-86.87	4.07	-66.85
10月	70.00	-82.63	237.54	-87.57	7.20	-74.53
11月	183.81	-30.69	589.43	-51.25	9.32	-43.48
12月	228.96	12.67	733.27	-20.07	11.53	23.55
总计	1 570.66	-72.73	5 932.84	-79.23	—	—

数据来源：大连商品交易所网站。

表1-4-67　　2014—2015年焦煤期货年度交易情况

年度	成交量（万手）	同比变化（%）	成交金额（亿元）	同比变化（%）	年末持仓量（万手）	同比变化（%）
2014年	5 760.54	—	28 559.13	—	9.34	—
2015年	1 570.66	-72.73	5 932.84	-79.23	11.53	23.55

数据来源：大连商品交易所网站。

（二）交割情况

截至2015年底，大商所焦煤期货交割仓库（厂库）共8家，其中山西省3家，天津市2家，河北省1家，山东省1家，江苏省1家。

2015年，大商所焦煤期货交割总量9 800手折合588 000吨，同比增加27.27%，交割金额4.29亿元，同比减少4.93%。其中，5月交割量最大，为6 600手折合396 000吨。

2015年焦煤期货月度、年度交割情况见表1-4-68、表1-4-69。

表1-4-68　　2015年焦煤期货月度交割情况

月度	交割量（手）	同比变化（%）	交割金额（亿元）	同比变化（%）
1月	2 100	-65	1.02	-69.01
2月	0	—	0	—
3月	0	—	0	—
4月	0	—	0	—
5月	6 600	340	2.89	318.75

续表

月度	交割量（手）	同比变化（%）	交割金额（亿元）	同比变化（%）
6月	0	—	0	—
7月	0	—	0	—
8月	0	—	0	—
9月	1 100	450	0.38	322.99
10月	0	—	0	—
11月	0	—	0	—
12月	0	—	0	—
总计	9 800	27.27	4.29	-4.93

数据来源：大连商品交易所网站。

表1-4-69　　2014—2015年焦煤期货年度交割情况

年度	交割量（手）	同比变化（%）	交割金额（亿元）	同比变化（%）
2014年	7 700	670	4.08	583.13
2015年	9 800	27.27	4.29	-4.93

数据来源：大连商品交易所网站。

（三）价格走势

1. 总体价格走势

2015年，大商所焦煤期货主力连续合约年初开盘价733元/吨（1月5日），最高价744元/吨（1月6日），最低价490元/吨（11月24日），最大价差254元/吨，年末收盘价562元/吨（12月31日）。全年下跌171元/吨，跌幅23.33%。

2015年，焦煤现货价格年初报价900元/吨（1月5日），最高价900元/吨（1月5日），最低价660元/吨（11月6日），年末报价660元/吨（12月31日）。全年下跌240元/吨，跌幅26.67%。

2015年焦煤期货和现货价格比较见图1-4-11。

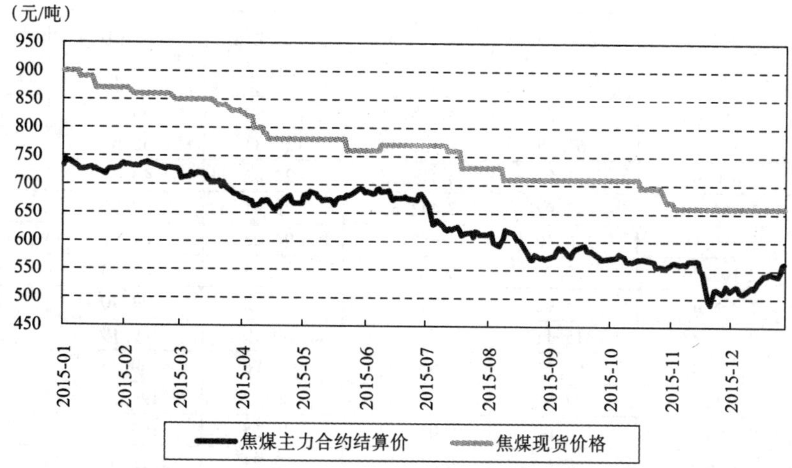

数据来源：Wind资讯。

图1-4-11　2015年焦煤期货和现货市场价格比较

2. 价格相关性分析

2015 年焦煤期货和现货市场价格主要显性指标见表 1 –4 –70，2015 年焦煤期货和现货市场价格相关性见表 1 –4 –71。

表 1 –4 –70　　2015 年焦煤期货和现货市场价格主要显性指标

市场分类	绝对指标（元/吨）					相对指标（%）	
	最高价	最低价	平均价	标准差	极差	离散率	波幅率
大商所连续价格	744	490	635.75	70.21	254	11.04	39.95
焦煤现货市场价格	900	660	758.95	72.16	240	9.51	31.62

数据来源：Wind 资讯。

表 1 –4 –71　　2015 年焦煤期货市场和现货市场价格相关性

价格选择	相关系数
大商所连续价格与现货市场价格	0.89

数据来源：Wind 资讯。

十二、铁矿石期货运行报告

2015 年，大商所铁矿石期货价格呈现震荡下行走势。

（一）交易情况

2015 年全年，大商所铁矿石期货成交量 25 957.21 万手，同比增长 169.38%；成交金额 98 963.68 亿元，同比增长 63.56%；年末持仓 93.91 万手，同比增加 114.65%。其中，成交量最高为 12 月的 3 259.33 万手，最低为 2 月的 362.54 万手；月末持仓最大为 10 月的 126.26 万手，最小为 1 月的 30.50 万手。

2015 年铁矿石期货月度、年度交易情况见表 1 –4 –72、表 1 –4 –73。

表 1 –4 –72　　2015 年铁矿石期货月度交易情况

月度	成交量（万手）	同比变化（%）	成交金额（亿元）	同比变化（%）	月末持仓量（万手）	同比变化（%）
1 月	782.62	575.66	3 878.06	283.09	30.50	111.51
2 月	362.54	261.28	1 735.32	105.83	30.67	61.91
3 月	1 000.94	31.83	4 419.95	–22.42	48.43	62.09
4 月	1 864.12	143.92	7 443.63	22.81	59.05	93.06
5 月	2 486.18	226.10	10 682.07	94.06	61.77	42.20
6 月	2 103.20	170.76	9 160.51	72.36	89.93	240.51
7 月	3 238.42	236.92	11 949.17	78.02	73.90	147.99
8 月	3 007.78	315.11	11 407.41	139.19	89.19	114.03
9 月	2 960.47	167.75	11 506.01	78.96	99.35	38.37
10 月	2 156.94	97.08	7 907.01	30.62	126.26	40.89
11 月	2 734.65	124.00	9 057.42	49.55	102.08	29.31
12 月	3 259.33	160.68	9 817.12	62.21	93.91	114.65
总计	25 957.21	169.38	98 963.68	63.56	—	—

数据来源：大连商品交易所网站。

表 1-4-73　　2013—2015 年铁矿石期货年度交易情况

年度	成交量（万手）	同比变化（%）	成交金额（亿元）	同比变化（%）	年末持仓量（万手）	同比变化（%）
2014 年	9 635.91	4 301.54	60 505.43	2 859.68	43.75	574.22
2015 年	25 957.21	169.38	98 963.68	63.56	93.91	114.65

数据来源：大连商品交易所网站。

（二）交割情况

截至 2015 年底，大商所铁矿石期货交割仓库（厂库）共 10 家，其中天津市 2 家，河北省 3 家，山东省 3 家，江苏省 2 家。

2015 年，大商所铁矿石期货交割总量 4 300 手折合 430 000 吨，同比增加 19.44%，交割金额 1.99 亿元，同比减少 24.15%。其中，5 月交割量最大，为 2 500 手折合 250 000 吨。

2015 年铁矿石期货月度、年度交割情况见表 1-4-74、表 1-4-75。

表 1-4-74　　2015 年铁矿石期货月度交割情况

月度	交割量（手）	同比变化（%）	交割金额（亿元）	同比变化（%）
1 月	0	—	0	—
2 月	0	—	0	—
3 月	0	-100	0	-100
4 月	0	—	0	—
5 月	2 500	47.06	1.18	-16.40
6 月	300	-40	0.15	-58.51
7 月	0	—	0	—
8 月	600	—	0.29	—
9 月	800	-38.46	0.37	-51.26
10 月	0	—	0	—
11 月	0	—	0	—
12 月	100	—	0.03	—
总计	4 300	19.44	1.99	-24.15

数据来源：大连商品交易所网站。

表 1-4-75　　2014—2015 年铁矿石期货年度交割情况

年度	交割量（手）	同比变化（%）	交割金额（亿元）	同比变化（%）
2014 年	3 600	—	2.61	—
2015 年	4 300	19.44	1.99	-24.15

数据来源：大连商品交易所网站。

（三）价格走势

1. 总体价格走势

2015 年，大商所铁矿石期货主力连续合约年初开盘价 505 元/吨（1 月 5 日），最高价 521 元/吨（1 月 7 日），最低价 282.5 元/吨（12 月 10 日），最大价差 238.5 元/吨，年末收盘价 322 元/吨（12 月 31 日）。全年下跌 183 元/吨，跌幅 36.24%。

2015 年，铁矿石现货价格年初报价 505 元/吨（1 月 4 日），最高价 515 元/吨（1 月 7 日），最低价 300 元/吨（12 月 14 日），年末报价 330 元/吨（12 月 31 日）。全年下跌 175 元/吨，跌幅 34.65%。

2015 年铁矿石期货和现货价格比较见图 1－4－12。

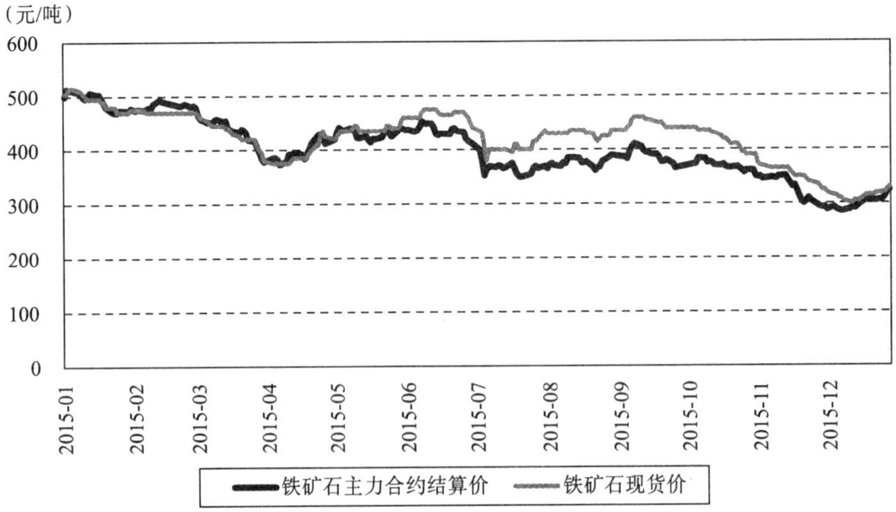

数据来源：Wind 资讯。

图 1－4－12　2015 年铁矿石期货和现货市场价格比较

2. 价格相关性分析

2015 年铁矿石期货和现货市场价格主要显性指标见表 1－4－76，2015 年铁矿石期货市场和现货市场价格相关性见表 1－4－77。

表 1－4－76　2015 年铁矿石期货和现货市场价格主要显性指标

市场分类	绝对指标（元/吨）					相对指标（%）	
	最高价	最低价	平均价	标准差	极差	离散率	波幅率
大商所连续价格	521	282.5	399	57.16	238.5	14.33	59.77
铁矿石现货市场价格	515	300	422	50.02	215	11.85	50.95

数据来源：Wind 资讯。

表 1－4－77　2015 年铁矿石期货市场和现货市场价格相关性

价格选择	相关系数
大商所连续价格与现货市场价格	0.90

数据来源：Wind 资讯。

十三、PVC 期货运行报告

2015 年，PVC 期货价格呈现震荡下行走势。

（一）交易情况

2015 年 PVC 期货年度交易量见表 1－4－78。

表 1 - 4 - 78　　2014—2015 年 PVC 期货年度交易情况

年度	成交量（万手）	同比变化（%）	成交金额（亿元）	同比变化（%）	年末持仓量（万手）	同比变化（%）
2014 年	147.17	-17.66	430.52	-27.42	2.45	51.22
2015 年	156.66	6.45	407.89	-5.26	2.86	16.73

数据来源：大连商品交易所网站。

（二）交割情况

截至 2015 年底，PVC 期货交割仓库共 11 家，其中广东省 4 家，上海市 3 家，江苏省 1 家，浙江省 3 家。

2015 年 PVC 期货年度交割情况见表 1 - 4 - 79。

表 1 - 4 - 79　　2014—2015 年 PVC 期货年度交割情况

年度	交割量（手）	同比变化（%）	交割金额（亿元）	同比变化（%）
2014 年	700	-86.98	0.21	-87.61
2015 年	2 606	272.29	0.70	233.33

数据来源：大连商品交易所网站。

（三）价格走势

1. 总体价格走势

2015 年，PVC 期货主力连续合约年初开盘价 5 445 元/吨（1 月 5 日），最高价 5 935 元/吨（5 月 6 日），最低价 4 405 元/吨（11 月 23 日），最大价差 1 530 元/吨，年末收盘价 4 850 元/吨（12 月 31 日）。全年下跌 595 元/吨，跌幅 10.93%。

2015 年，华南地区现货价格年初报价 5 740 元/吨（1 月 5 日），最高价 5 970 元/吨（5 月 19 日），最低价 4 650 元/吨（11 月 19 日），年末报价 4 935 元/吨。全年下跌 805 元/吨，跌幅 14.02%。

2015 年 PVC 期货和现货价格比较见图 1 - 4 - 13。

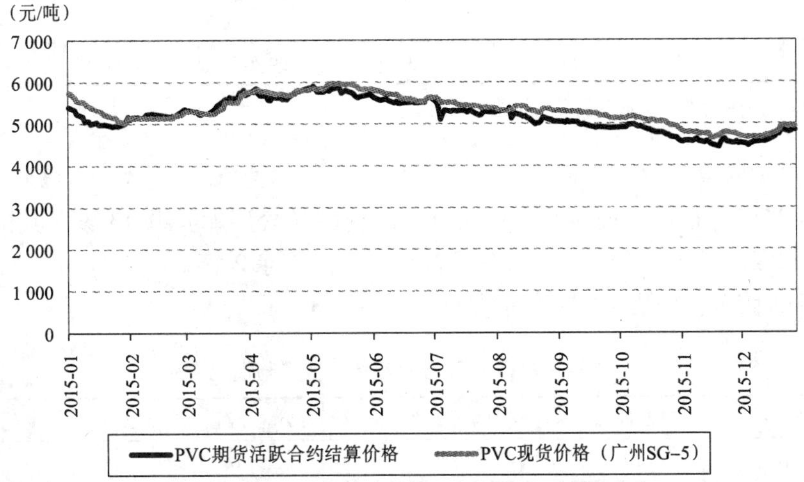

数据来源：Wind 资讯。

图 1 - 4 - 13　2015 年 PVC 期现货价格比较

2. 期现货价格相关性

2015 年 PVC 期货和现货市场价格主要显性指标见表 1 -4 -80，2015 年 PP 期货和现货市场价格相关性见表 1 -4 -81。

表 1 -4 -80　　2015 年 PVC 期货和现货市场价格主要显性指标

市场分类	绝对指标（元/吨）					相对指标（%）	
	最高价	最低价	平均价	标准差	极差	离散率	波幅率
大商所连续价格	5 900	4 440	5 189	25. 27	1 460	0. 49	28. 14
PVC 现货市场价格	5 970	4 650	5 328	357. 38	1 320	6. 71	24. 77

数据来源：大连商品交易所网站。

表 1 -4 -81　　2015 年 PVC 期货和现货市场价格相关性

价格选择	相关系数
大商所连续价格与现货市场价格	0. 95

数据来源：大连商品交易所网站。

十四、胶合板期货运行报告

2015 年，大商所胶合板期货价格呈震荡下行走势。

（一）交易情况

2015 年胶合板期货年度交易情况见表 1 -4 -82。

表 1 -4 -82　　2014—2015 年胶合板期货年度交易情况

年度	成交量（万手）	同比变化（%）	成交金额（亿元）	同比变化（%）	年末持仓量（万手）	同比变化（%）
2014 年	1 776. 04	—	12 059. 33	—	1. 09	—
2015 年	18. 27	-98. 97	103. 74	-99. 14	0. 0019	-99. 83

数据来源：大连商品交易所网站。

（二）交割情况

截至 2015 年底，大商所胶合板期货交割仓库（含厂库）共 13 家，其中河北 1 家，天津 2 家，山东 2 家，江苏 2 家，浙江 4 家，广东 2 家。

2015 年胶合板期货年度交割情况见表 1 -4 -83。

表 1 -4 -83　　2014—2015 年胶合板期货年度交割情况

年度	交割量（手）	同比变化（%）	交割金额（亿元）	同比变化（%）
2014 年	1 031	—	0. 73	—
2015 年	1 976	91. 66	1. 26	72. 47

数据来源：大连商品交易所网站。

（三）价格走势

1. 总体价格走势

2015 年，大商所胶合板期货主力连续合约年初开盘价 130.85 元/张（1 月 5 日），最高价 130.85 元/张（1 月 5 日），最低价 71.40 元/张（9 月 15 日），最大价差 59.45 元/张，年末收盘价 83.40 元/张（12 月 31 日）。全年下跌 47.45 元/张，跌幅 36.26%。

2015 年，鱼珠·中国木材价格指数网年初胶合板报价 105.5 元/张（1 月 5 日），最高价 115 元/张（4 月 27 日），最低价 101 元/张（3 月 17 日），最大价差 14 元/张，年末报价 113 元/张（12 月 31 日）。全年上涨 7.5 元/张，上涨 7.11%。

2015 年胶合板期货和现货市场价格比较见图 1－4－14。

数据来源：Wind 资讯。

图 1－4－14　2015 年胶合板期货和现货市场价格比较

2. 价格相关性分析

2015 年胶合板期货和现货市场价格主要显性指标见表 1－4－84，2015 年胶合板期货和现货市场价格相关性见表 1－4－85。

表 1－4－84　　2015 年胶合板期货和现货市场价格主要显性指标

市场分类	绝对指标（元/张）					相对指标（%）	
	最高价	最低价	平均价	标准差	极差	离散率	波幅率
大商所连续价格	159.80	71.40	94.30	17.47	88.40	18.53	93.74
胶合板现货市场价格	115.00	101.00	108.15	2.95	14.00	2.73	12.95

数据来源：Wind 资讯。

表 1－4－85　　2015 年胶合板期货市场和现货市场价格相关性

价格选择	相关系数
大商所连续价格与现货市场价格	－0.19

数据来源：Wind 资讯。

十五、纤维板期货运行报告

2015 年，大商所纤维板期货价格呈现宽幅波动走势。

（一）交易情况

2015 年纤维板期货年度交易情况见表 1－4－86。

表 1－4－86　　2014—2015 年纤维板期货年度交易情况

年度	成交量（万手）	同比变化（%）	成交金额（亿元）	同比变化（%）	年末持仓量（万手）	同比变化（%）
2014 年	1 535.44	546.56	4 875.85	457.87	0.15	－94.12
2015 年	6.83	－99.56	20.08	－99.59	0.004	－97.33

数据来源：大连商品交易所网站。

（二）交割情况

截至 2015 年底，大商所纤维板期货交割仓库共 9 家，其中天津 3 家，江苏 2 家，浙江 2 家，广东 2 家。

2015 年纤维板期货年度交割情况见表 1－4－87。

表 1－4－87　　2014—2015 年纤维板期货年度交割情况

年度	交割量（手）	同比变化（%）	交割金额（亿元）	同比变化（%）
2014 年	1 523	—	0.43	—
2015 年	464	－69.53	0.122	－71.63

数据来源：大连商品交易所网站。

（三）价格走势

1. 总体价格走势

2015 年，大商所纤维板期货主力连续合约年初开盘价 61.15 元/张（1 月 5 日），最高价 67.90 元/张（5 月 6 日），最低价 40.55 元/张（7 月 2 日），最大价差 27.35 元/张，年末收盘价 52.45 元/张（12 月 31 日）。全年下跌 8.7 元/张，跌幅 14.23%。

2015 年，鱼珠·中国木材价格指数网年初纤维板报价 64 元/张（1 月 5 日），最高价 68 元/张（11 月 30 日），最低价 58 元/张（2 月 5 日），最大价差 10 元/张，年末报价 65 元/张（12 月 31 日）。全年上涨 1 元/张，涨幅 1.56%。

2015 年纤维板期货和现货市场价格比较见图 1－4－15。

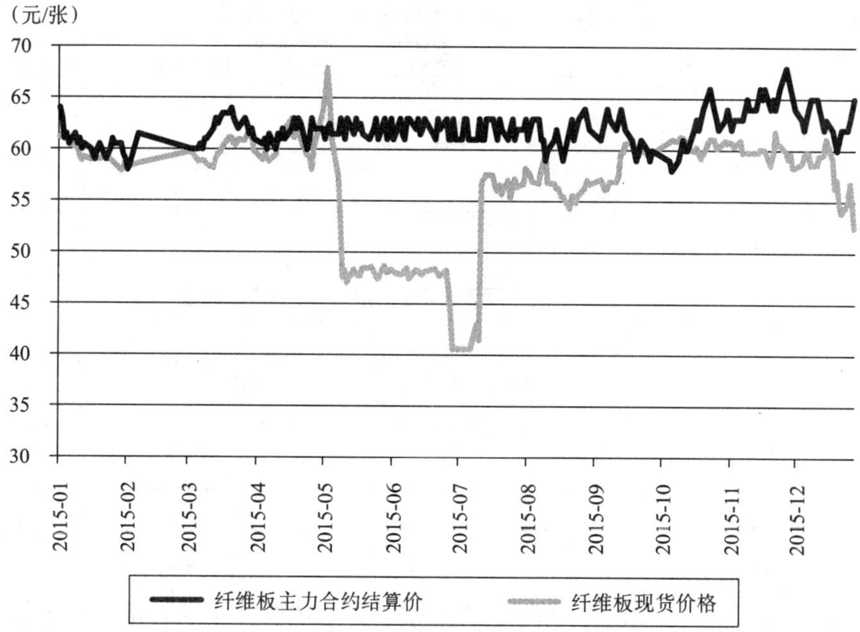

数据来源：Wind资讯。

图1-4-15 2015年纤维板期货和现货市场价格比较

2. 价格相关性分析

2015年纤维板期货和现货市场价格主要显性指标见表1-4-88，2015年纤维板期货和现货市场价格相关性见表1-4-89。

表1-4-88 2015年纤维板期货和现货市场价格主要显性指标

市场分类	绝对指标（元/张）					相对指标（%）	
	最高价	最低价	平均价	标准差	极差	离散率	波幅率
大商所连续价格	106.80	40.55	64.40	17.64	66.25	27.39	102.87
纤维板现货市场价格	68.00	58.00	61.98	1.64	10.00	2.65	16.13

数据来源：Wind资讯。

表1-4-89 2015年纤维板期货市场和现货市场价格相关性

价格选择	相关系数
大商所连续价格与现货市场价格	0.02

数据来源：Wind资讯。

十六、黄大豆2号期货运行报告

2015年，大商所黄大豆2号期货价格震荡整理走势。

（一）交易情况

2015年黄大豆2号期货年度交易情况、内外盘交易情况比较见表1-4-90、表1-4-91。

表 1－4－90　　2014—2015 年黄大豆 2 号期货年度交易情况

年度	成交量（万手）	同比变化（%）	成交金额（亿元）	同比变化（%）	年末持仓量（万手）	同比变化（%）
2014 年	0.70	－4.92	2.56	－17.18	0.02	101.09
2015 年	0.49	－29.49	1.50	－42.30	0.0007	－96.22

数据来源：大连商品交易所网站。

表 1－4－91　　2014—2015 年黄大豆 2 号期货内外盘交易情况比较

年度	成交量（万手）		年末持仓量（万手）	
	大商所（内盘）	CME（外盘）	大商所（内盘）	CME（外盘）
2014 年	0.70	2 422.64	0.02	29.96
2015 年	0.49	2 619.09	0.0007	32.37

数据来源：大连商品交易所网站。

（二）交割情况

截至 2015 年底，大商所黄大豆 2 号期货交割仓库共 7 家，其中辽宁大连 3 家、江苏南通 1 家、山东日照 2 家、山东青岛 1 家。

2015 年黄大豆 2 号期货年度交割情况见表 1－4－92。

表 1－4－92　　2013—2015 年黄大豆 2 号期货年度交割情况

年度	交割量（手）	同比变化（%）	交割金额（亿元）	同比变化（%）
2014 年	191	—	0.07	—
2015 年	0	－100	0	－100

数据来源：大连商品交易所网站。

（三）价格走势

2015 年，大商所黄大豆 2 号期货主力合约年初开盘价 3 300 元/吨（1 月 5 日），最高价 3 390 元/吨（12 月 21 日），最低价 2 688 元/吨（7 月 9 日），最大价差 702 元/吨，年末收盘价 3 275 元/吨（12 月 31 日）。全年下跌 25 元/吨，跌幅 0.76%。

2015 年，青岛进口大豆港口分销价格年初报价 3 380 元/吨（1 月 4 日），最高价 3 380 元/吨（1 月 4 日），最低价 2 960 元/吨（6 月 24 日、6 月 25 日），最大价差 420 元/吨，年末报价 2 980 元/吨（12 月 31 日）。全年下跌 400 元/吨，跌幅 11.83%。

2015 年，CBOT 大豆期货连续合约年初开盘价 1 021.5 美分/蒲式耳（1 月 2 日），最高价 1 062 美分/蒲式耳（1 月 8 日），最低价 844.25 美分/蒲式耳（11 月 23 日），最大价差 217.75 美分/蒲式耳，年末收盘价 864 美分/蒲式耳（12 月 31 日）。全年下跌 157.5 美分/蒲式耳，跌幅 15.42%。

2015 年黄大豆 2 号期货内外盘和现货市场价格比较见图 1－4－16。

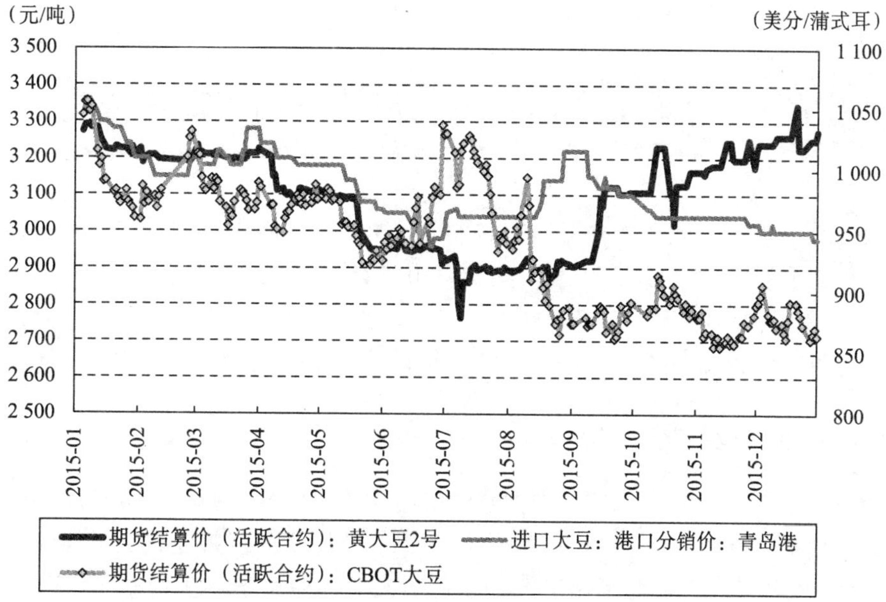

数据来源：Wind 资讯。

图 1－4－16　2015 年黄大豆 2 号期货内外盘和现货市场价格比较图

2. 价格相关性分析

2015 年黄大豆 2 号期货内外盘和现货市场价格主要显性指标见表 1－4－93，2015 年黄大豆 2 号期现内外盘和现货市场价格相关性见表 1－4－94。

表 1－4－93　2015 年黄大豆 2 号期货内外盘和现货市场价格主要显性指标

市场分类	绝对指标（元/吨、美元/蒲式耳）					相对指标（%）	
	最高价	最低价	平均价	标准差	极差	离散率	波幅率
大商所连续价格	3 634	2 871	3 152. 37	173. 93	763. 00	5. 52	24. 20
CME 连续价格	1 056. 25	857. 5	944. 97	54. 89	198. 75	5. 81	21. 03
现货市场价格	3 380	2 960	3 114. 9	96. 00	420. 00	3. 08	13. 48

数据来源：大连商品交易所网站，Wind 资讯。

表 1－4－94　2015 年黄大豆 2 号期现内外盘和现货市场价格相关性

价格选择	相关系数
大商所连续价格与 CME 连续价格	0. 18
大商所连续价格与现货市场价格	0. 46

数据来源：大连商品交易所网站，Wind 资讯。

>>> 第五节　中国金融期货交易所上市品种运行情况

2015 年，中国金融期货交易所（简称中金所，CFFEX）上市的品种有 10 年期国债期货、上证 50 和中证 500 股指期货。2015 年，金融期货市场全年累计成交量为 3.41 亿手，占全国期货市场成交量的 9.53%，同比增长 56.66%；全年累计成交额为 417.76 万亿元，占全国期货市场成交额的 75.38%，同比增长 154.71%。

一、沪深 300 股指期货运行情况

2015 年，沪深 300 股指期货主力合约价格先涨后跌，在股市异常波动期间波幅较大。成交规模方面，1—8 月交易活跃，沪深 300 股指期货月度成交量均较去年同期大幅增长，9 月起交易量迅速下滑，远低于去年同期水平。持仓方面，1—5 月月末持仓规模较去年同期增幅均较大，6—9 月持仓逐步下滑，年末持仓远低于去年同期水平。

（一）交易情况

2015 年，中金所全年沪深 300 股指期货成交量 27 710.20 万手，同比增加 27.90%；成交金额 3 419 066 亿元，同比增加 109.58%；年末持仓 3.75 万手，同比减少 82.61%。其中，成交量最高为 7 月的 4 505 万手，最低为 10 月的 31 万手；月末持仓最大为 2 月的 24.18 万手，最小为 12 月的 3.75 万手。

2015 年沪深 300 股指期货月度、年度交易情况见表 1 -5 -1、表 1 -5 -2。

表 1 -5 -1　　2015 年沪深 300 股指期货月度交易情况

月度	成交量（万手）	同比变化（%）	成交金额（亿元）	同比变化（%）	月末持仓量（万手）	同比变化（%）
1 月	3 147.74	126.48	337 018.59	261.87	21.31	83.89
2 月	1 907.30	79.98	197 927.58	178.05	24.18	102.32
3 月	3 073.72	80.68	347 819.44	220.56	23.04	90.80
4 月	3 495.24	128.72	468 709.22	363.90	18.73	42.85
5 月	3 159.12	126.63	455 193.01	408.21	22.29	43.77
6 月	4 210.10	219.80	622 681.01	634.72	14.65	-14.11
7 月	4 504.66	203.41	533 634.47	442.43	9.48	-49.12
8 月	3 937.32	133.51	429 103.71	259.62	7.21	-57.18
9 月	162.15	-90.98	14 883.22	-88.63	3.89	-78.86
10 月	31.48	-97.97	3 196.03	-97.19	4.46	-76.43
11 月	39.53	-98.21	4 306.15	-97.50	4.19	-80.19
12 月	41.84	-99.08	4 593.48	-98.98	3.75	-82.61
总计	27 710.20	27.90	3 419 065.91	109.58	3.75	-82.61

数据来源：中国金融期货交易所。

表 1－5－2　　2014—2015 年沪深 300 股指期货年度交易情况

年度	成交量（万手）	同比变化（%）	成交金额（亿元）	同比变化（%）	年末持仓量（万手）	同比变化（%）
2014 年	21 665.83	12.13	1 631 384.56	15.95	21.54	80.23
2015 年	27 710.20	27.90	3 419 065.91	109.58	3.75	－82.61

数据来源：中国金融期货交易所。

（二）交割情况

2015 年，中金所沪深 300 股指期货交割总量 35 151 手，同比减少 2.04%，交割金额 419.16 亿元，同比增加 66.94%。其中，5 月交割量最大，为 4 705 手；7 月交割量最低，为 1 602 手。

2015 年沪深 300 股指期货月度、年度交割情况见表 1－5－3、表 1－5－4。

表 1－5－3　　2015 年沪深 300 股指期货月度交割情况

月度	交割量（手）	同比变化（%）	交割金额（亿元）	同比变化（%）
1 月	2 144	－67.77	23.42	－46.23
2 月	2 968	148.99	31.10	284.67
3 月	2 845	51.57	33.17	174.89
4 月	3 482	23.52	48.05	155.83
5 月	4 705	78.15	65.41	285.42
6 月	3 590	21.57	51.32	172.00
7 月	1 602	－60.61	19.82	－25.03
8 月	2 566	－30.12	28.06	7.91
9 月	4 147	37.36	40.50	84.81
10 月	2 722	12.95	28.71	62.90
11 月	2 285	1.92	25.88	49.96
12 月	2 095	－10.39	23.71	0.86
总计	35 151	－2.04	419.16	66.94

数据来源：中国金融期货交易所。

表 1－5－4　　2014—2015 年沪深 300 股指期货年度交割情况

年度	交割量（手）	同比变化（%）	交割金额（亿元）	同比变化（%）
2014 年	35 882	－6.57	251.08	－10.50
2015 年	35 151	－2.04	419.16	66.94

数据来源：中国金融期货交易所。

（三）价格走势

1. 总体价格走势

2015 年 1 月至 6 月中旬，我国股市加速上涨，交投日益活跃，股指期货市场也呈现快速上涨行情。沪深300指数年初开盘价3 566.1点（1月5日），最高价5 380.4点（6月9日）。中金所沪深300股指期货主力连续合约年初开盘价3 619.0点（1月5日），最高价5 400.0点（6月8日）。

6月中旬至8月底，股票与股指期货市场快速下跌，出现异常波动，沪深300指数最低价2 952.0点（8月26日），沪深300股指期货主力连续合约最低价2 686.0点（8月26日）。

9月7日至12月底，市场处于震荡阶段，沪深300指数年末收盘价3 731.0点，全年上涨197.3点，涨幅5.58%。沪深300股指期货主力连续合约年末收盘价3 658.2点，沪深300指数全年上涨65.0点，涨幅1.81%。

2015年沪深300股指期货和沪深300指数价格比较见图1－5－1。

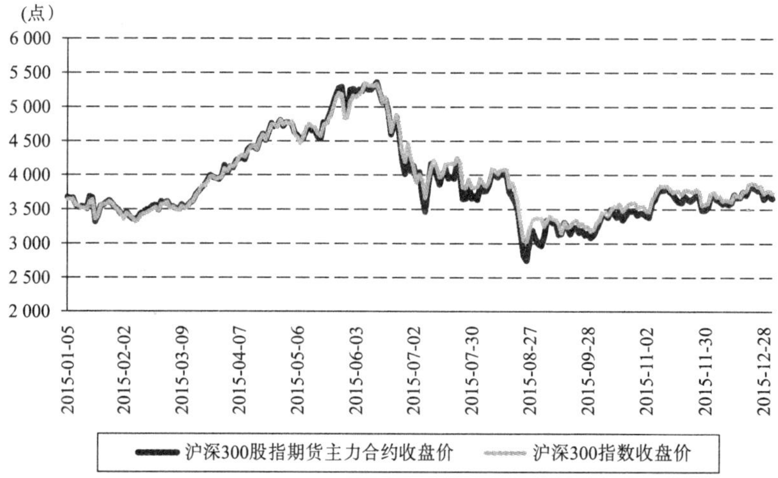

数据来源：中国金融期货交易所。

图1－5－1　2015年沪深300股指期货和沪深300指数价格比较

2. 价格相关性分析

2015年沪深300股指期货和现货市场价格主要显性指标见表1－5－5，2015年沪深300股指期货和现货市场价格相关性见表1－5－6。

表1－5－5　2015年沪深300股指期货和现货市场价格主要显性指标

市场分类	绝对指标（点）					相对指标（%）	
	最高价	最低价	平均价	标准差	极差	离散率	波幅率
沪深300股指期货连续价格	5 400.0	2 686.0	3 885.4	585.2	2 714.0	15.06	69.85
沪深300指数价格	5 380.4	2 952.0	3 929.9	556.1	2 428.4	14.15	61.79

数据来源：中国金融期货交易所。

表1－5－6　2015年沪深300股指期货和现货市场价格相关性

价格选择	相关系数
中金所沪深300股指期货连续价格与现货市场价格	0.99

数据来源：中国金融期货交易所。

二、5 年期国债期货运行报告

2015 年，5 年期国债期价呈震荡微涨走势。

（一）交易情况

2015 年，中金所5 年期国债期货成交量440.36 万手，同比增长377%，成交金额43 595 亿元，同比增长396%；年末持仓2.76 万手，同比增长28%。其中，月成交量最高为11 月的124.81 万手，最低为8 月的12.44 万手；月末持仓最大为4 月的4.67 万手，最小为9 月的1.70 万手。

2015 年5 年期国债期货月度、年度交易情况见表1 –5 –7、表1 –5 –8。

表1 –5 –7　　2015 年5 年期国债期货月度交易情况

月度	成交量（万手）	同比变化（%）	成交金额（亿元）	同比变化（%）	月末持仓量（万手）	同比变化（%）
1 月	13.76	187	1 338	204	2.50	435
2 月	13.85	292	1 365	317	3.39	628
3 月	41.49	1 114	4 076	1 187	4.33	786
4 月	26.22	855	2 555	906	4.67	1 087
5 月	25.87	582	2 527	612	3.63	386
6 月	21.65	336	2 085	344	2.63	239
7 月	15.36	269	1 490	283	2.36	188
8 月	12.44	158	1 213	169	1.81	96
9 月	16.51	222	1 631	238	1.70	66
10 月	67.01	868	6 708	915	2.41	85
11 月	124.81	449	12 445	464	2.31	20
12 月	61.38	143	6 161	154	2.76	28
总计	440.36	377	43 595	396		

数据来源：中国金融期货交易所。

表1 –5 –8　　2014—2015 年5 年期国债期货年度交易情况

年度	成交量（万手）	同比变化（%）	成交金额（亿元）	同比变化（%）	年末持仓量（万手）	同比变化（%）
2014 年	92.29	181	8 785	187	2.16	494
2015 年	440.36	377	43 595	396	2.76	28

数据来源：中国金融期货交易所。

（二）交割情况

2015 年，中金所5 年期国债期货交割总量3 888 手，同比增加297%，交割金额39.40 亿元，同比增长310%。其中，9 月交割量最大，为2 121 手；3 月交割量最低，为460 手。

自2015 年9 月合约起，5 年期国债期货交割模式由双方举手调整为卖方举手，国债期货滚动交割效率大幅提升。其中，TF1509 合约滚动交割率为54.3%，

TF1512 合约滚动交割率为 89.3%，卖方资金和可交割国债使用效率明显提高。

2015 年 5 年期国债期货月度、年度交割情况见表 1－5－9、表 1－5－10。

表 1－5－9　　2015 年 5 年期国债期货月度交割情况

月度	交割量（手）	同比变化（%）	交割金额（亿元）	同比变化（%）
3 月	460	66	4.77	79
6 月	720	835	7.19	843
9 月	2 121	563	21.35	577
12 月	587	92	6.09	101
总计	3 888	297	39.40	310

数据来源：中国金融期货交易所。

表 1－5－10　　2014—2015 年 5 年期国债期货年度交割情况

年度	交割量（手）	同比变化（%）	交割金额（亿元）	同比变化（%）
2014 年	979	117	9.62	123
2015 年	3 888	297	39.40	310

数据来源：中国金融期货交易所。

（三）价格走势

1. 总体价格走势

2015 年，中金所 5 年期国债期货主力连续合约年初开盘价 96.770 元（1 月 5 日），最高价 101.050 元（12 月 29 日），最低价 95.120 元（6 月 1 日），最大价差 5.93 元，年末收盘价 100.680 元（12 月 31 日）。全年上涨 3.908 元，涨幅 4.04%。

2015 年，5 年期国债期货对应的国债现货价格①年初为 96.670 元（1 月 5 日），最高价 101.592 元（12 月 29 日），最低价 96.301 元（4 月 9 日），最大价差 5.291 元，年末为 101.425 元。全年上涨 4.813 元，涨幅 4.98%。

2015 年 5 年期国债期货和现货价格比较见图 1－5－2。

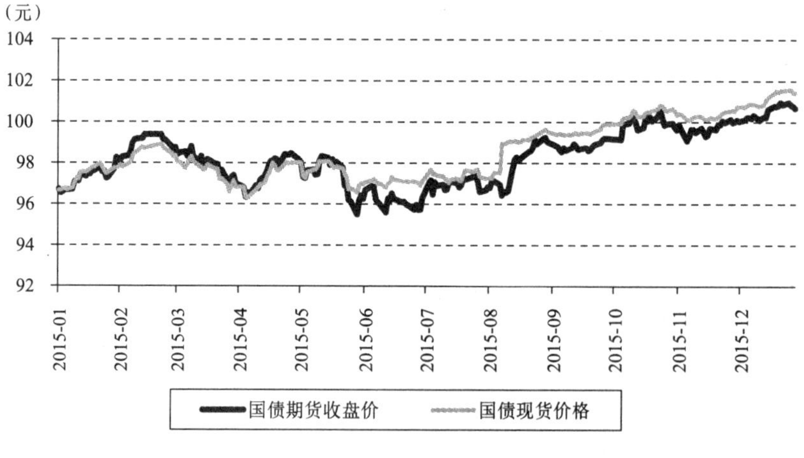

数据来源：中国金融期货交易所。

图 1－5－2　2015 年 5 年期国债期货和现货市场价格比较

① 国债现货价格＝国债期货最便宜可交割券价格/转换因子，下同。

2. 价格相关性分析

2015 年 5 年期国债期货和现货价格主要显性指标见表 1 -5 -11，2015 年国债期货和现货价格相关性见表 1 -5 -12。

2015 年，5 年期国债期货与现货价格的相关系数为 0. 93，期现货联动性良好。

表 1 -5 -11　　2015 年 5 年期国债期现货市场价格主要显性指标

市场分类	绝对指标					相对指标（%）	
	最高价	最低价	平均价	标准差	极差	离散率	波幅率
5 年期国债期货连续价格	101. 050	95. 120	98. 207	1. 382	5. 930	1. 41	6. 04
国债现货价格	101. 614	96. 301	98. 539	1. 460	5. 313	1. 48	5. 39

数据来源：中国金融期货交易所。

表 1 -5 -12　　2015 年 5 年期国债期现货价格相关性

价格选择	相关系数
5 年期国债期货连续价格与国债现货价格	0. 93

数据来源：中国金融期货交易所。

三、10 年期国债期货运行报告

2015 年 3 月 20 日，10 年期国债期货正式挂牌交易，期价呈震荡微涨走势。

（一）交易情况

2015 年，中金所 10 年期国债期货成交量 168. 39 万手，成交金额 16 512 亿元；年末持仓 3. 1 万手。其中，成交量最高为 11 月的 51 万手，最低为 3 月的 1. 4 万手；月末持仓最大为 12 月的 3. 1 万手，最小为 3 月的 0. 5 万手。

2015 年 10 年期国债期货年度交易情况见表 1 -5 -13。

表 1 -5 -13　　2015 年 10 年期国债期货年度交易情况

年度	成交量（万手）	同比变化（%）	成交金额（亿元）	同比变化（%）	年末持仓量（万手）	同比变化（%）
2015 年	168. 39	—	16 512	—	3. 10	—

数据来源：中国金融期货交易所。

（二）交割情况

2015 年，中金所 10 年期国债期货交割总量 1 410 手，交割金额 14. 76 亿元。其中，9 月交割量最大，为 833 手；12 月交割量最低，为 577 手。

2015 年 10 年期国债期货年度交割情况见表 1 -5 -14。

表 1 -5 -14　　2015 年 10 年期国债期货年度交割情况

年度	交割量（手）	同比变化（%）	交割金额（亿元）	同比变化（%）
2015 年	1 410	—	14. 76	—

数据来源：中国金融期货交易所。

（三）价格走势

1. 总体价格走势

2015 年，中金所 10 年期国债期货主力连续合约年初开盘价 96.900 元（3 月 20 日），最高价 100.590 元（12 月 29 日），最低价 93.900 元（6 月 1 日），最大价差 6.69 元，年末收盘价 100.035 元（12 月 31 日）。全年上涨 3.135 元，涨幅 3.24%。

2015 年，10 年期国债期货对应的国债现货价格在上市首日为 96.377 元（3 月 20 日），最高价 101.213 元（12 月 24 日），最低价 94.709 元（4 月 9 日），最大价差 6.504 元，年末报价 101.017 元。上市以来累计上涨 4.64 元，涨幅 4.81%。

2015 年 10 年期国债期货和现货价格比较见图 1 -5 -3。

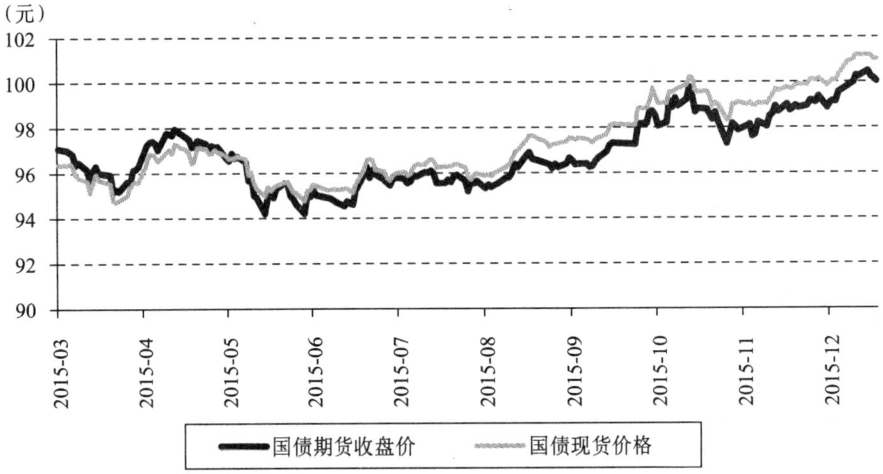

图 1 -5 -3　2015 年 10 年期国债期货和现货价格比较

2. 价格相关性分析

2015 年 10 年期国债期货和现货价格主要显性指标见表 1 -5 -15，2015 年国债期货和现货价格相关性见表 1 -5 -16。

2015 年，10 年期国债期货与现货报价的相关系数为 0.96，期现货联动性良好。

表 1 -5 -15　2015 年 10 年期国债期货和现货价格主要显性指标

市场分类	绝对指标					相对指标（%）	
	最高价	最低价	平均价	标准差	极差	离散率	波幅率
10 年期国债期货连续价格	100.590	93.900	96.921	1.536	6.69	1.58	6.90
国债现货价格	101.213	94.709	97.335	1.780	6.504	1.83	6.68

数据来源：中国金融期货交易所。

表 1-5-16　　2015 年 10 年期国债期货期现货价格相关性

价格选择	相关系数
10 年期国债期货连续价格与国债现货报价	0.96

数据来源：中国金融期货交易所。

四、上证 50 股指期货运行情况

2015 年 4 月 16 日，上证 50 股指期货合约正式上市交易，期价呈先涨后跌走势。

（一）交易情况

2015 年全年，中金所上证 50 股指期货成交量 3 548 万手，成交金额 306 923 亿元，年末持仓 1.57 万手。

2015 年上证 50 股指期货年度交易情况见表 1-5-17。

表 1-5-17　　2015 年上证 50 股指期货年度交易情况

年度	成交量（万手）	同比变化（%）	成交金额（亿元）	同比变化（%）	年末持仓量（万手）	同比变化（%）
2015 年	3 548.39	—	306 922.81	—	1.57	—

数据来源：中国金融期货交易所。

（二）交割情况

2015 年，中金所上证 50 股指期货交割总量 15 298 手，交割金额 122.11 亿元。其中，6 月交割量最大，为 3 678 手；7 月交割量最低，为 696 手。

2015 年上证 50 股指期货年度交割情况见表 1-5-18。

表 1-5-18　　2015 年上证 50 股指期货年度交割情况

年度	交割量（手）	同比变化（%）	交割金额（亿元）	同比变化（%）
2015 年	15 298	—	122.11	—

数据来源：中国金融期货交易所。

（三）价格走势

1. 总体价格走势

2015 年，中金所上证 50 股指期货主力连续合约上市开盘价 3 100.0 点（4 月 16 日），最高价 3 565.0 点（6 月 9 日），最低价 1 781.0 点（8 月 26 日），年末收盘价 2 388.8 点（12 月 31 日）。

2015 年，上证 50 指数年初开盘价 2 612.9 点（1 月 5 日），最高价 3 494.8 点（6 月 9 日），最低价 1 874.2 点（8 月 26 日），年末收盘价 2 420.8 点。全年下跌 160.8 点，跌幅 6.23%。

2015 年上证 50 股指期货和上证 50 指数价格比较见图 1-5-4。

2. 价格相关性分析

2015 年上证 50 股指期货和现货市场价格主要显性指标见表 1-5-19，2015 年上证 50 股指期货和现货市场价格相关性见表 1-5-20。

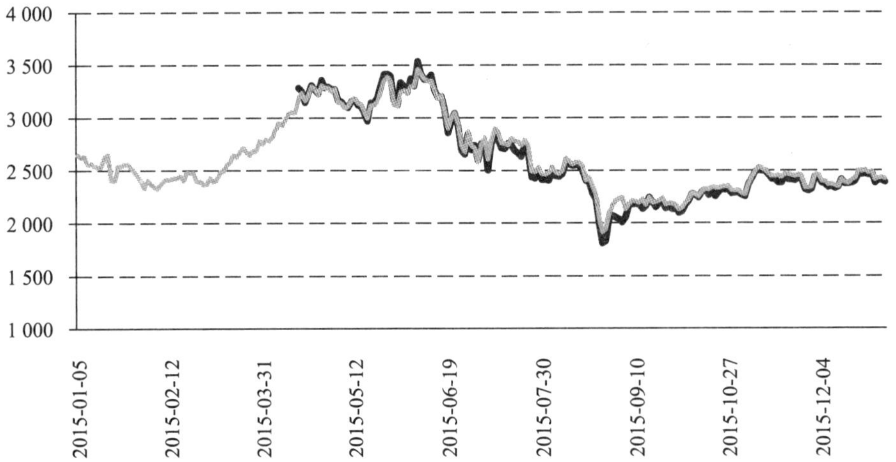

数据来源：中国金融期货交易所。

图1-5-4　2015年上证50股指期货和上证50指数价格比较

表1-5-19　　2015年上证50股指期货和现货市场价格主要显性指标

市场分类	绝对指标（点）					相对指标（%）	
	最高价	最低价	平均价	标准差	极差	离散率	波幅率
上证50股指期货连续价格	3 565.0	1 781.0	2 614.3	420.0	1 784.0	16.06	68.24
上证50指数价格	3 494.8	1 874.2	2 620.8	351.2	1 620.6	13.40	61.84

数据来源：中国金融期货交易所。

表1-5-20　　2015年上证50股指期货和现货市场价格相关性

价格选择	相关系数
中金所上证50股指期货连续价格与现货市场价格	0.9965

数据来源：中国金融期货交易所。

五、中证500股指期货运行情况

2015年4月16日，中证500股指期货合约正式上市交易，期价呈先涨后跌走势。

（一）交易情况

2015年全年，中金所中证500股指期货成交量2 220万手，成交金额391 509亿元，年末持仓1.79万手。

2015年中证500股指期货年度交易情况见表1-5-21。

表 1-5-21　　2015 年中证 500 股指期货年度交易情况

年度	成交量（万手）	同比变化（%）	成交金额（亿元）	同比变化（%）	年末持仓量（万手）	同比变化（%）
2015 年	2 219.59	—	391 509.24	—	1.79	—

数据来源：中国金融期货交易所。

（二）交割情况

2015 年，中金所中证 500 股指期货交割总量 12 079 手，交割金额 189.46 亿元。其中，12 月交割量最大，为 2 658 手；7 月交割量最低，为 321 手。

2015 年中证 500 股指期货年度交割情况见表 1-5-22。

表 1-5-22　　2015 年中证 500 股指期货年度交割情况

年度	交割量（手）	同比变化（%）	交割金额（亿元）	同比变化（%）
2015 年	12 079	—	189.46	—

数据来源：中国金融期货交易所。

（三）价格走势

1. 总体价格走势

2015 年，中金所中证 500 股指期货主力连续合约上市开盘价 7 681.0 点（4 月 16 日），最高价 11 585.0 点（6 月 12 日），最低价 5 101.8 点（9 月 2 日），年末收盘价 7 349.0 点（12 月 31 日）。

2015 年，中证 500 指数年初开盘价 5 338.8 点（1 月 5 日），最高价 11 616.4 点（6 月 12 日），最低价 5 222.0 点（1 月 19 日），年末收盘价 7 617.7 点。全年上涨 2 295.0 点，涨幅 43.12%。

2015 年沪深 300 股指期货和沪深 300 指数价格比较见图 1-5-5。

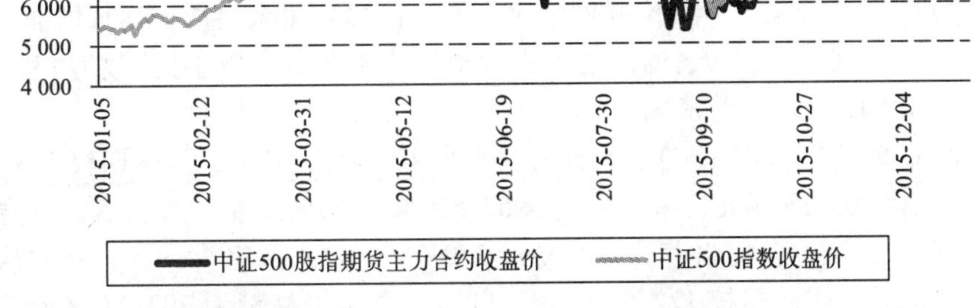

数据来源：中国金融期货交易所。

图 1-5-5　2015 年沪深 300 股指期货和沪深 300 指数价格比较

2. 价格相关性分析

2015 年中证 500 股指期货和现货市场价格主要显性指标见表 1－5－23，2015 年中证 500 股指期货和现货市场价格相关性见表 1－5－24。

表 1－5－23　2015 年中证 500 股指期货和现货市场价格主要显性指标

市场分类	绝对指标（点）					相对指标（%）	
	最高价	最低价	平均价	标准差	极差	离散率	波幅率
中证 500 股指期货连续价格	11 585.0	5 101.8	7 738.9	1 389.6	6 483.2	17.96	83.77
中证 500 指数价格	11 616.4	5 222.0	7 493.2	1 418.2	6 394.3	18.93	85.33

数据来源：中国金融期货交易所。

表 1－5－24　2015 年中证 500 股指期货和现货市场价格相关性

价格选择	相关系数
中金所中证 500 股指期货连续价格与现货市场价格	0.9903

数据来源：中国金融期货交易所。

第六节　其他衍生品运行情况

一、ETF 期权运行情况

经中国证监会批准，上证 50ETF 期权合约（以下简称 ETF 期权）于 2015 年 2 月 9 日在上海证券交易所上市交易，成为国内首个期权品种。近一年来，ETF 期权投资者数量不断增加，交易规模逐渐扩大。

（一）开通及参与账户数逐步增加

截至 2015 年 12 月底，共有 81 722 个账户开通了衍生品合约账户（见图 1－6－1），其中，自然人账户 80 418 个，一般机构账户 654 个，私募基金账户 564 个，证券公司自营账户 51 个，基金专户理财账户 32 个，信托账户 2 个，证券公司集合资产管理账户 1 个。从参与期权交易的情况来看，证券公司账户增长逐月增加，截至 2015 年 12 月，共有 12 719 个账户参与期权交易；期货公司参与账户数为 139 个。

（二）50ETF 期权交易情况

截至 2015 年末，50ETF 期权合计成交 558.42 亿元，其中，认购期权 293.29 亿元，认沽期权 265.13 亿元，占比分别为 52.5% 和 47.5%。主要投资者为证券公司自营和自然人。证券公司自营全年交易量 250.75 亿元，占比 44.9%，其中认购期权 128.22 亿元，认沽期权 122.55 亿元。自然人全年交易量为 203.27 亿元，占比 36.4%，其中认购期权 117.70 亿元，认沽期权 85.59 亿元。

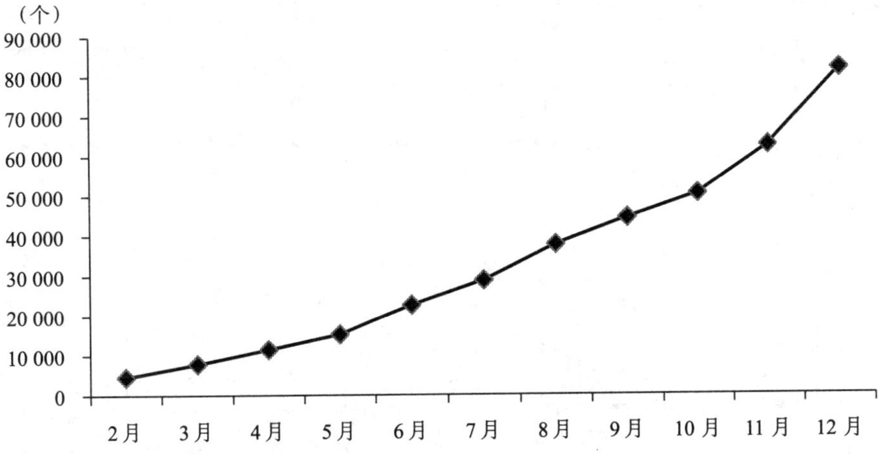

数据来源：《跨市场分析报告》。

图1－6－1　开通衍生品合约账户数变动情况

50ETF交易变动情况见图1－6－2。

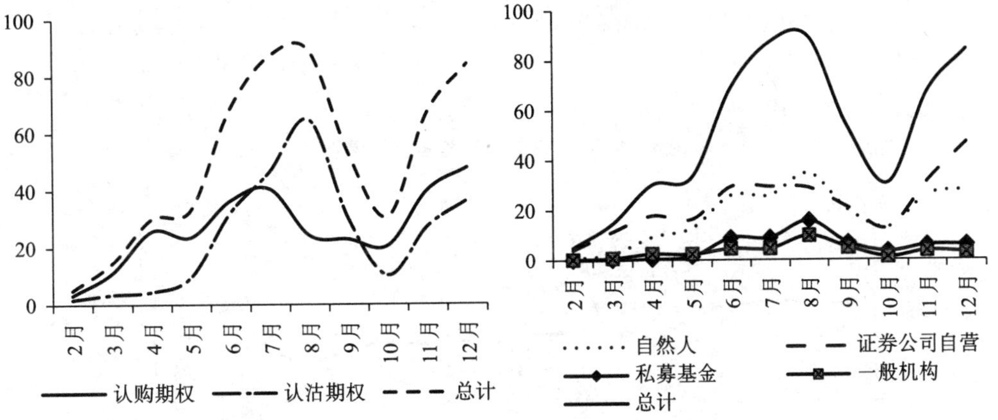

数据来源：《跨市场分析报告》。

图1－6－2　50ETF交易变动情况

全年交易量变化呈现“N”型，分为三个阶段。第一阶段从2月到8月，交易量逐步上升，8月份达到全年高点89.28亿元，期间2到6月以认购期权为主，6月到8月间因股市大幅回落，认沽期权快速上涨。第二阶段从8月到10月，交易量下滑，认沽期权降幅更大。第三阶段从11月和12月，交易量回升，以认购期权为主。各月主要参与者均为证券公司自营和自然人。其他机构参与者在6月到9月间增幅较大，占比一度达到36.6%，但此后逐渐回落到2015年底的11.0%。

（三）跨期权现货交易的投资者交易情况

跨期权现货交易投资者数量全年波动向上，从2月份的1 166个上升到12月份的10 676个，除8月到10月有所下降外，其他月份稳定上升。跨期权现货交易投资者在A股和50ETF上的交易呈现净卖出状态，全年净卖出A股169亿元，净卖出50ETF82.3亿元。其中，A股净卖出数额较大的为6月和8月，分别净卖出111.8

亿元和111.6亿元，净买入较大的为5月，净买入125.4亿元；7月50ETF净卖出金额最大，为46.9万元，4月净买入4.2亿元，为全年最高。跨期权现货投资者期权交易额全年为489.7亿元，占期权全年总交易额的86.9%。

跨市场投资者交易情况见图1-6-3，跨市场投资者交易额占比见图1-6-4。

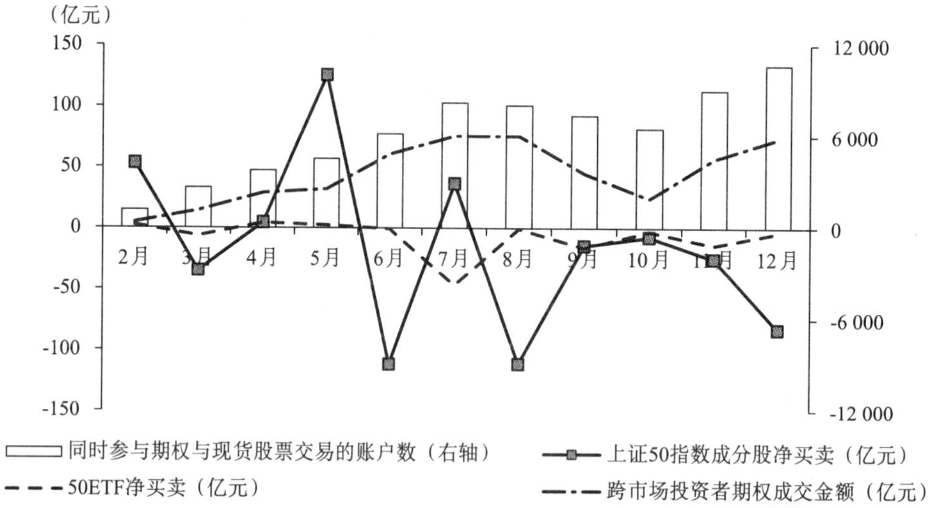

数据来源：《跨市场分析报告》。

图1-6-3　跨市场投资者交易情况

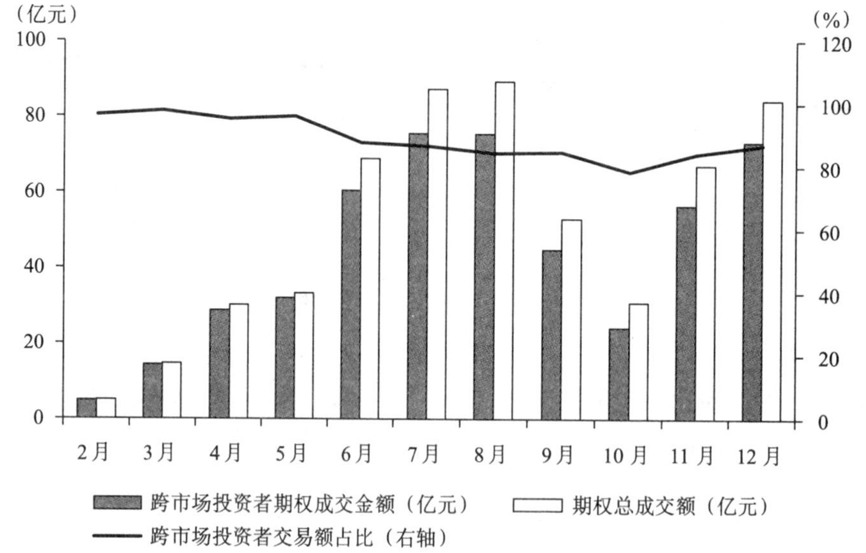

数据来源：《跨市场分析报告》。

图1-6-4　跨市场投资者交易额占比

二、权益及商品场外衍生品市场情况

证券公司、期货公司、基金及其子公司以2014年证券期货场外衍生品交易主协议和后续配套文件为基础，开展了权益、商品场外互换及期权交易。业务开展以来，截至 2015 年末，权益场外衍生品交易规模约为 1.5 万亿元人民币，商品场外衍生品业务规模不足百亿元。

权益场外衍生品交易业务自 2012 年 11 月起开展，至 2015 年末，已有 52 家证券公司与 1 189 家交易对手签订了 2 091 份场外衍生品交易主协议。

我国证券公司权益场外、衍生品主协议签署情况见图 1－6－5。

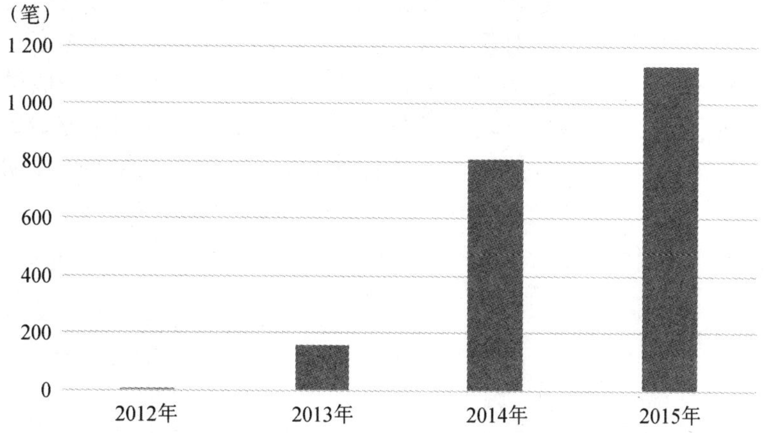

数据来源：中国证券业协会。

图 1－6－5　我国证券公司权益场外衍生品主协议签署情况

从规模来看，截至 2015 年末，证券公司场外衍生品交易规模累计为 14 704.4 亿元，其中收益互换为 9 576.5 亿元，场外期权为 5 127.9 亿元。从存量来看，2015 年末权益场外衍生品未平仓名义本金 3 189.5 亿元，其中收益互换未平仓名义本金 1 291.2 亿元，场外期权未平仓名义本金 1 898.4 亿元，沪深个股、沪深股票指数为两类交易业务的主要标的。

我国证券公司权益场外衍生品业务市场规模见图 1－6－6。

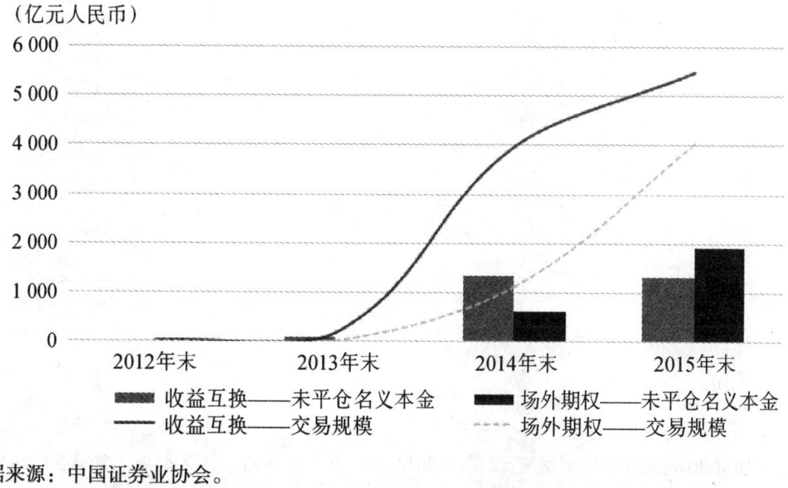

数据来源：中国证券业协会。

图 1－6－6　我国证券公司权益场外衍生品业务市场规模

自2014年4月至2015年末，期货公司风险管理公司场外衍生品业务主要涉及农产品、金属和股指类产品，其中，商品场外远期交易额约为0.3亿元，商品场外互换名义本金约为23.0亿元，非商品场外互换名义本金1.6亿元。2015年全年商品场外期权名义本金41.3亿元，非商品场外期权名义本金1.8亿元①。期货公司风险管理公司通过运用场外远期、互换、期权等衍生工具，满足了实体经济的个性化风险管理的需求。

根据《证券公司投资者适当性制度指引》，证券公司对场外衍生品交易对手方进行了分类。其中，专业交易对手方607家，主要包括私募基金204家、基金公司及其子公司53家、证券公司49家、期货公司29家、银行25家、一般机构233家以及证券公司子公司、期货公司风险管理公司等；非专业交易对手方582家，主要包括私募基金26家、一般机构556家。商品场外衍生品业务的参与者以期货公司风险管理公司为主，其交易对手方多为中小企业。

① 因中国期货业协会2015年调整统计口径，2014年未统计场外期权名义本金，当年商品场外期权权利金为792万元。

第二部分

2015年中国期货经营机构基本情况

>>> 第一节　期货公司总体情况

一、机构概况

截至2015年12月31日，正常营业并纳入本报告分析范围的期货公司共计149家，比2014年减少1家，为国投中谷与安信合并，更名为国投安信。

其中，开展经纪业务的期货公司共计149家；获得投资咨询资格的期货公司105家；具备资产管理业务资格的期货公司123家，其中有11家期货公司以资管子公司的形式开展业务；完成风险管理公司业务试点备案的期货公司50家，共设立风险管理公司51家，其中有9家风险管理公司还设立了10家子公司和2家分公司；期货公司获批设立香港子公司17家（已设立完成12家）；获得基金销售资格的期货公司共13家。

2015年期货公司业务概况见图2-1-1。

二、资本概况

（一）净资本

2015年，全国期货公司净资本共计596.65亿元，较2014年（472.47亿元）增长26.29%，净资本稳步提升。期货公司净资本的增加一方面有利于增强抗风险能

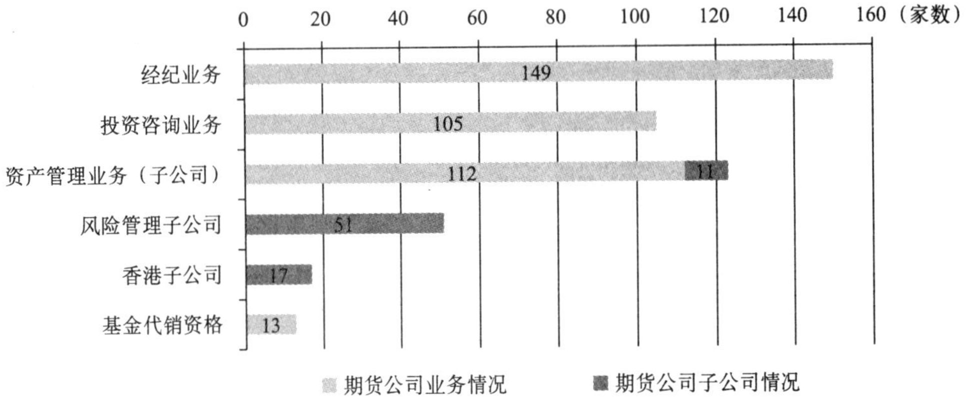

数据来源：中国期货业协会。

图2－1－1　2015年期货公司业务概况

力，另一方面有利于满足新业务的资本要求和业务需求。

期货公司净资本年度变化见图2－1－2。

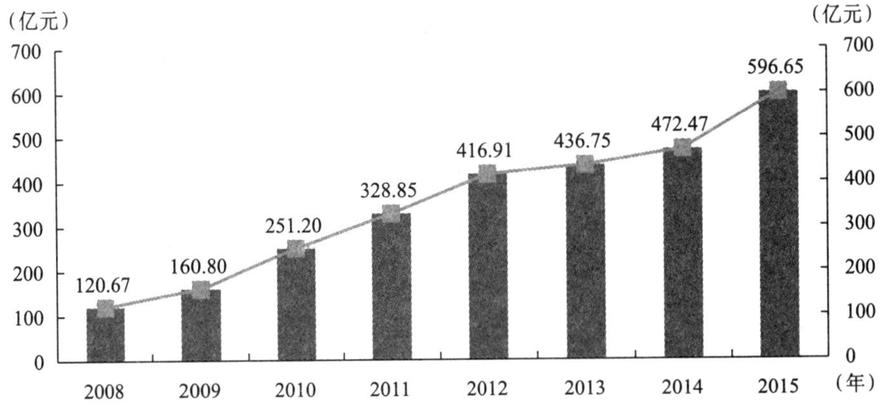

数据来源：中国期货业协会。

图2－2－1　期货公司净资本年度变化

2015年期货公司净资本的分布情况见表2－1－1。其中，13家期货公司的净资本超过10亿元。

表2－2－1　　2015年期货公司净资本分布情况表

净资本总额	2015年	
	公司数量（家）	占比（%）
超过3亿元	69	46.67
1亿—3亿元	58	38.67
1亿元及以下	22	14.67

数据来源：中国期货业协会。

（二）资本补充

2015 年，共有 61 家[①]期货公司进行了资本补充，累计完成资本补充金额约 146.17 亿元，相当于期货公司总净资本的 24.50%，资本补充效果显著（见表 2－1－2）。其中，共有 42 家公司获得了股东 81.75 亿元的增资。

表 2－1－2　　2015 年期货公司资本补充情况表

资本补充	股东增资	上市股权融资			债权融资	
		境内公开发行	H 股发行(港币)	新三板挂牌	借入次级债务	发行次级债券
数量	42 家	—	2 家	5 家	9 家	5 家
金额	81.75 亿元	—	15 亿元	17.7 亿股	6.56 亿元	27.5 亿元

数据来源：中国期货业协会。

同时，2015 年有 7 家公司进行了股权融资。其中，鲁证期货、弘业期货分别于 7 月、12 月在香港交易所上市；永安期货、创元期货、天风期货、海航东银期货、华龙期货成功在新三板挂牌。通过挂牌上市增强了期货公司抵御风险能力和业务拓展能力，有利于实现资本扩张与业务发展的良性循环。

此外，期货公司通过借入或发行次级债开辟了资本补充新途径。2015 年，共有 14 家期货公司借入、发行了次级债，共筹得资金 34.06 亿元，其中 9 家借入了次级债务，完成融资 6.56 亿元；5 家发行了次级债券 27.5 亿元。

三、分类评级情况

根据中国证监会 2011 年 4 月发布的《期货公司分类监管规定》，中国证监会以期货公司风险管理能力为基础，结合公司市场竞争力、培育和发展机构投资者状况、持续合规状况，来确定各期货公司的分类监管类别。

2015 年，全行业 149 家期货公司中，A 类期货公司总数为 44 家，较 2014 年减少 1 家，其中 AA 级期货公司数量由去年的 19 家增加至 20 家；B 类期货公司共 88 家，较 2014 年增加 8 家，C 类期货公司则由去年的 27 家降至 18 家。

具体来看，获评 AA 级的 20 家期货公司中，半数以上为券商系期货公司，这些公司分别为中信、永安、银河、广发、国泰君安、光大、中粮、国信、华泰、申银万国、海通、浙商、招商、方正中期、南华、万达、鲁证、五矿、长江、国际期货。其中，有 3 家期货公司成功晋级，由去年的 A 级晋升为 AA 级，分别为万达期货、长江期货和五矿期货。而格林大华和金瑞期货则由去年的 AA 级降为 A 级。

总体来说，在行业整合和并购重组的趋势下，尽管期货公司的总数量在逐年递减，但整体实力在不断向上提升。

2015 年期货公司分类评价结果见表 2－1－3。

---

① 天风期货及永安期货通过新三板上市及次级债两种方式进行资本补充。

表 2-1-3　　2015 年期货公司分类评价结果情况表

分类评价结果	2015 年	
	公司数量（家）	占比（%）
A 类 AA 级	20	13.33%
A 类 A 级	24	16.00%
B 类 BBB 级	34	22.67%
B 类 BB 级	30	20.00%
B 类 B 级	24	16.00%
C 类 CCC 级	13	8.67%
C 类 CC 级	4	2.67%
C 类 C 级	1	0.67%

数据来源：中国期货业协会。

四、风险监管指标状况①

1. 净资本均高于人民币 1 500 万元

截至 2015 年末，全国 149 家期货公司净资本合计为 596.65 亿元，平均每家 4 亿元。全部期货公司净资本均高于人民币 1 500 万元，其中，永安期货净资本最高，为 28.91 亿元，时代期货净资本最低，为 1 877 万元。

2. 净资本与风险资本准备比例均高于 100%

截至 2015 年末，全国 149 家期货公司全年提取期货风险准备金 5.70 亿元，风险资本准备合计为 203.44 亿元，全部期货公司的净资本与风险资本准备的比例最低为 121.60%，最高为 2 665.60%，均满足净资本与风险资本准备比例高于 100% 的监管要求。

3. 净资本与净资产比例均高于 40%

截至 2015 年末，期货公司净资产为 783.41 亿元，总体净资本与净资产比例为 76.16%。全国 149 家期货公司的净资本与净资产比例为 49.6% 至 134% 之间，均满足净资本与净资产的比例不得低于 40% 的监管要求。

4. 流动资产与流动负债的比例均高于 100%

截至 2015 年末，全国 149 家期货公司的流动资产（扣除客户权益）合计为 688.64 亿元，流动负债（扣除客户权益）合计为 126.19 亿元，流动资产与流动负债的比例为 545.72%。各期货公司流动资产与流动负债的比例范围在 138.70% 至 8 942.70% 之间，均满足流动资产与流动负债比例不低于 100% 的监管要求。

① 依照中国证监会颁布的《期货公司风险监管指标管理办法》，期货公司应当持续符合的风险监管指标标准为："净资本不得低于人民币 1 500 万元；净资本与公司的风险资本准备的比例不得低于 100%；净资本与净资产的比例不得低于 40%；流动资产与流动负债的比例不得低于 100%；负债与净资产的比例不得高于 150%；规定的最低限额的结算准备金要求。"

5. 期货公司负债与净资产比例

截至2015年末，全国149家期货公司负债（扣除客户权益）合计为136.69亿元，与净资产比例为17.45%。其中，华龙期货由于挂牌新三板认缴资金仍在等待验资，导致其他应付款数额较大，超过预警标准，负债与净资产比例超过150%，其余的148家期货公司负债与净资产比例范围为0.9%至104.6%，均满足负债与净资产的比例不得高于150%的监管要求。

五、从业人员情况

（一）基本情况

1. 从业人员总体格局不变

目前，在中国期货业协会行业信息管理平台登记注册的期货从业人员有两类，一是在期货公司任职的人员；二是在证券公司任职，为期货公司提供中间介绍业务的人员（以下简称IB人员）。

截至2015年末，在中国期货业协会行业信息管理平台登记注册的期货从业人员50 068人，较上年同期减少1 297人，降幅为2.53 %。其中，149家期货公司从业人员29 330人，占比58.58%；80家从事介绍业务的证券公司IB人员20 738人，占比41.42%。

期货从业人员构成见图2－1－3。

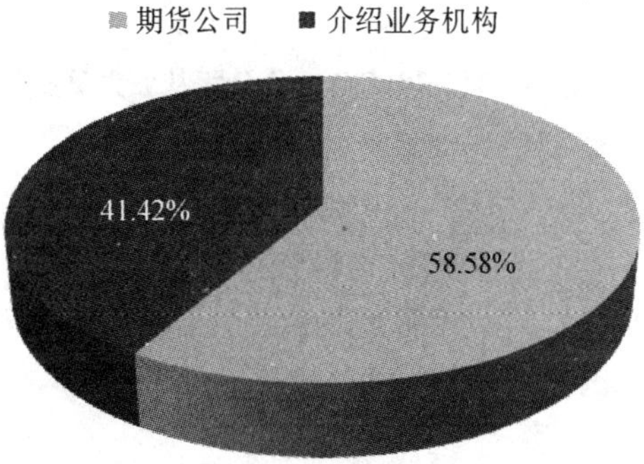

数据来源：中国期货业协会。

图2－1－3　期货从业人员构成

期货公司高管人员（董事长、监事会主席、独立董事、总经理、副总经理和首席风险官）795人、营业部经理1 182人、取得投资咨询从业资格人员2 893人。

2. 期货公司从业人员数量持续下降

截至2015年末，150家期货公司从业人员29 330人，较上年同期减少1 802人，降幅为5.79%。这是期货公司从业人员数量连续第二年出现下降，且降幅较2014年有所扩大。

2008—2015年期货公司人员总体情况见表2－1－4。

表 2 -1 -4　　2008—2015 年期货公司人员总体情况

项目	2008 年	2009 年	2010 年	2011 年	2012 年	2013 年	2014 年	2015 年
员工总数（人）	13 574	17 182	24 064	28 323	31 210	33 270	31 585	30 267
增长率（%）	53. 26	26. 58	40. 05	17. 70	10. 19	6. 60	-5. 06	-4. 17
从业人员数（人）	11 989	16 007	22 993	27 227	30 151	32 149	31 132	29 330
增长率（%）	84. 16	33. 51	43. 64	18. 41	10. 74	6. 63	-3. 16	-5. 79
从业人员占比（%）	88. 32	93. 16	95. 55	96. 13	96. 61	96. 63	98. 57	96. 9

数据来源：中国期货业协会。

2008—2015 年期货公司从业人员变化情况见图 2 -1 -4。

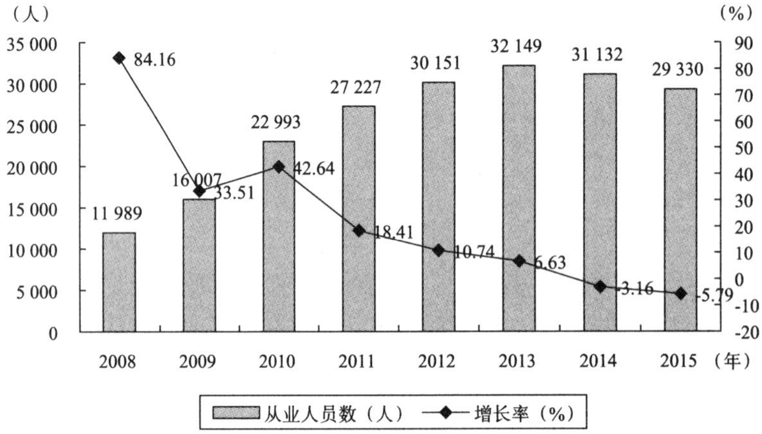

数据来源：中国期货业协会。

图 2 -1 -4　2008—2015 年期货公司从业人员变化情况

3. 证券公司 IB 人员数量稳定增长

自 2009 年开始，符合条件的证券公司可申请取得期货介绍业务资格，特别是自 2013 年 4 月由行政审批转为备案管理以来，介绍业务机构及人员数量经历了快速增长。近两年来，IB 人员增速有所放缓，但相较期货公司从业人员下降的情况，仍保持增长的趋势。

期货公司与证券 IB 机构人员数量见图 2 -1 -5。

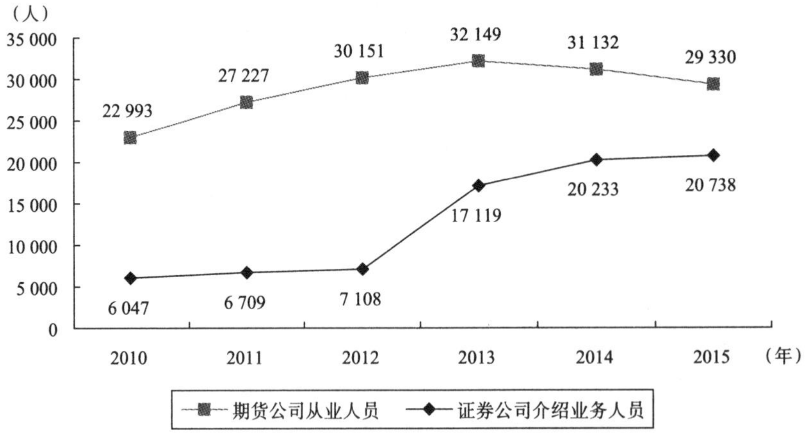

数据来源：中国期货业协会。

图 2 -1 -5　期货公司与证券 IB 机构人员数量

介绍人员数量与沪深300股指数期货交易量比较见图2-1-6。

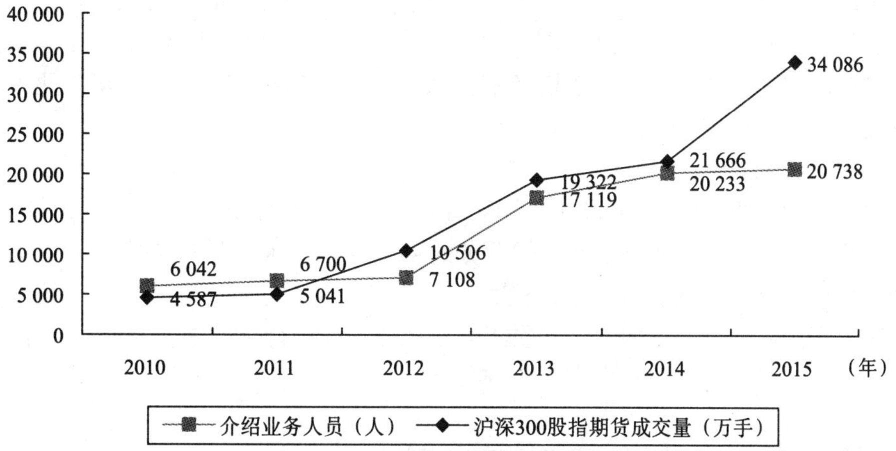

数据来源：中国期货业协会。

图2-1-6　介绍人员数量与沪深300股指期货交易量比较

4. 期货投资咨询从业人员数量首次下降

期货投资分析考试自2011年推出以来，截至2015年12月共有10 772人通过考试。但随着通过考试人员的增加，2015年期货公司取得期货投资咨询资格的人员却首次出现了下降，降幅为3.95%。

取得投资咨询业务资格人数变化情况见图2-1-7。

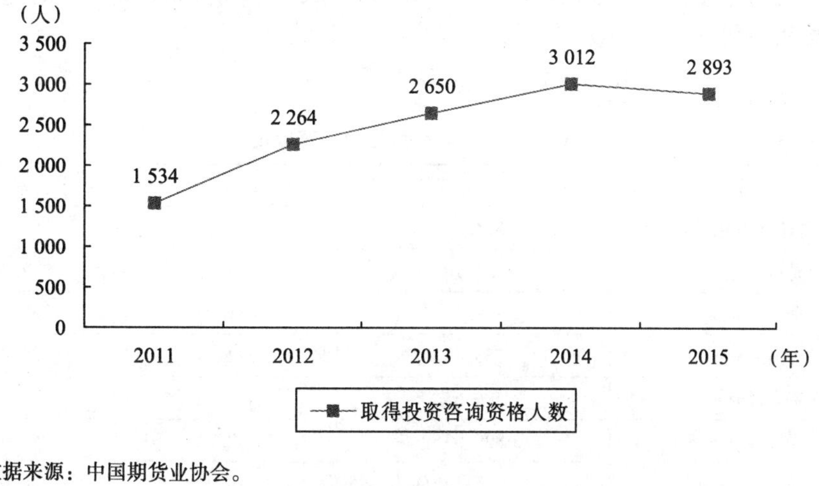

数据来源：中国期货业协会。

图2-1-7　取得投资咨询业务资格人数变化情况

（二）中国期货业协会从业人员管理情况

1. 从业资格管理

中国期货业协会全年共审批期货从业资格14 766人，投资咨询资格612人。办理从业人员信息变更156份，回复涉及从业人员管理工作的监管部门来函12件，为业内相关机构查询从业人员信息37份，为协会其他部门查询从业人员信息16次。

2. 从业人员培训

2015 年，中国期货业协会共开展了 22 期现场培训和 19 期在线视频培训，共计培训学员14 000 余人次。此外，网络培训平台新推出了 13 门网络课程和 3 期微板报，培训内容进一步丰富。网络培训平台课程累计达到了 173 门，全年从业人员累计完成后续执业培训 145 555 学时。

3. 从业人员合规检查

中国期货业协会于 9 月 21 日至 11 月 13 日开展了对期货从业人员定期检查，150 家期货公司、76 家从事中间介绍业务的 41 571 名从业人员参加检查，33 家公司接受了现场检查。在现场检查中，检查组对 5 016 名从业人员信息进行了比对，与有关人力资源主管进行了面谈，对员工合规执业情况进行了检查。

第二节　期货公司财务情况

一、总体财务状况①

2015 年，期货公司各项指标均实现稳步增长。从各月情况看，交易及收入利润等指标随市场走势波动较大。从收入及利润的构成来看，利息净收入占比逐年提升，而业务利润则已连续多年亏损。从集中度来看，净资产的前 20 名公司拥有逾六成的客户权益和净利润，资金效率较高。

2014—2015 年期货公司经营状况见表 2－2－1。

表 2－2－1　　　　2014—2015 年期货公司经营状况

指标	2015 年	2014 年	增长率（%）
交易额（万亿元）	554.42	291.99	90.22
交易量（亿手）	35.78	25.06	42.78
总资产（亿元）	4 749.67	3 431.99	38.39
净资产（亿元）	783.41	612.74	27.85
净资本（亿元）	596.65	475.24	25.55
客户保证金（亿元）	3 829.57	2 742.72	39.63
营业收入（亿元）	257.52	198.04	30.03
手续费收入（亿元）	121.88	102.42	19.01
营业利润（亿元）	76.87	52.91	45.28
净利润（亿元）	59.13	40.73	45.18

数据来源：中国期货业协会。

① 统计数据仅限于期货公司母公司业务，不包含相关子公司业务。

期货公司营业收入及利润年度变化见图 2 –2 –1。

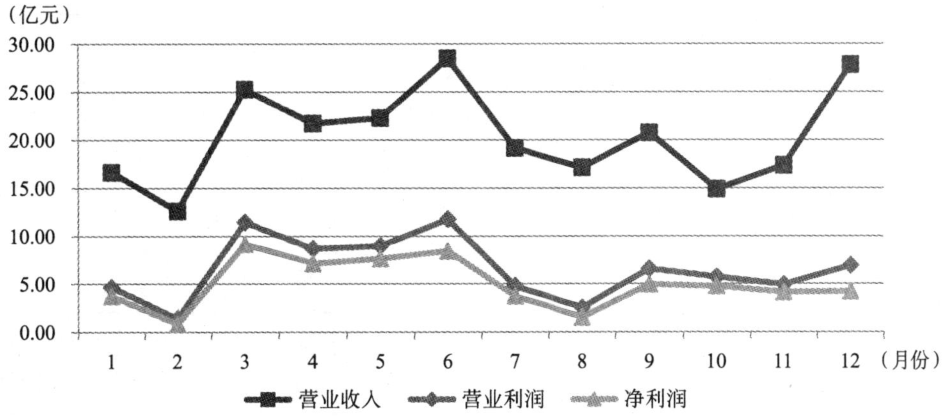

数据来源：中国期货业协会。

图 2 –2 –1　期货公司营业收入及利润年度变化

2015 年期货公司集中度情况见图 2 –2 –2。

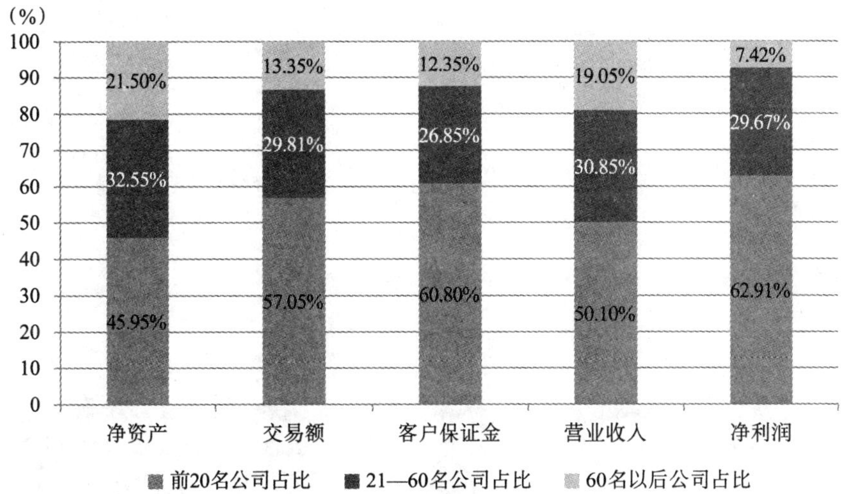

数据来源：中国期货业协会。

图 2 –2 –2　2015 年期货公司集中度情况

二、资产情况

截至 2015 年末，全国 149 家期货公司的资产总额为 4 749. 67 亿元，相比 2014 年末的 3 431. 99 亿元增长了 38. 39%，资产总额仍保持稳定增长的趋势。其中，平均每家公司资产金额为 31. 88 亿元。从行业集中度来看，资产规模在 10 亿元以上的公司共 90 家，较 2014 年增加 13 家；资产规模在 10 亿元以下的公司在数目和资产规模占比上均有所下降，仍存在分化加剧的趋势（见表 2 –2 –2）。

表 2－2－2　　2014—2015 年期货公司资产规模分布情况

年度	2015 年				2014 年			
金额区间（亿元）	公司数（家）	占公司总数的比例（%）	金额（亿元）	占总资产的比例（%）	公司数（家）	占公司总数的比例（%）	金额（亿元）	占总资产的比例（%）
50 亿以上	23	15.33	2 910.67	61.33	18	11.92	1 760.28	51.29
20 亿—50 亿	33	22.67	1 066.89	22.48	29	19.21	891.45	25.97
10 亿—20 亿	34	22.67	480.10	10.12	30	19.87	424.59	12.37
5 亿—10 亿	30	20.00	208.25	4.39	35	23.18	250.59	7.30
1 亿—5 亿	25	16.67	77.70	1.64	32	21.19	100.94	2.94
1 亿及以下	4	2.67	2.61	0.05	6	4.64	4.14	0.12
合计	149	100.00	4 746.21	100.00	150	100.00	3 431.99	100.00

数据来源：中国期货业协会。

从净资产负债率来看，2015 年期货公司整体净资产收益率①为 8.65%，相比 2014 年增加 1.47 个百分点（见图 2－2－3）。

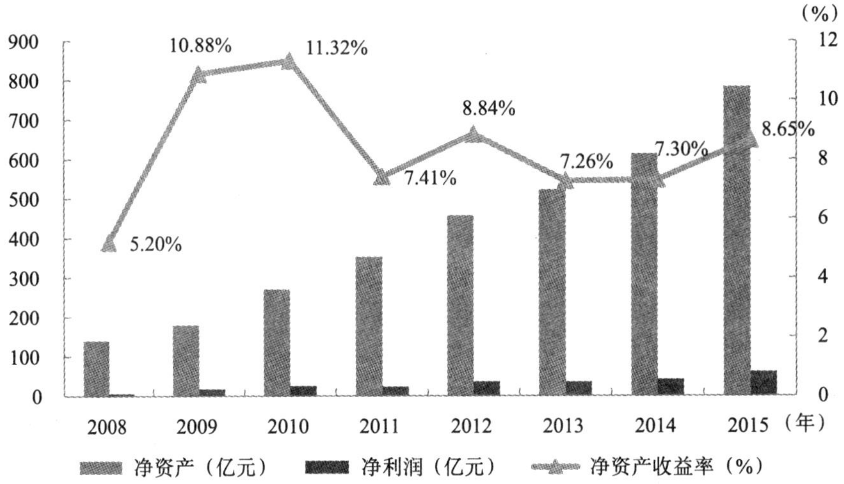

数据来源：中国期货业协会。

图 2－2－3　期货公司净资产收益率年度变化

三、收入情况

2015 年全国期货公司营业收入总额为 257.53 亿元，同比增长 15.16%。其中，经纪业务收入 115.54 亿元，较 2014 年增加 15.16%，占营业收入的 44.86%；投资咨询收入 2.32 亿元同比增加 91.74%，占营业收入 0.90%；资产管理业务收入 3.99

① 净资产收益率＝当期净利润/（上期期末净资产与当期期末净资产平均数）。

亿元，同比增长358.62%，增长迅速，占营业收入比重也由2014年的0.46%上升为1.55%；利息净收入94.91亿元，同比增加36.85%，占营业收入的36.85%。

从营业收入结构看，期货经纪业务收入在营业收入中仍占主导地位。与2014年相比，期货公司经纪业务收入占比有所下降，资产管理业务和投资咨询业务收入占比大幅增加（见表2-2-3）。

表2-2-3　　2015年期货公司收入结构

收入构成	2015年		2014年		变动幅度	
	收入（亿元）	占比（%）	收入（亿元）	占比（%）	收入（%）	占比（%）
期货经纪业务	115.54	44.86	100.33	53.35	15.16	2.73
投资咨询业务	2.32	0.90	1.21	0.63	91.74	16.50
资产管理业务	3.99	1.55	0.87	0.46	358.62	64.52
利息净收入	94.91	36.85	68.91	36.58	37.73	6.79
其他收入	40.77	15.83	26.72	8.97	52.58	9.46
营业收入合计	257.53	100.00	198.04	100	30.04	100.00

数据来源：中国期货业协会。

从营业收入结构及变动趋势来看（见图2-2-4），其中，经纪业务收入变动明显，上半年呈现逐月增加趋势；下半年自7月开始，经纪业务收入呈现逐月下滑的趋势；年底有一定回升。

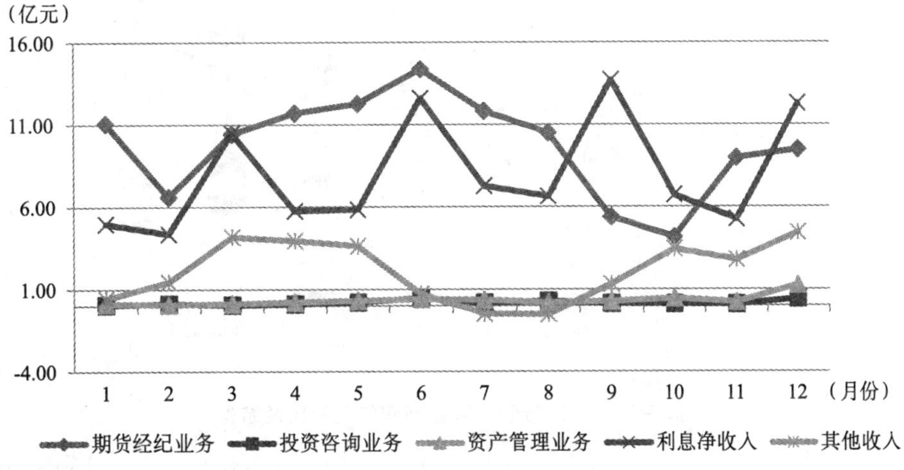

数据来源：中国期货业协会。

图2-2-4　2015年期货公司营业收入构成变化

利息净收入主要为客户保证金的结息收入，由于利息在每季度末结算，该部分收入呈现季度周期性变化趋势，在每季度末出现峰值。

四、利润情况

2015年期货公司营业利润合计为76.87亿元，较2014年的52.91亿元增长

43.24%，净利润59.13亿元，同比增长45.18%（见表2-2-4）。

表2-2-4　　2015年期货公司营业利润构成简表

项目	2015年		2014年		金额变动幅度（%）
	金额（亿元）	占比（%）	金额（亿元）	占比（%）	
营业利润总额	76.87		52.91		43.24
其中：					
业务利润	-39.09	-50.00	-31.29	-59.14	505.83
利息净收入	94.90	121.41	68.91	130.24	37.72
投资收益	21.11	27.00	10.20	19.28	106.96
公允价值变动损益	-1.44	-1.84	3.94	7.45	505.83

数据来源：中国期货业协会。

2015年，全国期货公司业务利润为-39.09亿元，较2014年的-31.29亿元亏损额继续扩大；2015年业务利润占营业利润的-50.00%，2014年这一占比为-59.14%。

期货公司营业利润年度变化及结构见图2-2-5。

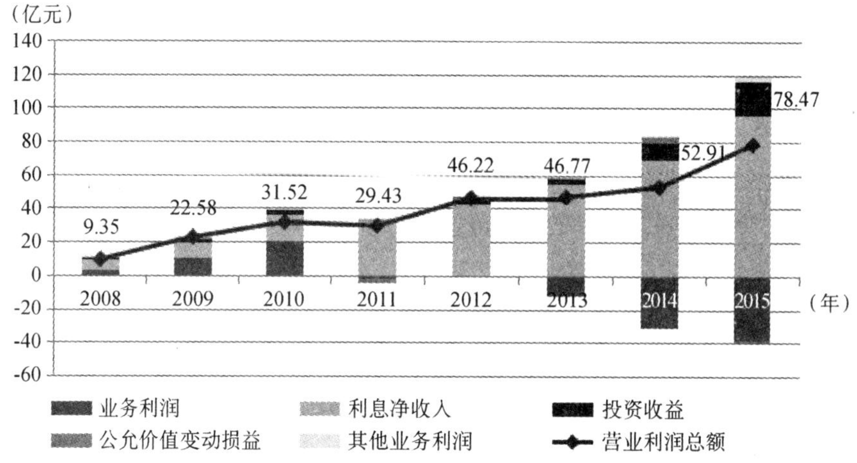

数据来源：中国期货业协会。

图2-2-5　期货公司营业利润年度变化及结构

2015年，利息净收入为95.82亿元，同比增长39.09%，占营业利润总额122.41%。该部分收入变动主要受生息资产（公司自有资金和客户保证金）的规模、运作方式以及市场基准利率变动的影响。自2008年以来，利息净收入随着客户保证金的增长逐年增加，成为营业利润的主要来源，并且2011年以后，超过营业利润总额，在弥补业务利润的亏损的同时，成为营业利润总额逐年增加的主要来源。

2015年，投资收益为21.11亿元，占比27.00%，大幅增长，涨幅达106.96%，主要是源于2015年上半年股票市场收益；公允价值变动收益为-1.44亿元，较2014年下降136.55%。

从利润结构上看，2011 年以前，业务利润与利息净收入为营业利润最重要的两个组成部分；而 2011 年以后，业务利润逐渐下滑，利息净收入逐渐超过业务利润，在弥补业务利润的亏损的同时，为营业利润带来逐年增加的正收益。

2015 年，营业利润前 20 名的公司合计为 49.30 亿元，占全部期货公司的比重为 62.83%。排名前 60 名的公司合计为 72.61 亿元，占比 92.54%。

2015 年，149 家期货公司有 22 家净利润出现亏损，亏损总额为 1.63 亿元，与 2014 年相比，亏损公司数目及金额均有所下降（见表 2－2－5）。

表 2－2－5　　2013—2015 年期货公司盈利情况

年度	2015 年			2014 年			2013 年		
净利润	公司数（家）	占比（%）	金额（亿元）	公司数（家）	占比（%）	金额（亿元）	公司数（家）	占比（%）	金额（亿元）
盈利	127	84.67	80.10	124	82.67	42.40	125	80.13	37.78
亏损	22	15.33	－1.63	26	17.33	－1.67	31	19.87	－2.23
合计	149	100.00	59.13	150	100.00	40.73	156	100.00	35.55

数据来源：中国期货业协会。

第三节　期货公司业务发展情况

一、经纪业务

（一）代理交易规模

2015 年，全国期货公司代理交易额为 554.42 万亿元，代理交易量为 35.78 亿手，分别同比增长 91.01% 和 43.37%（见图 2－3－1）。

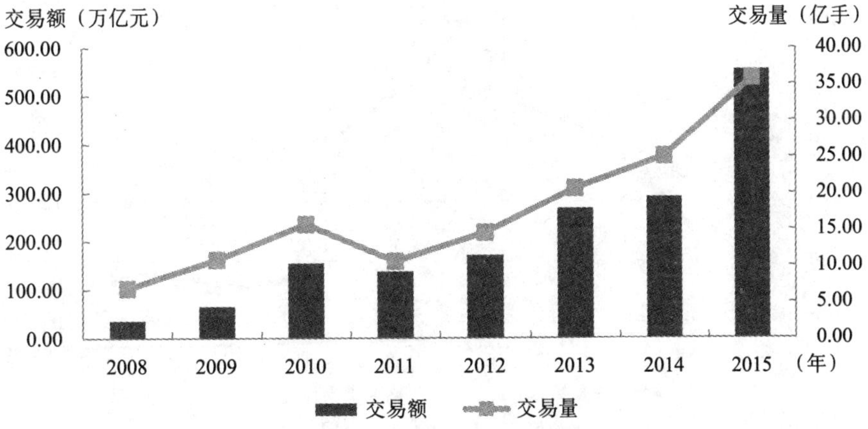

数据来源：中国期货业协会。

图 2－3－1　期货公司交易额和交易量年度变化

2015 年，商品期货代理交易额为 136. 39 万亿元，代理交易量为 32. 34 亿手，同比分别增长 6. 64% 和 41. 48%，分别占全部份额的 24. 56% 和 90. 37%。2015 年 1 －12 月商品期货、金融期货各月交易情况见图 2 －3 －2。

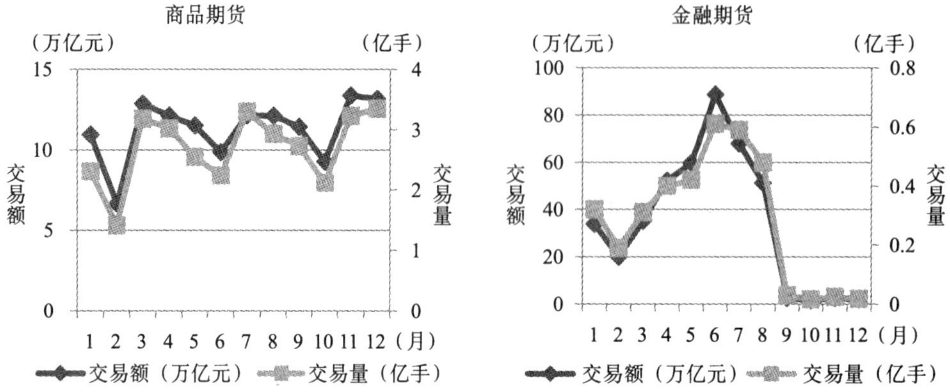

数据来源：中国期货业协会。

图 2 －3 －2　商品期货、金融期货交易情况

金融期货代理交易额为 419. 02 万亿元，交易量为 3. 45 亿手，同比分别上升 154. 70% 和 56. 42%，分别占全部份额的 75. 44% 和 9. 63%，较 2014 年分别上升 19. 27 个和 0. 93 个百分点。

2015 年上半年，金融期货交易呈显著上升趋势，6 月份交易额为 88. 67 万亿元，交易量为 0. 61 亿手（见图 2 －3 －3）。下半年自 7 月份起，随着中国金融期货交易所限仓政策逐步实施，金融期货交易额及交易量大幅下滑，下滑幅度超过 95%，9 月份交易额、交易量分别为 2. 65 万亿元和 0. 03 亿手，导致期货公司经纪业务收入及利润均同步大幅下滑；12 月份以后，由于交易量有所回升，经纪业务收入也略有回升。

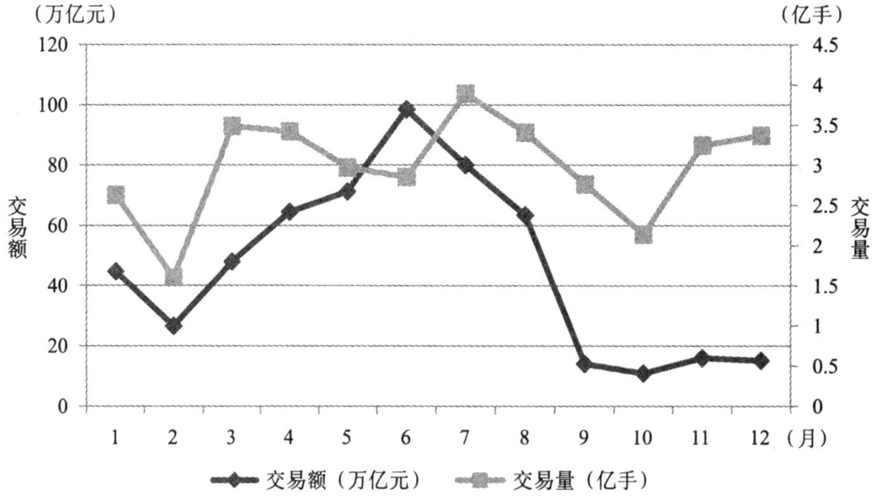

数据来源：中国期货业协会。

图 2 －3 －3　2015 年交易额及经纪业务变化关系

2015 年，全国期货公司代理交易额排名前 20 名的期货公司合计为 316. 21 万亿元，占全部交易额的 56. 93%；排名前 60 的期货公司合计为 481. 42 万亿元，占全部交易额的 86. 68%。期货公司交易额、经纪业务收入和佣金率年度变化见图 2 -3 -4。

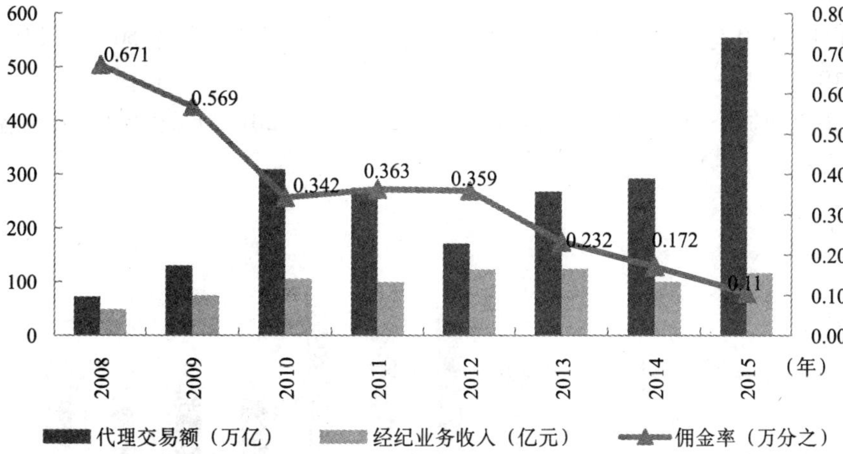

数据来源：中国期货业协会。

图 2 -3 -4　期货公司交易额、经纪业务收入和佣金率年度变化

2015 年期货公司佣金率为万分之 0. 11（同比口径[①]），与 2014 年相比下降 38. 95%。

（二）客户权益（客户保证金）

2015 年末全国期货公司客户权益总额为 3 829. 57 亿元，同比增加 39. 63%（见图 2 -3 -5）。

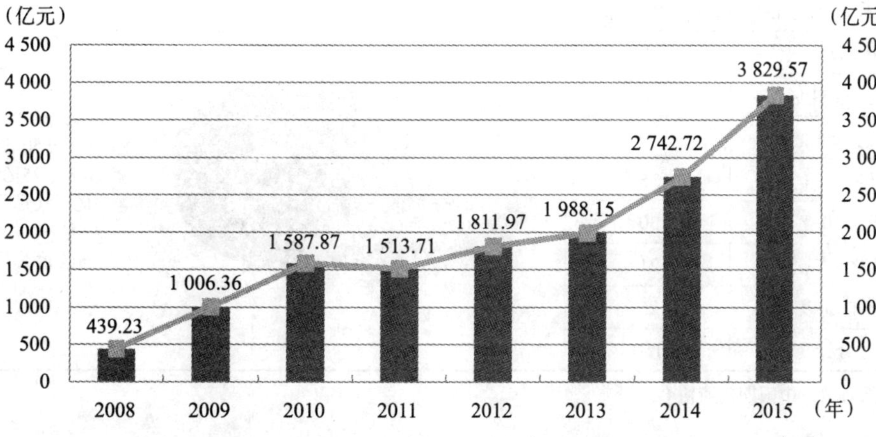

数据来源：中国期货业协会。

图 2 -3 -5　期货公司客户权益年度变化

① 因 2011 年以后交易额均按单边统计，但在计算佣金率时，需调整为双边口径。

客户权益前20名的期货公司合计为2 346.08亿元，占全部份额的61.26%，前60名的公司合计为3 369.91亿元，占全部份额的88.00%，行业集中度稳中有升。在平均值25.53亿元以上的公司共38家，占比25.33%，平均值以下的共112家，占比74.67%。

客户权益10亿元以上的公司共有74家，占比49.33%，其中50亿元以上的公司共有19家，100亿元以上的共10家。

2015年期货公司客户权益月度变化见图2－3－6，2015年全国期货公司客户权益分布见表2－3－1。

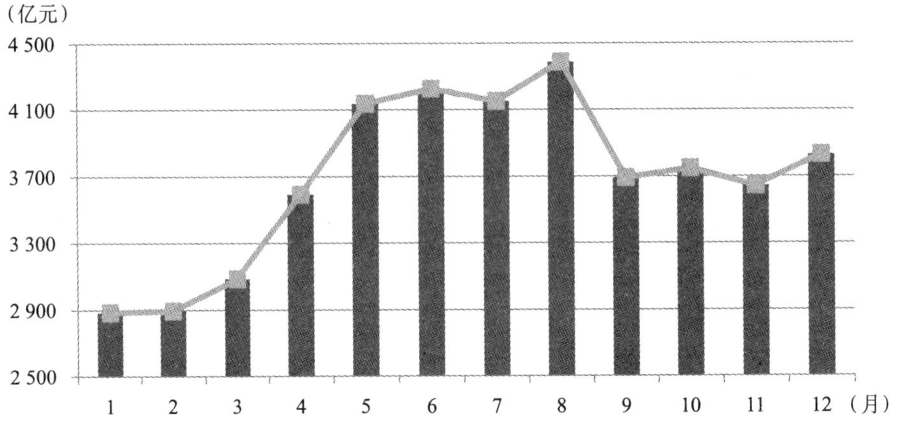

数据来源：中国期货业协会。

图2－3－6　2015年期货公司客户权益月度变化

表2－3－1　2015年全国期货公司客户权益分布表

客户权益（亿元）	公司数（家）
100亿元以上	10
50亿—100亿元	9
25亿—50亿元	20
10亿—25亿元	35
5亿—10亿元	30
2.5亿—5亿元	21
2.5亿元以下	25
合计	150

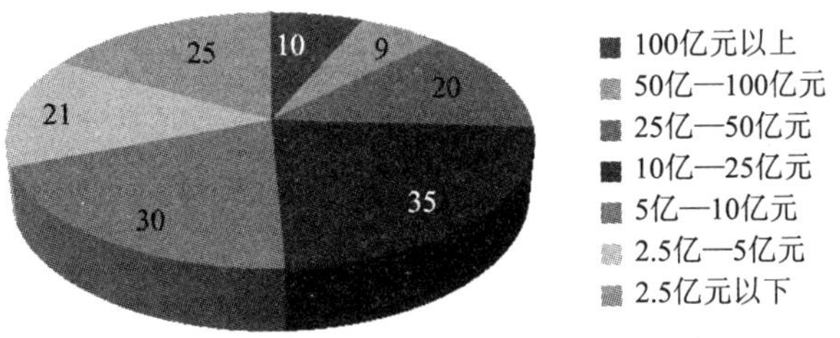

数据来源：中国期货业协会。

二、投资咨询业务

截至2015年末，共有105家期货公司获得期货投资咨询业务资格，较2014年增加11家，其中56家期货公司实际开展了投资咨询业务，收入总计为2.32亿元，较2014年增长91.74%。1 000万元及以上收入规模的期货公司有4家，多数期货公司的投资咨询业务收入集中在50万元以下（见表2－3－2）。

表2－3－2　　2015年期货投资咨询业务开展情况

收入规模	公司数量（家）
1 000万元及以上	4
500万元—1 000万元	4
100万元—500万元	15
50万元—100万元	9
10万元－50万元	14
10万元以下	10

数据来源：中国期货业协会。

三、资产管理业务

截至2015年末，共有123家期货公司获得资产管理业务资格，较2014年的46家增加77家。截至2015年末，期货公司及资产管理子公司发行的资管产品共计3 478只，产品规模合计1 063.74亿元，较2014年年末分别增长194%和890.26%，实现了快速增长。集合理财产品已超越专户理财产品，成为主要产品类型。截至2015年12月底，集合理财产品2 138只、规模805.80亿元，分别占产品总量的61.47%、75.75%。

2015年，期货公司资产管理业务收入共计3.99亿元，同比增长358.62%，占营业收入比重由2014年的0.46%上升为1.55%。其中，资产管理业务收入超过1 000万元的公司共有9家（见表2－3－3）。

表2－3－3　　2015年期货公司资产管理业务开展情况

收入规模	公司数量（家）
1 000万元及以上	9
500万元—1 000万元	5
100万元—500万元	20
50万元－100万元	13
10万元－50万元	12
10万元以下	25

数据来源：中国期货业协会。

四、风险管理业务

截至2015年末，51家风险管理子公司的注册资本总额为66.85亿元，实收资本总额52.17亿元，总资产达101.88亿元，净资产为51.21亿元。其中，共有40家风险管理公司开展了业务，本年累计业务收入为348.58亿元，净利润0.3亿元。

业务开展方面，有31家公司开展了仓单购销业务（见表2－3－4），占比

60.78%，仓单购销总额达1 305.53亿元；22家公司开展了仓单返售/仓单回购业务，占比43.13%，仓单回购买入卖出总额达28.26亿元；20家公司开展了合作套保业务，占比39.22%，合作套保协议共签订126笔，累计签约客户达486户；19家公司开展基差报价业务，占比37.25%，为中小企业提供即期和远期采购服务，其中7家公司还开立了特殊法人账户；16家公司开展场外期权交易405笔，同比增长282%，新增名义本金41.29亿元。

表2-3-4　　2015年期货公司风险管理业务开展情况

	仓单购销	仓单返售/回购	合作套保协议	场外期权交易
公司数量	31家	22家	20家	16家
金额/交易数目	1 305.53亿元	28.26亿元	126笔	405笔

数据来源：中国期货业协会。

>>> 第四节　其他机构参与期货市场情况

目前，参与期货市场的机构主要有证券公司、基金公司、私募、信托公司、保险公司、QFII/RQFII等。

一、证券公司

证券公司通过开立自营账户、集合理财、证券定向产品参与期货市场。2015年证券公司在期货市场的日均资金规模为302.6亿元，较2014年的102.6亿元日均规模增长了1.95倍。证券公司2015年日均资金规模占市场上机构总资金规模的8.31%，比2014年上涨了4个百分点。2015年初证券公司70%的持仓量为金融期货，到年末这一比例下降到42%。证券公司的金融期货持仓中，国债期货年均持仓占比38.7%，股指期货占比61.3%。证券公司持仓量变化情况见图2-4-1。

2015年证券公司日均成交量3.29万手，较2014年下降18.6%，其中，日均成交商品期货1.99万手，同比下降35.9%，日均成交金融期货1.29万手，同比增长上升39.2%。四家交易所日均成交量占比由高到低分别是中金所（39.4%）、郑商所（30.7%）、上期所（20.6%）和大商所（9.3%）。证券公司各交易所成交量分布见图2-4-2。

2015年证券公司日均持仓量达到8.18万手，较2014年上涨101.9%，其中商品期货日均持仓3.15万手，同比增长322.0%，金融期货日均持仓5.03万手，同比增长52.3%。日均持仓量占比由高到低分别为中金所（61.6%）、大商所（14.7%）、郑商所（14.0%）和上期所（9.7%）。证券公司各交易所持仓量分布见图2-4-3。

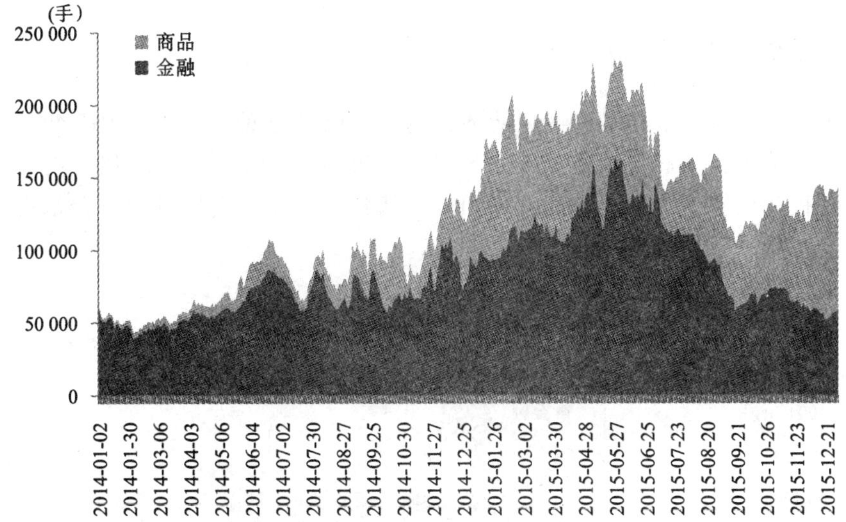

数据来源：中国期货市场监控中心。

图2－4－1　证券公司持仓量变化情况

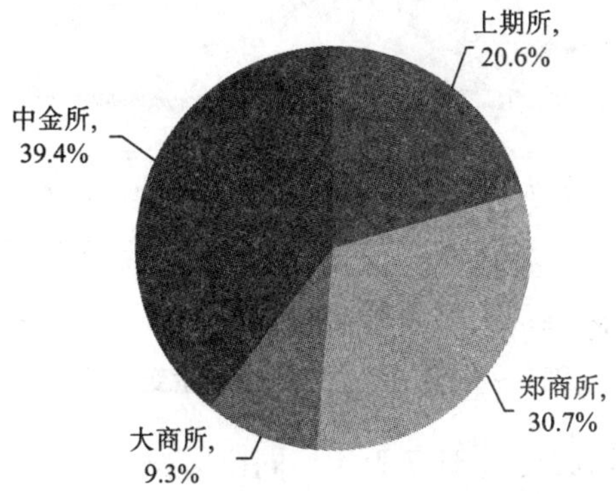

数据来源：中国期货市场监控中心。

图2－4－2　证券公司各交易所成交量分布（手）

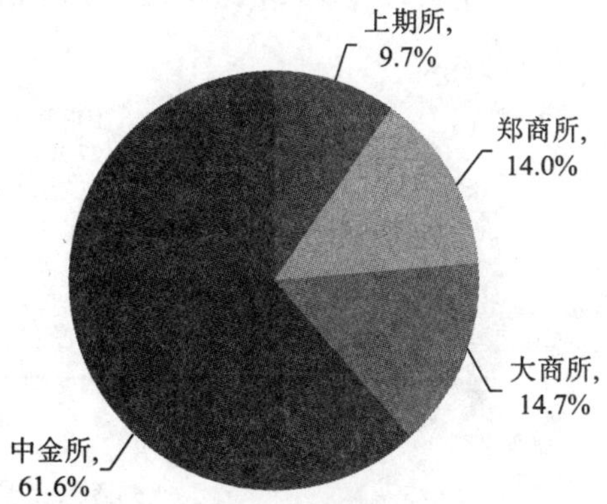

数据来源：中国期货市场监控中心。

图2－4－3　证券公司各交易所持仓量分布（手）

二、基金公司

基金公司开立基金和基金专户两种类型的账户参与期货市场。2015 年基金公司在期货市场上的日均资金规模为 473.8 亿元，较 2014 年增长 2.25 倍，占市场机构资金总规模的比例由 6.3% 增加到 13.0%。基金持有商品期货日均持仓量占基金日均总持仓比例高达 90% 以上。

基金公司持仓量变化情况见图 2－4－4。

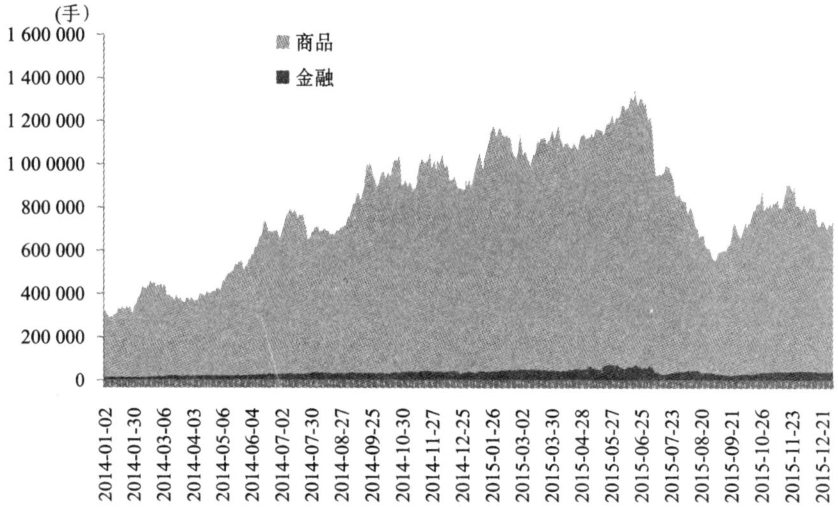

数据来源：中国期货市场监控中心。

图 2－4－4　基金公司持仓量变化情况

2015 年基金公司日均成交量 37.7 万手，同比增长 14.0%。其中日均成交商品期货 15.9 万手，同比增长 10.9%；日均成交金融期货 3.0 万手，同比增长 34.4%。按交易所分，日均交易量占比由高到低分别为大商所（34.2%）、上期所（27.3%）、郑商所（22.8%）和中金所（15.7%）。基金公司各交易所成交量分布见图 2－4－5。

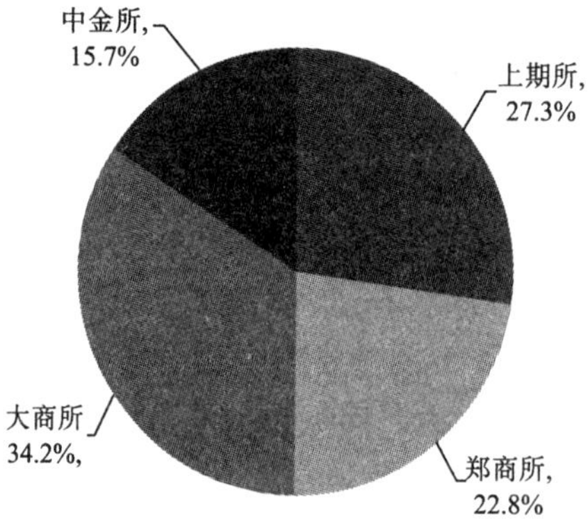

数据来源：中国期货市场监控中心。

图 2－4－5　基金公司各交易所成交量分布（手）

基金公司2015年日均持仓量47.8万手，同比增长45.2%。其中，日均持仓商品期货45.6万手，同比增长44.8%；日均持仓金融期货2.3万手，同比增长55.1%。按交易所分，日均持仓量占比由高到低分别为大商所（54.7%）、郑商所（20.4%）、上期所（20.2%）和中金所（4.7%）。基金公司各交易所持仓量分布见图2-4-6。

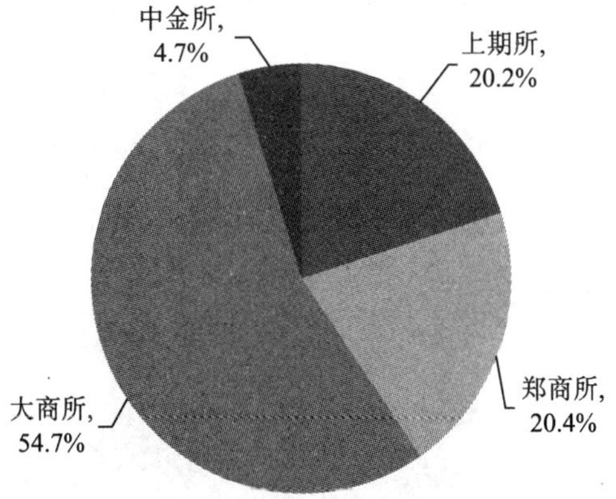

数据来源：中国期货市场监控中心。

图2-4-6 基金公司各交易所持仓量分布（手）

三、私募基金

私募基金市场目前投资期货市场规模仅次于证券公司和基金公司。2015年日均资金规模192.7亿手，较2014年增长14.4倍；占比5.29%，比2014年上升4.75个百分点。从持仓量来看，私募日均持仓95%以上为商品投资。私募基金期货市场持仓情况见图2-4-7。

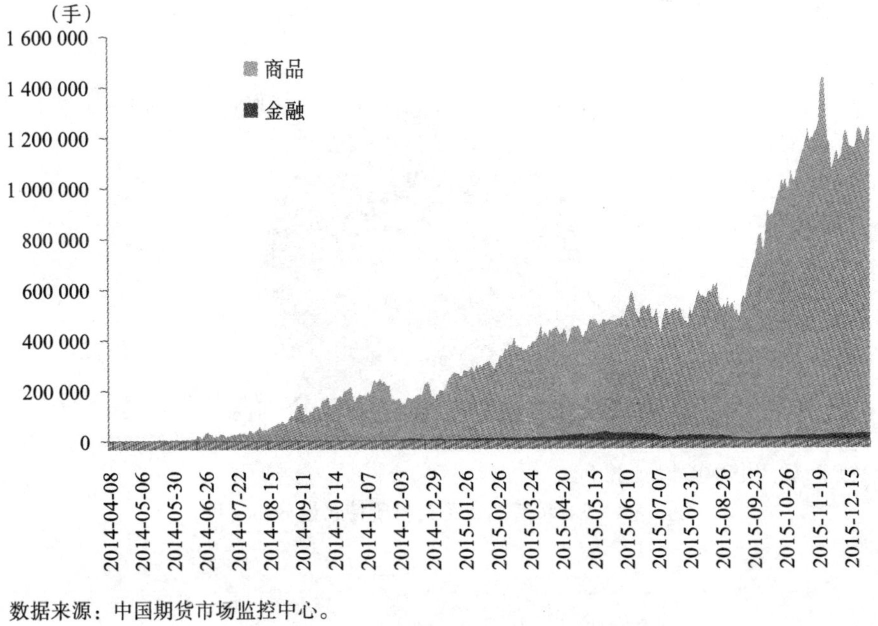

数据来源：中国期货市场监控中心。

图2-4-7 私募基金期货市场持仓情况

私募投资期货起步较晚，其成交量和持仓量近两年都呈现出爆发式增长。2015年，私募日均成交量50.8万手，同比增长4.5倍，其中，日均成交商品期货47.9万手，同比增长4.3倍；日均成交金融期货2.9万手，同比增长9.6倍。按交易所分，私募在各交易所成交量占比由高到低分别为：郑商所（46.7%）、大商所（32.3%）、上期所（15.3%）和中金所（5.7%）。私募基金各交易所成交量分布见图2－4－8。

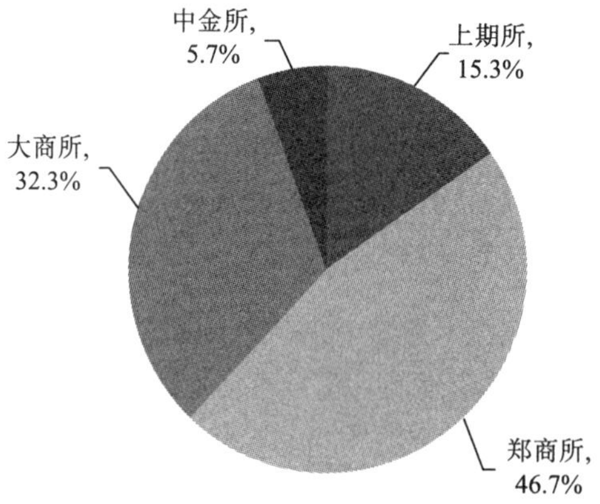

数据来源：中国期货市场监控中心。

图2－4－8　私募基金各交易所成交量分布（手）

2015年私募在期货市场上日均持仓量30.7万手，较2014年增长8.4倍。其中，日均持仓商品期货29.73万手，同比增长8.3倍；日均持仓金融期货0.95万手，同比增长10.2倍。按交易所分，私募在各交易所持仓量占比由高到低分别为：大商所（47.8%）、上期所（25.4%）、郑商所（23.7%）和中金所（3.1%）。私募基金各交易所持仓量分布见图2－4－9。

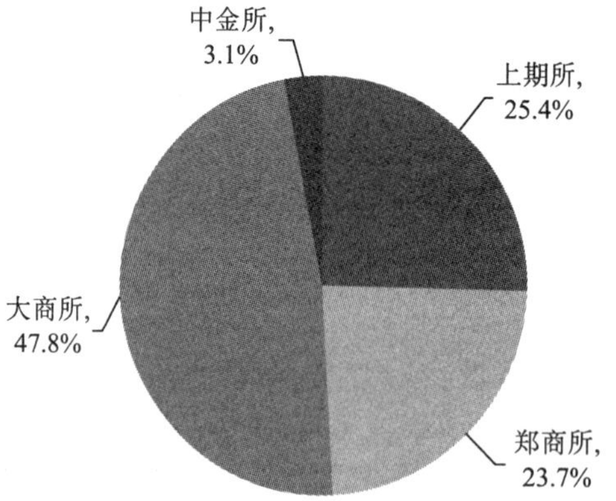

数据来源：中国期货市场监控中心。

图2－4－9　私募基金各交易所持仓量分布（手）

四、商业银行

商业银行 2015 年日均资金规模为 26.3 亿元，较 2014 年增长 1.75 倍；占机构日均资金总量比例为 1.40%，较 2014 年上升 0.33 个百分点。商品持仓占商业银行日均持仓的比例高达 99.8% 以上。商业银行期货市场持仓情况见图 2－4－10。

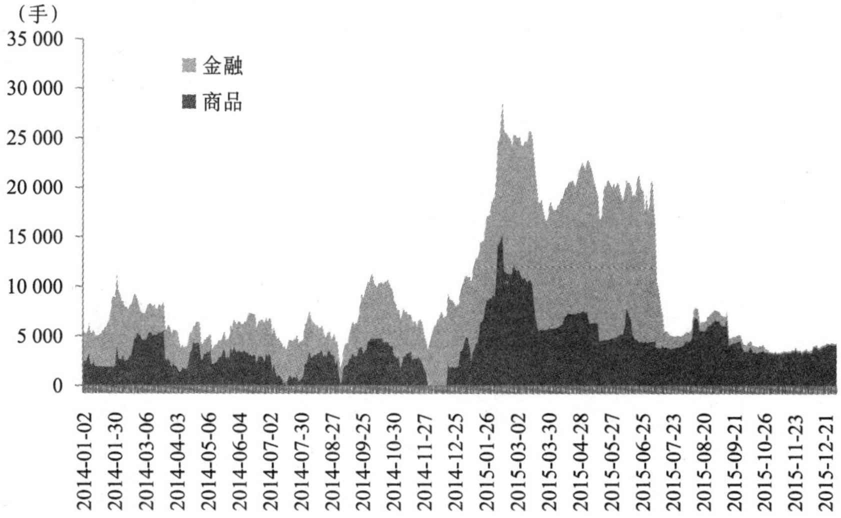

数据来源：中国期货市场监控中心。

图 2－4－10　商业银行期货市场持仓情况

2015 年商业银行日均成交期货合约 3 580.3 手，同比下降 18.2%；日均持仓 4.1 万手，同比上涨 2.1 倍。商业银行参与的主要期货品种为黄金和白银。2015 年，商业银行黄金期货日均成交 2 090.4 手，同比增长 2.1 倍，占商业银行总成交 58.4%；日均持仓 2.7 万手，同比增长 3.1 倍，占商业银行总持仓 66.3%。商业银行白银期货日均成交 928.9 手，同比下降 54.6%，占商业银行总成交 25.9%；日均持仓 1.0 万手，同比上升 5.1 倍，占商业银行总持仓 38.1%。

五、其他机构

保险公司、信托公司和 QFII/RQFII 2015 年日均资金规模分别为 29.2 亿元、97.3 亿元和 70.2 亿元，同比分别增长 18.2 倍、1.0 倍和 4.2 倍。截至 2015 年底，这几类机构仅投资于股指期货。

保险公司成交量和持仓量基数较低，2015 年日均成交量 327.1 手，日均持仓量 986.4 手，同比分别增长 8.0 倍和 3.2 倍。QFII/RQFII 日均成交量和持仓量分别为 1 290.7 手和 7 309.2 手，同比分别增长 155.4% 和 145.4%。信托公司日均成交量和持仓量分别为 4 790.2 手，同比增长 12.8%；日均持仓量为 6 057.5 手，同比下跌 47.3%。

2015 年部分机构成交量和持仓量变化见表 2 -4 -1。

表 2 -4 -1　　2015 年部分机构成交量和持仓量变化

	保险公司		信托公司		QFII/RQFII	
	手数（手）	同比（%）	手数（手）	同比（%）	手数（手）	同比（%）
日均成交量	327.1	797.5	4 790.2	12.8	1 290.7	155.4
日均持仓量	986.4	315.9	6 057.5	-47.3	7 309.2	145.4

数据来源：中国期货市场监控中心。

第三部分

2015 年中国期货市场监管与自律情况

第一节 期货市场监管情况

一、中国证监会期货监管部门概况

中国证监会内设期货监管部、证券基金机构监管部两个期货监管职能部门，负责期货监管事务。

期货监管部主要职责：拟订监管期货市场的规则、实施细则；依法审核期货交易所、期货结算机构的设立，并审核其章程和业务规则；审核上市期货、期权产品及合约规则；监管市场相关参与者的交易、结算、交割等业务活动；监管期货市场的交易行为；负责商品及金融场外衍生品市场的规则制订、登记报告和监测监管；负责期货市场功能发挥评估及对外开放等工作；牵头负责期货市场出现重大问题及风险处置的相关工作等。

期货监管部组织结构：下设综合处、监管一处、监管二处、监管三处、监管四处和监管五处六个处。

证券基金机构监管部主要职责：拟订证券期货经纪、证券承销与保荐、证券期货投资咨询、证券财务顾问、证券自营、融资融券、资产管理、资产托管、基金销售等各类业务牌照管理及持牌机构监管的规则、实施细则；依法审核证券、基金、期货各类业务牌照资格及人员从事证券、基金、期货业务的资格，并监管其业务活动；拟订公开募集证券投资基金的监管规则、实施细则；依法审核公开募集证券投资基金募集注册申请；拟订合格境外机构投资者的规则、实施细则；依法审核合格境外机构投资者资格并监管其业务活动；依法审核境外机构在境内设立从事证券、基金、期货经营业务的机构并监管其业务活动；牵头负责证券、基金、期货机构出现重大问题及风险处置的相关工作；拟订及组织实施证券、基金、期货行业投资者保护的规则、实施细则；指导相关行业协会开展自律管理等。

证券基金机构监管部组织结构：综合处、监管一处、监管二处、监管三处、监管四处、监管五处、监管六处、监管七处、监管八处和监管九处十个处。

二、2015 年期货市场监管情况

2015 年，中国证监会深入贯彻落实《关于进一步促进资本市场健康发展的若干意见》（国发［2014］17 号）要求，持续推进期货市场监管转型，强化事中事后监管工作，积极应对市场异常波动，加大监管执法力度，扎实推进期货市场改革、发展和对外开放工作。期货市场运行安全平稳，继续保持良好发展态势，服务实体经济的能力不断增强。

（一）积极应对市场异常波动，加强风险防范

一是加强股指期货监管，坚决遏制过度投机。组织中金所在 7 月初到 9 月初期间，按规则程序采取了提高保证金水平、调整手续费收取结构、优化异常交易监管指标等一系列监管措施，使股指期货过度投机得到了有效遏制。对投资者关注的热点和质疑进行了深入系统的分析说明。二是加强商品期货监管，防范风险于未然。指导各商品期货交易所结合市场及品种特点，采取针对性措施维护市场正常秩序。各商品期货交易所随之采取了恢复收取平今仓手续费、提高保证金比例及涨跌停板幅度、取消套利交易异常交易行为监管豁免等有效措施，部分商品期货品种存在的过度投机问题得以抑制。三是及时组织行业压力测试。针对期货市场出现异常波动情况，组织监控中心对全国期货公司开展压力测试，对可能出现净资本不足的期货公司及时采取措施化解风险。四是加强期货公司外部接入信息系统管理。下发《关于加强期货公司信息系统管理有关事项的通知》，组织开展期货公司信息系统管理自查及核查工作，摸清期货经营机构借助外接信息系统参与期货配资风险底数，按照“突出重点、疏堵结合”的指导原则，顺利完成期货配资清理工作。

（二）稳妥推进产品创新

一是积极推进原油期货上市的各项准备工作。制定颁布了《境外交易者和境外经纪机构从事境内特定品种期货交易管理暂行办法》。推动相关部委出台外汇、财税、海关等配套政策；组织上海期货交易所能源中心对能源中心章程、交易规则和相关细则研究讨论。开展面向系统期货监管干部、国有大型涉油企业、相关部委等多层次的原油期货业务培训。二是稳妥推进商品期货产品创新。2015 年，我国期货市场上市了锡、镍两个商品期货品种。启动“保险 + 期货”、“保险 + 期货 + 银行”等创新试点，探索市场化机制服务“三农”的新模式。推动期货保税交割由试点转向常态化。选取豆粕期货、白糖期货作为试点，稳步推进农产品期权上市工作。加强有色金属指数等新交易品种、工具的上市工作。有序推进棉纱、乙二醇等商品期

货品种的研发工作。研究论证上市碳排放权期货可行性。三是创新金融期货期权产品。开展10年期国债期货、上证50和中证500股指期货3个金融期货交易。启动上证50ETF期权交易试点。加强外汇期货、利率期货等新交易品种的研究储备。

（三）积极推进行业创新，提升期货经营机构服务能力

一是促进期货公司传统经纪业务转型升级。指导期货业协会发布《期货公司互联网开户规则》，推动研发上线期货业互联网开户云平台，实现期货公司传统业务转型升级。二是推动期货公司资产管理业务快速发展。大力推动期货公司资产管理业务发展，充分发挥期货公司在衍生品领域的比较优势，不断提升产品设计、自主管理能力，满足投资者的财富管理需求。三是支持期货风险管理公司业务创新，服务实体经济发展。大力支持风险管理公司创新发展，引导发挥专业风险管理服务商职能，进一步拓展了期货中介机构服务内涵，尤其在服务中小微和涉农企业方面积累了宝贵经验。四是支持期货公司多渠道补充资本，完善资本补充机制。指导期货业协会发布《期货公司次级债管理规则》，支持期货公司通过境内外上市融资、新三板挂牌、发行次级债等多渠道补充净资本，行业抗风险能力进一步增强。

（四）加强事中事后监管

一方面是加强对期货交易所的事中事后监管。一是研究加强事中事后监管的思路和举措，完善事中监管工作流程，建立监管台账制度。二是研究建立事后监管新机制。大幅精简期货品种功能评估指标体系，优化评估工作流程和评估机制，完成2015年上半年评估工作，研究制定评估工作改进方案。对期货交易所、监控中心、存管银行等执行法规规则情况进行事后检查，基本完成事后检查工作方案的制定工作。三是加强对违法违规行为打击力度，严肃查处市场操纵，遏制过度投机，探索建立会商沟通机制，以及稽查力量提前介入等联合办案新机制。全年期货市场共查处异常交易5 486余次，发现违法违规线索并移送稽查、公安部门22起。查处了甲醇期货1501合约、胶合板期货1502合约等市场操纵案。

另一方面是加强对期货经营机构的事中事后监管。坚持落实“放松管制，加强监管”要求，在推进清理许可备案事项的同时，进一步强化事中事后监管执法力度，促进期货市场持续健康发展。一是清理期货经营机构备案事项。落实简政放权，清理取消现行法律体系中涉及期货经营机构报告备案60%以上，减少不必要管制，有效激发了市场主体活力。二是加大监管执法力度。坚持“零容忍”态度，严厉查处违法违规行为，对30家期货公司及其子公司开展“两个加强、两个遏制”专项检查，配合有关部门调查期货经营机构参与股票场外配资行为和涉嫌违规程序化交易情况，切实保护投资者合法权益。全年对违法违规期货经营机构采取20次行政监管措施，有效维护了市场秩序。三是完成2015年期货公司分类评价工作。通过收集相关单位监管数据信息，组织期货公司自评、派出机构初审、评审委员会复核及评审、证监会确认等程序，完成期货公司分类评价工作。2015年A类公司44家、B类公司88家，C类公司18家，无D、E类公司，期货行业合规经营和风险控制能力进一步提升。四是稳妥完成风险处置工作。针对海南金海岸期货公司净资本指标不达标的情况，妥善开展风险处置工作，依法撤销该公司期货业务许可。

（五）完善期货市场制度规则体系

一是组织各期货交易所集中力量研究期货市场程序化交易管理、打击新型违法违规行为等制度。二是推动交易所完善制度规则，扩大连续交易品种覆盖面，优化相关品种连续交易时间，优化保证金制度，完善限仓规则。三是配合做好《期货法（草案）》起草工作。

第二节 期货交易所工作概况

一、上海期货交易所工作概况

（一）上海期货交易所简介

上海期货交易所（简称上期所）是依照有关法规设立的，履行有关法规规定的职责，受中国证监会集中统一监督管理，并按照其章程实行自律管理的法人。上海期货交易所深入贯彻党中央、国务院关于推进资本市场发展的战略决策，严格依照法规政策制度组织交易，切实履行市场一线监管职责，致力于创造构建安全、有序、高效的市场机制，营造公开公平公正和诚信透明的市场环境，努力建设成为规范、高效、透明，综合性、国际化的衍生品交易所。

上期所产品日益丰富，规模稳步发展，功能逐步发挥，服务实体经济的能力及其辐射影响力不断增强。目前上市交易的期货品种有黄金、白银、铜、铝、锌、铅、螺纹钢、线材、燃料油、天然橡胶、石油沥青、热轧卷板、镍、锡等 14 个。2015 年镍、锡期货上市，与铜、铝、锌、铅期货关联，初步形成了有色金属期货品种系列；铜期货价格作为世界铜市场三大定价中心权威报价之一的地位进一步巩固；天然橡胶期货价格得到国内外各方的高度关注；黄金期货为促进黄金市场的发展，增进商品期货市场与金融市场的联系开辟了新路径；白银期货丰富了我国贵金属期货品种，完善了国内白银市场价格体系，促进了国内白银产业可持续健康发展；螺纹钢、线材和热轧卷板期货持续优化钢材价格形成机制，促进钢铁工业健康有序发展，进一步提高我国钢铁工业的国际竞争力；燃料油期货开创了能源期货的探索之路；石油沥青期货多种交割方式的创新，顺应了石油沥青产业发展趋势，提高了企业风险管理效率。连续交易促进了相关品种国内外价格的及时联动，增强了我国期货市场的价格影响力，并为投资者实时进行风险管理提供了便利。目前，上期所正在中国证监会的领导下，积极推动原油期货国际平台建设。

截至 2015 年 12 月 31 日，上期所共有会员 201 家，其中期货公司会员 150 家；指定交割仓库共 71 家；在全国各地开通远程交易终端 1 265 个；保证金存管银行增加至 12 家。当年市场总成交金额为 63. 56 万亿元，占全国总成交金额的 11. 47%；总成交量为 10. 50 亿手，占全国总成交量的 29. 36%。

（二）2015 年上海期货交易所工作概况

2015 年，国内外经济金融形势复杂多变，期货市场发展面临诸多压力和挑战。在中国证监会的领导下，上期所坚持以服务实体经济为宗旨，落实全国证券期货监管工作会议要求，切实加强一线监管，扎实推进市场建设，市场运行平稳有序。

1. 2015 年市场运行情况

2015 年，上期所 14 个上市品种运行有序，稳中有进。一是交易规模保持增长。总成交金额为 63.56 万亿元，同比增长 0.51%，占全国总成交金额的 11.47%；总成交量为 10.50 亿手，同比增长 27.72%，占全国总成交量的 29.35%。3 月 27 日，锡、镍期货上市，得到了国内外投资者的高度关注和参与。锡期货累计成交量 51.58 万手、成交金额 562.37 亿元；镍期货累计成交量 6 359.01 万手、成交金额 5.2 万亿元。二是价格呈现震荡下行。铜、铝、锌、铅、锡、镍、黄金、白银、天胶、螺纹钢、热轧卷板、燃料油、石油沥青的涨跌幅分别为 -19.65%、-16.58%、-19.57%、6.12%、-21.84%、-30.48%、-5.81%、-5.95%、-22.04%、-30.04%、-33.44%、-14.30% 和 -45.85%。有色金属和贵金属品种与国际市场联动紧密，连续交易期间铜、铝、锌、铅、黄金、白银期货价格与国内外市场基本保持一致。三是投资者入市积极。上期所客户总数为 109 万户，同比增长 30.1%。其中，单位客户数 2.8 万户（含 6 461 家特殊单位客户），同比增长 8.6%；378 家法人客户申请获批 2 879.3 万手套保交易头寸，同比增长 7%；37 家客户申请获批套利交易头寸。部分外资企业，特别是从事商品进出口贸易的大型企业，通过在境内注册为法人公司的形式参与期货交易。单位客户参与交易量占上期所总交易规模约 1/3。

纵观 2015 年，全球经济在深度调整中曲折复苏，新兴市场面临经济减速、滞胀和资本流出压力。我国经济处于“调结构、转方式”的过渡期，外部环境负面因素较多，实体经济下行压力较大。受国际国内经济金融形势复杂多变影响，投资者避险需求增长显著，参与套保套利交易的积极性不断提高，推动交易量大幅增长。但因产能过剩、需求不足等因素，全球大宗商品价格下跌明显，个别品种已跌及成本线，14 个上市品种总体成交金额变化不大。品种的波动幅度较好地体现了国内外市场的变化趋势，合理反映出国内不同行业的基本情况。特别是有色金属、贵金属系列以及天然橡胶等国际化程度较高的品种，内外价格联动性不断增强，相关系数达到 0.85 以上，市场传导效率逐步提升，更为有效地满足了产业客户和金融机构的实际需求。总体而言，上期所品种的产业渗透度和行业代表性不断提高，投资者结构进一步优化完善，市场专业化程度和国际影响力稳步提升。

2. 2015 年主要工作

（1）精心做好镍、锡上市后市场培育工作。2015 年 3 月 27 日上期所成功上市锡、镍期货，得到了国内外投资者的高度关注和广泛参与，交投活跃，交割平稳，价格走势能较为客观反映了国内外基本面变化的趋势，其中镍的交易量已超过伦敦金属交易所（LME），成为上期所仅次于铜的第二大有色金属品种。上市 9 个月来主要做了以下几项工作：一是组织市场推介。先后合作举办 6 场镍锡产业链高峰论坛和9场新品种介绍会，与中期协联合举办锡产业期现结合业务培训班，并通过行业国际性会议大力宣传镍锡期货。二是落实交割事项。在完成了国内6个镍品牌、7个锡品牌注册后，与全球最大的镍生产商俄罗斯诺里尔斯克公司的品牌注册问题也在艰难谈判中得到解决。此外，日本住友、挪威嘉能可超达等境外品牌申请注册工作仍在推进之中。与此同时，按原定计划完成了11家指点交割仓库设置，确保了交割顺利进行。三是加强市场分析。针对镍锡上市后价格震荡加剧，密切跟踪行情变化，做好预研预判，为在关键时间节点上防范和管控市场运行风险提供前瞻性建议。四是重视市场调研。多次走访实体企业、会员单位等机构，就镍锡期货如何更好服务产业、发挥功能听取各方意见建议，及时掌握市场第一手资料。

（2）建设原油期货市场，确保高标准稳起步推出。2015年，在中国证监会的统一协调和上期所的积极配合下，至8月为止，相关部委关于原油期货上市所必须的基本配套政策全部出台，为全面开展原油期货上市准备工作创造了条件。一是完善内部规则体系，截至2015年底，全部12个原油期货交易规则、细则已全部完成向社会公开征求意见，正按程序报批或报备。二是已与有关单位签署原油期货指定交割仓库合作意向协议书，制定质检标准，确定交割油种，做好交割准备，组织五大国有银行、众多股份制银行及外资银行推进存管行建设。三是加紧做好境内会员和境外特殊参与者的引入工作，加快原油期货国际市场推广和境外联络工作。四是积极做好在香港证监会和新加坡金融监管局注册的调研及前期准备工作。五是论证评估上市原油期货相关风险及管理应对措施，探索建立全流程风险管理体系，落实风险管控，防范系统性风险。六是完善技术系统建设、做好仿真交易准备。原油期货技术系统、以及会员端、监控中心端、银行端等周边系统均已建设和改造完毕，进入测试阶段。七是认真做好原油期货上市相关重要问题的评估，对当前油价下推出原油期货的利弊、对原油现货市场发展的影响以及合约规模、客户适当性制度、极端情况的风险应对等进行了深入研究分析。

（3）提高一线监管效能，扎实做好风险管理。

防控异常波动风险。在此次股市异常波动期间，切实保证期货市场平稳运行。一是拟定多种风控预案和应对措施，及时在规则范围内采取加强窗口指导、上调保证金标准和交易手续费等综合措施。二是对外资背景的程序化交易客户以及证券交易所公布的限制交易账户进行了重点跟踪和分析。三是严密监控重点品种、重点合约持仓主力的交易行为，确保措施到位有效。四是做好舆论引导和市场教育工作。

加强日常风险监管。一是强化实时监控和案件稽查，对24起疑似违规交易行为立案稽查，已自律处罚21起。二是扩大会员检查工作范围，实现电子化检查全覆盖，加强现场检查针对力度。三是加强异常交易行为的监管，加大对疑似实控关系账户的排查和分析工作，开展程序化交易梳理工作。四是坚持日常行情分析研判，加强应急演练。五是加强“五位一体”监管协作，深化与中国证监会相关部门单位以及司法部门的工作协同，推进诚信系统违规交易信息更新。

提升一线监管能力。一是加强监察系统建设，启用“监管信息平台”与“会员合规运作电子平台”等电子信息平台。二是研究制定程序化交易管理实施细则，积极推动完善实控账户管理方案。三是有序推进国际风险监控系统的引进。四是积极探索建立事中事后监管新机制，提出大户报告制度优化方案。

（4）优化市场运行机制，推进技术系统建设。

优化交易结算机制。一是落实保证金和涨跌停板幅度常态化管理，针对节假日的特点实施区别化风控措施，利用长假风控窗口调整了有关品种的保证金比例、涨跌停板幅度，促进品种功能改善。二是拟定连续交易制度优化方案，完成限仓制度改革方案。三是完善仓单合约和价差合约交易方案。四是批准 7 家股份制商业银行从事期货保证金存管业务。五是制定并实施 2015 年会员手续费减免方案。

加强交割管理工作。一是优化交割仓库布局，根据市场情况动态管理交割仓库设置和库容调整。二是持续进行注册品牌的质量抽验，稳步有序开展新注册品牌审核工作。三是加强交割仓库的现场检查，督促问题仓库即整即改。四是推动自动识别技术在交割仓库和注册企业间的试点应用。

推进技术系统建设。一是确保基础设施、网络通讯、主机存储、数据库、应用系统、信息安全等全方位运行正常。二是完成更新一代交易系统（NGES2.0）的上线。三是在交易核心网络分离交易通道和行情通道，搭建独立的高速行情核心网络，构建高效行情发布源平台。四是启动高速交易通信网建设，提升会员接入带宽，推进运营商的扩容工作。五是建设独立于交易系统的指数线下系统。六是重视技术系统研究和开发，追踪行业业务技术动态。

（5）推进市场创新，提升市场服务水平。

加快产品业务研究。一是上期所有色金属指数期货上市准备基本就绪，即将择机上报上市申请。二是完善商品指数体系，综合性、板块（行业）及单商品指数系列已上线试运行。三是积极支持开发商品 ETF 等投资产品和场外衍生品，合作推出国内首只白银基金。四是完成铜期货期权上市申请准备，启动期权业务规则的意见征求和修订。五是积极推进大宗商品交易平台建设，研发仓单交易平台业务。六是推进纸浆期货上市立项，深入开展氧化铝、不锈钢、废钢期货上市的研究论证。七是深入开展“一带一路”战略、套期会计、交易规则发展等专题研究。

加大服务实体经济深度。一是完善与会员的日常联络沟通机制，召开分片区会员座谈会，认真听取市场意见和建议。二是支持会员单位开展业务，与会员合作举办市场活动 388 场，完成优秀分析师（团队）评选、结算交割员培训等工作。三是市场服务中心运作有效，共受理各类市场咨询和意见建议 1 586 件次，均按规定完成答复和反馈。四是通过互联网和移动通信终端，为投资者提供各类投教资源。五是探索建立机构投资者综合长效服务机制，与银行机构签订战略合作协议，合作举办产业客户研讨活动。六是发挥“上海期货交易所有色金属产业培训基地”的作用，加强与期货业协会深度合作，针对产业客户举办 400 余人次学员培训。七是搭建行业交流平台，与兄弟交易所共同举办“第十二届上海衍生品市场论坛”，积极主办或参与品种相关的产业链高端会议，加强锡镍等新品种推介。八是加强与境外机构的业务沟通交流。

强化新闻宣传和信息服务。一是结合业务工作开展新闻宣传，做好舆论引导。

二是加强信息发布管理，有序开展信息统计，加强对微博、微信等新媒体平台的运行管理，通过联动互补，强化市场宣传效果。三是扩大交易行情信息传播范围，提升数据信息的市场价值和资源性作用。四是构建信息服务系统。深化大数据研究，探索构建信息服务系统，完成中央监管信息平台、统一信息披露平台的协调配合工作。

加强国际交流，推进对外开放。2015 年，上期所积极与国际行业组织保持沟通互动，维护与 WFE、FIA Europe、FIA Asia、FIA America 四个国际组织的良好合作关系。全年执行外事出访 14 批次，接待境外来访 38 批次，来访机构包括美国驻沪总领事馆、新加坡金管局、CME 集团、东京商品交易所、泰国证券交易所集团、法国巴黎银行、Bloomberg、瑞士 MKS 集团等，为推进上期所的国际化发展奠定基础。

二、郑州商品交易所工作概况

（一）郑州商品交易所简介

郑州商品交易所（简称郑商所）成立于 1990 年 10 月 12 日，是经国务院批准成立的我国首家期货市场试点单位，隶属于中国证监会垂直管理。

郑商所按照《期货交易管理条例》和《期货交易所管理办法》履行职责，依据《郑州商品交易所章程》、《郑州商品交易所交易规则》及其实施细则和办法实行自律性管理。郑商所遵循公开、公平、公正和诚实信用的原则，主要职能包括：提供期货交易场所与设施，期货合约设计与上市服务，期货交易结算与交割服务，期货交易信息服务，对期货交易进行市场一线监管，保障市场平稳、健康发展。

郑商所实行会员制。会员大会是郑商所权力机构，由全体会员组成。理事会是会员大会常设机构，下设战略发展、品种、监察、交易、交割、会员资格审查、调解、财务、技术、结算等 10 个专门委员会。截至 2015 年 12 月底，郑商所共有会员 196 家，分布在全国 27 个省（市）、自治区。其中，期货公司会员 155 家，占会员总数的 79.1%；非期货公司会员 41 家，占会员总数的 20.9%。交割仓（厂）库 237 家。保证金存管银行 13 家。

郑商所目前已上市 16 个期货品种，包括优质强筋小麦、普通小麦、早籼稻、晚籼稻、粳稻、棉花、油菜籽、菜籽油、菜籽粕、白糖、动力煤、甲醇、精对苯二甲酸（PTA）、玻璃、硅铁和锰硅，基本形成的综合性品种体系，覆盖农业、能源、化工、建材和冶金等国民经济多个重要领域。2015 年，郑商所累计成交 10.7 亿手，比上年增长 58.3%，成交金额 31 万亿元，增长 33.3%，日均持仓量 272.8 万手，增长 10.9%，成交量、日均持仓量均创郑商所历史最好水平。

郑商所注重加强对外交流与合作。1995 年 6 月加入国际期权（期货）市场协会。2012 年 10 月加入世界交易所联合会。先后与美国芝加哥期权交易所、芝加哥商业交易所、纽约 - 泛欧交易所集团、印度多商品交易所、尼日利亚证券与商品交易所、香港交易及结算所有限公司、墨西哥衍生品交易所、泰国农产品期货交易所、加拿大多伦多蒙特利尔交易所集团、新加坡交易所等多家期货交易所签订了友好合作协议，定期交换市场信息，进一步扩大了郑商所在国际上的影响力。

面向未来，郑商所将牢牢把握服务实体经济根本要求，深化市场服务，加强一线监管，充分发挥期货市场功能作用，不断增强服务实体经济能力，努力将郑商所建设成为在国内和国际市场上具有重要地位和影响力的期货交易所。

（二）2015 年郑州商品交易所工作概况

2015 年，在中国证监会正确领导下，郑商所认真贯彻党的十八大和十八届三中、四中、五中全会精神，全面落实年初证券期货监管工作会议部署，牢牢把握服务实体经济根本要求，积极适应经济发展新常态，持续推进市场监管转型，全力深化市场服务，各项工作均取得明显成效。2015 年累计成交 10.7 亿手，比上年增长 58.3%，成交金额 31 万亿元，增长 33.3%，日均持仓量 272.8 万手，增长 10.9%，成交量、日均持仓量均创郑商所历史最好水平；投资者结构显著改善，期现价格相关性明显提升，套期保值申请与审批量大幅增加，市场运行质量明显提升。

1. 持续推进一线监管转型，加强事中事后监管

适应实体企业需求，放松企业参与管制。郑商所将非期货公司会员和客户限仓梯度由四级减少为三级，降低实体企业持仓调整频率，整体下调交割月前一个月下旬保证金标准至 10%，将棉花等品种交割月保证金标准由 30% 下调为 20%，放宽菜籽粕等 5 个品种一般月份及交割月份限仓标准，将监管备案类事项由 18 项精简至 4 项，减少企业参与限制，降低企业参与成本，便利企业利用期货市场套期保值。

加强事中事后监管，探索建立监管新机制。事中监管，突出对重点品种、重点对象的监管，强化定期风险排查，加强实控组认定和管理。事后监管，加大处分力度。2015 年郑商所共处理违规交易案件 60 起，对 101 名当事人分别给予纪律处分。加强事中、事后监管衔接，完善查审分离工作机制，规范监管工作运行。完善监管工作机制，建立郑商所套期保值审核委员会和纪律处分委员会，提升监管工作的规范化、专业化水平。加强监管协作，在中国证监会稽查局指挥下，联合证监会广东局对甲醇 1501 合约涉嫌操纵市场案件进行调查，目前中国证监会已对当事人作出处罚。

2. 做精做细已上市品种，法人企业参与度明显提升

持续优化合约规则，方便产业企业利用期货市场。统一非期货公司会员和客户限仓标准，延长套保额度申请及使用截止日期，将动力煤期货合约由 200 吨/手调整为 100 吨/手，增加菜籽油等 3 个品种的夜盘交易，完善强麦扦样和检验制度，健全新疆棉花中转交割机制，降低交易交割成本，减少参与限制，便利企业参与。

持续开展“三业”活动，共同服务实体经济。2015 年，郑商所共支持 102 家会员及相关单位举办“三业”活动 559 场次，培训企业 21 244 家次，培训人员 40 323 人次。通过开展“三业”活动，调动了会员服务实体经济积极性。

加强模式推广与市场宣传，引导更多企业利用郑州期货市场。新评选“点基地”23 家，加强对郑州期货市场典型企业的总结与宣传。举办“第五届期货服务实体经济 30 人论坛”、“郑州农产品（白糖）期货论坛”等，为期货现货搭建沟通交流平台，促进期货现货更好融合发展。

加强与地方政府、银行等金融机构合作，探索期货市场服务实体经济新路径。

与内蒙古、新疆和广西政府签署战略合作备忘录，共同开展产业企业培训，提高产业企业对期货市场认识和利用期货市场水平。与农发行等11家银行联合举办12场服务实体企业论坛，为银、期、企三方提供对接平台，推广现货企业利用郑州期货市场套期保值的模式。

3. 加强交割仓库管理，提高交割仓库管理水平

完善交割制度机制，加强交割仓库管理。修订《郑商所指定交割仓库管理办法》等24项工作制度，建立健全以交割商品数量及质量安全为导向的交割仓库自律监管标准、制度和流程。综合评估各品种指定交割仓库风险状况，按照评估结果实行差异化监管。建立交割仓库资格审核和管理委员会，制定工作办法，把好交割仓库设置关。

优化交割仓库布局，便利产业企业交割。郑商所2015年增设或启用交割仓库37家，取消和暂停交割仓库32家，优化了PTA等9个品种的交割仓库布局，满足新常态下实体经济交割需求。

探索交割管理创新，研究规避交割货物相关风险新方法。探索仓单保险创新，在传统财产险基础上增加交割仓库信用责任险、法律诉讼险，为仓单财产安全增添新的防火墙。

4. 加强技术工作，交易系统性能全面提高

规范运维管理，保障系统安全稳定运行。修订12类21个运维操作流程，提高运维的规范化程度。建立技术监控运行定期审核机制，开发会员席位行为监控系统，及时发现系统异常，提高系统安全性。把郑商所至上海的三所联网线路升级为155M，消除了9点开盘阶段至上海方向的网络瞬时拥塞的问题，提高系统的稳定性。

上线五期交易系统，全面提升系统性能。五期交易系统于2015年9月8日顺利上线，订单处理峰值超过23 000笔/秒，平均订单处理时延由10毫秒大幅降至400微秒，系统性能大幅提升。同时，改进五期交易系统技术监控，增强异常行为发现能力，有效提升了系统的“健壮性”和稳定性。

5. 积极加强新产品、新工具研发，期权试点准备工作就绪

研发上市新品种，拓展服务实体经济广度。棉纱期货上市前准备工作已经完成。乙二醇、尿素、短纤、水泥、花生（油）、动力煤运力期货、易盛农产品价格指数期货合约规则设计基本完成。生丝、肉类等期货研发正在有序推进。

推进农产品期权试点，为市场提供更多风险管理工具。完成新的期权结算价系统、做市商业务管理系统等交易系统的优化设计、开发测试及系统上线。深入开展投资者教育，举办投资者期权仿真交易，培训投资者上万名。引入做市商参与期权仿真交易，加强做市商培育。目前，期权上市准备已经完成。

积极推进场外市场建设，满足企业多样化风险管理需求和融资需求。根据实体企业的需求，郑商所设计了仓单交易业务技术方案，起草了《郑州商品交易所仓单交易管理办法》，并进行了仓单综合业务平台的开发测试。

6. 不断加强国际交流与合作，稳步推进对外开放步伐

2015 年 5 月，郑州商品交易所与新加坡交易所股份有限公司在新加坡签署了《谅解备忘录》。根据备忘录，双方将在商品衍生品研发、联合举办活动、信息共享、员工培训以及会员和投资者教育等方面进行更多的合作。

三、大连商品交易所工作概况

（一）大连商品交易所简介

大连商品交易所（简称大商所）成立于 1993 年，是经国务院批准并由中国证监会监督管理的四家期货交易所之一，也是中国东北地区唯一一家期货交易所。目前上市交易的有玉米、玉米淀粉、黄大豆 1 号、黄大豆 2 号、豆粕、豆油、棕榈油、鸡蛋、纤维板、胶合板、线型低密度聚乙烯、聚氯乙烯、聚丙烯、焦炭、焦煤和铁矿石共计 16 个期货品种，并推出了棕榈油、豆粕、豆油、黄大豆 1 号、黄大豆 2 号、焦炭、焦煤、铁矿石 8 个期货品种的夜盘交易。

成立 23 年来，大商所规范运营、稳步发展，已成为全球最大的油脂、塑料、煤炭、铁矿石期货市场和第二大农产品期货市场、我国重要的期货交易中心。截至 2015 年底，大商所共有会员 168 家，投资者开户 237 万个。2015 年，大商所市场规模保持较快增长，累计成交量 11. 16 亿手、日均持仓量 492. 40 万手、累计成交额 41. 94 万亿元，分别占国内期货市场的 31%、45% 和 8%。根据美国期货业协会（FIA）统计，2015 年大商所交易量在全球排第 8 位，较 2014 年前进两位，创我国交易所历史排名新高。

2015 年，大商所紧紧抓住我国金融业新一轮改革开放重要机遇，以农产品期权上市、铁矿石期货国际化和场外市场建设为抓手，确定并实施了由单一、封闭的商品期货交易所向多元、开放的综合性衍生品交易所转型的发展战略，各项工作取得了积极进展，进一步提高了服务实体经济的广度和深度，也为东北地区振兴做出了积极贡献。

经过多年发展，大商所期货品种价格已成为相关品种国内市场的权威价格，相关企业经营的价格“指南针”和“避风港”，并为国家宏观调控提供了有效的价格参考。近年来，大商所不断加大服务“三农”力度，在前期探索基础上，2014 年成功开展了“永安云天化”、“新湖瑞丰”和“浙商订单保险”3 个“场外期权服务‘三农’”试点项目。2015 年大商所又进一步拓宽试点范围，开展了 12 个场外期权试点，特别是联合相关保险公司、期货公司、涉农企业，推出了国内首单基于大商所期货价格的玉米、鸡蛋价格保险，成功探索出“保险 + 期货”模式，为解决国家粮食补贴问题寻求新的方式和途径，受到党中央、国务院的高度重视，被写入 2016 年中央一号文件。

（二）2015 年大连商品交易所工作概况

2015 年，大商所以服务实体经济发展为根本宗旨，以稳定运行为前提，以市场化、法治化、国际化为方向，以农产品期权上市、铁矿石期货国际化、场外市场建设为重点，坚持改革创新，强化市场服务，严抓内部管理，各项工作顺利推进，实现了平稳较快发展，加快推动交易所向多元、开放的综合性衍生品交易所转型。

1. 以市场化手段稳妥应对冲击，全面做好一线监管和风险防范，确保市场安全平稳运行，有力配合资本市场稳定大局

针对 2015 年夏季股市波动对商品市场形成的冲击，大商所采取了一系列风险防控措施，以市场手段稳妥地应对了铁矿石期货连续三天跌停引发的潜在风险，得到了市场的广泛认可。

2015 年，大商所在交割量同比增加 115%、市场风险加大的情况下，加强了风险监测、研判和处置，成功化解了玉米、胶合板、豆一、鸡蛋、焦煤、聚丙烯、铁矿石等品种 1501、1505、1509 合约的潜在风险，特别是针对玉米 1509 合约，先后安排 96 人次开展 24 小时全天候检查，实现 36 万吨期货玉米的平稳交割；针对聚丙烯品种，大商所认真落实证监会相关要求，通过多种手段有效抑制交易过热，同时加强舆论引导，市场实现了平稳运行。

加强合规监管，加大违规查处力度，全年共查处对敲、影响价格、盗码等违规行为 157 起，处理异常交易 305 起，处分违规客户 250 名，特别是协助证监会稽查局查办了聚氯乙烯 1501 合约、胶合板 1502 合约操纵等期货市场大案要案，切实保护了投资者合法权益。另外，大商所通过强化技术和日常业务的运维管理，系统连续 14 年保持平稳运行。

2. 农产品期权、铁矿石国际化和场外市场建设获实质性进展，为向多元、开放、综合性衍生品交易所转型做好全面战略布局

2015 年，大商所的农产品期权、铁矿石国际化和场外市场建设等各项工作全面推进。

在农产品期权方面，着力开展了期权规则完善、技术系统测试、全市场业务联网测试、做市商仿真交易测试、多层次市场培训等工作，期权生产系统已正式上线。按照证监会统一部署，目前各项准备工作基本就绪。

在铁矿石期货国际化方面，铁矿石期货国际化方案已经完成，相关工作原则、方法和路径进一步明确，目前正在向市场征求意见；相关规则制度制订或修订工作已经完成；市场推介工作已陆续开展；相关技术系统建设已经启动。作为国际化的重要一环，铁矿石保税交割业务已获证监会批准开展，暂免征收增值税的政策也已由财政部和国税总局联合发布，相关业务准备工作基本就绪，铁矿石保税交割将在 1606 合约上开展试点。

同时，大商所加强与“一带一路”沿线交易所合作，积极服务于国家战略，2015 年与伊斯坦布尔交易所签署合作谅解备忘录，这也使大商所与“一带一路”沿线交易所签署合作备忘录的数量增至 8 个，基本覆盖了这一区域重要的衍生品市场。特别是自 2006 年起，与马来西亚交易所连续十年联合举办国际油脂油料大会，国际影响力日益增大，成为内地交易所与境外交易所合作的一个比较成功的范例；并与马来西亚交易所签署了关于深化产品研发合作的协议。另外，大商所积极开展对外宣传，加强国际交流与合作。7 次在境外产业大会、FIA 年会、农业博览会等国际会议上设置展台，宣传大商所期货市场；两次赴新加坡和中国香港宣传铁矿石期货并征求市场意见，积极培育海外市场潜在机构客户；2015 年已申请成为国际互换与

衍生品协会（ISDA）的会员，加快推进我所场外市场建设。

在场外市场建设方面，扩大仓单串换业务试点，推动集团交割，初步搭建了油脂油料现货报价系统，开展了 PVC 期现仓单转换，初步搭建了场外市场综合服务平台，探索进行了 12 个场外期权试点。特别是联合相关保险公司、期货公司、涉农企业，探索创新服务“三农”新模式，推出了国内首单基于期货价格的玉米、鸡蛋价格保险，进一步深化了农产品价格保险体系，为解决国家粮食补贴问题寻求新的方式和途径，受到党中央、国务院的高度重视，被写入中央一号文件。

3. 大力推进各项改革创新，改进完善合约规则制度，夯实市场基础

积极推进新品种开发和老品种维护，在做好全脂乳粉、乙二醇等新品种立项准备的同时，完成了 20 余个新品种储备研究；根据已上市期货品种现货市场变化，及时完善了胶合板、纤维板、鸡蛋合约规则，推动焦煤、焦炭、PVC 等品种进行制度创新，修改交割违约处理办法并落地实施，对限仓制度、强制减仓制度、套期保值制度进行完善，完成“业务通则 + 合约分则”的体系重构优化方案。另外，在深入调研基础上，优化调整了夜盘交易时间，充分满足市场需求。

4. 加大市场培育力度，改进完善投资者结构

2015 年大商所尤其注重机构客户培育，持续加大银期合作和保期合作力度，与平安银行、中国人保财险公司、浙江省金融办签署了战略合作协议，推动更多机构客户和产业企业参与大商所市场，截至 2015 年年底，存管银行总数增至 13 家，1 683 只机构类资管产品参与交易。扎实推进各项市场服务工作，积极拓展产业大会、产业链培训等产业服务，针对机构客户开展产业调研和培训交流，注重期货人才培养。加强在国际市场上的宣传推广力度，2015 年在各种国际会议、展会上的宣传次数，比以往五年的总和还要多；同时，境外交易者对大商所市场的关注度明显提升，2015 年大商所英文网站访问量较 2014 年增长了 123%。

5. 加强技术系统建设，提升技术保障能力

为发挥技术的保障和引领作用，大商所全面推进 7 期交易系统开发和 6.4 期系统的优化升级，完善了“两地三中心”灾备体系。加强系统运行监控，做好日常各项运维工作，主备中心各系统实现安全稳定运行，无重大事故发生。

创新业务系统开发取得积极进展。在期权系统方面，完成了全面测试、仿真交易、做市商报价管理系统开发、期权查询系统开发等，目前期权系统已经上线；在铁矿石期货国际化方面，所内端系统开发已经完成；在场外市场方面，目前场外市场综合服务平台（仓单回购）建设系统一期已经试运行。

大商所行业测试中心正式挂牌成立，成为中国证监会认可的行业内首家测试中心。目前，中心各项业务已全面开展，在证券、期货、基金业知名度和信誉度不断提高。

总体来看，2015 年在中国证监会党委的正确领导下，在系统内相关单位的大力支持下，大商所各项工作取得了较好的成效，市场获得了新的发展。一是市场发展规模取得历史性突破。2015 年大商所成交量、成交额、日均持仓分别达到 11.16 亿手、41.94 万亿元和 492.40 万手，同比分别增长 45.05%、1.06% 和 14.51%，成交

量和日均持仓均在国内市场中排名第一，成交量在国际期货交易所的排名实现历史性突破。二是市场运行质量获得实质性提升。2015 年大商所法人成交占比较 2014 年增加 2 个百分点，日均持仓占比增加 7 个百分点，资管、特法客户同比分别增长 168% 和 248%，二者成交在全所占比达到 20%，投资者结构得到进一步改善。2015 年大商所品种期现货价格到期收敛情况进一步改善，临近交割月持仓规模持续扩大，近月合约开始逐步活跃，市场结构不断优化。三是功能发挥情况得到全方位深化。铁矿石等典型品种期货价格已经对现货定价格局产生了影响。大商所期货品种为现货企业提供了有效的避险工具，目前 90% 以上大型油脂油料企业、85% 以上的棕榈油进口企业参与大商所期货交易。70% 的棕榈油、50% 的豆粕和 40% 的豆油等现货贸易均已采用大商所期货价格进行基差定价，企业的传统贸易方式得以改变。

四、中国金融期货交易所工作概况

（一）中国金融期货交易所简介

中国金融期货交易所（简称中金所）是经国务院同意，中国证监会批准设立的，专门从事金融期货、期权等金融衍生品交易与结算的公司制交易所。中金所由上海期货交易所、郑州商品交易所、大连商品交易所、上海证券交易所和深圳证券交易所共同发起，于 2006 年 9 月 8 日在上海正式挂牌成立。成立中金所，发展金融期货，对于深化金融市场改革，完善金融市场体系，发挥金融市场功能，适应经济新常态，具有重要的战略意义。

中金所以服务实体经济需要，服务多层次资本市场体系建设为宗旨，通过向市场提供安全、高效、完善的金融衍生产品及服务，促进金融风险合理转移与配置，提升金融市场效率，促进社会经济繁荣。

中金所的主要职能是：组织安排金融期货等金融衍生品上市交易、结算和交割，制订业务管理规则，实施自律管理，发布市场交易信息，提供技术、场所、设施服务，以及中国证监会许可的其他职能。

中金所按照“高标准、稳起步”的原则，积极推动金融期货新品种的上市，努力完善权益、利率、外汇三条产品线，满足参与者多样化风险管理需求。采取全电子化交易方式，以高效安全的技术系统为强大后盾，在借鉴国内外交易所先进技术成果和设计理念的基础上，建立了一个结构合理、功能完善、运行稳定的金融期货交易运行平台。

中金所实行会员分级结算制度，会员分为结算会员和交易会员。结算会员按照业务范围分为交易结算会员、全面结算会员和特别结算会员。实行会员分级结算制度，形成多层次风险控制体系，保障市场安全运行。

中金所建立了投资者适当性、跨市场协调监管、异常交易监控等一系列制度，维护金融市场正常秩序，维护市场公开、公平、公正，维护投资者特别是中小投资者合法权益，牢牢守住不发生系统性风险的底线。

中金所稳步扩大金融期货市场对外开放程度，积极加入国际期货行业组织，与境外主要交易所签订合作谅解备忘录，坐实信息共享与互换、人员培训、业务学习、产品开发等合作内容，满足境内外投资者的跨境交易需求。

（二）2015 年中国金融期货交易所工作概况

一年来，中金所深入贯彻年初全国证券期货监管工作会议精神，以满足实体经济风险管理需求为导向，有序推进新产品上市，全面加强市场风险应对处置，切实维护市场安全运行，稳步推进交易所各项工作。

1. 有序推进新产品上市，促进市场功能发挥

丰富期货及衍生品市场品种体系，上市 3 个金融期货新品种，有序推进其他新产品筹备。一是 3 月 20 日上市 10 年期国债期货，开局良好，市场参与理性，成交持仓结构合理，期现货走势一致，市场功能得到初步发挥，对完善反映市场供求关系的国债收益率曲线、促进债券市场发展具有积极意义。2015 年国债期货成交 608.75 万手，成交金额 6.01 万亿元，其中 5 年期国债期货成交 440.36 万手，成交金额 4.36 万亿元；10 年期国债期货成交 168.39 万手，成交金额 1.65 万亿元。二是 4 月 16 日上市上证 50、中证 500 股指期货。2015 年股指期货成交 3.34 亿手，成交金额 411.75 万亿元，其中，沪深 300 股指期货成交 2.77 亿手，成交金额 341.91 万亿元；上证 50 股指期货成交 0.35 亿手，成交金额 30.69 万亿元；中证 500 股指期货成交 0.22 亿手，成交金额 39.15 万亿元。三是完成沪深 300 股指期权上市各项准备并上报试点申请，推进做市商业务准备与策略组合保证金制度实施。四是推进外汇期货市场建设，加强政策研究，广泛调研了解市场需求，推动相关产品上市基础工作。五是做好利率类期货及后续股指期货产品研发储备。

2. 全力应对市场异常波动，促进市场稳定运行

2015 年 6 月至 8 月间股票市场和股指期货市场出现剧烈波动。中金所采取一系列严格管控措施稳定市场。经五轮调整，将单个品种日内开仓量限制下调至 10 手，将非套保持仓、套保持仓交易保证金标准由 10% 分别提高至 40% 和 20%，将平今仓交易手续费标准提高至万分之二十三，并采取实施差异化收费、提高异常交易监管标准、规范长期未交易账户管理、严格套保期现匹配核查、禁止违规配资业务等措施。9 月 7 日至 12 月底，股指期货日均成交 3.75 万手，日均持仓 7.45 万手，成交持仓比下降到 0.50。此外，针对近期国债期货市场成交持仓较快增长趋势，11 月 20 日出台了收取 5 年期国债期货平今仓手续费等措施，进一步加强国债期货市场风险防范。

3. 完善规则制度建设，夯实市场长期发展基础

围绕证券期货监管工作会议关于“继续优化期货交易、结算、限仓等基础制度”等工作安排，结合市场监管与发展需求，积极推动证券期货市场基础性制度建设，审慎稳妥实施业务创新和规则优化，夯实市场长期健康发展基石。一是按照“降本增效”原则实施业务创新，在国债期货试点国债作为期货保证金制度，丰富交易指令，实施国债期货跨品种大边保证金业务，完善投资组合保证金业务实施方案，完成国债期货大宗交易业务仿真上线准备，持续推进《金融市场基础设施原则》评估与落实工作。二是深入参与证券期货市场法治建设，积极配合期货立法和

证券修法，对各类法律法规、部门规章广泛研提完善建议。

4. 加强国际交流合作，稳步推进对外开放

中金所国际化发展战略有序推进，国际交流与合作进一步加强。一是积极落实中德高级别财金对话成果，与上海证券交易所、德意志交易所集团共同筹备成立了中欧国际交易所。2015 年 10 月 29 日中德两国总理共同见证了“中欧国际交易所”合资公司协议签署，首批产品已于 2015 年 11 月 18 日在法兰克福挂牌交易。中欧国际交易所定位于在欧洲打造离岸人民币证券交易与定价中心，满足国际投资者对人民币的投融资需求，是境内资本市场在境外的重要延伸和补充。二是正式成为国际期货业协会（FIA）附属会员，完善了与三大国际行业组织［世界交易所联合会（WFE）、国际证监会组织（IOSCO）、国际期货业协会（FIA）］的日常沟通机制，积极参与各类重要活动，提升了国际影响力。三是进一步发展与境外交易所的友好关系，与莫斯科交易所签署谅解备忘录，与韩国交易所建立了联合工作委员会机制；同时，积极推动行情数据、技术开发、人员交流等方面的项目合作，研究探索交易所之间的跨境产品业务合作模式。

5. 坚持技术系统优先发展，提升交易所安全运维保障

一是持续保障系统安全稳定运行与新产品新业务上线支持，实现技术系统全年“零事故”。二是继续推动新一代系统建设，完成业务系统单系统上线准备及交易所管理系统验收测试。三是加快推进上海卡园自有数据中心建设。完成大连异地灾备数据中心机房、主机、网络、链路等主体建设。承建证券期货业信息技术测试中心并正式挂牌。四是有序开展市场化技术服务，完成清算核心与部分开发商柜台系统对接，完成“一线通”平台证联网切换，初步实现“飞马”平台支持国内期现货市场主要业务。五是深入开展技术发展趋势研究，探索短中长期各阶段交易所技术系统规划。

6. 加强研究与投资者教育，优化市场发展环境

一是结合现货市场、国际市场最新发展动向，深化金融期货产品功能评估、定量分析等工作，加强产学研融合，为金融期货发展和市场投教宣传提供理论支持。二是巩固老品牌与开辟新模式相结合，扎实推进会员合作培训、行业协会培训、“中金所杯”大学生金融及衍生品知识竞赛、“周周开讲”业务专题培训等拳头投教项目。2015 年全年，累计支持 112 家会员在全国 190 个城市举办 1 270 多场逾 13 万参培人次的投资者教育活动。举办第三届“中金所杯”大学生金融及衍生品知识竞赛，吸引境内外千余高校 2.3 万名大学生参与。三是运用“互联网思维”拓宽宣教阵地，成立中金所期货期权学院并推进以学院网站为核心的网教平台建设，不断优化官方微博微信平台发布机制与宣传形式，与证监会新闻办联合开展“网民走进中金所”活动。

第三节　期货市场监控中心工作概况

一、中国期货市场监控中心简介

（一）单位性质及组织结构

中国期货市场监控中心（原名中国期货保证金监控中心，以下简称监控中心）是经国务院同意，中国证监会决定设立，于2006年3月成立的非营利性公司制法人。其股东单位包括上海期货交易所（占股35%）、中国金融期货交易所（占股35%）、郑州商品交易所（占股15%）及大连商品交易所（占股15%），注册资本13.65亿元。

2013年11月之前，监控中心实行管委会管理体系，管委会委员由会人事教育部、期货监管部、各期货交易所及监控中心相关领导人员组成。2013年11月，监控中心正式成立董事会，取消管委会，治理结构进一步完善。2015年4月，经中国证监会批准，监控中心正式由“中国期货保证金监控中心”更名为“中国期货市场监控中心”。监控中心目前设置了9个部门，包括综合部（党委办公室）、纪检办、客户管理部、资金监控部、市场监控部、分析研究部、信息规划部、基金财务部和技术部。

（二）职能职责情况

根据中国证监会多次授权，监控中心业务范围已涉及期货市场发展与监管辅助工作的若干环节，并已成为中国证监会监管期货市场的重要抓手，形成了从投资者进入到退出期货市场全过程的监管服务、市场服务和投资者保护体系。

1. 统一开户

2009年8月，期货市场统一开户系统全面建成。监控中心统一开户系统，通过向全国公民身份查询服务系统（公安部）和全国组织机构代码中心查询系统（质检总局）分别对个人和机构进行实名制验证，有效实现了开户实名制和一户一码，确保了客户信息真实、准确和完整。

2. 保证金监控

2006年保证金监控系统正式上线后，对期货公司结算数据、交易所结算数据、存管银行保证金账户数据进行三方核验，建立了一套保证金监控、预警及处置机制。同时，通过建立投资者查询系统，为客户提供权益查询服务，建立了客户的监督核对机制。

3. 市场监测监控

依托市场监测监控系统，监控中心对市场运行情况、异常交易行为、违法违规行为、系统性风险进行监测、预警和分析，发挥“电子眼”作用，有效防范了结算风险和价格操纵风险。

4. 商品指数编制

监控中心形成了商品综合、商品期货、农产品和工业品期货系列指数等4大综合指数及 13 个子指数，并运用商品指数预测 CPI、PPI 等关键经济指标，取得了良好效果，为国家宏观部门研判宏观经济形势提供了有力支持。

5. 宏观和产业分析研究

监控中心成立以来，建立了宏观产业数据库，汇集了国内外宏观、期货、现货数据，并撰写了数百篇宏观及产业分析研究报告，涉及宏观经济、产业运行、市场监管、交易制度等领域，为中央决策部门以及监管部门研判形势提供支持。

6. 保障基金管理与风险处置

2007 年 8 月，经国务院同意，中国证监会、财政部按照“取之于市场、用之于市场，不使用财政资金”的原则，批准设立了期货投资者保障基金，同时，中国证监会、财政部共同指定由监控中心代管。保障基金成立后，先后完成四川嘉陵期货和黑龙江北亚期货公司的风险处置工作，为保护投资者合法权益，维护社会稳定发挥了重要作用。

二、2015 年中国期货市场监控中心工作概况

2015 年是中国期货市场监控中心发生诸多变化的一年，也是在变化中不断前行的一年。4 月，经中国证监会批准，中国期货保证金监控中心正式更名为中国期货市场监控中心，之后经中国证监会授权，监控中心承担期货经营机构运行监测、数据统计及研究分析等职能。

（一）积极参与应对股市异常波动，持续监测分析并防范期货市场系统性风险，不断改进市场监控和数据统计工作，较好地发挥了服务和支持监管的作用

2005 年 6 月中旬以后，股市出现异常波动，受其影响，商品期货市场多个品种也出现连续跌停现象。在此过程中，监控中心发挥期货市场数据集中优势、切实履行服务和支持监管职责，积极参与应对股市异常波动，对期货市场运行状况持续进行监测监控和统计分析，为决策层提供了大量的数据支持和政策建议。一是持续进行市场压力测试和市场深度的结构分析，针对不同的市场行情对全期货市场、特定交易所、特定期货公司进行穿仓、透支压力测试，全面排查市场风险隐患；二是参与重大政策和决策的研究论证，及时评估政策措施的实施效果；三是配合公安和稽查对重大案件的查办工作，提供数据支持，参与案情分析；四是结合监测监控实践，参与中国证监会关于程序化交易、新型市场操纵行为认定、期货交易行为监督管理等办法的制定工作。

（二）认真履行统一开户、资金监控、市场监控、机构监控和风险处置等职能，支持期货市场监管转型，强化事中事后监管

一是做好统一开户工作。严格落实期货市场实名制，做好投资者适当性制度资金核查、市场禁入者名单维护等常规工作，客户信息不断规范。

二是做好资金监控工作。确保了投资者资金安全，2015 年未发生挪保等风险事件。针对市场出现的新问题，主动研究，摸清事实，减少因技术问题导致的不必要预警。

三是做好市场运行监测监控工作。在市场结构分析的基础上，深入分析私募基

金、程序化交易者特别是外资背景程序化客户等市场重要参与群体的交易行为特征；同时，根据舆情监控，捕捉市场热点，及时排查风险隐患。

四是根据中国证监会授权，开展期货经营机构运行监测、数据统计及研究分析工作。按会机构部统一安排，稳步推进FISS系统改造，即将上线运行，参与制定《期货经营机构事中事后监管协作规程》，有效衔接机构监控与市场监控系统功能，发挥协同效应。

五是管好用好期货投资者保障基金，推进嘉陵期货、北亚期货风险处置收尾工作；就《期货投资者保障基金管理暂行办法》修订事宜，会同中国证监会期货部等会内部门与财政部金融司进行沟通并达成共识；积极争取延续保障基金税收优惠政策。

此外，还配合期货法立法调研，积极参与全国人大财经委、中国证监会“中国期货市场对经济影响”专项研究，通过监控中心期货市场投资者调查平台组织了专项调查，并派人参加课题组，参与起草课题研究报告。

（三）支持期货市场创新，建设互联网开户云平台，不断完善开户规则，升级开户和监控系统，全面提升服务市场能力

一是适应互联网金融深入发展的形势，完成互联网开户云平台建设工作。7月10日，期货互联网开户云平台正式上线试运行。12月18日，手机端上线试运行。该平台能有效落实投资者身份识别、投资者适当性制度和期货交易风险揭示等监管要求，保证开户流程的统一性以及审核的规范性。同时，该平台在行业内率先引入互联网云服务模式，在降低行业成本、助力期货公司拓展业务空间、支持期货公司业务创新、方便投资者开户等方面发挥了积极作用。随着互联网开户业务的发展，我中心根据实际情况不断完善互联网开户业务规则和配套措施，做好平台运行维护及相关市场服务工作，切实满足了期货市场互联网开户的需要。2015年，共有145家期货公司的10.8万个自然人投资者通过开户云成功开户，占同期全部开户自然人投资者的44.6%。

二是满足特殊单位客户、期货公司资产管理业务、原油期货等市场创新的开户需要。不断完善开户规则，同时，结合修订发布的《期货公司资产管理业务统一开户操作指引》、《特殊单位客户统一开户业务操作指引》，以及已多次征求意见的《境外交易者统一开户业务操作规则》，相应升级改造统一开户系统。

三是配合股票期权推出，完善股票期权保证金监控方案，改造监控系统，做好期货公司参与股票期权及证券现货交易的资金安全监控工作。

四是配合原油期货上市筹备，及时调整监控方案，积极参与能源交易中心全市场测试，努力做好原油期货上市保证金安全监控各项准备工作。

五是充分发挥期货市场调查平台作用，为市场提供调查服务。2015年除配合会期货部、机构部各完成1次期货投资者专项调查外，先后组织开展6次热点调查，涉及夜盘交易、交易所交易规则变更、期货公司品牌形象、客户账单查询等内容。

（四）发挥数据中心优势，加强数据的深度挖掘和分析研究，深化市场运行质量评估，有效提升数据治理和管理水平

随着各项业务不断拓展，各类数据大量积累，监控中心充分发挥期货市场数据

集中优势，对各类数据汇总加工、深度挖掘，加强分析研究和数据治理、管理能力，为监管决策提供了有力支持。

一是汇集国内外的宏观、产业、期货、现货等数据，坚持期现结合分析，研判宏观经济及产业运行情况，并提出政策建议。2015 年先后对我国金融脱媒、原油运行周期规律、通货紧缩趋势、债务问题、产业过剩、人民币汇率、国际国内货币政策、国际资本流动冲击、我国金融战略应如何应对等多方面问题进行了专题研究。

二是密切关注各交易所规则制度的变化，对规则制度变化的市场效果进行分析评估。6 月之前，针对交易所部分品种调整合约参数、调整交易时间、扩大限仓、降低交易手续费、调整交易保证金等规则制度修改的运行效果进行了评估总结。6 月中旬以后，针对中金所采取的一系列抑制过度投机的措施，以及对三季度各交易所出台的一系列加强市场监管、抑制过度投机的措施的效果和影响进行了评估总结。

三是支持稽查办案。在实时监控中及时发现、报告违法违规行为的线索和风险隐患，为甲醇 1501 合约操纵案和胶合板 1502 合约操纵案等案件的调查取证工作提供全方位的数据支持，协助监管部门及时查处违法违规行为。

四是继续做好商品指数编制和维护工作。顺利完成商品期货指数的研发设计工作，于 5 月正式发布；同时，持续开展 CPI、PPI 等相关指标预测分析工作，以《月度物价形势预测与分析》报告形式，为国家宏观部门提供参考。

（五）立足长远，夯实技术保障基础，扎实做好各项信息技术管理工作，积极参与行业基础设施建设和标准化工作

一是结合业务发展需要和技术工作实际，制定了监控中心信息系统建设 5 年规划。二是加强内部运维管理，扩展 IT 监控范围，在原有网络监控和中间件监控的基础上，实现对主机、操作系统、数据库、数据同步软件和虚拟化平台的监控，提升了运维管理能力，三是加大信息系统漏洞扫描力度、提高渗透测试频率，制定《信息安全管理制度汇编》，夯实信息安全基础工作，将信息安全工作落到实处。同时，积极参与行业基础设施建设。参与行业标准化工作，作为牵头单位之一组织完成证券期货行业数据模型项目，并通过评审验收；建好用好证联网，作为主要承建管理单位之一，率先将包括期货市场统一开户系统在内的四大类重要业务系统全部接入证联网运行，使证联网真正开始在生产业务中发挥作用。

第四节　中国期货业协会工作概况

一、中国期货业协会简介

中国期货业协会（以下简称协会）成立于 2000 年 12 月 29 日，是根据《社会团体登记管理条例》设立的全国期货行业自律性组织，为非营利性的社会团体法人。协会的注册地和常设机构设在北京。协会接受中国证监会和国家社会团体登记

管理机关的业务指导和管理。

协会由期货公司等从事期货业务的会员、期货交易所特别会员和地方期货业协会联系会员组成。会员大会是协会的最高权力机构，每四年举行一次。理事会是会员大会闭会期间的协会常设权力机构，对会员大会负责，理事会每年至少召开一次会议。理事会由会员理事、特别会员理事和非会员理事组成。理事任期四年，可连选连任。理事会根据工作需要下设专业委员会，专业委员会为理事会议事机构，对理事会负责。

协会设会长一名，专职副会长若干名，兼职副会长若干名，秘书长一名，副秘书长若干名。会长、副会长和秘书长任期四年，可连选连任。协会实行会长负责制，会长为协会法定代表人。协会设会长办公会，由会长、专职副会长、秘书长、副秘书长以及会长指定的其他人员组成，在理事会闭会期间行使理事会授权的职责。目前，协会常设办事机构设办公室、党委办公室（纪检办）、会员部、培训部、投资者教育部、研究部、合规调查部、资格考试与认证部、信息技术部等九个部门。

协会宗旨是：在国家对期货业实行集中统一监督管理的前提下，进行期货业自律管理；发挥政府与期货行业间的桥梁和纽带作用，为会员服务，维护会员的合法权益；坚持期货市场的公开、公平、公正，维护期货业的正当竞争秩序，保护投资者利益，推动期货市场的健康稳定发展。

协会主要职能有：

（1）教育和组织会员及期货从业人员遵守期货法律法规和政策，制定行业自律性规则，建立健全期货业诚信评价制度，进行诚信监督。

（2）负责期货从业人员资格的认定、管理以及撤销工作，负责组织期货从业资格考试、期货公司高级管理人员资质测试及行政法规、中国证监会规范性文件授权的其他专业资格胜任能力考试。

（3）监督、检查会员和期货从业人员的执业行为，受理对会员和期货从业人员的举报、投诉并进行调查处理，对违反本章程及自律规则的会员和期货从业人员给予纪律惩戒；向中国证监会反映和报告会员和期货从业人员执业状况，为期货监管工作提供意见和建议。

（4）制定期货业行为准则、业务规范，参与开展行业资信评级，参与拟订与期货相关的行业和技术标准。

（5）受理客户与期货业务有关的投诉，对会员之间、会员与客户之间发生的纠纷进行调解。

（6）为会员服务，依法维护会员的合法权益，积极向中国证监会及国家有关部门反映会员在经营活动中的问题、建议和要求。

（7）制定并实施期货业人才发展战略，加强期货业人才队伍建设，对期货从业人员进行持续教育和业务培训，提高期货从业人员的业务技能和职业道德水平。

（8）设立专项基金，为期货业人才培养、投资者教育或其他特定事业提供资金支持。

（9）负责行业信息安全保障工作的自律性组织协调，提高行业信息安全保障和信息技术水平。

（10）收集、整理期货信息，开展会员间的业务交流，推动会员按现代金融企业要求完善法人治理结构和内控机制，促进业务创新，为会员创造更大市场空间和发展机会。

（11）组织会员对期货业的发展进行研究，参与有关期货业规范、发展的政策论证，对相关方针政策、法律法规提出建议。

（12）加强与新闻媒体的沟通与联系，广泛开展期货市场宣传和投资者教育，为行业发展创造良好的环境。

（13）表彰、奖励行业内有突出贡献的会员和个人，组织开展业务竞赛和文化活动，加强会员间沟通与交流，培育健康向上的行业文化。

（14）开展期货业的国际交流与合作，代表中国期货业加入国际组织，推动相关资质互认，对期货涉外业务进行自律性规范与管理。

（15）法律、行政法规规定以及中国证监会赋予的其他职责。

二、中国期货业协会 2015 年工作情况

2015 年是我国期货行业创新发展取得较大进展的一年，也是期货行业风险管理能力经受了严峻考验的一年。一年来，在民政部和中国证监会的关心指导下，在全体会员和理事的大力支持下，协会深入贯彻国务院《关于进一步促进资本市场健康发展的若干意见》，积极落实中国证监会《关于进一步推进期货经营机构创新发展的意见》（以下简称《创新意见》），紧紧围绕“一个中心、两条底线”开展了扎实有效的工作。

（一）围绕提升期货业服务实体经济的能力，深入推进落实《创新意见》，积极推动期货行业创新发展取得新突破

1. 深入推进风险管理业务

2015 年期货风险管理公司试点业务发展较快，合作套保、仓单服务、定价服务、场外期权等典型业务模式初步形成，在为实体企业提供套保方案、加强库存管理、盘活资金等方面提供了较为专业化的风险管理服务。为支持风险管理业务的开展，协会调研起草了《关于风险管理子公司开立二级账户有关问题的报告》，配合期货市场监控中心修订了《特殊单位客户统一开户业务操作指引》；组织开展风险管理业务专题培训和经验交流会；深入 10 余家风险管理公司进行调研，及时了解风险管理业务开展情况和存在的问题，总结形成了“基差贸易”创新贸易模式、“点价中心”服务中小企业、场外期权助力企业库存管理、远大物产和热联中邦业务模式研究等服务实体实体经济的成功案例，并面向证监会、媒体以及行业进行宣传，不断推动风险管理业务深入开展。

2. 积极推动期货资产管理业务

自 2014 年 12 月《期货公司资产管理业务管理规则（试行）》发布以来，期货公司资产管理业务稳步发展，主动管理能力有所提高，服务现货企业、机构客户的模式、策略更加多样化，期货市场服务实体经济的广度得到了拓展。为推动资产管

理业务开展，协会先后发布了《关于〈期货公司资产管理业务管理规则（试行）〉实施相关问题的说明》、《期货公司资产管理业务投资者适当性评估程序》等规则；围绕期货资管产品的登记备案、投资范围、外包业务等开展了深入研究，形成了《期货资产管理业务发展模式研究》、《关于期货公司为资产管理机构提供外包服务工作指引》等研究报告；组织开展了5次资管专题业务培训和3次业务座谈会，组织境外内专家、业内同仁围绕资管业务规则、合规要求、政策解读、产品设计等进行研讨交流。

3. 稳步推进场外衍生品业务

协会与证券、基金业协会联合发布了《中国证券期货市场场外衍生品交易商品定义文件（2015年版）》以及场外商品远期、互换、期权等交易确认书，进一步完善了主协议文件；研究起草了《期货经营机构场外衍生品业务规则》，开展了场外经纪业务和场外清算业务研究，研究场外衍生品业务开展过程中涉及的税收和商品价格源问题，形成了对欧盟、美国等地区和国家场外衍生品市场运作和监管的系列研究报告；支持期货公司自主发起设立中期联场外衍生品股份有限公司，建立机构间衍生品交易平台。

4. 探索推动跨境跨市业务

为提升期货经营机构跨市场服务能力，协会制定发布了《关于做好期货公司及其资管产品进入银行间债券市场备案工作的通知》，积极推动期货公司进入黄金市场、外汇市场以及其他合法大宗商品市场；加强与中证机构间私募产品报价与服务系统的沟通支持，积极推进期货公司开展期权做市、新三板做市等业务；组织召开了“期货行业与‘一带一路’战略研讨会”，积极参与资本市场支持上海自贸区发展的相关政策研究，起草制定原油期货相关政策与合同指引。

5. 研究推进期货业“互联网+”行动

为贯彻落实《国务院关于积极推进“互联网+”行动的指导意见》，协会启动了期货业“互联网+”行动，成立了互联网金融专业委员会，研究提出了《期货“互联网+”行动计划》（草稿），围绕互联网与期货各项业务融合开展了八项重点课题；同时，制定发布了《期货公司互联网开户规则》，正式启动了期货网上开户。截至12月底，共有145家期货公司上线互联网开户系统，申请网上开户超过了11万人，其中9.5万人开户成功。

6. 积极推动期货、现货行业的交流合作

协会牵头开展了“期货市场服务实体经济”专题调研，系统梳理了当前期货市场服务实体经济中存在的问题，研究提出了针对性的政策建议；开展了“期货服务上市公司”专项活动，在四川、河北、厦门等地开展了3期400余人参加的系列培训；举办了首期期货公司期现结合（锡）业务培训。

7. 支持期货公司充实资本

2015年，协会制定发布了《期货公司资本补充指引》和《期货公司次级债管理规则》，为期货公司通过发行上市、股东增资扩股、发行（借入）次级债等方式补充资本提供了政策支持。截至2015年12月31日，全行业共28家期货公司进行了各种形式的资本补充，资本补充总额 102.404 亿元，相当于全行业注册资本的约 19.5%。其中，H 股发行累计 2 家完成 15 亿港币，新三板挂牌累计 5 家完成 17.7 亿股，14 家公司发行 34.06 亿元次级债。

8. 认真评估期货创新业务

根据中国证监会统一部署，协会年初牵头落实的创新任务共 14 项，在落实过程中新增 6 项，调整 4 项。截至 12 月底，已完成相关工作 10 项，正在推进的工作有 6 项。期间，为鼓励期货经营机构加大自主创新力度，研究制定了《期货经营机构创新支持办法》，拟采取备案制形式推动期货经营机构探索新业务、新模式。

（二）围绕防范系统性区域性风险，进一步加强和改进自律管理，积极维护期货行业的健康稳定运行

1. 开展了自律规则的废改并立

根据国务院行政体制改革和中国证监会推进监管转型的有关要求，协会取消了合同审查、从业人员管理等 9 件事项，发布实施了资本补充指引、次级债指引、互联网开户规则等 8 件自律规则，基本完成了原油期货配套合同指引、程序化交易、外部接入系统评估、诚信评估、居间人管理、中介介绍业务、代销金融产品、信息技术外包、投资者适当性、协助打击非法期货、风险管理公司内部控制指引、信息技术指引、自律规则制定办法等近 20 件自律规则的起草、修订和征求意见工作，将择机提请理事会审议。

2. 积极应对市场异常波动

围绕 2015 年市场异常波动带来的新情况、新问题、新风险，协会加强了对期货经营机构业务情况的日常监测，及时统计分析和报送各类业务数据，为监管决策提供支持；及时提醒会员单位关注跨市场风险，督促会员采取有效措施贯彻落实监管部门、交易所发布的相关救市措施，维护资本市场发展大局；组织召开座谈会，听取部分会员单位对于“稳定市场、修复市场、建设市场”的意见建议，围绕股市异常波动进行深入反思，研究提出意见建议。

3. 初步建立事中事后自律管理机制

配合中国证监会 FISS 系统的改造，协会加强了对期货公司核心业务数据的需求分析、统计口径以及报送系统的梳理整合，将风险管理、资产管理业务纳入 FISS 系统统一监测；加强对期货公司的现场检查，组织开展了期货公司“两加强、两遏制”专项整治活动；研究制定《期货公司诚信评估方案》及指标体系；及时对期货公司、从业人员和风险管理公司进行自律处理；完善自律协作机制，着力建设涵盖全国和地方行业自律组织的互通、互动、全面的业务协作新机制。

（三）围绕保护投资者合法权益，创新投资者教育方式，进一步完善投资者保护的制度机制

1. 抓好投资者保护的制度建设

配合中国证监会参与了《证券期货市场投资者适当性管理办法》、《证券期货投资者投诉处理办法》、《证券期货纠纷调解指导意见》、《证券期货投资者教育指导意见》等四个办法的起草工作；研究开展了《期货经营机构投资者适当性管理规则》、

《期货行业协助打击非法期货活动工作指引》等自律规则的起草工作，为投资者保护提供制度保障。

2. 落实“公平在身边”专项活动

发布了期货行业“公平在身边”投资者保护专项活动工作方案，推动会员单位广泛开展宣传；制定防范和打击非法期货活动工作方案，招标开发了期货行业非法活动监测系统。

3. 加强投教平台建设

以申请首批中国证监会（国家级）互联网投教基地为契机，开发建设了互联网投教平台——期货投教网；开发移动端投教平台，建立微课堂等投资者学习平台；创建“火眼辨非法”、“投教也精彩”、“微板报”、“新书连载”等投教栏目。

4. 创新投教工作机制

整合行业资源，成立“期媒投教联盟”，建立起协会投教部、投教基金、投教委员会、期媒投教联盟“四位一体”的行业投教协作机制；引入“互联网 +”思维，探索利用新媒体开展投资者教育的方式方法。

（四）围绕优化期货业改革发展的内外部环境，进一步加强研究规划和培训交流，切实提升服务会员和行业发展的水平

1. 积极配合推动期货立法工作

积极配合参与和推动《期货法》立法进程，组织开展了期货经营机构、行业自律组织、期货纠纷处理等专题课题研究工作，为期货立法提供建议。

2. 研究拟定期货业发展规划

根据期货业创新发展新形势，协会在深入调研的基础上，研究制定了《中国期货业发展规划纲要（2016—2020）》，并根据国家《“十三五”规划纲要》进行了修改完善；加强对行业创新发展的前瞻性研究，完成了“第十期中期协联合研究计划”9 个重点课题的研究工作，内容涉及农业保险利用期货及衍生品市场对冲风险、风险管理公司经营风险、交易商制度、主经纪商制度等，为期货公司创新发展和服务实体经济提供理论支持。

3. 大力培养各类专业人才

2015 年年初，协会发布施行了《期货行业人才培养战略规划》，与境内外交易所、专业培训机构等加强合作，针对期货公司高管、创新业务专业人才，开展了现场、视频培训等专题培训；2015 年新推 15 门在线培训课程，进一步丰富了网络培训平台，累计课程量达到了 175 门，年内培训 110 148 人次、145 385 学时；进一步加强行业后备人才培养，改革从业人员考试制度。截至 12 月底，全国期货从业人员共计 50 068 人，其中期货公司从业人员 29 330 人，证券公司 IB 人员 20 738 名。

4. 持续推进行业信息技术建设

牵头证券、基金协会共同开展行业“三商”自律管理有关工作，研究制定了《中国期货业协会“三商”会员自律公约》、《期货行业“三商”服务质量评价工作办法》和《期货行业“三商”服务质量评价指标体系》，组织开展了试评工作；牵头主办了第五届证券期货科技奖励工作，正在组织开展项目初审；初步完成了《期

货公司信息技术管理指引》、《期货公司网上期货信息系统技术指引》等自律规则的修订工作。

5. 广泛开展行业交流与宣传

主办了“2015 中国（杭州）财富管理论坛”、“第九届中国期货分析师论坛”和“第十一届中国（深圳）国际期货大会”，推动境内外、业内外同仁围绕创新业务和行业热点开展深入的研讨交流；推动国际交流，先后和澳大利亚证券交易所、迪拜黄金及商品交易所、国际掉期与衍生工具协会签署了合作备忘录，目前协会已和全球 12 个国际组织签署了合作备忘录；协助会员参加了中德衍生品市场研讨会、港交所举办的“走进 LME”活动，向国际同行介绍行业及协会情况；加强行业宣传，编辑出版了《中国期货》、《中国期货业年度发展报告》和《中国期货业创新发展与风险管理研究》等书刊。

（五）围绕落实监管转型要求，进一步加强会员管理和自身建设

1. 拓展了会员范围

截至 2015 年底，共有会员 352 家，其中普通会员 281 家，特别会员 5 家，联系会员 66 家，会员类别涵盖了期货公司、证券公司、风险管理公司、期货私募基金、保证金存管银行、市场组织者、相关监管机构、信息技术“三商”及其他服务机构。

2. 完善了工作机制

2014 年以来，协会先后成立了 13 个专业委员会，2015 年又成立了互联网金融委员会，在调动行业力量、发挥专家智慧方面取得了初步成效。

第四部分

中国期货市场服务实体经济及履行社会责任情况

2015 年，期货行业深入贯彻落实国务院《关于进一步促进资本市场健康发展的若干意见》和中国证监会《关于进一步推进期货经营机构创新发展的意见》要求，紧紧围绕服务实体经济发展这一根本宗旨，加强政策引导，完善监管制度和自律规则体系，优化调整交易规则，稳妥推进产品创新，提高市场运行效率；加强协调沟通，充分发挥期货经营机构的专业优势和市场敏感性，以创新业务为手段，不断引导和帮助实体企业积极运用期货及衍生品工具进行定价和管理风险，在提升服务实体经济能力、促进资源有效配置、保护投资者权益、坚持诚信合规经营、促进就业和人才培养、依法纳税及社会公益慈善等方面积极履行社会责任，有效促进了行业的可持续发展。

第一节　交易所服务实体经济及履行社会责任情况

一、上海期货交易所服务实体经济及履行社会责任情况

（一）上市品种避险功能发挥

纵观 2015 年，全球经济在深度调整中曲折复苏，新兴市场面临经济减速、滞胀和资本流出压力。我国经济处于“调结构、转方式”的过渡期，外部环境负面因素较多，实体经济下行压力较大。受国际国内经济金融形势复杂多变影响，投资者避险需

求增长显著，参与套保套利交易的积极性不断提高，推动交易量大幅增长。但因产能过剩、需求不足等因素，全球大宗商品价格下跌明显，上期所个别品种已跌及成本线，14 个上市品种总体成交金额变化不大。品种的波动幅度较好地体现了国内外市场的变化趋势，合理反映出国内不同行业的基本情况。特别是有色金属、贵金属系列以及天然橡胶等国际化程度较高的品种，内外价格联动性不断增强，相关系数达到 0.85 以上，市场传导效率逐步提升，更为有效地满足了产业客户和金融机构的实际需求。

2015 年，上期所多数品种的套期保值效率稳步提高或基本稳定。其中，有色金属和贵金属的月度套期保值效率均超过了 84%，处于较高水平；特别是黄金、铜、铝、白银，其月度套期保值效率分别高达 97.60%、97.37%、96.66% 和 96.40%，表明期货市场能较好满足产业客户的套保需求。此外，螺纹钢 2015 年的月度套期保值效率为 35.05%，较 2014 年的 16.25% 显著提高。另外，于 2015 年 3 月推出的锡、镍期货，上市 9 个月以来期货现货相关性系数都处于较高水平，分别为 98.7% 和 99.04%。

（二）上市品种的产业参与程度

截止到 2015 年底，上期所客户总数为 109 万户，同比增长 30.1%。其中，单位客户数 2.8 万户（含 6 461 家特殊单位客户），同比增长 8.6%；378 家法人客户申请获批 2 879.3 万手套保交易头寸，同比增长 7%；37 家客户申请获批套利交易头寸。部分外资企业，特别是从事商品进出口贸易大型企业，通过在境内注册为法人公司的形式参与期货交易。单位客户参与交易量占我所总交易规模约 1/3。

锡、镍期货自 2015 年 3 月上市以来，法人客户参与交易的积极性较高，利用期货工具进行风险管理已经得到越来越多的锡产业链上下游企业的认可。2015 年参与锡、镍期货市场交易的法人客户数分别为 358 户和 3 275 户；法人客户持仓占比分别为 51.81% 和 46.17%，其中下半年比上半年分别提高 30.47% 和 3.97%，说明产业参与程度得到提高，将有助于期货市场功能的进一步发挥。

（三）交易成本下降情况

1. 保证金方面

2015 年，上期所继续实施单向大边保证金制度。单向大边保证金收取方式对于同一客户同一会员处的同品种双向持仓仅收取金额较大的一边，在合约最后交易日前第五个交易日结算时恢复双边收取。单向大边保证金收取方式在保证风险可控的前提下，对于降低交易成本具有效果明显、受众面广、时效性强的特点。首先，拥有同品种双向持仓的投资者减收交易保证金最高减免率可达 50%，交易成本降低的效果明显。其次，只要参与交易的客户持仓满足上述条件即可享受减收保证金优惠，交易成本降低的受众面广。第三，客户开仓时即可享受保证金减免，交易成本降低的时效性更强。最后，设定了合约临近交割期恢复双边收取的时间结点，兼顾了交割风险的控制。2015 年单向大边单日最高减免率达到 10.01%。日均减免率为 8.07%，同比提高 6.32%，继续保持良好市场效果。

2. 手续费方面

2014 年 11 月 26 日至 2015 年 6 月 30 日期间，上期所对铜品种交易手续费减半收取，减收期间共为市场节约交易成本近5亿元。上述措施在成熟品种上实施，更直接、更有针对性、效果更明显，有效促进市场流动性提升。此外，上期所继续实施平今仓免收手续费，2015年平今仓手续费减免占全年应收手续费30%，与2014年平今仓减免水平持平。

（四）投资者教育与培训情况

2015年上期所进一步拓展投资者教育工作的辐射范围，提升期货从业人员的专业知识和管理风险能力，加强广大投资者的风险控制意识，吸引更多实体企业参与市场。确保市场稳健运行、稳步发展。

1. 开展形式多样的产业培训

上期所有色金属产业培训基地项目自2014年正式启动以来，得到了业界的广泛好评。2015年继续加强与上海期货同业工会、浙江、山东、深圳等地方期货业协会合作，在江铜、铜陵、神火铝业等培训基地开展了6期针对期货公司分析师和产业客户的培训。继续与中国天然橡胶协会合办“服务三农”活动，支持协会举办橡胶会议。举办和协办沥青期货推介会7次，累计参与企业274家次、人员720人次。

2. 整合投资者教育资源，开展多层次的培训教育活动

通过交易所网站、微信平台和手机APP等途径，为不同程度的投资者提供适宜的投教内容和资源，举办“期货大讲堂”、“与机构投资者同行”、“上海商品期货月度论坛”等培训活动29期。2015年以来，期货大讲堂陆续走进四川、福建、云南、甘肃、辽宁、广西、江苏等地区，与各地证监局、地方期货业协会、国资委、高校等机构合作，举办了11场期货大讲堂活动，受众超过2 000人，已经形成了一定的影响力和知名度。“与机构投资者同行”于2015年共举办了7期活动，主要形式一是组织产业链调研，先后组织期货公司及其风险管理子公司，涉商品机构投资者近百人，深入橡胶，白银，钢铁等产业链一线进行实地调研交流，二是在上海、北京、苏州等地开展机构投资者商品期货培训交流活动，现场参与人数约400人。“上海商品期货月度论坛”截至12月共计举办了11场活动，培训内容覆盖上海期货交易所目前主要上市品种，围绕市场热点邀请来自交易所以及各类相关行业的讲师与市场进行交流和探讨。现场参会人员共计600余人，网络视频点击量共计20 000余次。通过现场会议与线上视频相结合的方式，参与人数众多，现场反应强烈。

3. 支持会员单位开展业务

与会员单位合作举办市场会议572场，覆盖企业总数10 000余家，总参与人数达到40 000余人，为会员的市场开发提供了有力支持，促进了行业的健康可持续发展，同时对上期所自身品牌建设和相关品种推广起到了积极的推动作用。与会员单位合作举办驻厂调研共计118场，深入有色金属、黑色金属、能源化工等产业链企业切实了解产业客户面临的风险，打造个性化的套期保值方案，为企业健康运营保驾护航。

4. 积极举办和参与国内外行业高端会议

成功举办“第十二届上海衍生品市场论坛”，在提升市场影响力的同时，为相关产业和行业人士搭建了沟通交流的平台；先后协助国际铜加工协会、国际锡业协

会举办“2015 年 IWCC 会员大会”和“2015 年中国国际锡业论坛”；2015 年 LME 年会期间，参与协办中国有色金属工业协会首次在英国伦敦召开的 2015 年中国有色金属论坛；参与筹备第四届亚洲铜业周，该会议已经成为全球铜行业最具影响力的年度盛会之一。

5. 积极组织期货从业人员相关培训

为进一步提高期货市场的专业化水平，满足市场主体的需求，积极组织期货从业人员相关培训。定期举办交易员和结算交割员培训，现已形成远程教学和现场考试的培训模式，在定期更新升级培训课件和考试题目的同时，构建了一体化的报名、培训、考试查询、证书打印系统，打造一站式服务，提高学员的培训体验。2015 年交易员、结算交割员的培训共计举办 4 期，培训学员 400 余人。另外，2015 年度新制作镍、锡期货操作手册各 1.5 万册，贵金属手册 3 万册。

（五）职工培训与人才培养情况

2015 年，上期所共组织 14 批员工集中培训，共 3 666 人次，主要涵盖内部管理制度、廉洁自律、推进党建、团队建设等内容；继续推动部门层面自主培训，共 15 批 71 人次完成相关专题培训；为适应交易所管理新要求，在充分征求所内意见的基础上，制订新的《上海期货交易所员工教育培训管理办法》。

为配合交易所国际化发展战略，年内交易所完成了“美国交易所互联网技术应用”和“交易、清算及风险控制”共 2 批次的境外培训，拓宽了员工国际视野，实地感受了国际期货市场发展的最新动态。

（六）纳税情况

依法纳税和足额上缴期货专项费用是上海期货交易所履行社会责任的重要体现。2015 年上期所纳税 10.18 亿元，其中，缴纳所得税 8.19 亿元，为国家和地方税收做出了重要贡献。2015 年上期所缴纳期货投资者保障基金 0.77 亿元，为我国期货市场风险承受能力增强贡献了力量。

（七）社会公益慈善情况

1. 对口扶贫情况

根据中国证监会安排，上期所与安徽省安庆市太湖县结对，开展定点帮扶，委派挂职干部到太湖县开展工作，交易所领导多次赴太湖考察指导，全所员工也积极支持扶贫帮困。2015 年，上期所向太湖县累计投入 232 万元，着力开展观念帮扶、教育帮扶、资本市场专项领域帮扶。主要做了以下几项工作：

（1）观念帮扶。一方面，成功举办“第三届农业现代化和美好乡村建设”高级研修班，邀请专家学者分别就宏观形势、“三农”问题、新型城镇化、农村产业发展规划、环境保护、企业上市基本流程、农业发展与期货市场对接等专题进行了讲解答疑，并安排去上海专业农业合作社和生态农业发展转型较好的地区进行实地考察。相关县镇领导及主要企业负责人和金融机构代表等共 32 人参加学习。另一方面，大力普及法律、金融知识。为县领导讲授《我国期货市场发展简介、法律框架与上海期货交易所规则》；邀请全国中小企业股份转让系统（“新三板”）市场发展部相关专家，为太湖县相关上市储备企业负责人、县直机关负责人讲解“新三板”

企业挂牌的要求、特点和需要注意的问题；挂职干部发挥专业优势，为县里重大项目的协议提供论证、咨询顾问，提出合理化建议并获得积极采纳。

（2）教育帮扶。颁发2015年度的“上期爱心奖学金”，50名大一新生每人获得3 000元奖学金，50名高一新生每人获得2 000元奖学金；协助援建寺前镇朴初小学综合楼和运动场、寺前镇佛图寺小学运动场和围墙，改善办学条件；积极支持中国扶贫基金会和证监会倡导的“扶贫日”活动，向太湖县捐赠100个美术爱心包裹，资助一个新长城自强班。

（3）资本市场专项领域帮扶。成功协助安徽省景湖农业股份有限公司和太湖县花凉亭农林生态科技有限公司在安徽省股权托管交易中心和上海市股权托管交易中心挂牌。

2. 阿拉善公益活动

2015年，上海期货交易所成为阿拉善生态基金会理事单位，着力开展植树造林、防风固沙、改善生态环境的公益活动。2015年4月上期所委派10名骨干力量，参加为期一周的阿拉善国情教育活动，军民联手治理荒漠，植树造林100亩，取得积极成效。

二、郑州商品交易所服务实体经济及履行社会责任情况

2015年，在中国证监会正确领导下，郑商所始终坚持以服务实体经济为根本导向，持续完善规则制度，全力深化市场服务，努力推进创新工具研发，不断加强典型模式推广，努力提高服务实体经济的能力和水平。

（一）上市品种避险功能发挥

从价格发现作用看，2015年，甲醇期货现货相关性系数为0.97，相比2014年的0.9有显著提高，菜粕、白糖和PTA品种期货现货相关性系数由2014年的0.86、0.63、0.96提高到0.91、0.96和0.97，多数主力品种价格相关性均有明显提升。

从套期保值上看，2015年，郑商所套期保值申请企业226家，同比增加19%；套期保值申请量927万手，同比增加88%；套期保值审批量637万手，同比增长20%，套保申请量和审批量均有大幅增加。

在实物交割方面，2015年，郑商所共完成实物交割36.3万手（折合413.3万吨）（数据按照单边统计），同比增加69.5%；价值129.4亿元，同比增加52%。实物交割总量和PTA、动力煤等单品种实物交割量均创郑州期货市场历史记录。套保和实物交割量的增加，反映了经济新常态下，企业规避风险的需求增多，这些品种行业产能普遍过剩，部分企业将期货市场作为销售渠道。

研发上市新品种，拓展服务实体经济的广度。棉纱期货上市前准备工作已经完成。乙二醇、尿素、短纤、水泥、花生（油）、动力煤运力期货、易盛农产品价格指数期货合约规则设计基本完成。生丝、肉类等期货研发工作正在有序推进。

（二）上市品种的产业参与程度

郑商所始终以服务实体企业风险管理需求为根本出发点，持续优化合约规则，着力完善相关制度，更好满足实体企业避险需求。

不断优化合约规则。郑商所将动力煤期货合约由200吨/手调整为100吨/手，增加菜籽油、动力煤和玻璃等3个品种的夜盘交易，提高相关品种的市场厚度。持续推进保税交割业务，在张家港保税港区开展期货保税交割业务已获批准，将于2016年4月开展保税交割试点。

积极完善交割制度。郑商所制定和修订了强麦扦样和检验制度，在扦样环节引入质检机构参与现场监督扦样，在质检环节“一样双检、采用最低结果”，进一步提高检验结果公正性。配合新疆棉花目标价格改革试点和棉花中转库制度实施，联合中国纤维检验局，修订和发布实施了《期货交割棉公证检验实施办法（暂行）》。建立新疆棉花交割中转库服务点，统筹负责新疆棉花中转库的管理和服务工作，确保中转交割机制顺利运行。通过优化合约规则和制度，降低了产业企业参与门槛，提高了郑州期货市场的公信力，极大方便了产业企业参与和利用郑州期货市场。

以“选库、审库、管库及紧急风险处置”为监管重点，郑商所全面加强交割仓库监管制度、监管流程和监管机制建设，优化交割仓库布局，推进仓单保险创新，保障了期货交割正常运行。

完善交割规则制度，健全风险评估体系。修订和制定《郑商所指定交割仓库管理办法》、《郑商所交割商品安全检查办法》等24项工作制度和规范，建立健全以有效管理交割商品数量及质量安全、切实防范交割风险为导向的交割仓库自律监管标准、指标、制度和流程等。综合评估各品种指定交割仓库所处行业整体风险状况、企业性质结构和总体资信情况，将交割仓库企业性质、与担保单位有无关联关系、土地房产质押情况、资产状况作为重点风险指标，按照评估结果实行差异化监管。

优化交割仓库布局，便利产业企业交割。2015年，郑商所增设或启用交割仓库37家，取消和暂停交割仓库32家，调整了PTA等9个品种的交割仓库布局，满足新常态下实体企业不断增加的交割需求。

2015年，企业对期货市场认识和利用能力进一步提高。从企业对期货市场认识看，很多企业从对期货不理解，到被动接受，到现在主动利用，逐步转变了对期货市场的看法。如PTA龙头企业逸盛石化、恒力集团和三房巷等，2013年曾联名建议取消PTA期货，现在主动申请成为PTA指定交割仓库，积极利用PTA期货进行基差贸易和套期保值，利用期货夜盘开展夜间销售，并主动宣传介绍利用PTA期货规避经营风险的经验做法。从企业利用期货市场的方式看，产业企业从过去依靠传统套保方式，到现在结合自身实际，发展出了基差交易、点价套保、趋势套保、订单套保、合作套保、购买非标仓单套保、虚拟库存，以及“期货+场外期权”等多种利用期货市场的典型模式，并取得了较好的避险效果。从企业运用期货市场的能力看，产业企业运用期货市场的灵活度不断提高，从过去在期货市场买期保值或卖期保值然后进行实物交割，到现在大量进行期转现交割。2015年，郑商所期货转现货11.2万手（以下数据皆为单边统计），同比增长202.1%；期转现价值35.2亿元，同比增长124.7%。期转现数量占到全部实物交割量的45%，部分品种如菜籽油，期转现数量已经超过常规交割量。通过期转现交割，节约了等待时间，降低了交割成本，并满足了企业对交割商品品级、数量和交割地点等方面的个性化需求。

2015 年，参与郑州期货市场的法人客户 7 567 个，同比增加 23%；法人客户交易占比 35.8%，同比增长近 13%；法人客户日均持仓占比 36.1%，同比增长近 7%，法人客户参与度明显提高，投资者结构进一步改善。同期，郑商所套期保值申请企业 226 家，同比增加 19%；套期保值申请量 927 万手，同比增加 88%；套期保值审批量 637 万手，同比增长 20%，套保申请量和审批量均有大幅增加。

2015 年以来，郑商所相继与内蒙古、新疆和广西政府签署战略合作备忘录，共同开展产业企业培训，提高产业企业对期货市场认识和利用期货市场水平，促进相关行业健康稳定发展。与 13 家保证金存管银行举办“银行利用期货市场服务实体经济座谈会”，探讨银期合作有效途径，促进银期深度对接。与农发行等 11 家银行联合举办棉花、白糖、PTA 等 9 个品种服务实体企业论坛 12 场，为银期企三方提供对接平台，推广现货企业利用郑州期货市场套期保值的模式，进一步促进现货企业更好利用郑州期货市场进行套期保值、规避风险。

积极推进场外市场建设，丰富市场风险管理层次体系。根据实体企业仓单市场调研结果，仓单交易需求量最大，郑商所据此设计了仓单交易业务技术方案，起草了《郑州商品交易所仓单交易管理办法》，并进行了仓单综合业务平台的开发测试。

（三）交易成本下降情况

为适应实体企业需求，郑商所在不断加强一线监管的同时放松企业参与管制，减少企业监管审批，降低企业交易成本，便利企业参与期货市场套期保值、规避风险。

降低企业交易与持仓成本。郑商所将非期货公司会员和客户限仓梯度由目前的四级减少为三级，同时相应调减保证金梯度，整体下调交割月前一个月下旬保证金标准至 10%，使近月保证金标准提高时间由交割月前一个月第 11 个自然日延迟至第 16 个自然日，将各品种交割月保证金标准统一为 20%，放宽了菜籽粕等 5 个品种一般月份及交割月份限仓标准，延长套保额度申请及使用截止日期，取消临近交割月套保持仓时间限制。调减客户限仓及保证金梯度，降低实体企业持仓调整频率，适度增加近月合约的持仓规模及流动性，方便产业客户利用近月合约进行套保交易。

减少企业参与限制。郑商所放宽了菜籽粕、白糖、PTA、甲醇和玻璃 5 个品种一般月份及交割月份限仓标准，同时将监管备案类事项由 18 项精简至 4 项。通过修改业务细则，放松市场参与限制，满足了新常态下实体企业日益增加的风险管理需求。

2015 年，郑商所延续和新增实施了手续费减收政策，对强麦、晚籼稻、棉花、菜籽油、菜籽粕、白糖、玻璃、动力煤、甲醇、硅铁、锰硅品种免收平今仓交易手续费。

（四）投资者教育与培训情况

2015 年，郑商所组织开展了一系列具有自身特色和贴近市场的投资者教育培训工作，取得较好成效。

持续开展“走进产业、贴近行业、服务企业”活动（以下简称“三业”活动）。2015 年，郑商所共支持 102 家会员及相关单位举办“三业”活动 559 场次，培训企业 21 244 家次，培训 40 323 人员人次。通过开展“三业”活动，调动了会员服务实体经济的积极性。

持续开展“点基地”建设，发挥典型带动效应。2015 年，23 家具有较为完善的风险内控制度和期货市场操作方案，利用期货市场套期保值的方法具有较强的典型性、可推广性的企业被评为郑商所“期货市场功能作用示范企业”（点基地）。通过“点基地”建设，发挥典型案例示范作用，引导和带动了更多企业参与和利用期货市场。

加强模式推广与市场宣传，引导更多企业利用郑州期货市场。2015 年 5 月，郑商所举办的“第五届期货服务实体经济 30 人论坛”，首次以“点基地”为主要内容，细分实体企业（生产、消费和贸易），对可操作性、可复制性、可推广性、可借鉴性的郑州期货市场服务实体经济典型案例，进行了系统总结和推广应用。此外，郑商所举办了“郑州农产品（白糖）期货论坛”、“上海衍生品论坛郑商所分场”，承办了“风险管理和农业发展论坛”，为期货现货搭建沟通交流平台，促进期货现货更好融合发展。针对市场热点、难点问题，主动策划宣传，在《经济日报》、《期货日报》、《中国证券报》等媒体组织利用期货市场典型案例宣传专版 57 个，在市场各主流媒体发表有关郑商所服务实体经济深度报道 187 篇，主动引导市场舆论，努力为市场发展创造良好环境。

加强与地方政府、银行金融机构合作，探索期货市场服务实体经济新路径。2015 年以来，郑商所相继与内蒙古、新疆和广西政府签署战略合作备忘录，共同开展产业企业培训，提高产业企业对期货市场认识和利用期货市场水平，促进相关行业健康稳定发展。与 13 家保证金存管银行举办“银行利用期货市场服务实体经济座谈会”，探讨银期合作有效途径，促进银期深度对接。与农发行等 11 家银行联合举办棉花、白糖、PTA 等 9 个品种服务实体企业论坛 12 场，为银、期、企三方提供对接平台，推广现货企业利用郑州期货市场套期保值的模式，进一步促进现货企业更好利用郑州期货市场进行套期保值、规避风险。

在开展期权市场培育工作方面，郑商所深入开展投资者教育活动，支持会员和机构通过推介会、研讨会等多种形式，面向产业客户、机构客户开展市场培育及推广活动，涉及企业达 1 321 家次，6 342 人次。举办投资者期权仿真交易。截至 2015 年 12 月 31 日，共有 128 家会员，127 519 名客户在联网实名开户参与期权仿真。扎实有效的投资者教育工作，为投资者熟悉和掌握期权交易打好基础，为会员开展适当性认定提供基础。

（五）职工培训与人才培养情况

2015 年度郑州商品交易所围绕提升专业能力及组织效能开展针对性培训，共组织员工集中培训 24 项，参训 2 939 人次，主题包括业务制度及内部管理制度、市场品种知识、文字写作能力、境外培训心得交流、新员工入职培训等内容。上线并启用培训测试系统，组织业务规则及品种知识在线测试 10 批，共 2 036 人次参加。结合近年来培训工作的实际情况和职工队伍建设的需要，制定《新员工培训及上岗管理办法》并修订《培训管理办法》。

在专项培训方面，开展个性化通用技能外派培训，共71人次完成公开课培训；选派4人到芝加哥参加为期3周的境外期权业务学习，选派2人到纽约城市大学巴鲁克学院进行为期4个月的插班研修。

（六）纳税情况

依法纳税和足额上缴期货专项费是郑州商品交易所履行社会责任的重要体现。2015年郑商所纳税8.67亿元，为国家和地方税收做出了重要贡献。

2015年郑商所缴纳期货投资者保障基金0.81亿元，为我国期货市场风险承受能力增强贡献了力量。

（七）社会公益慈善情况

2015年度，郑商所积极履行社会责任，认真推进扶贫助学工作。

1. 定点扶贫桐柏县帮扶工作

2015年度，本着“更多群众受惠”的原则，结合郑商所扶贫挂职干部对当地实际情况的调研考察，郑商所拨付2015—2016年度扶贫帮扶资金500万元，用于桐柏县漫水桥和基层医疗卫生机构医疗设备支持项目，分两年实施。

按照国务院扶贫开发领导小组和中国证监会安排，郑商所在桐柏县组织开展“爱心包裹”捐赠和新长城自强班资助活动。为桐柏县贫困小学生捐赠美术型“爱心包裹”活动资金来源（5万元）以员工捐款为主，单位扶贫资金提供补充。新长城自强班活动（资助对象为贫困高一学生，连续三年资助生活费用，50人/班，每年10万元）由单位扶贫资金拨付。具体工作，挂职扶贫干部在中国扶贫基金会的指导下正在积极落实。

2. 兰考县助学工作

2015年，按照“助学协议书”拨付兰考助学奖学金89.1万元。其中对2015年在读的普通高中品学兼优且家庭贫困的学生，每届100人，给予每人500元的奖励资助（共计30万元）。对2014年、2015年考取二本及以上本科院校的贫困家庭学生，每届100人，给予大学期间每人每学年3 000元的奖励资助（共计59.1万元）。同时结合郑商所搬迁，使用更换下来的办公电脑并配备相应设备，支持兰考15所乡镇小学建立助学电教室。每个电教室配备21台电脑（其中1台为新购置电脑作为电教室主控使用，20台为更换的办公电脑），合计315台。

3. 信阳新县助学工作

2015年，按照“助学协议书”拨付新县助学奖学金49万元。其中，对新县职业高中考取二本及以上本科院校的30名品学兼优且家庭贫困学生，给予3 000元的一次性奖励资助（计9万元）。以职业高中为重点对全县高三年级品学兼优且家庭贫困的200名学生，每人给予2 000元的奖励资助（计40万元）。

三、大连商品交易所服务实体经济及履行社会责任情况

2015年是期货市场发展面临的形势较为复杂的一年，全球大宗商品市场需求走弱，国内产业结构深度调整，使得国内商品价格波动幅度加大。在中国证监会的正确领导下，大商所坚持围绕服务实体经济发展的根本宗旨，完善规则制度，做精做

细现有品种，降低交易成本，加大市场培育，推动市场在服务实体经济及履行社会职责方面向纵深发展。

（一）上市品种避险功能发挥

2015 年，大商所期货品种的价格发现功能进一步增强。在 16 个期货品种中，期现相关性在 0.8 以上的品种占比接近 60%。多数品种套期保值效率提高或保持稳定。其中，豆粕、棕榈油、铁矿石的套期保值效率（周度）分别达到了 66.99%、60.39% 和 54.73%，处于较高水平，表明企业利用期货市场套保的实际效果较好，PVC、玉米和豆一的套保效率也有明显提高。

2015 年豆一期货的套期保值效率为 14.14%，较 2014 年的 7.3% 显著提高。2015 年期现价格相关系数为 0.66，较 2014 年的 0.12 明显提高。随着期现货市场套期保值功能有效性的增加，现货企业对豆一期货的认可程度逐渐恢复，并积极着手利用期货市场来规避现货价格波动风险。

玉米淀粉自上市以来表现良好，市场流动性逐步提高，期现货价格拟合度较好，期现货价格相关系数为 0.95，相关企业对期货市场了解程度逐步加深，开始利用期货市场进行套期保值。2015 年，在市场价格大幅波动的背景下，部分淀粉相关企业通过运用玉米淀粉期货工具，实现了稳定经营。

2015 年，PVC 期货套期保值效率为 40.84%，较 2014 年的 20.61% 有明显改善。从期现货相关性大大增强及交割量显著增加来看，PVC 期货市场成为企业风险管理场所的功能逐渐增强。聚丙烯期货和现货之间的基差波动范围缩窄，套期保值效率也从 2014 年的 22.15% 增加至 38.62%，为企业利用期货市场回避风险提供了较好的基础。

专题 1：推动“保险 + 期货”业务创新，探索服务“三农”新模式

长期以来，期货市场一直在积极寻求服务实体经济、服务“三农”的路径，大商所也做了诸多尝试。2015 年，大商所总结以往成功经验，在“龙头企业 + 期货”模式基础上，引入保险机构，探索出“保险 + 期货”服务“三农”的新模式。

“保险 + 期货”服务“三农”的基本原理是：保险公司基于期货市场上相应的农产品期货价格（或现货价格），开发农产品价格险；农民或农业企业通过购买保险公司的农产品价格险，确保收益；保险公司通过购买期货公司风险管理子公司的场外期权产品进行再保险，以对冲农产品价格下降可能带来的风险；期货公司风险管理子公司在期货交易所进行相应的套期保值操作，进一步分散风险，最终形成风险分散、各方受益的闭环。

2015 年，在中国证监会、中国保监会的大力支持下，大商所组织协调相关保险公司、期货公司、涉农机构，落地实施了新湖瑞丰玉米场外期权试点、新湖瑞丰鸡蛋价格险试点、美尔雅鸡蛋目标价格保值试点等三个“保险 + 期货”农产品价格保险试点项目。从推进情况来看，各试点进展顺利，效果明显。

（1）风险得到了有效转移，各方实现了共赢。在服务“三农”发展市场化模式探索过程中，面临的最为关键的问题就是风险转移和确保各参与主体获取合理收益。在试点项目中，各主体通过通力合作，风险得到了有效转移，实现了合作社稳定经营、专业机构获取合理收益多方共赢的目标。其中，在新湖瑞丰玉米场外期权试点项目最终赔付中，由于理赔结算价低于目标价格，合作社得到人保财险公司赔付的24.14万元，抵扣保费支出，合作社最终获利12.56万元；人保财险公司购买场外期权实现了风险对冲，最终获利1.92万元。在新湖瑞丰鸡蛋价格险试点项目中，价格标的以上海市蛋品协会所提供的现货价格为参考依据，由于在当月现货价格未低于目标价格，安信农险对农民未产生赔付，养殖户损失保费8.7万元；安信农险购买新湖瑞丰场外看跌期权实现再保险，安信保险最终获利5.93万元。在美尔雅鸡蛋目标价格保值试点项目中，由于结算价格低于目标价格，养殖户一期获利6 480元；保险公司获利1 900元。

（2）期货市场价格得到有效应用。期货市场经过多年发展，发现的价格更趋真实、合理，基于期货价格开发的农产品价格保险，更能反映市场实际，有利于专业机构控制风险，切实保障农民收入。新湖瑞丰鸡蛋价格险试点、美尔雅鸡蛋目标价格保值试点，开展的时间基本相同，但标的选择不同，前者标的价格选择现货市场价格，到期时因并未跌破保险价格，养殖户未能得到理赔，最终损失保费8.7万元；后者标的价格为鸡蛋期货价格，到期时因低于目标价格，养殖户获利216元/吨。同时，大商所的玉米、鸡蛋期货市场价格应用到农产品目标价格保险产品中，解决了保险产品定价难的瓶颈，提高了保险产品的科学性和合理性，切实保障了农民收入。

（3）期货公司服务“三农”能力得到进一步提高。在各试点项目中，期货公司面向保险公司开发的场外期权，都是定制式的、个性化的。期货公司在面向不同主体开发场外期权过程中，积累了经验，能力进一步提升，为试点扩大后开发出更多的期权产品打下了基础。

专题2：推动铁矿石期货国际化，进一步增强行业服务能力

（1）铁矿石期货初步发挥积极作用。铁矿石期货自2013年10月上市以来，由于其价格形成机制公开透明，能够真实反映国内现货市场供求关系，市场各类主体充分关注，初步发挥了对行业的积极作用。2015年铁矿石期货成交量突破2.60亿手，按可比口径，是同期新交所铁矿石掉期、期货的140倍和43倍，是芝商所集团铁矿石期货的381倍。铁矿石期货价格与国内现货价格、国际普氏价格指数、新交所期货价格的相关性均保持在0.99以上，已成为国内现货贸易和境外交易者开展衍生品交易的重要参考。中钢协铁矿石价格指数已将大商所期货价格纳入指数样本范围；国内最有影响的铁矿石现货交易平台——北铁中心已将大商所铁矿石期货价格作为该平台进行现货贸易的基准价格；基差贸易开始在行业内推广；很多境外交易者开始参考大商所铁矿石期货价格买卖境外国际矿山股票，以及开展新交所、芝商所集团相关品种期货交易等。

（2）扎实推进铁矿石期货国际化。2015年，在大商所推动下，铁矿石期货国际化取得新的进展。一是铁矿石期货开展保税交割所需的海关政策和财税政策均已获批，中国证监会期货部也已同意开展铁矿石期货保税交割业务。二是国际化制度设计基本完成，制定了《期货公司会员接受境外经纪机构委托开展期货交易业务管理办法》、《大连商品交易所特定品种境外投资者适当性管理办法》等15种制度，明确和理顺境外交易者与境内会员、交易所间，在办理交易、交割、清算和风控等方面的权责关系。三是推动系统建设，在开户系统、结算系统上进行相应改造，已进入业务测试阶段。四是市场化推介已经开展。就铁矿石期货国际化方案向境外经纪机构、境外交易者、境内期货公司广泛征求意见，进行充分论证，得到广泛认可。

（二）上市品种的产业参与程度

2015年，大商所利用场外期权试点、产业大会服务平台、银期合作以及各项产业链培训和拓展活动，加强与行业协会、市场咨询机构及金融机构的深度合作，引导更多产业企业利用期货市场指导生产和经营，切实服务实体经济。

随着大商所上市品种覆盖领域逐步拓宽，规则制度日趋完善，为产业客户参与期货市场提供了有利条件。2015年大商所参与交易客户数达55万户，较2014年增长25.73%；其中参与交易产业客户9 513户，较2014年增长22.62%。总体来看，市场投资结构进一步完善，期货市场功能发挥良好。

目前参与大商所油脂油料品种交易的法人客户有6 284户，法人成交和持仓占比分别为40.5%和53.1%。参与大商所油脂油料期货的客户涉及上、中、下游全产业链条，龙头企业的参与度已超过80%，国内日压榨能力1 000吨以上的油厂90%以上参与期货交易，参与套保比例达70%以上，成为国内期货市场功能发挥的典范。

铁矿石期货上市以来，包括个人和单位在内的参与客户数量不断增加。截至2015年底，法人客户数高达6 393户，成交量占比达35.38%，日均持仓占比达30.91%。月均交易客户数为80 550户，较2014年增长84.2%。具体看，随着矿山、钢铁企业、铁矿石贸易商等产业客户和基金、私募和、期货资管等机构投资者的参与，法人户数量大幅上升，2015年月均交易法人户为1 778户，较2014年增长57%。

2015年，大商所继续加强与农业部、地方政府和信息机构的合作，持续深入开展“千村万户三农”市场服务工程，对种粮大户、农村带头人和乡镇干部等开展了广泛的培训，普及期货知识，培养了一批既懂农业生产、又懂市场和金融的复合型人才。与此同时，大商所以有效扩大信息服务效果为宗旨，创新服务手段和方式来推进“三农”工作的全面开展，探索开展“场外期权服务三农”试点项目，实现了促进农民增收、合作社稳定经营、专业机构获取合理收益等多方共赢的目标。同时，大商所联合有关机构探索利用期货工具进行“新型粮食银行”试点，推动解决农民存粮难、卖粮难的问题。特别是在中国证监会、中国保监会的大力支持下，2015 年在试点项目中引入了保险公司，对场外期权服务“三农”模式进一步完善，初步探索出“保险 + 期货”模式，为解决国家农产品价格补贴问题提供了新的方式和途径，被写入 2016 年的中央一号文件，要求稳步扩大试点。

（三）交易成本下降情况

1. 降低手续费标准

2015 年 3 月 9 日，大商所下调部分品种手续费标准，具体包括：豆粕交易手续费标准由 2 元/手下调为 1.5 元/手，聚乙烯交易手续费标准由 2.5 元/手下调为 2 元/手，铁矿石、焦炭交易手续费标准由成交合约金额的万分之 0.8 下调为万分之 0.6，焦煤交易手续费标准由成交合约金额的万分之 1 下调为万分之 0.6；减半收取豆油、棕榈油、黄大豆 1 号当日同一合约先开仓后平仓交易手续费。同时，大商所在 2013 年 9 月实行的各品种套期保值交易手续费减半收取的政策，在 2015 年全年延续执行。

2. 调整交割规则，完善交割布局

（1）实施交割注册品牌制度。2015 年 3 月，为进一步贴近现货贸易习惯，大商所对聚氯乙烯品种实施交割注册品牌制度，并修改相关业务规则。依据管理办法和相关业务规则，大商所选择 11 家品牌为注册品牌，1 家为免检品牌。选取的聚氯乙烯交割注册品牌是现货市场认可的主流品牌，能保证买方企业的连续生产供应，进而使期价具有行业代表性。同时，免检品牌也能简化仓单注册手续，降低交割成本。

（2）调整交割仓库。2015 年，大商所调整了部分品种的交割仓库，玉米淀粉和黄大豆 1 号增设了交割库，焦炭、玉米、豆粕、豆油、棕榈油等品种则是根据现货贸易等情况变化，取消了部分交割仓库，设立新的指定交割仓库，便利了产业客户参与期货交割，提高产业客户参与交割的积极性。

（3）完善交割规则。12 月，大商所调整了鸡蛋期货交割规则，增加全月每日选择交割、引入车板交割、缩短仓单有效期、调整鸡蛋一次性交割结算价计算方法、修改交割质量标准相关规定。交割规则修改使得鸡蛋合约的可供交割量增加，2015 年鸡蛋期货完成交割 325 吨，为上市以来新高。

3. 调整交易规则，便利投资者交易

（1）修改合约规则。2015 年 12 月，大商所针对鸡蛋期货进行了合约规则修改，主要内容包括增加合约月份、延后最后交易日、优化疫情处理方案等。此次修改后，鸡蛋期货交易更符合蛋鸡养殖和鸡蛋贸易的生产经营特点，鸡蛋期货服务现货企业的能力得以提升。

（2）修改合约最小变动价位。2015 年 4 月，为适应市场需要，大商所焦煤、焦炭、铁矿石期货合约最小变动价位由 1 元/吨调整为 0.5 元/吨。随着国内经济增速放缓、相关商品需求减弱，焦炭、焦煤、铁矿石三品种的价格均较上市之初有较大跌幅，将最小变动价位调至 0.5 元/吨有助于降低交易成本、保障市场深度、提高合约价格的连续性，并有利于降低交易风险，提高投资者的参与积极性。

（3）调整夜盘交易时间。2015 年 5 月，大商所将夜盘交易时间调整为前一自然日 21：00 至前一自然日 23：30（周一夜盘交易时段为上周五的 21：00 至上周五的 23：30）。此次调整贴近市场需求，既考虑到产业客户对隔夜避险工具的需求，又兼顾了众多个人投资者难以适应较长交易时间的国情，满足了不同类型投资者对夜盘交易的差异化需求，进一步优化了夜盘平台功能的发挥。

专题 3：推动仓单串换业务向纵深发展，创新服务产业方式

油脂油料品种是国内期货市场最活跃的品种板块和产业参与程度最高的领域之一，但交割地点和成本不确定问题一直影响着产业链下游饲料企业的参与热情。为便利饲料企业就近接货，降低交割成本，大商所从 2013 年 12 月开始分阶段在油脂油料品种上推出了仓单串换业务，经过两年多的实践，取得了较好的效果。2015 年，大商所在总结以往经验基础上，推出了新一期的试点业务。

（1）仓单串换业务推进过程。仓单串换业务的主要内容是：客户通过期货交割买入的试点集团所属厂库豆粕标准仓单，可申请在该集团其他厂库提取现货（简称为仓单串现货）或者串换为该集团其他厂库的标准仓单（简称为仓单串仓单），使得采购企业面临的提货地点和物流成本不确定的风险得到较好的化解。

2013 年 12 月，大商所正式推出豆粕集团内厂库仓单串换业务，两大油脂集团参与试点，提供串换服务。2014 年 11 月，在总结豆粕仓单串换业务的基础上，大商所推出豆油、棕榈油仓单串换试点，业务上不仅有厂库仓单可以串换，仓库仓单也可以串换，不仅实现地点串换，还可以进行不同品质油品的串换。

2015 年 9 月，大商所推出了新一期仓单串换试点业务，并结合业务需求开发完成了一套全新的电子系统做技术支持。本次串换试点有四方面的改进：首先，试点范围继续扩大。豆粕品种集团总数增加到了 10 家；豆油和棕榈油分别增加到了 5 家和 4 家；参与豆粕串换业务的集团压榨量占全国压榨量的 61%，参与豆粕串换业务的工厂数量占豆粕交割厂库的 92%。其次，串换成本进一步降低。仓单串现货和仓单串仓单，串换成本分别降低了 1/3 和 1/8。再次，增加了串换申请机会。在原有最后交割日后第 1 个交易日一次串换申请机会的基础上，新增添交割月第 7 个交易日为可串换申请日，进一步方便了中小微客户参与油脂油料期货市场。最后，现货区域价差实现全年连续公布。原来只在交割月最后交割日公布一次区域价差，本次试点每周公布一次区域价差和品种价差，实现了区域价差公布的全年连续化。

（2）仓单串换业务实施情况。自串换业务推出以来，总计发生 14 笔仓单串换业务，串换总量达 14 810 吨。串换卖方企业共有 8 家。串换买方主要是饲料企业。提出串换需求的买方企业共有 24 家，其中饲料企业 22 家。饲料企业累计串换量12 730吨，占串换总量的86%。买方饲料企业主要位于湖北、河南、湖南、四川、安徽、浙江、广东等饲料养殖业大省。在14笔仓单串换业务中，12笔从广东区域串换到江浙沪区域，1笔从广东区域串换到山东区域，剩余1笔从山东区域串换到江苏和广东区域。

(3) 仓单串换业务试点效果。仓单串换业务通过交割厂库主体的“聚”解决了地理空间“散”的问题，使期货市场交割服务由“点”向“面”转变，有效缓解了期货市场标准化和现货交割环节多样化的矛盾，得到油脂油料行业和期货市场的广泛认可，提高了期货市场服务实体经济的水平。

①期现价差大幅缩窄，价格发现更为有效。仓单串换业务推出后，豆粕主力合约到期基差比过去6年同期平均基差缩小了19—165元/吨，到期收敛情况较以往明显改善。基差的持续收敛，减少了现货企业套期保值时面临的基差风险，有利于现货企业利用豆粕进行套期保值操作，并提高套期保值的效率。

②临近交割月持仓规模大幅增长，豆粕品种持仓结构明显改善。2012—2015年豆粕主力合约（9月合约）在进入交割前月首个交易日，持仓量分别为8万手、18万手、33万手、40万手（单边），增幅明显。同时，大豆压榨企业由买卖高比例持仓变成买持仓比例明显下降，买持仓中饲料企业和专业投资机构的比重上升，各类企业客户力量更加均衡。2015年，饲料企业、投资机构买持仓占比分别为13.14%和29.94%，分别比2013年提高了5.28个百分点和22.8个百分点，而大豆压榨企业的买持仓占比从2013年的79.40%下降至2015年的27.13%。

③豆粕现货远期销售基差大幅降低，基差合同点价时间由交割前月延伸进入到交割月。仓单串换业务推出后，期货合约到期时期现价差从200元/吨左右下降到50元/吨左右，且临近交割月流动性显著上升，这一明显变化使得现货基差合同的基差下降到100元/吨左右，同时基差合同中买方点价的最后时间也明显延长，部分合同已延伸进入交割月点价。买方饲料企业签订基差合同的权利明显提升。

④买卖双方实现共赢。一是饲料行业主要企业逐渐成为豆粕期货交易与交割的经常参与者，风险管理水平明显提升。二是新开户饲料企业数量也大幅增长，2014年和2015年新开户饲料企业分别为277家和133家，而2012年只有104家。三是开展豆粕仓单串换业务为产业链上游企业大豆压榨厂增设交割厂库打开了空间。自2014年5月，交易所先后增设了9家豆粕交割厂库，增加了卖方交割地点选择权和交割仓单资源，也为油脂企业套期保值提供了便利。

（四）投资者教育与培训情况

1. 加强产业服务，提高产业客户期货工具利用水平

(1) 做好“三农”服务，为农村基层培养和输送期货人才。大商所在延续以往免费为农户以及农村基层合作组织提供期现货市场信息的基础上，通过借力与政府部门合作开展搞培训活动，以有效扩大信息服务效果为宗旨范围，创新服务手段和

方式，推进“三农”工作的全面开展，完成了与政府部门及信息机构的合作培训15次，培训了1 900人。

（2）积极筹备和组织产业大会，深化产业投资者培训服务工作。2015年，大商所举办了塑料、煤焦钢、玉米和油脂四个产业大会，总计参会人数为2 822人，其中产业客户参与比例为71.6%。经过多年的培育，四个产业大会已经成为相关行业交流沟通信息、内展望行业前景、分享风险管理理念和经验传播期货市场知识的权威会议，得到相关企业客户的积极参与。

（3）加强产业客户培训，推动实体企业学会利用期货工具更好开展风险管理。一是与行业协会、重点会员单位等外部机构合作，加强龙头产业客户高端培训。2015年，大商所与重点会员单位、钢铁工业协会、粮油信息中心等外部机构合作开展了约100场针对重点和龙头企业的高端论坛和培训活动，对推动重点企业了解并参与大商所市场进行风险管理起到了积极作用。二是与会员单位等外部机构充分合作，广泛开展各类产业培训。2015年，大商所开展市场培育活动836场，培训约7万人次；充分利用大商所视频网络培训系统，围绕市场热点，开展业务规则、市场形势分析等视频培训14次。

2. 加强机构客户培训，完善期货市场结构

（1）组织重点机构客户开展产业调研。2015年，大商所共开展了专门针对机构客户的5次产业调研，包括2次化工产业考察、1次豆粕玉米产业调研和2次铁矿石产业调研，调研参加人数约70人。通过调研工作一方面搭建了跨机构与产业的交流平台，同时也让机构客户及时了解到一线产业信息，为其投资决策提供了有力依据。

（2）积极组织面向券商、银行、保险等机构客户的投资者教育活动。2015年，大商所加强了银行、券商、基金、保险、私募等机构客户的开发工作，组织了近50次交流或培训活动，相关活动得到参训人员的充分肯定，培训取得了良好的效果，对推动机构客户研究和参与期货交易起到了积极作用。

（3）积极探索新方法、新工具，加强机构客户开发和培训。一方面，与中国证券业协会合作，共同开发录制了大商所品种相关课程（约30课时），并放入证券业协会远程培训系统，作为证券从业人员后续培训课程。目前该系统注册人数20余万人，通过此种合作模式大大拓宽了机构客户了解大商所品种的渠道。另一方面，推动与公募基金开展LOF研究，与机构投资者开展场外期权探讨，提升服务产业水平。

3. 加强期货公司人才培养力度，促进期货公司产业服务能力进一步提升

（1）多渠道推动期货公司研发人员培养。一是开展十大团队评选活动，2015年共有来自95家期货公司的172个期货公司投研团队报名参加，活动期间公开发布大商所品种交易策略报告800余篇。二是开展品种优秀研究员评选活动，来自115家期货公司的1 144名研究员报名参加。三是与北京期货商会合作组织了23期北京地区期货分析师沙龙活动，促进了北京地区分析师之间的日常沟通以及对我所品种的关注，提升了市场服务能力。四是积极开展产业链调研活动，加强对核心研发人员

的培养。2015 年组织了 3 次产业调研活动，约 100 人次参加，促进了研发人员对产业的了解，同时也建立起期货公司与产业客户沟通的良好渠道。

（2）与全国重点地区期货业协会合作，开展期货公司营销人员和业务人员培训。2015 年，大商所与全国六个重点地区证券期货业协会合作，开展了 7 次针对会员单位市场营销人员的营销培训，培训约 1 000 人次。此类培训在行业内较少，从培训效果看，在各地引起较大反响，参加培训人数超出预期，取得较好市场效果。

4. 开展期权市场培育工作，为上市做好准备

（1）利用期货学院平台，与各地协会合作开展期权知识普及培训。一方面，围绕期权、资管、场外期权产品设计等创新业务，策划开展了 2015 年期货学院期权及创新业务培训班，共有 25 个分院的 1 289 名学员报名参加。另一方面，在北京、上海、深圳三个核心地区组织了三次针对期货公司业务人员的期权业务规则培训，培训约 600 人次。上述培训对向市场普及期权及创新业务知识达到良好效果。

（2）与专业机构合作，开展期权高端培训。2015 年，大商所与外部机构合作，邀请国外专家开展为期一周的期权实务培训，来自期货公司的业务骨干以及产业客户共计 50 余人全程参加，培训对提高学员们的期权实务操作能力起到了积极作用。

（3）举办重点会员豆粕期权仿真交易合作测试。本次测试持续 1 个月，20 家重点期货公司参加了此项活动。活动有效推动了市场对大商所期权规则、交易系统的了解，同时也进一步促进了大商所系统功能的完善和提升。

（五）职工培训与人才培养情况

2015 年大连商品交易所共组织员工培训 46 项，其中包括在职集中培训 43 次，累计 215 学时，参训 2 243 人次，主题涵盖管理能力提升研修、经济形势分析、国家政策解读、期权业务讲解、办公软件与写作技巧训练、重点制度介绍、国学知识讲座和新员工入职培训等内容。在专项培训方面，开展英语在线培训，参训 226 人；开展个性化通用技能外派培训，已有 230 人完成个性化培训；选派人员到芝加哥参加为期 3 周的境外期权业务学习。

（六）纳税情况

依法纳税和足额上缴期货专项费是大商所履行社会责任的重要体现。为了防范税务风险，大商所建立了严格的税务内控及管理机制，聘请专业的税务顾问，对涉税事项进行严格把关。历年来交易所未有任何违反税收法律、行政法规的行为，且连续多年被评为 AAA 级纳税信用等级单位。2015 年大商所纳税 8. 36 亿元，为国家和地方税收做出了重要贡献。2015 年大商所缴纳期货投资者保障基金 0. 73 亿元，为我国期货市场风险承受能力增强贡献了力量。

（七）社会公益慈善情况

1. 大商所义工站成立

2015 年，大商所义工站在大连市慈善总会进行了登记注册，并于 7 月正式挂牌成立。目前大商所义工站下属 20 个义工小组，交易所员工报名义工的 182 人均在大连市慈善总会进行了会员注册。大商所义工站注重与大连市慈善总会保持日常沟通衔接，每月均在义工群体中发布义工活动信息。

2. “爱天使”公益活动

2015 年，大商所义工站在全所范围内发起了“爱天使”公益活动倡议。截至 2015 年底，义工站共计接受会员捐助物品 36 箱，累计募集衣物等物资 2 000 余件，已统一发送至中国贫困县四川省甘孜州色达县。

3. 对口扶贫活动

2015 年，大商所工会组织部分员工前往庄河市吴炉镇，参加了由大商所捐资修建的文化娱乐广场捐赠仪式，并慰问走访了吴炉镇榆树房村低保户，传递了大商所人的温暖情谊。

四、中国金融期货交易所服务实体经济及履行社会责任情况

2015 年，我国股票市场和股指期货市场出现较大波动。这一异常行情对金融期货市场运行秩序与避险功能的发挥提出了前所未有的挑战。在中国证监会的统一部署下，中金所坚持以服务现货市场健康发展为己任，立足于发挥期货市场的风险管理功能，积极完善各项业务规则、推动专业机构入市、加大投资者教育与服务力度，确保了金融期货市场的正常稳定运行，践行了中金所“社会责任至上”的价值理念。

（一）上市品种避险功能发挥

2015 年，我国金融期货市场先后上市了 10 年期国债期货及上证 50、中证 500 股指期货，进一步丰富和完善了金融市场的风险管理工具体系。整体而言，金融期货市场运行期现相关性高，较好地发挥了套期保值功能。

1. 新上市品种初步发挥功能

2015 年 3 月 20 日，10 年期国债期货在中金所上市，这是继 5 年期国债期货之后我国国债期货市场的又一重大创新品种，对于完善反映市场供求关系的国债收益率曲线、促进债券市场发展具有积极意义。10 年期国债期货上市以来，市场运行平稳，期现货联动性良好，投资者参与理性。10 年期国债期货价格成为国债发行招标的重要参考，促进了国债发行。同时，10 年期国债期货的推出，提升了国债现货市场流动性，降低了交易成本，有利于健全反映市场供求关系的国债收益率曲线。10 年期国债期货上市后一个月，最便宜可交割国债 140029 平均日成交额达到 36.9 亿元，较上市前一个月平均日成交额增加 20.7 亿元，增长 129%；交易所市场国债成交量较上市前一个月增长 7.17%，10 年期国债期货的上市在一定程度上带动了交易所市场与银行间市场协同发展和互联互通。此外，根据国债期货交割规则，只要满足一定标准的一篮子国债均可用于交割，在交割实践中，部分发行时间较早的不活跃的老券被用于交割，国债期货实物交割盘活国债存量的作用开始显现。

2. 金融期货市场套期保值效率整体保持较高水平

国债期货方面，5 年期国债期货在 2015 年上半年及下半年的套期保值效率分别为 91.03% 与 92.04%；10 年期国债期货分别为 89.99% 与 95.34%。股指期货方面，沪深 300 股指期货 2015 年上、下半年的套期保值效率分别为 98.76% 与 96.96%；上证 50 股指期货套期保值效率分别为 97.95% 与 98.50%；中证 500 股指期货套期

保值效率分别为96.81%与96.18%。这表明，投资者使用金融期货套期保值取得了理想的避险效果。

3. 金融期货期现相关性高，体现了以服务现货为核心的基本功能

2015年，国债期货品种期现相关性均呈现大幅提升特征。5年期国债期货在2015年上半年及下半年的期现货相关性（每日结算价与最便宜可交割券价格相关性）分别为92.36%与98.46%；10年期国债期货期现相关性分别为95.74%和99.86%。2015年上、下半年，沪深300股指期货主力合约与现货指数的相关性分别为99.81%与97.80%；上证50股指期货主力合约与现货指数的相关性分别为99.15%与98.50%；中证500股指期货主力合约与现货指数的相关性分别为98.87%与97.50%。金融期货品种期现拟合程度良好。

4. 稳步推进债券期货、外汇期货、股指期权等产品研发，丰富金融市场风险管理工具，服务于现货市场多重避险需求

积极研究论证其他债券和利率期货产品，完成短期国债期货合约设计草案，其他券种期货合约研究工作正在有序推进；持续完善交叉外汇期货合约及规则设计、优化外汇期货仿真交易，并研究开展人民币外汇期货国际合作事宜；完成沪深300股指期权上市的各项业务及技术准备，积极培育期权做市商主体，并初步完成国债期货期权产品设计方案。

（二）积极引入机构投资者

截至2015年底，金融期货市场共有客户32.9万户，其中机构客户2.3万户，较2014年增长176%。2015年，机构投资者在国债期货和股指期货中的持仓占比分别上升到65%和41%，机构投资者入市进度明显加快，市场参与广度和深度逐步增加。一年来，中金所积极推动各类金融机构入市，致力于建立以机构投资者为主的市场结构：一是切实提高证券公司参与国债期货深度和广度，实现国内主要证券公司基本入市。当前记账式国债承销团成员、现货交易成交前10名的客户实现全部入市，证券公司类国债承销团成员全部入市，综合评级A级以上证券公司入市率达到69%。二是促进国债期货资产管理业务创新，实现上千只资产管理产品入市。目前挂钩国债期货资管产品类型涵盖证券公司资产管理计划、基金专户、期货公司自管、阳光私募产品等，国债期货已经成为金融机构资产管理创新的基础性构件。三是持续推动商业银行入市工作，部分理财资金参与国债期货交易。2015年，中金所对商业银行参与国债期货交易需求、商业银行入市准备情况、推进商业银行入市工作难点等进行了梳理，并以资产管理产品为纽带，推动部分理财产品资金参与国债期货交易。

（三）交易成本下降情况

1. 调整5年期国债期货可交割券范围，促进国债期货功能发挥

5年期国债期货上市初期，为从严防范交割风险，提高可交割国债存量，中金所将可交割国债范围设定为合约到期月份首日剩余期限为4—7年的记账式附息国债。由于长期以来可交割国债收益率普遍大于国债期货的票面利率3%，因此，久期较长的债券长期稳定地成为最便宜可交割国债（以下简称CTD），即7年期国债成为市场普遍认可的CTD。2015年2月27日，中金所发布修订后的《5年期国债期

货合约》、《5 年期国债期货合约交易细则》以及《5 年期国债期货合约交割细则》，宣布自新上市合约 TF1512 起，将 5 年期国债期货合约的可交割券范围由“合约到期月份首日剩余期限为 4—7 年的记账式附息国债”调整为“合约到期月份首日剩余期限为 4—5. 25 年的记账式附息国债”。调整 5 年期国债期货可交割国债范围的主要考虑在于：

一是借鉴国际成熟市场经验，优化国债期货产品布局。从国际市场经验看，国债期货以 10 年期和 5 年期品种最为活跃。从国内情况看，10 年期和 5 年期是我国国债发行和交易的关键期限，是长期和中期国债收益率的代表。因此，国债期货在 10 年期和 5 年期这两个期限上布局是合理的。美国 10 年期国债期货可交割范围较宽（6. 5—10 年），5 年期国债期货可交割范围较窄（4 年 2 个月—5 年 3 个月）。目前我国 5 年期国债期货可交割国债范围为 4—7 年，CTD 为剩余期限 7 年左右的国债，其实际反映 7 年期国债的收益率。为使 5 年国债期货真正反映 5 年期国债的收益率，需将 5 年国债期货可交割券剩余期限的上限下调到 5 年附近。因此，将 5 年期国债期货可交割券剩余期限的上限下调为 5. 25 年具有必要性，也符合国际成熟市场经验。

二是增强 5 年期与 10 年期国债期货的独立性，促进国债期货功能发挥。历史数据表明，7 年期与 10 年期国债收益率相关性极高，2009—2014 年两期限国债收益率相关系数高达 0. 98，平均利差仅 17 个 BP。5 年期与 10 年期国债收益率走势相对独立，侧重于适应不同期限的投资需求，平均利差达到 40BP。由于 7 年期与 10 年期国债收益率高度相关，如不调整 5 年期国债期货可交割券范围，在 10 年期国债期货上市以后，将产生两期限国债期货品种间竞争、投资者难以开展跨期限套利交易等不利影响。

2015 年 8—12 月，随着 TF1512 合约逐渐成为主力合约，5 年期国债期货与 5 年期国债现货收益率的相关性达到 98. 48%。5 年期国债期货可交割券范围调整后，5 年期国债期货真正反映了 5 年期国债的收益率，满足了市场对中期利率的风险管理需要。同时，5 年期国债期货与 10 年期国债期货成交持仓均呈现平稳增长态势，投资者在两个品种之间广泛开展曲线套利交易，国债期货产品体系更加合理。

2. 实施跨品种单向大边保证金制度，降低交易成本

为进一步提高市场运行效率、降低市场成本，中金所经充分调研和论证，于 2014 年 10 月 27 日正式推出同品种单向大边保证金制度。2015 年 3 月 20 日，10 年期国债期货上市交易，市场各方对跨品种单向大边保证金制度有较大的需求。为此，在对股指类期货产品继续实施同品种单向大边保证金制度的基础上，中金所于 2015 年 7 月 10 日起对期货价格具有较高相关性的 5 年期和 10 年期国债期货，实施了跨品种单向大边保证金制度。

单向大边保证金制度主要包括以下两个方面：一是中金所可以对同一客户号在同一会员处的同品种、跨品种双向持仓，以交易保证金单边较大者收取保证金；二是实物交割合约在交割月份的前一个交易日收盘后，以买卖双向持仓的方式收取交易保证金，从而防范国债类期货等产品的实物交割风险。

目前，中金所对全部上市的股指类期货产品，即沪深300股指期货、上证50股指期货和中证500股指期货，实施同品种单向大边保证金制度；与此同时，中金所对上市的2个国债类期货产品，即5年期国债期货和10年期国债期货，实施跨品种单向大边保证金制度。

3. 平稳开展国债作为期货保证金业务试点

国债作为期货保证金业务是我国期货市场基础设施建设的重要突破和创新，在持续跟踪研究基础上，2014年中金所扎实完成了相关准备，成功实现业务落地，于2015年1月1日在国债期货产品开始试点。从试点运行情况来看，市场各方参与有序，衔接良好，各环节运转平稳顺畅。引入国债作为期货保证金制度是优化期货保证金管理的积极探索，对于进一步降低交易成本，提升市场效率，促进金融期货市场功能发挥具有积极作用。

4. 持续研究交易所业务规则优化措施，提升期货市场效率及抗风险能力

积极推进策略组合保证金研究及相关技术建设，跟踪场外衍生品市场动态，加强衍生品市场风控体系和风险控制研究；探索做市商管理业务，推进国债期货大宗交易及期转现业务研究，进一步服务市场功能发挥；配合中国证监会启动并持续推进《金融市场基础设施原则》（PFMI）评估与落实工作，通过与境外多家交易所交流与推进相关课题研究，深化了对金融市场基础设施国际标准的认识，有利于进一步提升交易所风险管理水平。

（四）投资者教育与培训情况

2015年，中金所开展了多层次、大规模投资者教育活动，取得了良好的反响及效果。

1. 扎实开展会员合作培训

累计支持110家会员公司在全国184个城市举办1 130余场投资者教育活动，培训逾12万人次。紧密结合交易所业务重点及市场形势变化，指导会员单位分别以股指期权等新产品以及股指期货作为培训重点，及时满足市场需求，服务市场整体发展。

2. 深化高校定制专业性培训

配合金融期货市场业务重点，继续联合国内知名高校，举办两期关于股指期权和外汇期货的专业管理课程培训班，共有来自各类金融机构、实体企业及媒体的136名学员参加。

3. 扩大“中金所杯”大学生金融及衍生品知识竞赛的社会影响力

2015年5月，启动“第三届‘中金所杯’大学生金融及衍生品知识竞赛”，参赛境内外高校1 084所，较上届增加逾210所，报名学生达22 742人，覆盖面、影响力进一步扩大。部分高校已把竞赛列为相关专业必修课、保研加分项等。

4. 针对性开展“周周开讲”业务专题培训

配合新产品上市和新业务实施，针对机构投资者和期货公司各类业务人员举办13期“周周开讲”业务专题培训班，累计参训人数逾2 000人次；举办1期交易结算及风控业务培训班，137名从业人员获得资格。通过业务培训，进一步提高了从

业人员业务素质，夯实了新产品上市和新业务推进基础。

5. 继续支持行业协会培训

进一步优化完善与各地辖区、各行业协会合作流程，联合中国期货业协会、中国保险资产管理业协会、上海期货同业公会等举办5场投资者教育活动，推广宣传金融期货产品，推动了相关机构参与积极性。

6. 适应互联网时代新形势，重点开发建设网络培训平台与中金所APP

2015年12月，中金所期货期权学院网站上线并推广应用，包括金融衍生品基础知识、合约规则、法律法规、市场声音、舆论宣传、培训动态、专家师资、金融衍生品知识竞赛等八个方面内容，容量约10 000兆，可满足不同阶层投资者的多元化学习需求，使投资者教育开始迈向专业化、体系化、平台化，并开展学院品牌建设，促进学院品牌应用和资源整合推广。上线至2015年底，网站总浏览量逾15 000次、访客数近3 000人，吸引力和影响力正逐步提升。根据社会对金融期货投资者教育的需求，积极开发建设中金所APP，2015年11月完成首款APP建设，包括业务通知、业务公告、交易规则、实施细则、业务规定、市场声音、培训信息、人才简历共八个方面，初步具备信息发布、行情发布、模拟交易、专项活动版块及人才推荐等功能。上线后，借助APP将更便捷联通终端客户，进一步提升市场及投资者服务水平。

（五）职工培训与人才培养情况

2015年，中金所继续积极为员工提供各种培训学习机会。一是开展新员工入职培训和军训，帮助新员工更快融入交易所工作，提升工作执行力。二是以“中金所大讲坛”为载体，邀请知名专家学者，举办宏观经济、股指期权、党风廉政建设等各方面专题讲座，拓宽员工视野。三是增进与市场机构的交流，选派员工赴银行、券商、结算机构等单位进行实岗交流学习。四是选派骨干员工参加期货期权学院专题课程，与市场机构合作，开展员工金融英语等各类培训；进一步加强国际交流，与港交所开展人员对调交流培训。五是选派中层干部参加中国证监会党校以及上海市各类干部培训，组织开展中层干部管理能力培训。

（六）纳税情况

依法纳税与足额上缴期货专项费用是中国金融期货交易所履行社会责任的重要体现。中金所建立了严格的财务内控及管理机制，对涉税事项进行严格把关，确保各项税收及时入库；严格遵守国家税法规定，按时办理各项税务登记、税务文书的备案及财务报表的上报，保证了依法诚信纳税。2015年中金所缴纳各项税收41.26亿元，为国家与地方税收做出了重要贡献。2015年中金所缴纳期货投资者保障基金7.26亿元，为提升我国期货市场风险承受能力贡献了力量。

（七）社会公益慈善情况

为支持民族地区资本市场发展，按照中国证监会的统一部署和相关规定，中金所与陕西省延安市延长县结对，委派挂职干部到延长县开展工作，通过多种渠道对延长县的扶贫事业、农副产品销售、教育卫生等领域进行定点帮扶。2015年5月，中金所组织了延长县IT专项支教活动，为当地政府人员及师生认知理解互联网应用技术及商务金融知识提供了帮助。

除以上长期帮扶工作外，2015 年中金所与宁夏回族自治区金融工作局、中国证监会宁夏监管局密切合作，捐资设立宁夏资本市场培训基金，用以强化民族地区证券期货行业教育培训、普及资本市场及金融知识。这既是贯彻落实党中央和会党委支持民族地区发展的指示精神，也是中金所践行“社会责任至上”价值理念，支持市场发展和人才培育的有力举措。

第二节　期货经营机构服务实体经济及履行社会责任情况

期货经营机构是资本市场重要的中介服务机构，是连接期货市场与投资者的桥梁。期货公司的社会责任主要体现在有效发挥中介职能，深化期货市场功能，促进社会经济发展，在提升市场规范程度和运行效率中发挥积极作用。随着企业社会责任理论与实践的发展，在中国证监会和中国期货业协会的倡导下，期货公司不断深化社会责任理念，完善社会责任管理机制。2015 年，有 26 家期货公司发布了《年度社会责任报告》，多家期货公司出现专职从事社会责任工作的员工，在内部制定了有利于公司各部门履行企业社会责任的制度与措施，在实现公司稳健经营，提升服务实体经济能力，保护投资者权益，坚持诚信合规经营，积极促进就业、依法纳税等方面积极履行社会责任，为推动期货市场服务于国民经济，特别是实体经济的发展，促进资源有效配置发挥了积极作用。

一、服务实体经济情况

2015 年，随着中国证监会《关于进一步推进期货经营机构创新发展的意见》（以下简称《创新意见》）的深入推进，各项措施落地实施，期货行业整体服务实体经济的能力得到加快提升。风险管理、资产管理、跨境业务等创新业务的开展，使得期货公司作为金融机构的功能更加健全，提升了期货行业的核心竞争力和专业化服务能力。特别是通过在仓单融通、基差报价、合作套保、场外衍生品等风险管理业务的试点，期货公司以期现结合业务和场外业务为切入点，提供个性化的大宗商品定价和风险管理服务及产品，在服务中小企业、服务“三农”方面进行了有益的探索，为期货行业服务实体经济找到了切实可行的途径，取得了较好的效果。

（一）依托风险管理业务，满足实体企业的个性化风险管理需求

2015 年，围绕实体经济的个性化需求，风险管理公司进行了多样化的探索和尝试，初步形成了一些具有发展前景的业务模式。具体包括：

一是以仓单购销、仓单质押（与银行合作）、仓单回购（仓单返售）等多种方式，解决中小企业和涉农企业资金困难，拓宽供销渠道，提高抗风险的能力，实现平稳发展。一些实体企业尤其是中小微企业在原材料采购或者产品销售过程中，资金占用较大，购销渠道不畅，经常出现短期资金困难。风险管理公司通过仓单服务

业务帮助企业拓宽了购销渠道，在一定程度上解决了企业的资金困难和购销难题。2015 年底的调查数据显示，有 31 家公司开展了仓单购销业务，占比 70.45%；有 12 家公司开展了仓单质押业务占比 27.27%；有 22 家公司开展了仓单返售/仓单回购业务占比 50%。

二是以合作套保的方式帮助缺乏专业能力的中小企业或不便于利用期货市场的国有企业管理价格风险。通常是风险管理公司负责套保方案制定及期货操作、风险控制等环节，客户负责现货领域的购销。由于大宗商品价格波动，企业套期保值或者及时销售变现的需求迫切，但生产贸易过程中资金占用和期货专业能力有限，难以利用期货市场规避风险，往往通过“背靠背”的形式以“一口价”的形式交易，经营不确定性较大。风险管理公司利用期货专业优势与自有资金，解决了企业“不会保、不能保和不愿保”的难题，帮助企业更好地规避现货市场的价格风险，稳定生产经营。2015 年底的调查数据显示，有 20 家公司开展了合作套保业务，占比 45.45%。

三是开展商品基差报价业务，为中小企业提供即期和远期采购服务，降低企业采购成本，优化库存管理。中小企业在贸易过程中经常遇到采购规模小、价格波动大等问题，风险管理公司通过基差交易锁定利润，同时利用储备的现货仓单进行报价并开展实物贸易，帮助中小企业降低原材料采购成本、优化库存管理、拓宽贸易渠道，该模式还在一定程度上平滑了期货市场价格的波动，提升了期货市场的服务能力，同时提高了现货市场的流动性。2015 年底的调查数据显示，有 19 家公司开展基差报价业务，占比 43.18%。其中，7 家公司还开立了特殊法人账户。

四是借助场外期权工具，探索“新型订单农业模式”，为农户提供保底价收购服务。风险管理公司针对传统“订单农业”在实践过程中经常面临的农户违约、资金短缺、专业风险管理能力缺失等难题，与涉农中小贸易商、农村合作社等涉农组织合作，为农户提供“二次点价”服务，并利用期货“复制期权”对冲自身风险。这种方式保证了农户的最低收入，同时让他们分享了价格上涨带来的潜在收益，在一定程度上解决了“卖粮难、卖价低”的难题。同时，风险管理公司还与保险机构积极进行合作，探索通过“保险 + 期货”的方式，解决农业保险的风险对冲问题，探索为农产品目标价格管理提供风险管理方案，也取得了初步的成果。

五是尝试开展场外衍生产品的设计和交易业务，为客户提供个性化的风险管理工具。风险管理公司作为专业的交易商，通过设计场外远期、期权、互换等衍生产品，提供报价服务，或作为交易对手与客户进行交易，以提供个性化的风险管理服务。2015 年底的调查数据显示，共有 18 家风险管理公司开展了场外业务，签署了《中国证券期货市场场外衍生品交易主协议（2014 年版）》，产品类型不但包含欧式、美式等标准期权形式，同时也尝试设计“鲨鱼鳍”式等复杂期权运用于实践，占比 40.91%，服务对象包括现货企业、投资机构等。

截至 2015 年 12 月底，共有 40 家风险管理公司开展了业务，仓单购销总额达 1 305.53 亿元，仓单质押总额达 3.33 亿元，仓单回购买入卖出总额达 28.26 亿元；合作套保协议共签订 126 笔，累计签约客户达 486 户；16 家公司开展场外期权交易 405 笔，场外衍生品业务进入快速发展阶段。

（二）通过资产管理业务，拓宽实体企业风险和财富管理的渠道和方式

2014 年 12 月 15 日，中国期货业协会发布实施了《期货公司资产管理业务管理规则（试行）》，经过一年的发展，期货公司资产管理业务以一对多产品为主，呈现出规模快速增长、主动管理类产品增速加快、投资策略与方式多样、业务集中度较高、客户构成多元化等特点，期货公司资产管理业务取得了一定的成效。

一是为实体经济进行风险管理提供了新的渠道。资产管理业务推出后，期货公司利用资产管理业务通道，运用商品期货、金融期货的跨期、跨品种套保、套利策略，更好地服务了现有的客户，尤其是很多产业客户。目前期货公司资产管理业务服务于实体经济的方式主要有：利用股指期货等金融衍生品为其他金融机构、资产管理计划或理财产品提供风险管理服务；利用商品期货等商品衍生品为实体企业提供风险管理服务；为上市公司提供融资类服务。

二是进一步完善了投资者结构，促进了期货市场功能的发挥。从 2015 年 12 月底的数据来看，期货公司资产管理业务的客户群体中，自然人、一般法人、特殊法人的数量分别是 10 268 户、958 户和 2 933 户，占比分别为 72.52%、6.77%、20.71%，机构投资者合计占比 27.48%，明显优于传统期货市场，有利于期货市场风险管理功能的发挥。同时，期货资管产品本身作为金融市场新生的买方力量，也在一定程度上保障了金融体系的稳定，促进了多层次资本市场的建设。

三是为满足投资者的财富管理需求提供了新的选择。有别于传统的资产管理行业，期货公司资产管理业务特有的风险管理专业优势为投资者多元化的财富管理需求提供了新的选择。2015 年，在资本市场剧烈波动行情中，期货公司资产管理业务依旧运行平稳，为投资者提供了较为稳定的投资收益。1—12 月，产品数量和规模持续增长，产品累计盈亏总体表现稳定、回撤幅度较小。截至 2015 年 12 月底，期货公司资产管理业务存续产品累计为客户实现投资收益约为 181.48 亿元，存续产品持有期平均收益率约为 20.57%。此外，数据显示，在 2015 年市场异常波动的行情中，期货公司资管产品未发生大面积因亏损而清盘情况，对于提振投资者信心、宣传期货市场风险管理功能起到了积极作用。

四是对提升期货公司的核心竞争力起到了积极作用。资产管理业务的开展对期货公司产生的正面影响主要有：首先，资产管理业务的深入开展使得期货公司产品设计、自主交易能力以及风控、估值和清算等中后台业务处理能力得到显著提升，同时促进了公司为期货资产管理机构提供外包服务业务的发展；其次，资产管理业务促进了期货公司与银行、证券、基金、保险、信托等金融机构的合作，有效提升了公司在金融市场中的主体形象。问卷调查数据显示，除了传统的托管业务合作外，商业银行已成为期货公司资产管理业务最重要的机构客户，参与资金规模占比达 18.80%；再次，资产管理业务规模的提升带动了传统经纪业务的发展，公司经纪业务权益总额显著增长。问卷调查数据显示，因资产管理业务的开展，2015 年度直接或间接带来公司保证金规模增长约为 267.73 亿元；最后，资产管理业务收入已成为期货公司新的利润增长点，并逐步成为公司重要的利润来源。

截至 2015 年 12 月底，期货公司及资产管理子公司发行的资管产品共计 3 478

只，产品规模合计1 063.75亿元，较2014年末分别增长194%和890.27%。

总体来看，随着投资咨询、风险管理、资产管理、ETF期权等各类创新业务的开展，期货公司具备了更多服务实体经济的工具和服务手段，以满足不同类型客户特别是产业客户的风险管理和财富管理需求。截至2015年底，我国期货市场投资者开户数量近199万户，实际有效客户108万户，其中法人客户2.9万户，比2014年增长4.35%，期货市场资金总量4 139亿元，比2014年增长41.60%。期货市场规模的扩大、品种体系的成熟以及期货经营机构业务的创新发展，为期货市场提高服务实体经济的能力和效率提供了条件。

二、公司内部治理情况

经过20多年的探索实践和规范发展，期货公司已经普遍建立了符合监管要求和企业自身发展的公司治理结构。2015年，在《创新意见》相关政策的支持引领下，期货公司适应转型和创新发展的要求，抓紧建立适应实体企业开发和服务的运营机制，在内部建设方面进一步得到完善。

（一）增强了资本实力

新修订的《期货公司监督管理办法》将股东范围扩大到自然人、法人或其他组织，为各类资本投资期货公司和期货公司发行上市扫清了政策障碍。其后，2015年1月29日发布的《期货公司资本补充指引》和2015年4月3日发布实施的《期货公司次级债管理规则》，又为期货公司通过发行上市、股东增资扩股、发行（借入）次级债等方式补充资本提供了政策支持。伴随相关政策的出台，期货公司纷纷制订资本补充计划，着手充实资本。截至12月31日，全行业共28家期货公司进行了各种形式的资本补充，资本补充总额102.404亿元，相当于全行业注册资本的约19.5%。其中，H股发行累计2家完成15亿港币，新三板挂牌累计5家完成17.7亿股，14家公司发行34.06亿元次级债。根据调查，补充的资本除满足净资本要求外，主要投向了创新业务。

（二）优化了组织结构

得益于《期货公司监督管理办法》中对营业部人数相关硬性要求的取消，传统营业部趋于转向专业化、特色化的轻型营业部，功能定位也由经纪通道业务逐步向创新业务的综合展示、服务平台转变。公司架构正在从“总公司—营业部”向“总公司—分公司—营业部”的三级架构体系转变，以便更好地整合区域资源、吸引人才、提升管理和服务、增强渠道能力。为了适应创新发展，公司重点完善了与创新业务相关的制度建设和风险管理内控体系。部分期货公司为了满足上市需要通过聘请外部资源进一步完善了法人治理结构，董事会下设风险管理委员会、战略委员会等专业委员会，为公司长远发展谋篇布局。同时，根据创新业务和战略发展的需要，期货公司加快设立境外子公司、风险管理子公司和资产管理子公司，期货公司集团化经营稳步开展，为打造一批具有国际竞争力的期货及衍生品服务集团创造了良好条件。

（三）探索降低技术管理成本

《创新意见》明确提出了“在安全可控的原则下，支持期货经营机构自主选择技术管理方式，支持中小期货经营机构信息技术外包”，从调研情况来看，目前已有部分公司开展了信息技术外包业务探索，主要涉及机房基础设施、行情系统以及仿真交易系统等。此外，部分公司希望信息技术整体外包，以有效减轻其在系统建设管理方面大量投入的压力，使其集中精力做业务，帮助企业实现向专业化、特色化经营的转型。

三、合规经营情况

由于期货工具本身的抽象性与风险性，再加上我国期货市场初期经历过一段不规范的发展阶段，长期以来社会公众对于期货行业的认识存在误区。期货经营机构通过恪守诚信守法、合规经营的理念，积极营造良好的市场竞争秩序，有助于提升行业形象，改善期货业发展环境。

（一）自律规则体系进一步完善

2015 年，中国期货业协会已发布自律指引共 8 件，即将发布的指引和自律规则 3 件，已完成起草、修订、征集意见，拟提交理事会审议发布的规则有 10 多件。截至 2015 年底，由中国期货业协会发布的自律规则共 52 件，为期货从业人员与经营机构自律管理和合规运行提供了依据与标准。

（二）内部治理与风险控制进一步优化

2015 年，期货公司各项风险监控指标均符合监管要求。150 家期货公司平均净资本为 4 亿元，同比增长 21.25%；风险资本准备合计为 202.81 亿元，同比增加 40.4%；净资本与净资产比例区间为 49.6%—134%，与 2014 年的 43.90%—109.50% 相比，整体有所提升；流动资产与流动负债的比例、负债与净资产的比例均值分别为 548.87% 和 17.05%，远远超过前者不得低于 100% 和后者不得高于 150% 的监管标准。合规经营促使期货公司保持稳健发展，为服务实体经济与履行相关社会责任提供了保障。

四、投资者教育与保护情况

期货市场属于高风险市场，有效保护投资者尤其是中小投资者权益是行业底线，同时也是期货行业履行社会责任的重要体现。2015 年，期货行业围绕保护投资者合法权益，开展多层次投资者教育活动，拓宽投资者教育工作的辐射范围，创新投资者教育方式。

（一）进一步完善了投资者保护的制度机制

2015 年《证券期货市场投资者适当性管理办法》、《证券期货投资者投诉处理办法》、《证券期货纠纷调解指导意见》、《证券期货投资者教育指导意见》、《期货经营机构投资者适当性管理规则》、《期货行业协助打击非法期货活动工作指引》等监管文件和自律规则已基本完成。

（二）投教平台建设取得新进展

2015 年，中国期货业协会开发建设了期货互联网投教平台——期货投教网，成为首批证监会（国家级）互联网投教基地之一。该网站由 4 个主频道、近 50 个栏目组成，融资讯发布、在线答疑、互动交流、信息查询等多项功能于一体，是协会专门开展投资者教育工作的独立网站。

（三）创新投教工作机制

2015 年，中国期货业协会整合行业资源，成立“期媒投教联盟”，建立起协会投教部、投教基金、投教委员会、期媒投教联盟“四位一体”的行业投教协作机制，引入“互联网 +”思维，探索利用新媒体开展投资者教育的方式方法。

2015 年，证券、期货市场行情波动剧烈，政策调整力度较大，期货公司作为直接面向投资者的机构，投资者保护工作面临新的挑战。针对特殊市场环境，2015 年期货公司调整了投资者保护工作的开展方向和重点，明确了在稳定投资者信心、做好适当性工作的基础上，继续细化分类服务，发展创新业务，有针对性地为投资者提供合适的服务和产品。2015 年全行业经营机构在投资者保护宣传、培训等方面的重视程度和投入力度均有所提升。

五、人才培养情况

2015 年，中国期货业协会发布施行了《期货行业人才培养战略规划》，进一步明确了未来一段时期期货行业人才培养的目标、路径和方式。围绕新产品和新业务，与境内外交易所、专业培训机构等加强合作，组织开展了 44 期专题培训，参训学员 14 654 人次；组织 1 100 多名高管参加了 8 期现场培训；开设了“创新大讲堂”系列课程，围绕创新业务开展了 36 期专题培训，参训学员 1 300 多人。进一步丰富网络培训平台，新推出了 15 门在线课程、3 期微板报，累计课程量达到了 175 门，年内累计完成 110 148 人次、145 385 学时的培训。

期货公司在管理上也遵循按劳分配、同工同酬的原则，不断改善人力资源管理，完善激励约束机制，重视员工健康和安全，努力提高员工职业素质、道德水平和从业技能，丰富员工业余文化生活，促进员工全面发展。截至 12 月 31 日，全国期货从业人员共计 50 068 人，其中期货公司从业人员 29 330 人，证券公司 IB 人员 20 738 名。此外，各期货公司总部及营业部也为在校大学生提供了多个实习岗位，在促进大学生学以致用、理论联系实际等方面发挥了积极作用。

六、纳税情况

截至 2015 年末，全国共 149 家期货公司，覆盖了 23 省份与 7 市，期货公司向国家上缴营业税金及附加和所得税共 28.59 亿元，较 2014 年增长 44.90%。

七、社会公益慈善情况

在合规经营、创新发展的同时，期货行业还积极参加社会公益和慈善活动。2015 年，期货行业通过对口扶贫、捐资助学、无偿献血、设立公益培训基金等方式回报社会，共计 440 名员工注册为义工参与社会公益和慈善活动，全行业 2015 年公益慈善投入共计 3 088 万元，同比增加 194%。

特别专题

2015 年全球期货与其他衍生品行业发展报告

>>> 第一节 全球期货与其他衍生品市场交易概况

一、全球期货与其他场内衍生品市场总体发展概况

2015 年全球期货与其他场内衍生品成交量相对 2014 年延续了最近两年的增长趋势，且增速也有明显的放大。根据美国期货业协会（FIA）对全球 78 家交易所中期货与其他场内衍生品成交量统计结果显示，2015 年全球交易所合约成交量相较 2014 年大幅增加 13.48%，至 247.76 亿手，接近 2011 年的最高水平 250 亿手。在 2015 年的场内衍生品成交细分数据中，期货合约与期权合约成交量均呈现增长趋势，其中全球期货成交量增长 19.3% 至 144.8 亿手，超过 2011 年的最高水平；场内期权成交量规模增长相对期货较小，2015 年成交量为 102.96 亿手，同比增长 6.2%。2006—2015 年全球交易所期货及期权成交量对比见图 1。

（一）全球期货及其他场内衍生品成交量地域分布

从全球期货与其他场内衍生品成交量地域分布来看，北美地区的成交量在近三年首次出现负增长，降幅为 0.2%，成交 82 亿手。亚洲市场成交量跳跃式的增长是 2015 年全球成交量能够实现大幅增长的最重要因素，该年度成交量同比增长 33.7%，达到 97 亿手，反超北美地区夺回领先地位。欧洲地区的成交量也有

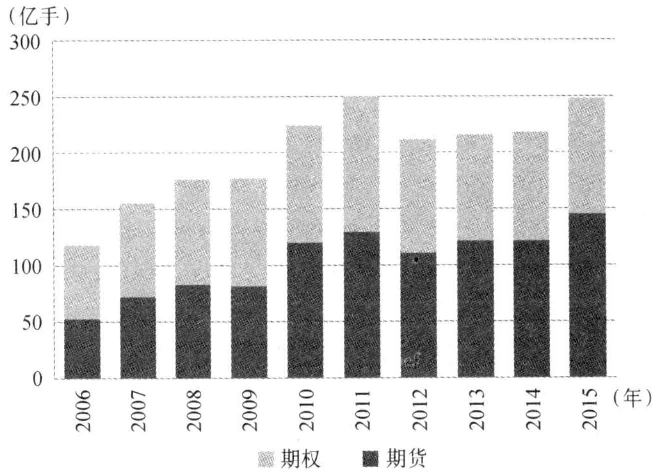

数据来源：美国期货业协会（FIA）。

图 1　2006—2015 年全球交易所期货及期权成交量对比

8.16% 的高增长，2015 年成交 47.7 亿手。虽然全球其他地区的成交量涨势惊人，达到了 52%，但其年度成交量占比只有 2.7%。2015 年全球成交量实现大幅攀升，主要来自亚太地区高增长的贡献（见表 1 和图 2）。

表 1　2014—2015 年全球期货与其他场内衍生品成交量分地区比较情况

地区	2014 年（手）	2015 年（手）	同比变化（%）
北美	8 215 935 876	8 195 399 670	-0.25%
亚太地区	7 257 085 363	9 701 681 822	33.69%
欧洲	4 409 853 320	4 769 831 611	8.16%
拉美	1 516 759 488	1 450 744 978	-4.35%
其他地区	433 297 533	658 103 273	51.88%
全球总量	21 832 931 580	24 775 761 354	13.48%

注：交易所所在地按交易所注册地划分；其他地区包括希腊、以色列、南非以及土耳其。

数据来源：美国期货业协会（FIA）。

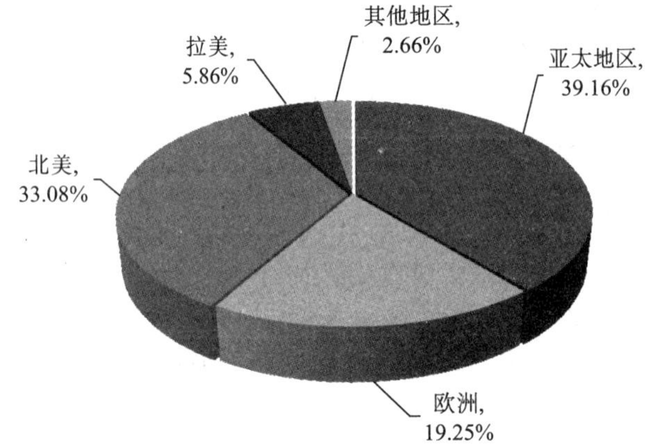

数据来源：美国期货业协会（FIA）。

图 2　2015 年全球期货及其他场内衍生品成交量地域分布

亚太地区在2015年实现了成交量的大幅增长，跃上榜首。其中，印度国家证券交易所更是在2015年实现了61.24%的增幅，在全球交易所成交量榜单中升至第二位；大连商品交易所和郑州交易所的成交量也分别达到了45.05%和58.25%。这三家交易所在外汇、股指以及农产品期货方面的优异表现，帮助亚太地区成交量反超北美，再度夺魁。

（二）全球各交易所期货及其他场内衍生品成交量概况

根据美国期货业协会（FIA）对2015年全球各交易所期货与其他衍生品交易/清算的合约数量排名，位列前三甲的分别是芝加哥商业交易所集团（CME Group）、印度国家证券交易所（NSE）与欧洲期货交易所集团（Eurex）。印度国家交易所凭借61.24%的涨幅，取代洲际交易集团（ICE）跃至第二位，后者成交量跌落9.78%，下降至第4位。而中国的郑州商品交易所首次跻身全球前10，位列第9名。

2015年全球交易所/交易所集团成交量前20位排名见表2，2015年各交易所集团旗下交易所成交概况见表3。

表2　　2015年全球交易所/交易所集团成交量前20位排名

排名	交易所/交易所集团名称	2014年成交量（手）	2015年成交量（手）	同比变化（%）
1	芝加哥商业交易所集团（CME Group）	3 442 700 984	3 531 760 591	2.59
2	印度国家证券交易所（NSE）	1 880 363 732	3 031 892 784	61.24
3	欧洲期货交易所集团（Eurex）	2 097 975 470	2 272 445 891	8.32
4	洲际交易所集团（ICE）	2 215 559 295	1 998 810 416	-9.78
5	莫斯科交易所（Moscow Exchange）	1 413 222 196	1 659 441 584	17.42
6	巴西证券期货交易所（BM&FBovespa）	1 420 479 205	1 358 592 857	-4.36
7	芝加哥期权交易所集团（CBOE Holdings）	1 325 391 523	1 173 934 104	-11.43
8	大连商品交易所（DCE）	769 637 041	1 116 323 375	45.05
9	郑州商品交易所（ZCE）	676 343 283	1 070 335 606	58.25
10	上海期货交易所（SHFE）	842 294 223	1 050 494 146	24.72
11	纳斯达克OMX集团（NASDAQ OMX）	1 147 450 449	1 045 646 992	-8.87
12	韩国交易所（KRX）	677 765 128	794 935 326	17.29
13	孟买证券交易所（BSE）	754 992 572	614 894 523	-18.56
14	南非约翰内斯堡证券交易所（JSE）	299 742 584	488 515 433	62.98
15	美国BATS交易所	201 985 667	396 415 424	96.26
16	日本交易所集团（JPX）	309 732 384	361 459 935	16.70
17	香港交易所集团（HKEx）	319 590 751	359 364 547	12.45
18	中国金融期货交易所（CFFE）	217 581 145	321 590 923	47.80
19	台湾期货交易所	202 411 093	264 495 660	30.67
20	迈阿密国际证券交易所	134 535 972	252 605 427	87.76

数据来源：美国期货业协会（FIA）。

表 3　　　　2015 年各交易所集团旗下交易所成交概况

交易所	2015 年成交量（手）	同比变化（%）
澳大利亚证券交易所（Australian Stock Exchange）	106 556 137	-15.2
悉尼期货交易所（Sydney Futures Exchange）	127 625 716	7.8
澳大利亚证券交易所集团（ASX Group）	234 181 853	-4.1
圣保罗证券交易所（Bolsa de Valores São Paulo）	665 866 655	-15.7
巴西商品期货交易所（Bolsa de Mercadorias & Futuros）	692 726 202	9.9
巴西证券期货交易所（BM&FBovespa）	1 358 592 857	-4.4
芝加哥期权交易所（Chicago Board Options Exchange）	1 043 031 630	-12.6
C2 期权交易所（C2 Exchange）	79 226 943	-2.7
CBOE 期货交易所（CBOE Futures Exchange）	51 675 531	2.1
芝加哥期权交易所集团（CBOE Holdings）	1 173 934 104	-11.4
芝加哥商业交易所（Chicago Mercantile Exchange）	1 749 610 948	-1.5
芝加哥期货交易所（Chicago Board of Trade）	1 196 934 811	2.2
纽约商业交易所（New York Mercantile Exchange）	585 216 500	18.2
芝加哥商业交易所集团（CME Group）	3 531 760 591	2.6
欧洲期货交易所（Eurex）	1 672 658 058	12.2
美国国际证券交易所（International Securities Exchange）	482 171 761	0.2
美国国际证券交易所 Gemini 分所（ISE Gemini）	117 616 072	-6.8
欧洲期货交易所集团（Eurex）	2 272 445 891	8.3
伦敦金属交易所（London Metal Exchange）	169 540 184	-4.3
香港交易所（Hong Kong Exchanges & Clearing）	189 824 363	33.3
香港交易所集团（Hong Kong Exchanges & Clearing）	359 364 547	12.4
纽约证券交易所泛美期权市场（NYSE Amex Options）	344 463 910	-27.3
洲际交易所美国期货分所（ICE Futures U. S.）*	365 433 350	0.3
纽约证券交易所高增长板期权市场（NYSE Arca Options）	381 515 438	-13.1
洲际交易所欧洲期货分所（ICE Futures Europe）*	901 659 951	-3.4
洲际交易所加拿大期货分所（ICE Futures Canada）	5 720 023	0.8
新加坡商品交易所（Singapore Mercantile Exchange）	17 744	1 263.9
洲际交易所集团（IntercontinentalExchange Group，ICE）	1 998 810 416	-9.8
纳斯达克 OMX 费城股票交易所（Nasdaq OMX PHLX）	623 514 666	0.9
纳斯达克期权交易所（Nasdaq Options Market）	286 845 485	-25.7
纳斯达克 OMX 北欧交易所（Nasdaq OMX Nordic）	99 990 848	8.9
纳斯达克 OMX 波士顿期权交易所（Nasdaq OMX Boston）	31 496 313	-0.3
纳斯达克 OMX 商品交易所（Nasdaq OMX Commodities）	3 013 983	76.4
纳斯达克 OMX 伦敦交易所（Nasdaq OMX London）	785 697	-95.7
纳斯达克 OMX 集团（Nasdaq OMX Group）	1 045 646 992	-8.9
波士顿期权交易所（Boston Options Exchange）	103 268 442	4.9
蒙特利尔交易所（Montreal Exchange）	76 672 171	9.6
TMX 集团（TMX Group）	179 940 613	6.8

数据来源：美国期货业协会（FIA）。

（三）全球期货及其他场内衍生品交易品种成交量分布

在各品种的表现方面，2015 年成交量情况呈现明显分化态势。其中，股票指数表现相当亮眼，主要是来自于美国各家期权交易所以及印度孟买证券交易所的贡献。特别是印度国家证券交易所（NSE）的 CNX 精选指数期权，2015 年成交量上涨 81.5%，成交 17.7 亿手。外汇市场扭转了 2014 年的颓势，表现十分优异，2015 年全年成交量上涨 31.2%，其中美元/印度卢比期权贡献巨大，在印度国家证券交易所（NSE）和孟买证券交易所（BSE）的涨幅分别达到 118.9%和 430.4%；美元/俄罗斯卢布期货增长 37.6%至 9 亿手，稳固了其板块第一的位置。农产品合约 2015 年继续强势表现，而且仍由中国市场主导，在农产品成交量排名前 20 的合约中，一半的合约在中国的期货交易所上市交易，且前 5 名最活跃的合约均是出自中国。豆粕期货合约 2015 年成交量大增 41.2%至 2.89 亿手居于首位；白糖合约成交 1.87 亿手，上涨 91.7%，升至第三位；除了中国以外，美国交易所拥有另外一半的活跃农产品合约。此外，非贵金属保持了活跃的表现，全年增长幅度达到 46.8%，其中中国因素再次发挥关键的作用，上海期货交易所的螺纹钢期货持续强势，成交量上涨 32.6%至 5.4 亿手；大连商品交易所的铁矿石期货成交 26 亿手，大涨 169.4%；另外，上海期货交易所新上市的镍期货成交 6 359 万手，一跃跻身前 5 名的行列。能源市场也实现了翻转，整体成交量上涨 21.2%，莫斯科交易所的布伦特原油期货暴涨 1 472.7%，成交量达到 1.1 亿手。

另一方面，贵金属的成交并不如意。贵金属合约整体成交量下滑 13.4%，主要是由于上海期货交易所白银合约成交量减少 25.2%。此外，利率市场成交量出现了 1.3%的微跌，主要由于排名第一的 CME 欧洲美元期货成交量下跌了 11.7%。

2014—2015 年各品种成交量情况对比见表 4。

表 4　2014—2015 年各品种成交量情况对比

品种种类	2014 年（手）	2015 年（手）	同比变化（%）
股票指数	7 338 870 063	8 342 860 438	13.7
个股	4 931 561 737	4 927 935 476	-0.1
利率	3 293 164 521	3 251 257 586	-1.3
外汇	2 122 783 609	2 784 884 902	31.2
农产品	1 387 993 407	1 639 668 492	18.1
能源	1 160 869 956	1 407 235 307	21.2
非贵金属	872 626 126	1 280 935 517	46.8
其他	353 997 195	819 713 435	131.6
贵金属	371 064 966	321 272 201	-13.4
总计	21 832 931 580	24 775 761 354	13.5

数据来源：美国期货业协会（FIA）。

2014—2015 年全球期货及其他场内衍生品各品种成交量对比见图 3。

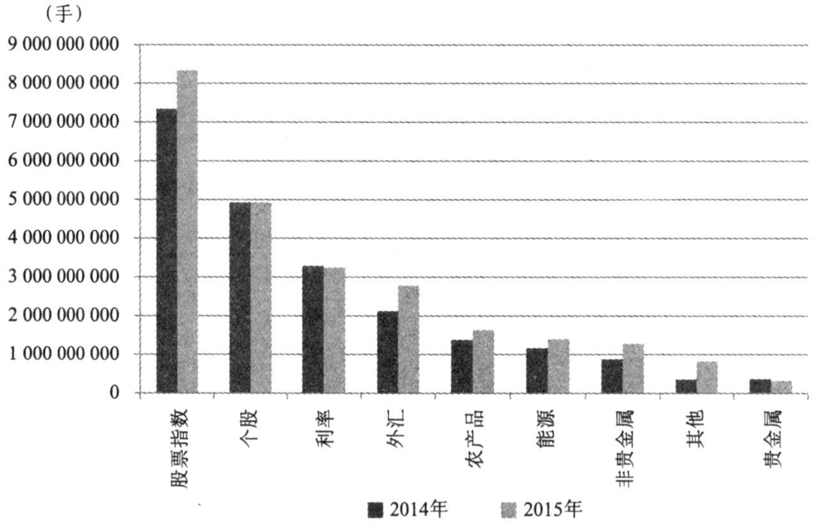

数据来源：美国期货业协会（FIA）。

图 3　2014—2015 年全球期货及其他场内衍生品各品种成交量对比

2015 年全球期货及其他场内衍生品各品种成交量分布见图 4。

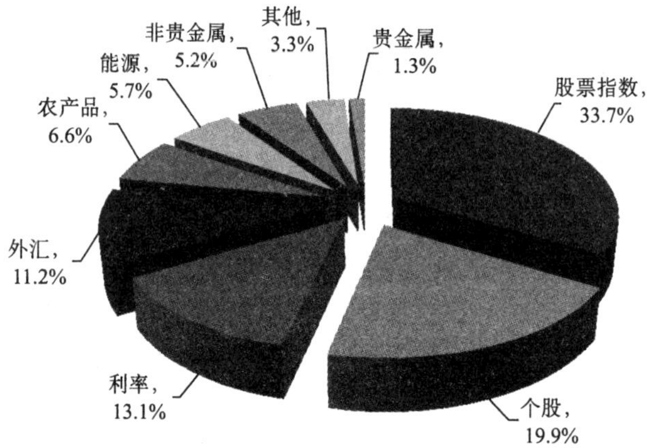

数据来源：美国期货业协会（FIA）。

图 4　2015 年全球期货及其他场内衍生品各品种成交量分布

2015 年全球股票指数期货及期权成交量排名前 5 名合约见表 5。

表 5　2015 年全球股票指数期货及期权成交量排名前 5 名合约

排名	交易品种及上市交易所	指数乘数	2014 年（手）	2015 年（手）	同比变化（%）
1	CNX 精选指数期权，印度国家证券交易所（NSE）	50 印度卢比	972 738 636	1 765 858 934	81.5
2	SPDR 标普 500ETF 期权*	N/A	609 148 644	655 942 274	7.7

续表

排名	交易品种及上市交易所	指数乘数	2014 年（手）	2015 年（手）	同比变化（%）
3	Kospi200 指数期权，韩国交易所	500 000 韩元	462 010 885	488 009 055	5.6
4	电子迷你标普 500 指数期货，芝加哥商业交易所（CME）	50 美元	425 020 210	429 803 221	1.1
5	欧洲斯托克 50 指数，欧洲期货交易所集团（Eurex）	10 欧元	293 837 558	341 824 375	16.3

注：* 美国多家期权交易所交易。

数据来源：美国期货业协会（FIA）。

2015 年全球农产品期货及期权成交量排名前 5 名合约见表 6。

表 6　2015 年全球农产品期货及期权成交量排名前 5 名合约

排名	交易品种及上市交易所	交易单位	2014 年（手）	2015 年（手）	同比变化（%）
1	豆粕期货，大连商品交易所（DCE）	10 吨	204 988 746	289 496 780	41.2
2	菜粕期货，郑州商品交易所（ZCE）	10 吨	303 515 966	261 487 209	-13.8
3	白糖期货，郑州商品交易所（ZCE）	10 吨	97 726 662	187 323 456	91.7
4	棕榈油期货，大连商品交易所（DCE）	10 吨	79 996 388	111 515 010	39.4
5	豆油期货，大连商品交易所（DCE）	10 吨	64 082 631	92 504 264	44.4

数据来源：美国期货业协会（FIA）。

2015 年全球金属期货及期权成交量排名前 5 名合约见表 7。

表 7　2015 年全球金属期货及期权成交量排名前 5 名合约

排名	交易品种及上市交易所	交易单位	2014 年（手）	2015 年（手）	同比变化（%）
1	螺纹钢期货，上海期货交易所（SHFE）	10 吨	408 078 103	541 035 860	32.6
2	铁矿石期货，大连商品交易所（DCE）	100 吨	96 359 128	259 572 085	169.4
3	白银期货，上海期货交易所（SHFE）	15 千克	193 487 650	144 786 451	-25.2
4	铜期货，上海期货交易所（SHFE）	5 吨	70 510 306	88 318 558	25.3
5	镍期货，上海期货交易所（SHFE）	1 吨	N/A	63 590 118	N/A

数据来源：美国期货业协会（FIA）。

2015 年全球利率期货及期权成交量排名前 5 名合约见表 8。

表 8　　2015 年全球利率期货及期权成交量排名前 5 名合约

排名	交易品种及上市交易所	交易单位	2014 年（手）	2015 年（手）	同比变化（%）
1	欧洲美元期货，芝加哥商业交易所（CME）	1 000 000 美元	664 433 493	586 913 126	-11.7
2	10 年期美国国债期货，芝加哥期货交易所（CBOT）	100 000 美元	340 485 319	328 341 066	-3.6
3	1 天期银行间存款期货，巴西证券期货交易所（BM&F）	100 000 巴西雷亚尔	286 125 664	309 308 981	8.1
4	5 年期美国国债期货，芝加哥期货交易所（CBOT）	100 000 美元	196 429 135	190 707 727	-2.9
5	德国欧元长期债券期货，欧洲期货交易所（Eurex）	100 000 欧元	179 136 822	177 107 346	-1.1

数据来源：美国期货业协会（FIA）。

2015 年全球外汇期货及期权成交量排名前 5 名合约见表 9。

表 9　　2015 年全球外汇期货及期权成交量排名前 5 名合约

排名	交易品种及上市交易所	交易单位	2014 年（手）	2015 年（手）	同比变化（%）
1	美元/俄罗斯卢布期货，莫斯科交易所（Moscow Exchange）	1 000 美元	656 476 373	903 374 140	37.6
2	美元/印度卢比期货，印度国家证券交易所（NSE）	1 000 美元	294 069 368	358 801 689	22
3	美元/印度卢比期货，孟买证券交易所（BSE）	1 000 美元	171 642 176	258 083 484	50.4
4	美元/印度卢比期权，印度国家证券交易所（NSE）	1 000 美元	98 750 882	216 130 236	118.9
5	美元/印度卢比期权，孟买证券交易所（BSE）	1 000 美元	32 110 966	170 311 114	430.4

数据来源：美国期货业协会（FIA）。

2015 年全球能源期货及期权成交量排名前 5 名合约见表 10。

表 10　　2015 年全球能源期货及期权成交量排名前 5 名合约

排名	交易品种及上市交易所	交易单位	2014 年（手）	2015 年（手）	同比变化（%）
1	轻质低硫原油期货，纽约商业交易所（NYMEX）	1 000 桶	145 147 334	202 202 392	39.3
2	布伦特原油期货，洲际交易所欧洲期货分所（ICE Europe）	1 000 桶	160 425 461	183 853 174	14.6

续表

排名	交易品种及上市交易所	交易单位	2014年（手）	2015年（手）	同比变化（%）
3	布伦特原油期货，莫斯科交易所	10桶	7 084 451	111 415 185	1 472.7
4	亨利港天然气期货，纽约商业交易所（NYMEX）	10 000百万英国热量单位（MMBTU）	74 206 602	81 772 492	10.2
5	柴油期货，洲际交易所欧洲期货分所（ICE Europe）	100吨	52 800 084	63 239 874	19.8

数据来源：美国期货业协会（FIA）。

二、美国期货及其他场内衍生品市场发展概况

（一）美国期货及其他场内衍生品市场成交量概况

2015年，美国期货及其他场内衍生品市场成交量为81.13亿手（见表11），较2014年小幅下降0.33%，不过依然在全球场内衍生品成交量上保持领先地位。

表11　　2014—2015年美国场内衍生品成交情况对比

2014年（手）	2015年（手）	同比变化（%）
8 140 272 075	8 113 007 476	-0.33

数据来源：美国期货业协会（FIA）。

（二）美国期货及其他场内衍生品成交量在各交易所的分布情况

从美国期货及其他场内衍生品成交量在各交易所的分布情况来看，四大交易所集团是美国场内衍生品市场的绝对主力，分别为芝加哥期权交易所集团（CBOE Group）、芝加哥商业交易所集团（CME Group）、纳斯达克OMX集团（美国市场）和洲际交易所集团（Intercontinental Exchange Group）。

从美国交易所/交易所集团的成交量分布看，芝加哥商业交易所集团（CME Group）仍然占据着最主要地位，其成交量为美国各交易所总成交量的44%，较2014年的42%有所上升；该集团旗下的三家交易所——芝加哥商业交易所（CME）、芝加哥期货交易所（CBOT）、纽约商业交易所（NYMEX）在2015年成交量表现各异，其中CBOT和NYMEX保持增长态势，CME成交量出现小幅下滑。该集团总成交量达到35.32亿手，同比增加2.6%；同时，芝加哥期权交易集团（CBOE Group）出现较大跌幅，成交量在2015年下跌11.4%；洲际交易所集团在美国市场的成交持续下降，同比减少14.5%。迈阿密国际证券交易所则出现了喜人的增长，2015年增长87.8%，成交量为2.5亿手（见表12和图5）。

表12　　2015年美国市场各主要交易所/交易所集团成交量对比

交易所/交易所集团	2015年成交量（手）	同比变化（%）
芝加哥期权交易所（CBOE）	1 043 031 630	-12.6
C2期权交易所（C2 Exchange）	79 226 943	-2.7

续表

交易所/交易所集团	2015 年成交量（手）	同比变化（%）
CBOE 期货交易所（CBOE Futures Exchange）	51 675 531	2.1
芝加哥期权交易所集团（CBOE Holdings）	1 173 934 104	-11.4
芝加哥商业交易所（Chicago Mercantile Exchange）	1 749 610 948	-1.5
芝加哥期货交易所（Chicago Board of Trade）	1 196 934 811	2.2
纽约商业交易所（New York Mercantile Exchange）	585 216 500	18.2
芝加哥商业交易所集团（CME Group）	3 531 762 259	2.6
纳斯达克 OMX 费城股票交易所（Nasdaq OMX PHLX）	623 514 666	0.9
纳斯达克期权交易所（Nasdaq Options Market）	286 845 485	-25.7
纳斯达克 OMX 波士顿期权交易所（Nasdaq OMX Boston）	31 496 313	-0.3
纳斯达克 OMX 集团（Nasdaq OMX Group）美国市场	941 856 464	-9.0
纽约证券交易所泛美期权市场（NYSE Amex Options）	344 463 910	-27.3
洲际交易所美国期货分所（ICE Futures U. S.）	365 433 350	0.3
纽约证券交易所高增长板期权市场（NYSE Arca Options）	381 515 438	-13.1
洲际交易所集团（Intercontinental Exchange Group，ICE）美国市场	1 091 412 698	-14.5
美国国际证券交易所（ISE）*	599 787 833	-1.3
迈阿密国际证券交易所	252 605 427	87.8

注：* 含 ISE Gemini 分所成交数据。

数据来源：美国期货业协会（FIA）。

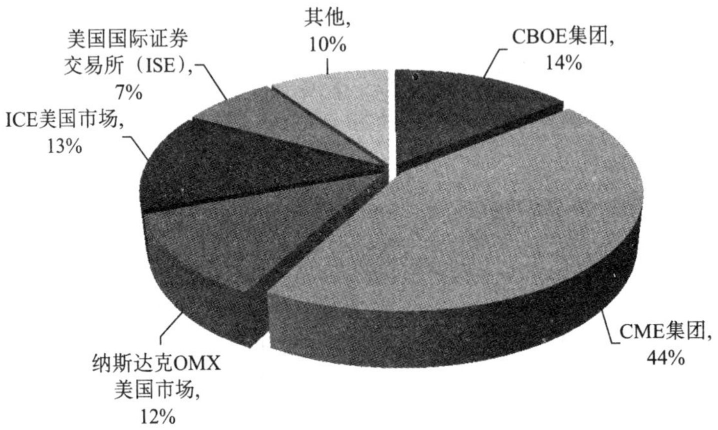

数据来源：美国期货业协会（FIA）。

图 5　2015 年美国各主要交易所/交易所集团成交量分布

（三）美国期货及其他场内衍生品市场主要品种合约成交概况

美国市场在全球期货及其他场内衍生品市场中表现一直都相对较强，其主要的品种合约成交量均能挤进各品种的全球前 20 位排名中。各交易所的优势品种相对稳定，从各领先品种在全球的排名列表中可以看出，芝加哥商业交易所集团（CME

Group）旗下的 3 家交易所：芝加哥商业交易所（CME）、芝加哥期货交易所（CBOT）以及纽约商业交易所（Nymex）占据了绝大部分的位置，各自分工定位相对明确。

在农产品、利率期货、期权合约中，芝加哥期货交易所（CBOT）占据主导地位，能源期货、期权品种排名中，纽约商业交易所（Nymex）上市的品种合约领先，而芝加哥商业交易所（CME）则是美国外汇市场的龙头，在其上市的 4 个外汇品种进入全球前 20 名，占据绝对的领先地位。

2015 年美国农产品合约成交量排名进入全球前 20 名情况见表 13。

表 13　　2015 年美国农产品合约成交量排名进入全球前 20 名情况

排名	交易品种及上市交易所	交易单位	2014 年（手）	2015 年（手）	同比变化（%）
6	玉米期货，CBOT	5 000 蒲式耳	69 437 304	83 094 271	19.7
8	大豆期货，CBOT	5 000 蒲式耳	49 169 361	54 095 051	10.0
10	11 号白糖期货，ICE Futures U. S	112 000 磅	29 396 597	34 394 482	17.0
11	小麦期货，CBOT	5 000 蒲式耳	25 853 004	31 102 037	20.3
12	豆油期货，CBOT	60 000 磅	23 769 391	28 897 275	21.6
14	豆粕期货，CBOT	100 吨	20 637 382	24 315 276	17.8
15	玉米期权，CBOT	5 000 蒲式耳	21 246 732	24 150 182	13.7
18	大豆期权，CBOT	5 000 蒲式耳	17 916 675	18 663 389	4.2
20	活牛期货，CME	40 000 磅	13 599 292	13 440 934	-1.2

数据来源：美国期货业协会（FIA）。

2015 年美国能源合约成交量排名进入全球前 20 名情况见表 14。

表 14　　2015 年美国能源合约成交量排名进入全球前 20 名情况

排名	交易品种及上市交易所	交易单位	2014 年（手）	2015 年（手）	同比变化（%）
1	低硫轻质原油期货，Nymex	1 000 桶	145 147 334	202 202 392	39.3
4	亨利港天然气期货，Nymex	10 000 百万英国热量单位（MMBTU）	74 206 602	81 772 492	10.2
6	美国石油基金 ETF 期权*	N/A	16 492 138	53 478 669	224.3
9	纽约港 RBOB 汽油期货，Nymex	42 000 加仑	34 421 866	40 302 099	17.1
11	原油期权，Nymex	1 000 桶	31 107 783	39 627 070	27.4
12	纽约港超轻柴油期货，Nymex	42 000 加仑	33 946 420	36 947 020	8.8
14	布伦特原油最后交易日期货，Nymex	1 000 桶	18 493 384	26 251 078	41.9
15	欧式天然气期权，Nymex	10 000 百万英国热量单位（MMBTU）	20 936 070	19 594 491	-6.4

注：*美国多家期权交易所交易。

数据来源：美国期货业协会（FIA）。

2015 年美国股指合约成交量排名进入全球前 20 名情况见表 15。

表 15　　2015 年美国股指合约成交量排名进入全球前 20 名情况

排名	交易品种及上市交易所	指数乘数	2014 年（手）	2015 年（手）	同比变化（%）
2	SPDR 标普 500 ETF 期权*	N/A	609 148 644	655 942 274	7.7
4	电子迷你标普 500 指数期货，CME	50 美元	425 020 210	429 803 221	1.1
9	标普 500 指数期权，CBOE	100 美元	223 798 536	236 532 325	5.7
13	波动率指数期权，CBOE	100 美元	159 369 660	144 440 290	-9.4
14	安硕罗素 2 000 指数 ETF 期权*	N/A	179 676 618	138 135 687	-23.1
17	Powershares QQQ ETF 期权*	N/A	132 286 215	120 174 871	-9.2
20	安硕 MSCI 新兴市场 ETF 期权*	N/A	84 576 910	78 473 551	-7.2

注：*美国多家期权交易所交易。
数据来源：美国期货业协会（FIA）。

2015 年美国外汇合约成交量排名进入全球前 20 名情况见表 16。

表 16　　2015 年美国外汇合约成交量排名进入全球前 20 名情况

排名	交易品种及上市交易所	交易单位	2014 年（手）	2015 年（手）	同比变化（%）
8	欧元期货，CME	125 000 欧元	52 208 275	65 356 062	25.2
13	日元期货，CME	12 500 000 日元	38 319 796	36 180 466	-5.6
16	英镑期货，CME	62 500 英镑	24 837 008	24 144 659	-2.8
17	澳元期货，CME	100 000 澳元	22 728 891	23 382 408	2.9

数据来源：美国期货业协会（FIA）。

2015 年美国利率合约成交量排名进入全球前 20 名情况见表 17。

表 17　　2015 年美国利率合约成交量排名进入全球前 20 名情况

排名	交易品种及上市交易所	交易单位	2014 年（手）	2015 年（手）	同比变化（%）
1	欧洲美元期货，CME	1 000 000 美元	664 433 493	586 913 126	-11.7
2	十年期美国国债期货，CBOT	100 000 美元	340 485 319	328 341 066	-3.6
4	五年期美国国债期货，CBOT	100 000 美元	196 429 135	190 707 727	-2.9
7	欧洲美元中期利率期权，CME	1 000 000 美元	167 167 523	131 374 348	-21.4
9	欧洲美元期权 CME	1 000 000 美元	49 471 203	112 278 366	127.0
10	十年期美国国债期权，CBOT	100 000 美元	100 663 916	97 821 923	-2.8
12	二年期美国国债期货，CBOT	200 000 美元	71 814 288	83 040 660	15.6
13	三十年期美国国债期货，CBOT	100 000 美元	93 189 109	71 901 544	-22.8

数据来源：美国期货业协会（FIA）。

2015 年美国金属合约成交量排名进入全球前 20 名情况见表 18。

表 18　　2015 年美国金属合约成交量排名进入全球前 20 名情况

排名	交易品种及上市交易所	交易单位	2014 年（手）	2015 年（手）	同比变化（%）
8	黄金期货，Nymex	100 金衡盎司	40 518 804	41 847 338	3.3
10	SPDR 黄金 ETF 期权*	N/A	29 470 882	27 645 328	-6.2
16	铜期货，Nymex	25 000 磅	14 591 200	16 986 055	16.4
17	白银期货，Nymex	5 000 盎司	13 696 961	13 454 406	-1.8
18	安硕白银信托 ETF 期权*	N/A	20 712 614	12 787 060	-38.3

注：* 美国多家期权交易所交易。

数据来源：美国期货业协会（FIA）。

三、欧洲期货及其他场内衍生品市场发展概况

（一）欧洲期货及其他场内衍生品市场成交量概况

2015 年，欧洲期货及其他场内衍生品市场成交量一改前三年的疲软态势，实现了较高幅度的增长，增幅达到 8.2%，成交量增至 47.70 亿手。2011—2015 年欧洲期货与其他场内衍生品市场成交量对比见图 6。

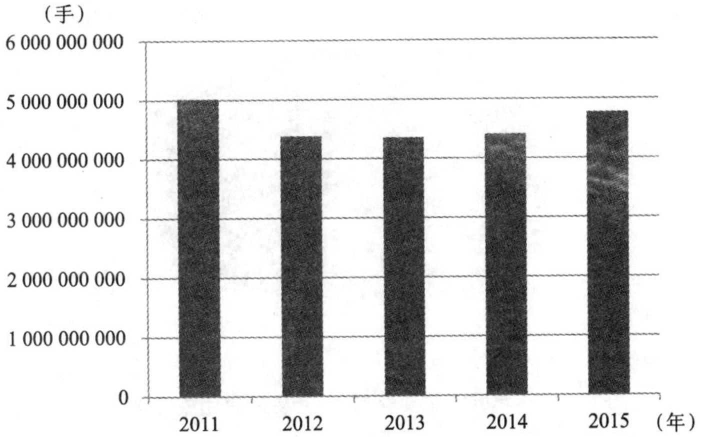

数据来源：美国期货业协会（FIA）。

图 6　2011—2015 年欧洲期货与其他场内衍生品市场成交量比较

（二）欧洲期货及其他场内衍生品成交量在各交易所的分布情况

欧洲市场主要的交易所/交易所集团分别为欧洲期货交易所（Eurex）、莫斯科交易所（Moscow Exchange）、伦敦金属交易所（LME）、纳斯达克 OMX 集团（欧洲市场）以及收购纽约 - 泛欧交易所后组成的洲际交易所集团（欧洲市场）等。

其中，欧洲期货交易所、洲际交易所集团欧洲市场部分、莫斯科交易所这三大交易所/交易所集团的成交量份额占欧洲市场总成交量的 88.8%。成交规模最大的为欧洲期货交易所，2015 年同比增加 12.2% 至 16.7 亿手，在欧洲市场中占比 35.1%；莫斯科交易所成交量实现 17.4% 的增长，至 16.59 亿手，占比 34.8%，略逊于 Eurex 位

列第2；而洲际交易所集团欧洲市场以9.02亿手的成交量位列第3，占比18.9%。

2015年欧洲主要交易所/交易所集团成交量情况见表19。

表19　2015年欧洲主要交易所/交易所集团成交量情况

交易所/交易所集团	2015年成交量（手）	同比变化（%）
纳斯达克OMX北欧交易所（Nasdaq OMX Nordic）	99 990 848	8.9
纳斯达克OMX商品交易所	3 013 983	76.4
纳斯达克OMX集团欧洲市场	103 004 831	12.46
伦敦金属交易所（LME）	169 540 184	-4.3
莫斯科交易所（Moscow Exchange）	1 659 441 584	17.4
洲际交易所欧洲期货分所（ICE Futures Europe）	901 659 951	-3.4
欧洲期货交易所（Eurex）	1 672 658 058	12.2

数据来源：美国期货业协会（FIA）。

2014年欧洲主要交易所/交易所集团成交量分布见图7。

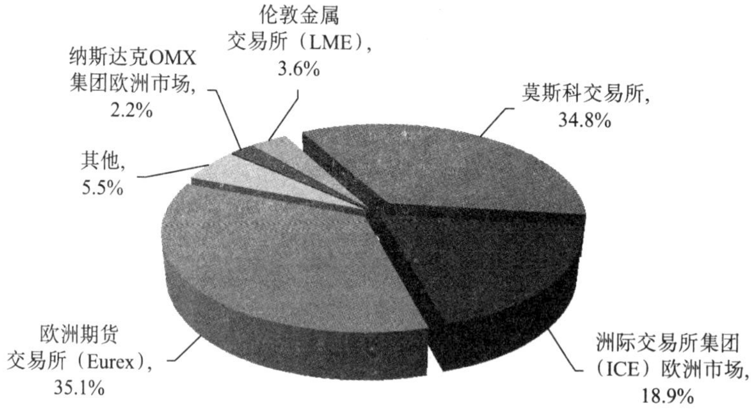

数据来源：美国期货业协会（FIA）。

图7　2014年欧洲主要交易所/交易所集团成交量分布

（三）欧洲期货及其他场内衍生品市场主要品种成交概况

2015年欧洲市场各品种合约的表现基本延续了2014年的表现，除了农产品类合约外，其他各品种均有进入全球成交量前20名的合约。

2015年欧洲股指合约成交量排名进入全球前20名情况见表20。

表20　2015年欧洲股指合约成交量排名进入全球前20名情况

排名	交易品种及上市交易所	指数乘数	2014年（手）	2015年（手）	同比变化（%）
5	欧元Stoxx50指数期货，Eurex	10欧元	293 837 558	341 824 375	16.3
6	欧元Stoxx50指数期权，Eurex	10欧元	241 254 907	299 881 600	24.3
11	RTS指数期货，莫斯科交易所	2美元	243 320 038	184 124 166	-24.3

数据来源：美国期货业协会（FIA）。

2015 年欧洲金属合约成交量排名进入全球前 20 名情况见表 21。

表 21　　2015 年欧洲金属合约成交量排名进入全球前 20 名情况

排名	交易品种及上市交易所	交易单位	2014 年（手）	2015 年（手）	同比变化（%）
6	高级原铝期货，LME	25 吨	65 439 689	59 880 649	-8.5
9	A 级铜期货，LME	25 吨	38 811 609	38 557 831	-0.7
10	特高级锌期货，LME	25 吨	28 751 185	30 323 897	-5.2
14	原镍期货，LME	6 吨	18 079 099	19 959 729	10.4
19	标准铅期货，LME	25 吨	12 872 940	12 522 608	-2.7

数据来源：美国期货业协会（FIA）。

2015 年欧洲利率合约成交量排名进入全球前 20 名情况见表 22。

表 22　　2015 年欧洲利率合约成交量排名进入全球前 20 名情况

排名	交易品种及上市交易所	交易单位	2014 年（手）	2015 年（手）	同比变化（%）
5	德国欧元长期债券期货，Eurex	100 000 欧元	179 136 822	177 107 346	-1.1
6	3 月期英镑利率期货，ICE 欧洲	500 000 英镑	149 357 479	146 337 942	-2.0
8	德国欧元中期债券期货，Eurex	100 000 欧元	113 554 369	118 963 514	4.8
10	3 月期欧元同业拆借利率（Euribor）期货，ICE 欧洲	500 000 英镑	127 427 642	110 151 762	-13.6
14	德国欧元短期债券期货，Eurex	100 000 欧元	71 376 790	70 279 064	-1.5
17	英国政府长期债券期货，ICE 欧洲	100 000 英镑	44 582 727	47 917 051	7.5
19	德国欧元长期债券期权，Eurex	100 000 欧元	33 679 659	45 385 172	34.8

数据来源：美国期货业协会（FIA）。

2015 年欧洲能源合约成交量排名进入全球前 20 名情况见表 23。

表 23　　2015 年欧洲能源合约成交量排名进入全球前 20 名情况

排名	交易品种及上市交易所	交易单位	2014 年（手）	2015 年（手）	同比变化（%）
2	布伦特原油期货，ICE 欧洲	1 000 桶	160 425 461	183 853 174	14.6
3	布伦特石油期货，莫斯科交易所	10 桶	7 084 451	111 415 185	1 472.7
5	柴油期货，ICE 欧洲	100 吨	52 800 084	63 239 874	19.8
10	西德克萨斯原油期货，ICE 欧洲	1 000 桶	31 600 959	39 802 954	26.0
18	布伦特原油期权，ICE 欧洲	1 000 桶	13 285 768	13 594 212	2.3
20	欧洲排放指标期货，ICE 欧洲	1 000 欧盟排放配额	5 006 982	5 807 503	16.0

数据来源：美国期货业协会（FIA）。

2015 年欧洲外汇合约成交量排名进入全球前 20 名情况见表 24。

表 24　　2015 年欧洲外汇合约成交量排名进入全球前 20 名情况

排名	交易品种及上市交易所	交易单位	2014 年（手）	2015 年（手）	同比变化（%）
1	美元/俄罗斯卢布期货，莫斯科交易所	1 000 美元	656 476 373	903 374 140	37.6
9	欧元/美元期货，莫斯科交易所	1 000 欧元	26 179 646	59 826 374	128.5
14	土耳其里拉/美元期货，伊斯坦布尔交易所	200 000 美元	12 929 674	32 986 013	155.1
19	美元/俄罗斯卢布期权，莫斯科交易所	1 000 美元	43 240 578	22 379 627	-48.2

数据来源：美国期货业协会（FIA）。

四、亚洲期货及其他场内衍生品市场发展概况

（一）中国（含台湾、香港地区）

中国（含台湾、香港地区）期货及其他场内衍生品交易主要划分为三个市场：以商品期货交易为主、股指期货成交量涨势迅猛的中国大陆地区，和以金融期货、期权交易为主的中国香港地区和台湾地区。总体而言，中国（含台湾、香港地区）2015 年期货及其他场内衍生品成交表现优异，成为亚洲地区成交增长的最重要贡献力量。

中国大陆地区的 4 家交易所、香港交易所以及台湾期货交易所均实现了较大的增长，其中的三家中国商品交易所成交量增长都为两位数，并跻身世界前 10 大交易所。上海期货交易所成交量增长 24.7% 至 10.5 亿手，主要受益于螺纹钢、锌以及铝合约成交量的大幅增加；郑州商品交易所因白糖、棉花以及菜粕合约成交活跃，2015 年取得 58.3% 的增长率至 10.7 亿手；中国金融期货交易所因沪深 300 股指期货合约交易的快速增长，在 2015 年成交量同比增长 47.8%；大连商品交易所 2015 年成交量增长 45% 至 11.16 亿手，在中国（含台湾、香港地区）排名第 1。此外，台湾期货交易所成交量去年实现同比增长 30.7% 至 2.64 亿手，在全球交易所成交量位列第 19 位；香港交易所成交量增加 33.3% 至 1.90 亿手，合并旗下的伦敦金属交易所成交量之后，位列第 17 位。

2013—2015 年中国（含台湾、香港地区）主要交易所成交量情况对比见表 25。

表 25　　2013—2015 年中国（含台湾、香港地区）主要交易所成交量情况对比

交易所	2013 年（手）	2014 年（手）	2015 年（手）	同比变化（%）
大连商品交易所	700 500 777	769 637 041	1 116 323 375	45.0
郑州商品交易所	525 299 023	676 343 283	1 070 335 606	58.3
上海期货交易所	642 473 980	842 294 223	1 050 494 146	24.7
中国金融期货交易所	193 549 311	217 581 145	321 590 923	47.8
香港交易所	130 028 864	142 439 039	189 824 363	33.3
台湾期货交易所	153 225 238	202 411 093	264 495 660	30.7

数据来源：美国期货业协会（FIA），各交易所网站。

（二）其他亚洲国家主要交易所成交量概况（印度、韩国、日本、澳大利亚、新加坡）

2015 年亚洲其他市场期货及其他场内衍生品市场中，日本扭转 2014 年下滑趋势，各个交易所均有 10% 以上的涨幅；其他交易所除了澳大利亚证券交易集团和孟买证券交易所成交量出现回落，其余交易所均呈现出大幅度的上涨，新加坡交易所（SGX）2015 年成交量上涨 52.7%，达到 1.84 亿手。

2015 年亚洲其他国家主要交易所/交易所集团成交量情况见表 26。

表 26　　2015 年亚洲其他国家主要交易所/交易所集团成交量情况

所属国家	交易所/交易所集团	2015 年成交量（手）	同比变化（%）
印度	印度国家证券交易所（NSE）	3 031 892 784	61.2
	印度大宗商品交易所（MCX）	216 346 961	61.8
	孟买证券交易所（BSE）	614 894 523	-15.8
韩国	韩国交易所（KRX）	794 935 326	17.3
日本	日本交易所集团（JPX）	361 459 935	16.7
	东京金融交易所（TFX）	48 986 442	19.8
	东京商品交易所（TOCOM）	24 399 068	11.6
澳大利亚	澳大利亚证券交易所集团（ASX Group）	234 181 853	-4.1
新加坡	新加坡交易所（SGX）	183 871 004	52.7

数据来源：美国期货业协会（FIA）。

2015 年全球范围内最大的增长来自印度的国家证券交易所（NSE），其成交量上涨 61.2% 至 30.3 亿手，全球范围内位列第 2 位，仅次于 CME 集团。NSE 超过一半以上的成交量来自于 CNX 精选指数期权，该品种全年暴涨 81.5%，成交量为 17.7 亿手，成为世界范围内最活跃的衍生品种。将该品种与其他指数期货相比是有难度的，因为合约的大小随标的指数的价值波动，粗略估计该合约价值为 CME 集团的迷你标普 500 期货的 1/10。

印度大宗商品交易所（MCX）成交量逆转了前两年的颓势，同比大涨 61.8%，增至 2.16 亿手，在全球位列第 22 位；孟买证券交易所（BSE）在全球位列第 13 位，其主要合约标普孟买证券交易所敏感性指数期权出现较大跌幅，不过外汇期货期权合约成交量在该年度表现优异，美元/印度卢比期货合约位列全球外汇成交第 3 位，美元/印度卢比期权以 430.4% 的高涨幅促使成交量排名第 5 位。在各类品种交易方面，印度各交易所在股指、能源、金属，特别是外汇等均有表现十分出彩的合约。

2015 年印度合约成交量排名进入全球前 20 名情况见表 27。

五、其他国家期货及其他场内衍生品市场发展概况

根据美国期货协会（FIA）公布的 2015 年成交量数据，其他国家期货及其他场

表 27　　2015 年印度合约成交量排名进入全球前 20 名情况

类别	排名	交易品种及上市交易所	2014 年（手）	2015 年（手）	同比变化（%）
股指	1	CNX 精选指数期权，NSE	972 738 636	1 765 858 934	81.5
	12	标普孟买证券交易所敏感性指数期权，BSE	439 090 333	172 389 921	-60.7
	15	CNX 精选指数期货，NSE	74 236 766	128 656 346	73.3
	16	银行精选指数期权，NSE	84 347 528	127 694 954	51.4
能源	7	原油期货，MCX	20 731 880	47 788 400	130.5
	8	原油迷你期权，MCX	N/A	46 296 623	N/A
	19	天然气期货，MCX	15 628 773	13 501 292	-13.6
金属	15	微型白银期货（MIC），MCX	20 187 418	17 223 211	-14.7
	20	铜期货，MCX	7 101 939	11 051 908	55.6
外汇	2	美元/印度卢比期货，NSE	294 069 368	358 801 689	22.0
	3	美元/印度卢比期货，BSE	171 642 176	258 083 484	50.4
	4	美元/印度卢比期权，NSE	98 750 882	216 130 236	118.9
	5	美元/印度卢比期权，BSE	32 110 966	170 311 114	430.4
	10	美元/印度卢比期货，MSEI	112 458 175	53 568 902	-52.4
	20	欧元/印度卢比期货，MSEI	12 482 953	18 041 680	44.5

数据来源：美国期货业协会（FIA）。

内衍生品市场（包括巴西、南非、以色列和阿根廷）的交易所成交表现中，巴西证券期货交易所（BM&FBovespa）2015 年同比下降 4.4%，至 13.59 亿手，在全球排名中继续位列第 6 位；南非约翰内斯堡证券交易所（JSE）则暴涨 63% 至 4.89 亿手；阿根廷罗萨里奥期货交易所（Rofex）及以色列特拉维夫证券交易所（TASE）成交量则分别位列第 27 位与第 28 位。

2014—2015 年其他国家期货及其他场内衍生品交易所成交量见表 28。

表 28　　2014—2015 年其他国家期货及其他场内衍生品交易所成交量

全球排名	交易所	2014 年（手）	2015 年（手）	同比变化（%）
6	巴西证券期货交易所（BM&FBovespa）	1 420 479 205	1 358 592 857	-4.4
14	南非约翰内斯堡证券交易所（JSE）	299 742 584	488 515 433	63
27	阿根廷罗萨里奥期货交易所（Rofex）	65 187 932	73 870 916	13.3
28	以色列特拉维夫证券交易所（TASE）	64 052 496	66 054 567	3.1

数据来源：美国期货业协会（FIA）。

在交易品种方面，巴西证券期货交易所（BM&FBovespa）旗下的巴西期货交易所（BM&F）表现出色，利率品种中，在该交易所上市交易的两个合约（一天期银行间存款期货和 DI * US Dollar FRA 期货），分别以 3.09 亿手及 0.67 亿手的成交量位列全球利率品种成交量的第 3 位与第 15 位；同时，该交易所外汇合约中美元期货成交量较 2014 年回落 5.9%，以 0.77 亿手成绩位列全球外汇类成交量排名的第

6 位。

2015 年其他国家市场合约成交量排名进入全球前 20 名情况见表 29。

表 29　2015 年其他国家市场合约成交量排名进入全球前 20 名情况

类别	排名	合约名称及其上市交易所	2014 年成交量	2015 年成交量	同比变化（%）
利率	3	1 天期银行间存款期货，BM&F	286 125 664	309 308 981	8.1
	15	DI * US Dollar FRA 期货，BM&F	53 344 699	66 957 541	25.5
	20	IDI 指数期权，BM&F	48 454 406	31 762 121	-34.4
股指	19	Bovespa 迷你期货	69 989 607	89 671 637	28.1
外汇	6	美元期货，BM&F	82 365 540	77 490 315	-5.9
	7	美元期货，Rofex	64 700 492	73 243 271	13.2
	12	迷你美元期货，BM&F	6 983 457	38 287 575	448.3
	15	美元/南非兰特期货，JSE	26 997 868	24 927 602	-7.7

数据来源：美国期货业协会（FIA）。

六、全球场外衍生品市场发展概况

场外衍生品市场是相对于场内衍生品市场而言的市场，是全球金融市场中十分重要的组成部分，因其合约制定及交易的灵活性受到广大投资者及投资机构的认可与欢迎。国际结算银行（Bank for International Settlements，BIS）收集全球各国央行关于场外衍生品市场交易的数据，每半年公布相关统计结果，旨在为市场持续提供较全面的关于场外衍生品市场规模及市场结构的信息。现已有 13 个国家和地区（G10、瑞士、澳大利亚、西班牙）央行向国际结算银行提供相关数据。

国际结算银行每半年公布的数据中包括场外衍生品市场未结算交易的合约面值及市场总值。其中，合约面值是指截至报告日已经发生但仍未到期结算的所有交易的合约总面值，通过合约面值的数据可以了解场外衍生品交易的市场规模；而合约市场总值则是所有开仓合约的绝对价值总和，即如果重新购买该合约需要付出的成本。

从表 30 中可以看出，截至 2015 年 6 月底，国际结算银行统计的全球场外衍生品市场未结算交易的合约面值为 552.91 万亿美元，比 2014 年 12 月底减少 12.1%。利率类场外衍生品仍是场外市场的最主要合约品种，截至 2015 年 6 月，场外利率合约未结算交易的合约面值为 434.74 万亿手，在整个场外衍生品市场中占比 78.6%，占有绝对的主导地位，其次是外汇类合约，份额为 13.5%。

表 30　2013—2015 年场外衍生品市场未结算交易合约面值　单位：10 亿美元

品种种类	2013 年 12 月	2014 年 6 月	2014 年 12 月	2015 年 6 月
利率	584 799	563 290	505 454	434 740
外汇	70 553	74 782	75 879	74 519
信用违约掉期	21 020	19 462	16 399	14 596

续表

品种种类	2013 年 12 月	2014 年 6 月	2014 年 12 月	2015 年 6 月
股票相关	6 560	7 084	6 968	7 545
商品	2 204	2 206	1 869	1 671
其他	25 496	24 815	22 573	19 837
合计	710 633	691 640	629 142	552 909

数据来源：国际结算银行（BIS）。

2015 年 6 月底场外衍生品市场各品种未结算交易合约面值分布见图 8。

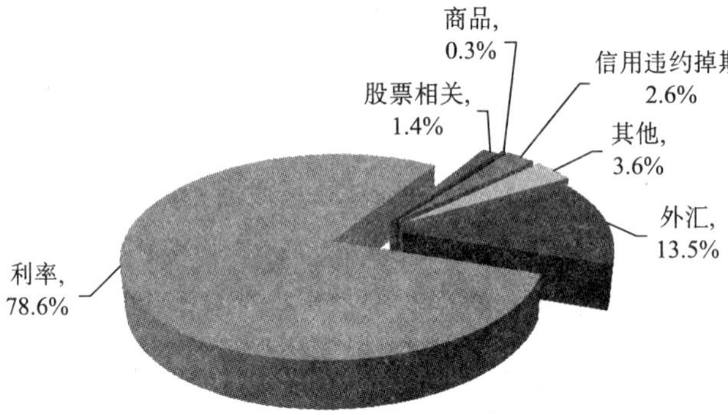

数据来源：国际结算银行（BIS）。

图 8　2015 年 6 月底场外衍生品市场各品种未结算交易合约面值分布

2015 年 6 月底，场外衍生品市场未结算交易的合约总市值相对 2013 年 12 月底下降 25.7% 至 15.52 万亿美元，约为合约总面值的 2.81%。2013—2015 年场外衍生品市场未结算交易合约总市值见表 31。

表 31　2013—2015 年场外衍生品市场未结算交易合约总市值　单位：10 亿美元

品种种类	2013 年 12 月	2014 年 6 月	2014 年 12 月	2015 年 6 月
利率	14 200	13 461	15 608	11 081
外汇	2 284	1 724	2 944	2 547
信用违约掉期	653	635	593	453
股票相关	700	678	612	606
商品	264	269	318	237
其他	724	671	803	597
合计	18 825	17 438	20 878	15 521

数据来源：国际结算银行（BIS）。

2013—2015 年利率类场外衍生品未结算交易合约面值细分情况见表 32。

表 32　　2013—2015 年利率类场外衍生品未结算交易合约面值细分情况

单位：10 亿美元

合约类型	2013 年 12 月	2014 年 6 月	2014 年 12 月	2015 年 6 月
利率掉期	456 725	421 273	381 028	319 954
远期利率协议（FRA）	78 810	92 575	80 836	74 641
期权	49 264	49 442	43 591	40 145
按机构				
报告交易商	95 762	84 520	69 806	61 031
其他金融机构	471 870	463 021	421 397	359 808
非金融机构	17 168	15 749	14 251	13 901
按期限				
1 年内*	198 655	228 898	200 800	180 500
1—5 年*	234 352	208 309	184 661	151 870
5 年以上*	151 793	126 083	119 992	102 369
按汇率				
美元	173 382	160 805	172 546	159 811
欧元	241 668	221 855	167 267	126 106
日元	52 551	51 706	46 127	44 041
英镑	52 626	60 823	57 008	46 563
瑞士法郎	5 750	5 343	4 776	3 994
加拿大元	10 385	10 471	10 086	10 532
瑞典克朗	6 662	6 229	4 830	4 158
其他	41 777	46 059	42 814	39 535
合计	584 801	563 290	505 454	434 740

注：* 合约剩余期限。

数据来源：国际结算银行（BIS）。

2013—2015 年外汇类场外衍生品未结算交易合约面值细分情况见表 33。

表 33　　2013—2015 年外汇类场外衍生品未结算交易合约面值细分情况

单位：10 亿美元

合约类型	2013 年 12 月	2014 年 6 月	2014 年 12 月	2015 年 6 月
远期及外汇掉期	33 218	35 190	37 076	37 238
货币互换	25 448	26 141	24 204	23 724
期权	11 886	13 451	14 600	13 558
按机构				
报告交易商	31 206	31 971	31 933	30 741
其他金融机构	30 552	33 700	34 334	33 323
非金融机构	8 794	9 111	9 612	10 456
按期限				

续表

合约类型	2013 年 12 月	2014 年 6 月	2014 年 12 月	2015 年 6 月
1 年内*	51 198	55 115	56 831	56 843
1—5 年*	13 658	13 912	13 664	12 405
5 年以上*	5 696	5 756	5 384	5 271
按汇率				
美元	61 019	65 135	67 235	64 096
欧元	25 177	26 450	25 515	27 340
日元	14 122	13 179	14 244	13 495
英镑	8 789	9 184	8 420	9 034
瑞士法郎	4 070	3 945	4 178	3 927
加拿大元	3 263	3 252	3 143	3 583
瑞典克朗	1 407	1 334	1 117	1 227
其他	23 258	27 087	27 905	26 336
合计	70 553	74 782	75 879	74 519

注：* 合约剩余期限。

数据来源：国际结算银行（BIS）。

2013—2015 年各类信用违约掉期场外衍生品未结算交易合约面值见表 34。

表 34　　2013—2015 年各类信用违约掉期场外衍生品未结算交易合约面值

单位：10 亿美元

合约类型	2013 年 12 月	2014 年 6 月	2014 年 12 月	2015 年 6 月
单一产品信用违约掉期	11 324	10 845	9 041	8 205
组合产品信用违约掉期	9 696	8 617	7 358	6 391
其中：指数产品	8 746	7 939	6 747	5 909
合计	21 020	19 462	16 399	14 596

数据来源：国际结算银行（BIS）。

2013—2015 年各交易主体信用违约掉期未结算交易合约面值见表 35。

表 35　　2013—2015 年各交易主体信用违约掉期未结算交易合约面值

单位：10 亿美元

交易主体	2013 年 12 月	2014 年 6 月	2014 年 12 月	2015 年 6 月
报告交易商	11 053	9 540	7 717	6 505
其他金融机构	9 779	9 719	8 485	7 885
其中：中央对手方	5 518	5 196	4 790	4 505
银行及证券公司	1 724	2 042	1 348	1 229
保险公司	209	197	216	179
特殊目的实体	363	270	219	186

续表

交易主体	2013 年 12 月	2014 年 6 月	2014 年 12 月	2015 年 6 月
对冲基金	1 034	1 112	814	787
其他金融客户	931	901	1 098	999
非金融机构	188	203	197	206
合计	21 020	19 462	16 399	14 596

数据来源：国际结算银行（BIS）。

>>> 第二节　2015 年全球期货与其他衍生品发展概况

一、全球期货与其他衍生品市场主体类别

鉴于美国衍生品市场是全球范围内历史较为悠久、发展相对成熟和开放的市场之一，参考美国市场主体的设置可以对全球衍生品行业机构的情况有基本了解。2008 年金融危机发生后，美国不断加强对衍生品市场的监管。此前在美国商品期货交易委员会（CFTC）注册的市场主体主要为衍生品中介机构，其中包括：业务代理机构，如期货佣金商（FCM）、场内经纪商（FB）以及场内交易商（FT）；客户开发机构，如介绍经纪商（IB）和助理中介人（AP）；以及管理服务型中介机构，如商品交易顾问（CTA）以及商品基金经理（CPO）。2010 年 11 月 23 日，美国商品期货交易委员会（CFTC）建议新增掉期交易商（SD）以及掉期交易大户（MSP）两项注册类别，以期加强对参与掉期交易相关机构的监管。随着《多德—弗兰克法案》的逐步实施，交易主体如指定合约交易市场（DCM）、掉期执行系统（SEF）与海外交易平台（FBOT）；结算主体如衍生品结算机构（DCO）、结算会员与系统重要性衍生品结算机构（SIDCO）；以及掉期数据库（SDR）等被逐步列为美国商品期货交易委员会的监管主体。

美国商品期货交易委员会（CFTC）《2015 年财务信息汇报》中所公布的监管主体数据见表 36。

表 36　　美国商品期货交易委员会监管下市场主体注册数据　　单位：个

	数据截至 2015 年 9 月 30 日
交易主体	
指定合约交易市场（Designated Contract Market，DCM）	15
掉期执行系统（Swap Execution Facility，SEF）	23
结算主体	
衍生品结算机构（Derivatives Clearing Organization，DCO）	15
结算会员（Clearing Members）	191

续表

	数据截至2015年9月30日
注册中介机构	
期货佣金商（FCM）	71
介绍经纪商（IB）	1 306
商品交易顾问（CTA）	2 377
商品基金经理（CPO）	1 719
场内经纪商（FB）	4 191
场内交易商（FT）	764
助理中介人（AP）	56 003
外汇零售商（RFED）	5
掉期交易商（SD）	104
掉期交易大户（MSP）	1

数据来源：美国商品期货交易委员会《2015年财务信息汇报》。

二、期货佣金商（FCM）发展概况

（一）2015年主要期货佣金商客户权益情况对比

美国商品期货交易委员会（CFTC）公布的2015年12月31日FCM客户权益数据显示，排名前20名的期货佣金商较为稳定，近年来进入榜单的机构基本一致，以相对优势排名前列。主要期货佣金商仍是以综合性投资银行为主，如高盛、摩根大通、德意志银行等综合性跨国投资银行，这些机构资金实力雄厚，业务多元化，是全球金融市场的主要参与者，其中大多数机构既是美国商品期货交易委员会注册的期货佣金商，也是美国证券交易委员会注册的证券经纪商。2013年，美国商品期货交易委员会新增了掉期交易商的注册，高盛、摩根大通、美国新际、摩根斯坦利、花旗及瑞穗证券美国公司等率先进行注册，展开掉期交易商的业务。在榜单中，专业型期货佣金商如美国爱德盟期货、福四通期货等的客户权益排名也稳定地维持在较前梯队，此前一直排名前列的美国新际公司在2015年10月并入法兴证券，成为综合性投资银行的一部分。

2015年美国期货佣金商客户权益排名前20位见表37。

表37　2015年美国期货佣金商客户权益排名前20位
（截至2015年12月31日）

2015年排名	期货佣金商（FCM）公司名称	注册类别	2015年客户权益（亿美元）①	2014年排名	2015年净资本（亿美元）	2014年客户权益（亿美元）①
1	高盛 Goldman Sachs & Co. ②	FCM BD SD	245.51	1	164.59	224.86
2	摩根大通证券 J. P. Morgan Securities LLC③	FCM BD SD	177.94	2	214.20	205.34

续表

2015 年排名	期货佣金商（FCM）公司名称	注册类别	2015 年客户权益（亿美元）①	2014 年排名	2015 年净资本（亿美元）	2014 年客户权益（亿美元）①
3	法兴证券 SG Americas Securities LLC④	FCM BD	142.68	74	38.60	—
4	美林银行 Merrill Lynch Pierce Fenner& Smith⑤	FCM BD	139.56	5	147.16	129.82
5	摩根斯坦利 Morgan Stanley & Co. LLC	FCM BD SD	131.21	7	102.54	102.39
6	瑞银证券 UBS Securities LLC⑥	FCM BD	94.28	9	78.11	78.45
7	花旗全球市场 Citigroup Global Markets Inc.	FCM BD	76.55	11	74.61	64.76
8	瑞士信贷集团美国公司 Credit Suisse Securities（USA）LLC	FCM BD	71.78	8	91.13	82.99
9	巴克莱资本 Barclays Capital Inc.	FCM BD SD	59.34	12	78.47	62.29
10	美国爱德盟期货 ADM Investor Services, Inc.	FCM BD	46.52	14	2.98	39.56
11	奥布莱恩联合经营 R. J. O'Brien& Associates	FCM SD	39.56	13	1.99	40.96
12	德意志银行证券 Deutsche Bank Securities Inc.	FCM BD	33.96	6	111.10	103.13
13	富国证券 WELLS FARGO SECURITIES LLC	FCM BD	33.13	24	37.76	15.23
14	荷兰银行芝加哥结算公司 ABN AMRO Clearing Chicago LLC	FCM BD	30.25	17	6.50	31.90
15	盈透集团有限公司 Interactive Brokers LLC	FCM BD	27.57	15	23.67	34.13
16	法国巴黎银行机构经纪公司 BNP Paribas Prime Brokerage Inc.	FCM BD	27.25	16	30.68	32.39
17	瑞穗证券美国公司 Mizuho Securities USA Inc	FCM BD SD	26.41	18	6.75	29.90
18	美国麦格里期货有限责任公司 Macquarie Futures USA LLC	FCM	21.94	22	2.51	16.34
19	加拿大皇家银行资本市场 RBC CAPITAL MARKETS LLC	FCM BD	21.52	23	15.22	15.69
20	福四通金融公司 Intl Fcstone Financial INC	FCM BD	19.62	19	1.21	18.25

注：①客户权益是指客户在美国注册交易所进行交易时，FCM 需要为客户持仓划分隔离开的资金，是所有账户的净流动资产总和，需要向美国商品期货交易委员会报告。②包括高盛公司及高盛结算有限公司。③此处数据还包括摩根大通结算公司及摩根大通证券公司。④美国新际于 2015 年 10 月并入法兴证券。⑤此处数据还包括美林专业结算公司。⑥此处数据还包括瑞银金融服务公司。

数据来源：美国商品期货交易委员会（CFTC）。

（二）期货佣金商的经营概况

近年来，期货佣金商的客户权益总量维持稳定，但期货佣金商的数量则呈现出不断减少的趋势（见图9）。根据美国商品期货交易委员会公布的数据，2015年底美国期货佣金商的数量进一步减少至76家。期货佣金商的客户权益集中度仍维持在高位，虽然在2012年至2014年间，集中度一度减弱，但是2015年集中度又重新回升，前5名期货佣金商客户权益占比从2014年的49.48%回升至52.41%，排名第5名至第10名的期货佣金商市场份额由2014年的24.36%下降至21.82%。

2008—2015年美国期货佣金商数量及客户权益变动见图9。

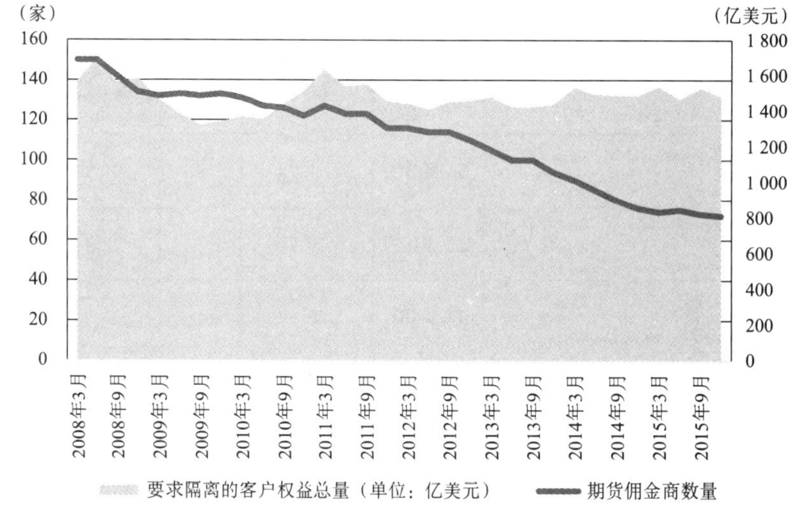

数据来源：美国商品期货交易委员会。

图9　2008—2015年美国期货佣金商数量及客户权益变动

2008—2015年美国期货佣金商中客户权益分布情况见图10。

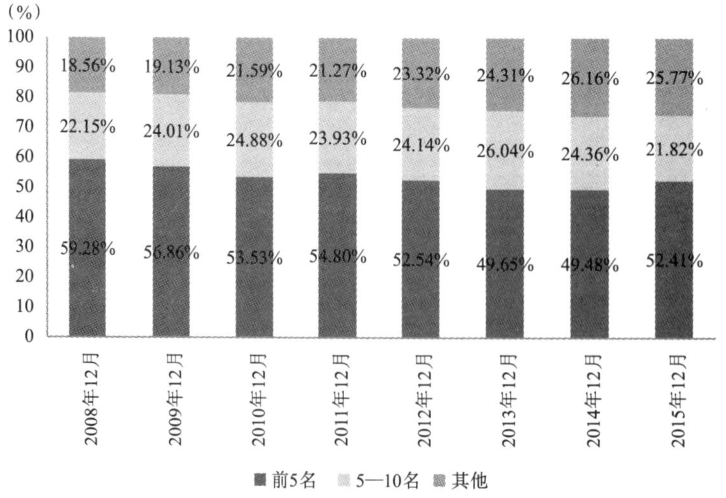

数据来源：美国商品期货交易委员会。

图10　2008—2015年美国期货佣金商中客户权益分布情况

三、全球期货及其他衍生品机构投资者发展概况

机构投资者是全球期货及其他场内衍生品市场的投资主力，一般来说，相对于个人投资者，机构投资者拥有更加雄厚的资金实力、更加丰富的投资经验以及研究实力，能够更加准确地把握市场脉搏。机构投资者按运作方式的不同主要分为管理期货基金、对冲基金、共同基金及养老基金等。但由于共同基金及养老基金一般不直接参与期货或其他衍生品的交易，而是通过前两种机构投资者进行投资，因此，投资期货及其他衍生品的基金主要集中在管理期货基金及对冲基金。

（一）管理期货基金

管理期货基金（Managed Futures）行业最初专注于投资商品期货领域，因此也称为商品交易顾问（Commodity Trading Advisor，CTA），随着市场衍生品的品种不断丰富，商品交易顾问的投资领域也不再局限在商品期货。管理期货基金需要在美国商品期货交易委员会及美国国家期货协会注册，定期向监管机构提交相关的数据与信息。管理期货基金为投资者，特别是高净值投资者提供投资传统品种以外领域的机会。根据巴克莱对冲对管理期货基金的跟踪统计，2011 年，全球管理期货行业资产规模迅速增长并突破 3 000 亿美元，之后 4 年一改前期强劲增长态势开始在高位小幅调整，2014 年甚至出现了资产管理规模小幅回落，2015 年资产管理规模较 2014 年增长 2.96%，达 3 273 亿美元，但仍未恢复到 2013 年的高峰水平。

2006—2015 年管理期货基金资产管理规模见图 11。

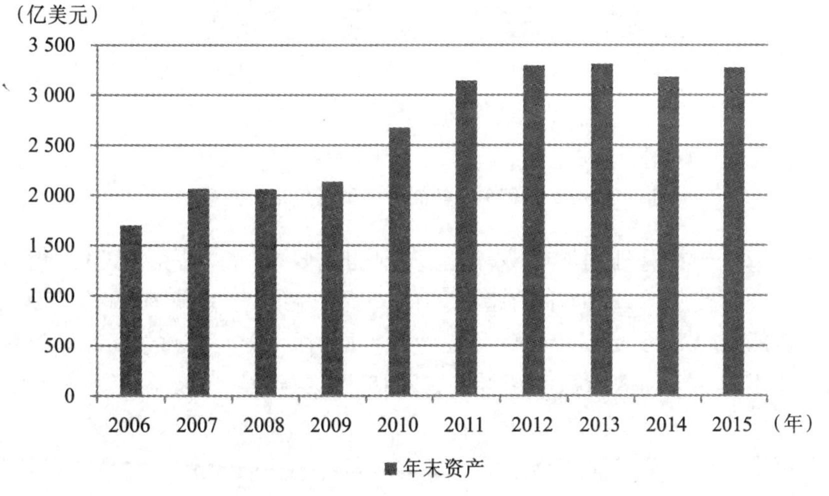

数据来源：巴克莱对冲（Barclay Hedge）。

图 11　2006—2015 年管理期货基金资产管理规模

根据管理期货基金投资领域的不同，巴克莱对冲把管理期货基金细分为农产品类投资型、货币类投资型、金融/金属类投资型以及没有特定品种类型的分散化投资

型。而根据管理期货基金做出投资决策的方式的不同，巴克莱对冲把管理期货基金分为自主式投资型以及系统化投资型。对于各细分的基金类型，巴克莱对冲也进行了相关的跟踪与统计。

在2015年末各品种投资型的管理期货基金资产管理规模中，分散化的投资类型依然延续了过去几年的增长，资金逐年净流入，资产管理规模在2015年达到2 327.2亿美元，较2014年增加8.75%；农产品类投资型基金资产规模相对其他类型基金较少，2015年底管理的资产只有11亿美元，与去年资产规模基本持平；金融/金属类投资型2015年末的管理资产规模增长8%，达到831.6亿美元；货币类型管理期货基金的资产管理规模则连续两年增长，为206.2亿美元，同比增长6.82%。

2011—2015年各品种类型管理资产规模对比见图12。

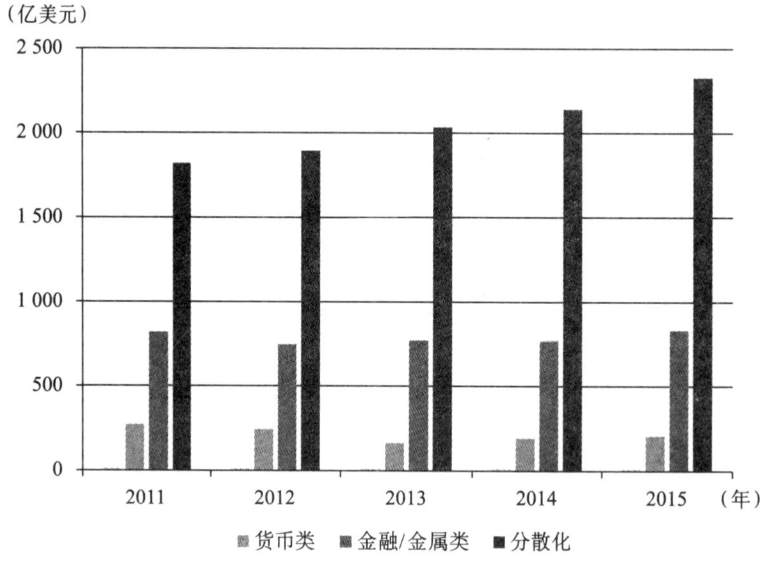

数据来源：巴克莱对冲（Barclay Hedge）。

图12　2011—2015年各品种类型管理资产规模对比

CTA指数是衡量管理期货/CTA行业表现的重要指标。巴克莱CTA指数是行业使用最久的一个衡量CTA业绩的指标。该公司于每年年初审查调整CTA的数目，该指数涵盖的CTA需要具备4年的历史业绩．同时，符合条件的CTA新推出的投资项目运行2年后才会加入指数的统计中，2015年该指数已经涵盖了行业532个CTA的业绩。

近5年来，巴克莱CTA指数除了2014年实现了正收益外，其余年份均为亏损。2015年CTA指数表现为－1.5%，未能保持去年的盈利状态（见图13）。除了计算综合指数外，巴克莱对冲公司还计算各种投资领域的细分指数，其中包括农产品交易指数、货币交易指数、金融/金属交易指数、分散投资交易指数、自主型交易指数及系统化交易指数。从图14可以看出，2015年，只有货币投资型收益较2014年年有所增长，从 2014 年的 3.35% 上升至 4.65%；金融/金属投资型延续了 2014 年的正收益，但获利比例大幅下降；农产品、分散化投资型、自住型交易以及系统化交易指数均由正转负，其中分散化投资下跌最为显著，从 2014 年的 10.98% 的正收益下降至 -4.41%。

1992—2015 年巴克莱 CTA 综合指数表现见图 13。

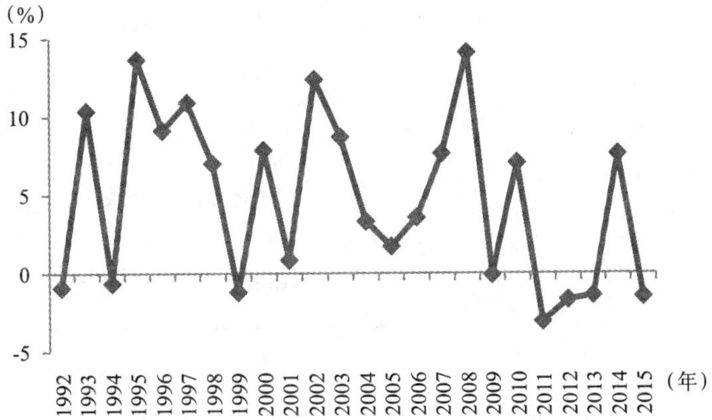

数据来源：巴克莱对冲（Barclay Hedge）。

图 13　1992—2015 年巴克莱 CTA 综合指数表现

2014—2015 年 CTA 综合指数及其细分指数表现见图 14。

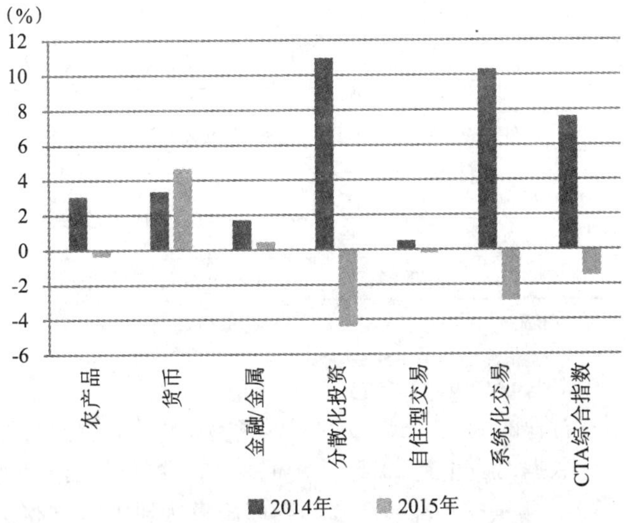

数据来源：巴克莱对冲（Barclay Hedge）。

图 14　2014—2015 年 CTA 综合指数及其细分指数表现

同时，巴克莱对冲也为不同管理资产规模级别的 CTA 基金进行 2015 年的收益排名，2015 年底资产管理规模超过 1 000 万美元和 100 万—1 000 万美元之间的两个阵营中收益前 5 名的 CTA 基金情况见表 38 和表 39。

表 38　2015 年底资产管理规模超过 1 000 万美元阵营中收益前 5 名的 CTA 基金

CTA 基金名称	2015 年收益率（%）	投资领域/策略	成立时间
Investment Capital Advisors LLC ICA Managed Accounts	266.22	货币技术面；系统化交易	2010 年 11 月
Quantitative Investment Management Global Fund（3X）	72.24	金融/金属技术面；系统化交易	2005 年 6 月
Finex LLP Navigator CTA Managed Accounts	48.77	金融/金属技术面；系统化交易	2013 年 11 月
Alternative Asset Management Ltd ACMP（Long Only）	48.45	货币技术面；系统化交易	2012 年 9 月
Quaesta Capital AG v－Pro Dynamic Volatility	43.36	金融/金属技术面；自主化交易	2007 年 7 月

数据来源：巴克莱对冲（Barclay Hedge）。

表 39　2015 年底资产管理规模在 100 万—1 000 万美元阵营中收益前 5 名的 CTA 基金

CTA 基金名称	2015 年收益率（%）	投资领域/策略	成立时间
Enneking Asset Management Crypto Currency	197.99	电子货币	—
Beann Capital Honeybee Fund，LP	87.93	股票指数；系统化交易	2014 年 9 月
Taaffeite Capital Management Quantitative Strategies	62.89	金融/金属技术面；系统化交易	2014 年 8 月
Deep Field Capital Singularity Fund（2x）	60.53	金融/金属技术面；系统化交易	2014 年 8 月
Albedo Capital Systematic FX	53.25	货币技术面；系统化交易	2015 年 1 月

数据来源：巴克莱对冲（Barclay Hedge）。

（二）对冲基金（Hedge Fund）

相对于管理期货行业的低迷状况，对冲基金行业的吸金能力格外亮眼。根据巴克莱对冲公布的统计数据，截止到 2015 年对冲基金行业规模已经是连续 3 年保持两位数的高速增长，2015 年全球对冲基金资产管理规模达到 27 966 亿美元，同比增长 11.49%，继续刷新历史高点。相比之下，基金的基金资产管理规模则逐年下降，2015 年资产管理规模为 4 402 亿美元，同比减少 3.33%。

2002—2015 年对冲基金资产规模见图 15。

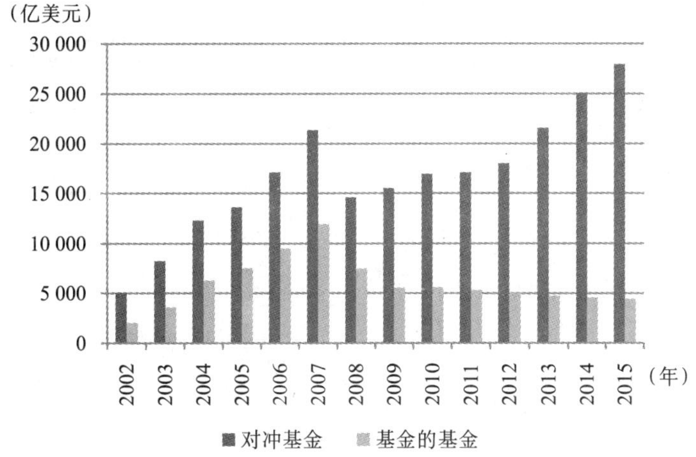

数据来源：巴克莱对冲（Barclay Hedge）。

图 15　2002—2015 年对冲基金资产规模

但是基金业绩则延续暗淡。2014 年全球对冲基金业绩下滑，收益率只有 2.88%，在此基础上 2015 年全球业绩继续恶化，巴克莱对冲基金指数录得 0.04% 的收益。在各细分策略指数中，各类策略的表现较为分化，其中表现最好的策略为并购套利与环太平洋股市策略，分别取得 8.04% 和 7.32% 的正收益，而表现最差的为困境证券策略，2015 年指数表现为 -10.09%。

2013—2015 年巴克莱对冲基金指数及其主要细分策略指数表现对比见表 40。

表 40　　2013—2015 年巴克莱对冲基金指数及其主要细分策略指数表现对比

指数类别	2015 年指数表现（%）	2014 年指数表现（%）	2013 年指数表现（%）
巴克莱对冲基金 Barclay Hedge Fund Index	0.04	2.88	11.12
可转换证券套利 Convertible Arbitrage	0.29	1.18	8.07
困境证券 Distressed Securities	-10.09	0.84	16.85
新兴市场 Emerging Markets	-2.95	-1.73	2.61
股市偏多策略 Equity Long/Short	-1.15	2.99	21.42
股市多/空策略 Equity Long/Short	2.49	2.94	13.85
股市中性策略 Equity Market Neutral	5.19	4.62	8.61
股市偏空策略 Equity Short Bias	-6.54	-13.98	-26.79

续表

指数类别	2015 年指数表现（%）	2014 年指数表现（%）	2013 年指数表现（%）
欧洲股市 European Equities	5. 17	3. 26	13. 13
事件导向 Event Driven	-3. 21	0. 55	10. 81
固定收益套利 Fixed Income Arbitrage	2. 71	5. 37	8. 69
基金的基金 Fund of Funds	-0. 07	2. 81	8. 84
全球宏观 Global Macro Index	2. 28	3. 92	4. 81
并购套利 Merger Arbitrage	8. 04	0. 74	3. 91
综合策略 Multi Strategy	1. 13	5. 34	9. 57
环太平洋股市策略 Pacific Rim Equities	7. 32	2. 47	22. 54

数据来源：巴克莱对冲（Barclay Hedge）。

具体到单个对冲基金来看，按照对冲基金的资产规模划分收益排名，2015 年大型对冲基金，即资产规模超过 10 亿美元的对冲基金，收益排名见表 41。股市多/空策略的表现较好，在收益排名前 5 名中占据了 4 席。而在中型对冲基金，即资产规模大于 2 500 万美元而小于 10 亿美元的对冲基金中，同样也是股市多/空策略的优势较为明显，除了第 1 名的 Ping Capital Mgmt 管理公司采用宏观策略获得 39. 2% 的收益外，其他 4 只对冲基金的策略均为多/空策略。

表 41　　　　2015 年大型对冲基金收益前 5 名

基金名称及基金经理	所属基金公司	投资策略	资产规模（亿美元）	2015 年收益率（%）
Perceptive Life Sciences Joseph Edelman	Perceptive Advisors	多/空策略	15	51. 8
Melvin Capital Gabriel Plotkin	Melvin Capital Mgmt	多/空策略	15	47. 0
Segantii Assian - Pacific Equity Multi - Strategy，Simon Sadler，Kurt Ersoy	Segantii Capital Mgmt	股市综合策略	15	29. 6
Sylebra Capital Partners Master，Jeff Fieler，Daniel Gibson	Sylebra Capital Mgmt	多/空策略	11	27. 0
Teton Capital Partners Quincy Lee	Ancient Art	多/空策略	11	23. 5

注：大型对冲基金指资产规模超过 10 亿美元的基金。

数据来源：彭博资讯（Bloomberg）。

2015 年中型对冲基金收益前 5 名见表 42。

表 42　　2015 年中型对冲基金收益前 5 名

基金名称及基金经理	所属基金公司	投资策略	资产规模（亿美元）	2013 年收益率（%）
Ping Exceptional Value，Ping Jiang	Ping Capital Mgmt	宏观策略	2.55	39.2
SPQ Aisa Opportunities，Lin Ho - Ping	SPQ Asia Capital	多/空策略	3.00	31.8
APS Asia - Pacific Long/Short，KoK - Hoi Wong	APS Asset Mgmt	多/空策略	3.41	29.9
Lansdowne European Equity，David Craigen	Lansdowne Partners	多/空策略	5.56	27.2
TT Long/Short Focus，Diego Marynberg	TT International	多/空策略	4.20	26.8

注：中型对冲基金指资产规模大于 2 500 万美元而小于 10 亿美元的对冲基金。
数据来源：彭博资讯（Bloomberg）。

第三节　欧美期货与其他衍生品行业监管概况

后金融危机时代，各国把注意力集中在监管条例的制定方面，以期填补金融危机时暴露的监管漏洞，并制定预防性措施，从制度上防止类似事件的发生。前几年美国的《多德—弗兰克华尔街改革与消费者保护法》（“Dodd - Frank Wall Street Reform and Consumer Protection Act”，简称《多德—弗兰克法案》）、欧洲的《金融工具市场指引》（“The Market In Financial Instruments Directive”，MiFID）和《欧洲市场基础设施监管规定》（European Market Infrastructure Regulation，EMIR）等法规相继制定之后，2015 年与 2014 年在监管特点方面相似，行业新监管法案与规定的出台节奏有所放缓甚至停滞，主要仍集中在对现有法规的解释、完善与加强实施等工作上。

一、美国期货及其他衍生品行业监管概况

（一）美国商品期货交易委员会法规执行情况

美国商品期货交易委员会（CFTC）正在谨慎地推行头寸限制规则，这是《多德—弗兰克法案》中最艰难也是最有争议的一项规则。

在 CFTC 前主席 Gary Gensler 任期时，该机构为头寸限制规则尝试实施一个新的联邦管理制度，借此完善由个体交易所设定的商品期货的限制，并扩大经济等价互换的头寸限制。该规则在 2012 年 11 月被废弃，而现 CFTC 主席 Tim Massad 希望能

完成头寸限制的新规则。

新的提案修正了在一资本实体拥有另一实体超过 50% 的资产时，CFTC 应如何处理。多数情况下，他们的头寸会被合并，但是一些公司如果可以证明它们均为独立运营，公司则有资质得到豁免。在新的提案下，公司不需要申请得到 CFTC 的许可去分散他们的头寸。取而代之的是公司可以向 CFTC 提交证明文件，由 CFTC 声明这些公司证明了它们是独立运营。

（二）美国国会移除掉期数据分享的屏障

12 月 4 日，美国总统奥巴马签署了一项法案，该法案包括移除掉期数据分享的屏障的规定。这项规定免去了《多德—弗兰克法案》要求境外监管机构使用美国的掉期数据库时，需要提供的书面赔偿协议。这项赔偿协议意欲保护数据的保密性，但是支持者已警告当局这一规定严重限制了海外监管机构对数据的使用。

存托及结算机构对该修正案表示欢迎，机构在报告中讲到："清除这些数据共享障碍，是确保监管机构获得统一准确的全球场外衍生品市场视野的重要一步。"

（三）美国提出新的基金持有衍生品的限制条款

2015 年 12 月 11 日，美国证券交易委员会以 3∶1 的投票优势通过一项投资公司限制提案，该提案确定了被允许交易衍生品，如期货、远期合约和掉期的公司的数量，这些公司包括互惠基金和交易所交易基金。拟议的规则还包含其他的一些要求，旨在解决持有衍生品投资组合的风险。

在该提案下，基金将被要求其持有的衍生品价值不得超过其净资产的 150%。其中包括了豁免的内容，若基金可证明持有的衍生品降低了其市场风险，其持仓量可以升至净资产的 300%。这些衍生品包括：掉期、期货、远期合约和期权。

美国证券交易委员会发布了其市场与风险分析部起草的金融衍生品白皮书。根据其中的数据显示，32% 的美国注册基金使用了衍生品，其中期现合约、股指期货和利率期货被使用的最为频繁。衍生品/净资产的平均比率为 20%，其中 96% 的基金该比率保持在 150% 以下。

（四）美国商品期货交易委员会批准新的客户保护措施

CFTC 批准了由美国全国期货协会（NFA）申请的修正案和一项新解释说明，意在加强对零售外汇市场客户的保护。该法案也提升了对零售外汇交易商的最低资本要求，并要求强化风险管理。

这些改变将会加强交易商的透明度，要求交易商必须向客户披露参与场外外汇交易的风险和交易商自身的风险。

该提案要求零售外汇交易商从机构交易对手处获取保证金存款，零售客户亦然。同时，提案禁止零售外汇交易商扮演其他交易商的交易对手，包括境外交易商。

（五）美国证券交易委员会修正跨境交易政策

2015 年 4 月 29 号，美国证券交易委员会（SEC）就其《多德—弗兰克法案》中，非美国机构在美国境内申请掉期交易活动的相关规定，提出了数项修改提案。

新提出的条例已获得全部 5 名委员的投票通过，将在 SEC 关于其管辖内跨境掉期的监管框架中加进重要元素。

如果非美国经纪商利用其在美国的人事“安排、协商和执行”任意交易，则适用于与该条例相关的《多德—弗兰克法案》的特定要求。这些要求包括了交易报告准则和掉期交易商的阈值计算，但相比于 CFTC 在该领域的要求，强制平仓或强制交易并不适用。

二、欧洲期货及其他衍生品行业监管概况

（一）欧洲证券及市场管理局和欧洲委员会延迟推行《金融工具市场法规 II》

在欧洲证券与市场管理局（ESMA）和欧共体（EC）的监管官员进行了大量的演说展示和请愿后，推迟一年实行《金融工具市场法规 II》已被广泛预知。

此前在 2014 年 12 月 19 日，欧洲证券与市场管理局发布了对于 MiFID II 实施规定的征求意见稿，其中内容包括：商品衍生品的持仓限制以及报告要求；提高衍生品交易的透明度；对于衍生品在有组织的交易平台进行交易的要求；涉及算法交易和高频交易的新规；清算所、交易平台以及合约基准的开放性与公平性。

（二）欧洲证券及市场管理局实施金融改革

欧洲证券与市场管理局就金融工具市场法规（MiFID II）、市场滥用监管（MAR）和中央证券保管规定（CSD）的技术标准定案。

2015 年 9 月 28 日，欧洲证券与市场管理局公布了三部主要金融改革立法的监管技术标准最终版本：金融工具市场法规（MiFID II）、市场滥用监管（MAR）和中央证券保管规定（CSD）。ESMA 认为这次的标准将适用于大多数在欧洲后危机时代的金融改革中重要的规定。

MiFID II 标准将主要的非股权产品带入一个更加严厉的监管架构内，并将大量的场外交易移至受监管的平台。该标准将延伸其监管框架至参与一定数量投机交易的商品公司，同时拟要求交易公司和非金融公司遵守此前银行涉及的资金要求。该标准已成为欧洲议会为期三月的审核主题，将于 2017 年 1 月开始实施。

附　录

附录1　2015年中国期货市场大事记

1月15日　全国证券期货监管工作会议在京召开，中国证监会主席肖刚出席会议并讲话。

2月9日　上证50ETF期权上市仪式在上海举行。

3月20日　中国金融期货交易所上市10年期国债期货。

3月27日　上海期货交易所上市镍、锡期货。

4月7日　中国期货业协会发布实施《期货公司互联网开户规则》和《期货公司互联网开户操作指南》。

4月9日　首家期货公司（创元期货）在全国中小企业股份转让系统（“新三板”）挂牌；2015年全年共有5家期货公司在“新三板”挂牌，分别是创元期货、永安期货、海航东银期货、华龙期货、天风期货。

4月10日　证券期货业信息技术测试中心（大连）成立；同年11月13日，证券期货业信息技术测试中心（中金所）成立。

4月14日　经中国证监会批准，中国期货保证金监控中心正式更名为“中国期货市场监控中心”。

4月16日　中国金融期货交易所上市上证50和中证500股指期货。

4月25日　“第九届中国期货分析师论坛暨首届场外衍生品论坛”在杭州召开。

4月26日　中国证监会副主席姜洋出席“中国农村金融发展论坛”，并发表了以期货市场服务“三农”为主题的演讲。

4月30日　根据国务院决定，中国证监会公布了一批取消的行政审批项目等事项，包括取消期货交易场所合并、分立或者解散的行政审批，以及期货交易所变更住所或者营业场所审批等。

5 月 22 日 中国期货市场监控中心发布中国商品期货指数。

5 月 28 日 上海期货交易所与郑州商品交易所、大连商品交易所、中国金融期货交易所共同举办的“第十二届上海衍生品市场论坛”在上海举行。

6 月 11 日 郑州商品交易所启动动力煤、菜籽油和玻璃期货夜盘交易。

6 月 18 日 内地首家期货公司（东证期货）在上海证券交易所发行次级债；2015 年，共有 14 家期货公司借入、发行了次级债。

6 月 26 日 中国证监会发布《境外交易者和境外经纪机构从事境内特定品种期货交易管理暂行办法》。

6 月 29 日 上海国际能源交易中心公布《上海国际能源交易中心期货交易者适当性管理细则（征求意见稿）》、《上海国际能源交易中心指定存管银行管理细则（征求意见稿）》和《上海国际能源交易中心违规处理实施细则（征求意见稿）》。

7 月 6 日 中金所依据有关自律规则决定，自 2015 年 7 月 7 日起，对中证 500 指数期货客户日内单方向开仓交易量限制为 1 200 手，并进一步加强股指期货套期保值交易管理，重点加强对期现货资产匹配的核查。

7 月 7 日 内地首家期货公司（鲁证期货）在香港交易所挂牌上市；2015 年，2 家内地期货公司在香港交易所挂牌上市。

7 月 8 日 中金所发布《关于调整中证 500 股指期货交易保证金的通知》，决定自 2015 年 7 月 8 日结算时起，中证 500 股指期货各合约的卖出持仓交易保证金，由合约价值的 10% 提高到 20%（套期保值持仓除外）；自 2015 年 7 月 9 日结算时起，进一步提高到合约价值的 30%（套期保值持仓除外）。

7 月 10 日 中国期货市场监控中心上线试运行期货互联网开户云平台。

7 月 31 日 中金所发布《关于调整股指期货手续费标准的通知》，决定自 2015 年 8 月 3 日起，交易手续费标准调整为成交金额的万分之零点二三；申报费根据客户沪深 300、上证 50 和中证 500 股指期货各合约的申报数量收取，每笔申报费为一元。

8 月 11 日 中国期货业协会联合中国证券业协会和中国证券投资基金业协会发布《中国证券期货市场场外衍生品交易商品衍生品定义文件（2015 年版）》及配套交易确认书。

8 月 14 日 大连商品交易所与人保财险公司在大连期货大厦签署战略合作协议，推出了国内首单基于大连商品交易所期货价格的玉米、鸡蛋价格保险。

8 月 23 日 国务院发布实施《基本养老保险基金投资管理办法》，批准养老基金参与金融期货套保。

8 月 25 日 中金所发布《关于调整股指期货手续费标准的通知》，自 2015 年 8 月 26 日起，沪深 300、上证 50、中证 500 股指期货各合约平今仓交易手续费标准调整为成交金额的万分之一点一五。

同日，中金所发布《关于调整沪深 300、上证 50、中证 500 股指期货非套期保值持仓交易保证金的通知》，自 2015 年 8 月 26 日结算时起，沪深 300 和上证 50 股指期货各合约的非套期保值持仓的交易保证金，由合约价值的10%提高到12%，中证500股指期货各合约的非套期保值持仓的买入持仓交易保证金，由合约价值的10%提高到12%；自2015年8月27日结算时起，上述交易保证金进一步提高到合约价值的15%；自2015年8月28日结算时起，上述交易保证金再进一步提高到20%。

8月28日 中金所发布《关于调整沪深300、上证50、中证500股指期货非套期保值持仓交易保证金的通知》，自2015年8月31日结算时起，沪深300和上证50股指期货各合约的非套期保值持仓的交易保证金，由合约价值的20%提高到30%，中证500股指期货各合约的非套期保值持仓的买入持仓交易保证金，由合约价值的20%提高到30%。

9月2日 中金所发布《关于调整股指期货手续费标准的通知》，决定自2015年9月7日起，沪深300、上证50、中证500股指期货各合约平今仓交易手续费标准调整为成交金额的万分之二十三。

同日，中金所发布《关于调整沪深300、上证50、中证500股指期货交易保证金的通知》，决定各合约的非套期保值持仓的交易保证金标准，由合约价值的30%提高到40%；各合约的套期保值持仓的交易保证金标准，由合约价值的10%提高到20%。

同日，中金所决定，自2015年9月7日起，沪深300、上证50、中证500股指期货客户在单个产品、单日开仓交易量超过10手构成“日内开仓交易量较大”的异常交易行为。

9月8日 中国证监会发布《关于加强证券期货投资者教育基地建设的指导意见》及配套《首批投资者教育基地申报工作指引》。

10月29日 上海证券交易所、中国金融期货交易所与德意志交易所集团正式成立中欧国际交易所，国务院总理李克强和德国总理默克尔出席了股东协议签字仪式。11月18日，中欧国际交易所在德国法兰克福开业，首批人民币计价产品上线。

11月7日 由中国证监会和农业部共同主办的“第四届风险管理与农业发展论坛”在福州市召开。

12月3日 由中国期货业协会与深圳市人民政府共同举办的“第11届中国（深圳）国际期货大会”在深圳召开，中国证监会副主席李超出席会议并讲话。

12月4日 上海证券交易所、深圳证券交易所和中国金融期货交易所正式发布指数熔断相关规定。

12月10日 财政部正式发布了《商品期货套期业务会计处理暂行规定》。

12月31日 大连商品交易所铁矿石期货保税交割业务获准开展。

附录2　文件汇编

附录2－1　中国证监会发布文件

发文日期	文号	文件标题	主要内容
2015年1月9日	中国证券监督管理委员会令第112号	《股票期权交易试点管理办法》	重点解决了跨期、现市场的风控、监管和投资者保护等问题，明确了股票期权的交易场所、结算机构、参与主体、保证金安全存管模式，同时针对性地规定了打击跨市场操纵和内幕交易、投资者适当性管理以及做市商等制度
2015年4月20日	中国证券监督管理委员会公告［2015］9号	《关于废止部分证券期货规章的决定》（第十三批）	为适应市场发展和监管转型的需要，在废止前十二批规章和规范性文件基础上，公布了2014年度应予废止的规章6件和已经明令废止的规章29件，内容涵盖公开发行和上市公司信息披露、证券期货经营机构股权变更、证券投资基金运作管理、期货公司及分支机构监督管理等方面
2015年6月26日	中国证券监督管理委员会令第116号	《境外交易者和境外经纪机构从事境内特定品种期货交易管理暂行办法》	允许了境外交易者和境外经纪机构从事境内特定品种期货交易，明确了具体的参与模式，规范了境内特定品种期货交易涉及的主要业务环节，包括开户、运营、结算、保证金收取及存管要求、大户报告、强行平仓、违约处理、纠纷调解处理等，规定了境外交易者和境外经纪机构从事境内特定期货交易违法违规查处和跨境执法等监管职责
2015年6月26日	中国证券监督管理委员会公告［2015］16号		确定原油期货作为我国境内特定品种，境外交易者和境外经纪机构可以依法参与原油期货交易

附录2－2　期货交易所发布文件

上海期货交易所发布文件

出台时间	文号	标题	主要内容
2015年3月20日	上期所公告［2015］5号	关于印发《上海期货交易所有色金属交割商品注册管理规定》修订案的公告	对原《上海期货交易所有色金属交割商品注册管理规定》进行了修订，新增并完善了镍和锡交割商品注册规定
2015年3月24日	上期办发［2015］27号	关于继续执行减收铜品种交易手续费的通知	自2015年4月1日至2015年9月30日，上期所铜品种交易手续费继续执行减半收取
2015年4月2日	上期所公告［2015］6号	关于印发《上海期货交易所黄金期货标准合约》和《上海期货交易所风险控制管理办法》修订案的公告	对黄金期货标准合约及其对应的风控方案进行修订
2015年4月20日	上期办发［2015］34号	关于公布热轧卷板期货升贴水的通知	对热轧卷板期货升贴水作如下规定：广东佛山地区热轧卷板交割无升贴水；江苏张家港地区热轧卷板交割贴水10元/吨；湖北武汉地区热轧卷板交割贴水70元/吨
2015年4月22日	上期所公告［2015］8号	关于印发《上海期货交易所热轧卷板期货标准合约》修订案的公告	将热卷期货最小变动价位降至1元/吨，自2015年4月27日20：55（即连续交易开盘集合竞价）起施行
2015年8月11日	上期发［2015］112号	关于调整优化上期有色金属指数的通知	对上期有色金属指数进行优化，并新增了镍、锡两个新上市的有色金属期货品种。新方案将于2015年8月12日收盘后正式生效，指数历史数据维持不变
2015年10月9日	上期办发［2015］75号	上海期货交易所就《上海期货交易所程序化交易管理实施细则》公开征求意见	发布《上海期货交易所程序化交易管理实施细则（征求意见稿）》，公开征求意见
2015年11月11日	上期发［2015］152号	关于调整石油沥青品种交易手续费收取标准的通知	自2015年11月17日起，石油沥青品种的交易手续费从成交金额的万分之零点三调整为成交金额的万分之零点五
2015年12月3日	上期发［2015］166号	关于调整石油沥青品种交易手续费收取标准的通知	自2015年12月8日起，石油沥青品种的交易手续费从成交金额的万分之零点五调整为成交金额的万分之零点八

续表

出台时间	文号	标题	主要内容
2015 年 12 月 3 日	上期发 ［2015］167 号	关于停止适用《〈上海期货交易所异常交易监控暂行规定〉有关处理标准及处理程序》修订案个别条款的通知	修订案第一条第一款第三项有关"因套利交易产生的自成交、频繁报撤单、大额报撤单不作为异常交易行为"的规定
2015 年 12 月 28 日	上期发 ［2015］188 号	关于进一步做好大户报告报送工作的通知	自 2016 年 1 月 4 日起，对现行大户报告制度进行优化。主要内容有以下两点：一是扩大大户报告的标的合约范围至近月合约，二是充实大户报告的报告内容

郑州商品交易所发布文件

出台时间	文号	文件标题	主要内容
2015 年 1 月 16 日	郑商所通告 ［2015］1 号	关于调整优质强筋小麦入库检验费用标准的通告	优质强筋小麦入库检验费用调整至 1.5 元/吨，单批不足 2 000 吨的，按 2 000 吨计，自 2015 年 12 月 1 日起开始执行
2015 年 2 月 6 日	郑商所通告 ［2015］2 号	关于暂停精对苯二甲酸、甲醇、菜籽油、菜籽粕等品种部分指定交割仓库交割业务的通告	暂停 2 家对苯二甲酸（PTA）指定交割仓库的交割业务；暂停 1 家甲醇指定交割仓库的交割业务；暂停 1 家菜籽油指定交割仓库的交割业务；暂停 1 家油菜籽、菜籽粕指定交割仓库的交割业务；暂停 1 家普通小麦、优质强筋小麦指定交割仓库的交割业务
2015 年 2 月 6 日	郑商所通告 ［2015］3 号	关于取消油菜籽、菜籽油、菜籽粕、白糖品种部分指定交割仓库资格的通告	取消 2 家油菜籽、2 家菜籽粕、1 家菜籽油、1 家白糖指定交割仓库资格
2015 年 2 月 13 日	郑商所通告 ［2015］第 7 号	关于启用河北永安国家粮食储备库有限公司等两家白糖备用交割库的通告	恢复 2 家企业白糖期货交割业务资格
2015 年 3 月 20 日	郑商所通告 ［2015］12 号	关于批准精对苯二甲酸（PTA）期货交割品牌和免检交割品牌的通告	批准 3 个 PTA 期货交割品牌和 1 个 PTA 期货免检交割品牌
2015 年 4 月 3 日	郑商发 ［2015］68 号	关于公布 PTA、玻璃、白糖期货合约修订事项的通知	PTA、玻璃、白糖期货合约最低交易保证金由 6% 调整为 5%，自 2015 年 4 月 10 日结算之时起开始执行
2015 年 4 月 14 日	郑商所公告 ［2015］第 2 号	公告	根据《郑州商品交易所指定存管银行管理办法》规定，核准中国农业发展银行为郑州商品交易所期货保证金指定存管银行

续表

出台时间	文号	文件标题	主要内容
2015 年 5 月 8 日	郑商发［2015］86 号	关于修改动力煤期货合约和配套调整限仓额度的通知	1. 修改动力煤期货合约交易单位和每手交易手续费收取标准；2. 交易时间中增加“及交易所规定的其他交易时间”的表述；3. 动力煤期货合约交易代码由 TC 改为 ZC；4. 修改《郑州商品交易所期货交易风险控制管理办法》中动力煤品种限仓额度
2015 年 5 月 27 日	郑商发［2015］92 号	关于公布菜籽油、动力煤期货合约修订事项的通知	修改菜籽油、动力煤期货合约，增加交易所规定的其他交易时间
2015 年 5 月 27 日	郑商发［2015］93 号	关于部分品种开展夜盘交易相关事项的通知	于 2015 年 6 月 11 日 21：00 起开始菜籽油、玻璃和动力煤期货夜盘交易。夜盘交易时间为 21：00 至 23：30
2015 年 7 月 31 日	郑商所公告［2015］第 3 号	公告	核准中国光大银行股份有限公司、平安银行股份有限公司为郑州商品交易所期货保证金指定存管银行
2015 年 8 月 3 日	郑商发［2015］126 号	关于发布《郑州商品交易所期货价格指数暂行管理办法》的通知	郑商所授权郑州易盛信息技术有限公司从事郑商所期货价格指数产品的发布和经营，代表郑商所许可市场使用郑商所期货行情进行价格指数编制、发布和指数产品经营，以及与被许可单位签订许可协议及相关合同
2015 年 9 月 9 日	郑商发［2015］148 号	关于调整甲醇期货交易保证金标准和涨跌停板幅度的通知	自 2015 年 9 月 18 日结算时起，甲醇期货合约交易保证金标准由 5% 调整为 7%，涨跌停板幅度由 4% 调整为 5%。按规则规定执行的交易保证金标准和涨跌停板幅度高于上述标准的合约，仍按原规定执行
2015 年 9 月 24 日	郑商发［2015］155 号	关于调整甲醇、菜粕品种手续费减收标准的通知	自 2015 年 10 月 8 日起，郑州商品交易所对甲醇、菜粕品种恢复收取平今仓交易手续费
2015 年 9 月 24 日	郑商发［2015］157 号	关于停止适用《关于修订〈郑州商品交易所异常交易行为监管工作指引（试行）〉有关认定标准及处理程序的通知》个别条款具体规定的通知	自 2015 年 10 月 8 日起停止适用《关于修订〈郑州商品交易所异常交易行为监管工作指引（试行）〉有关认定标准及处理程序的通知》第一条第一款第八项有关“由于套利交易所产生的自成交行为、频繁报撤单行为、大额报撤单行为不作为异常交易行为”的规定

续表

出台时间	文号	文件标题	主要内容
2015 年 10 月 9 日	郑商所通知	关于就《郑州商品交易所程序化交易管理实施细则（征求意见稿）公开征求意见的通知	就《郑州商品交易所程序化交易管理实施细则（征求意见稿）》，向市场公开征求意见
2015 年 11 月 13 日	郑商所通知［2015］26 号	关于调整棉花合约替代交割品升贴水的通知	对棉花合约替代交割品升贴水进行调整，自 2016/2017 年度生产的棉花开始实施
2015 年 11 月 13 日	郑商所通知［2015］27 号	关于确定新疆棉花中转仓库交割相关费用的通告	对新疆棉花中转仓库交割相关费用进行通告，自 2015 年 11 月 18 日起开始实施
2015 年 12 月 9 日	郑商所通告［2015］30 号	关于发布硅铁从《危险化学品目录（2015 版）》删除的通告	有关指定交割仓库及期货客户在办理硅铁交割、运输、仓储等业务时，不再需要《危险化学品安全管理条例》规定的有关行政许可证件
2015 年 12 月 23 日	郑商所通告［2015］36 号	关于调整指定甲醇交割仓库的通告	终止 1 家公司指定甲醇交割仓库资格，暂停 2 家公司指定甲醇交割仓库的交割业务；增设三家指定甲醇交割仓库

大连商品期货交易所发布文件

出台时间	文号	标题	具体变化
2015 年 1 月 15 日	大商所发［2015］6 号	关于调整胶合板和纤维板品种最低交易保证金标准的通知	自 2015 年 1 月 19 日结算时起，将胶合板和纤维板品种最低交易保证金标准调整至 20%，涨跌停板幅度维持 5% 不变
2015 年 1 月 15 日	大商所发［2015］8 号	关于明确玉米交割相关规则的通知	对《大连商品交易所交割细则》玉米交割质量标准中的卫生指标进行了明确，自 C1601 合约开始施行
2015 年 2 月 3 日	大商所发［2015］25 号	关于升级套期保值管理系统的通知	于 2015 年 2 月 6 日结算后升级套期保值管理系统，套期保值客户已审核额度可以继续使用，套期保值客户于 2015 年 2 月 27 日之前通过会员服务系统完成套期保值客户经营规模和建仓需求申报
2015 年 2 月 17 日	大商所发［2015］43 号	关于修改交割仓库年审及评级办法的通知	修改《大连商品交易所指定交割仓库年审及等级评定工作办法》，修改后的办法自发布之日起开始施行
2015 年 3 月 6 日	大商所发［2015］49 号	关于调整部分品种交易手续费收取标准的通知	下调豆粕、聚乙烯、铁矿石、焦炭、焦煤、豆油、棕榈油、黄大豆 1 号等品种交易手续费，自 2015 年 3 月 9 日起开始施行

续表

出台时间	文号	标题	具体变化
2015 年 3 月 17 日	大商所发［2015］62 号	关于发布施行聚氯乙烯注册品牌相关规则制度的通知	对聚氯乙烯品种实施交割注册品牌制度，并修改相关业务规则。制定了《大连商品交易所聚氯乙烯交割注册品牌管理办法》，自 V1604 合约起开始施行
2015 年 3 月 17 日	大商所发［2015］63 号	关于公布聚氯乙烯注册品牌和免检品牌等事项的通知	选取湖北宜化化工股份有限公司生产的宜化牌聚氯乙烯等 11 家品牌为注册品牌，选取宁夏英力特化工股份有限公司的英力特牌聚氯乙烯等 1 家品牌为免检品牌
2015 年 4 月 3 日	大商所发［2015］87 号	关于设立玉米淀粉品种交割仓库、质检机构的通知	设立 3 家玉米淀粉非基准交割仓库，并确定升贴水。设立大连市产品质量检测研究院为指定质检机构
2015 年 4 月 10 日	大商所发［2015］95 号	关于调整焦炭、焦煤、铁矿石品种合约最小变动价位的通知	焦炭、焦煤、铁矿石期货合约最小变动价位由 1 元/吨调整为 0.5 元/吨，自 2015 年 4 月 17 日 21：00 起施行
2015 年 4 月 13 日	大商所发［2015］97 号	关于增加指定期货保证金存管银行的通知	新增中国农业发展银行为大商所指定期货保证金存管银行
2015 年 4 月 17 日	大商所发［2015］101 号	关于调整部分交割厂库标准仓单最大量的通知	调整部分豆粕、豆油、棕榈油、玉米淀粉等交割厂库的标准仓单最大量
2015 年 4 月 24 日	大商所发［2015］108 号	关于调整焦炭等指定交割仓库的通知	取消青岛钢铁集团兖州焦化厂等 4 家交割指定仓库，设立山西省焦炭集团天津仓储有限公司等 7 家指定交割仓库
2015 年 5 月 4 日	大商所发［2015］114 号	关于调整夜盘交易时间相关事项的通知	自 2015 年 5 月 8 日 21：00 起（即自 5 月 11 日的夜盘交易小节起）调整夜盘交易时间
2015 年 5 月 26 日	大商所发［2015］128 号	关于开展期权业务全市场测试的通知	于 2015 年 5 月 30 日上午和 2015 年 6 月 6 日全天进行两次交易系统支持期权业务联网测试
2015 年 7 月 8 日	大商所发［2015］161 号	通知	调整铁矿石 1508、1509、1601、1602 和 1605 合约涨跌停板幅度维持 8%，最低交易保证金标准维持 10%
2015 年 8 月 5 日	大商所发［2015］184 号	关于调整胶合板、纤维板等品种指定交割仓库的通知	调整部分品种的指定交割仓库
2015 年 8 月 10 日	大商所发［2015］188 号	关于合并两部仓单管理办法及仓单管理、期货保证金存管银行等相关规则修改的通知	对《大连商品交易所黄大豆 1 号、黄大豆 2 号、玉米、线型低密度聚乙烯、聚氯乙烯、纤维板、聚丙烯标准仓单管理办法》、《大连商品交易所豆粕、豆油、棕榈油、焦炭、焦煤、铁矿石、鸡蛋、胶合板、玉米淀粉标准仓单管理办法》、《大连商品交易所交割细则》、《大连商品交易所结算细则》、《大连商品交易所保税交割实施细则（试行）》以及《大连商品交易所指定存管银行管理办法》等六部规则进行了修改

续表

出台时间	文号	标题	具体变化
2015年9月15日	大商所发［2015］226号	关于增加指定期货保证金存管银行的通知	新增平安银行股份有限公司为大商所指定期货保证金存管银行
2015年9月16日	大商所发［2015］229号	关于开展新一期油粕品种仓单串换试点的通知	与各大集团联合推出新一期豆粕、豆油和棕榈油仓单串换试点，进一步降低串换成本，增加交割月串换申请机会，新增添的申请时间为交割月第7个交易日，同时，扩大了试点集团数量，并完善了油粕品种报价体系
2015年9月22日	大商所发［2015］233号	关于开展期现仓单转换业务的通知	与宁波大宗商品交易所合作开展期现仓单转换试点业务
2015年10月23日	大商所发［2015］248号	关于修改铁矿石提货单交割申请数量相关规则的通知	将铁矿石提货单交割的申请数量由4万吨或其整数倍调整为1万吨或其整数倍，自I1601合约起施行
2015年11月27日	大商所发［2015］260号	关于调整聚丙烯品种交易手续费收取标准的通知	自2015年12月1日起，聚丙烯品种同一合约当日先开仓后平仓交易不再减半收取手续费，手续费标准恢复至成交金额的万分之0.5
2015年11月27日	大商所发［2015］261号	关于调整聚乙烯和聚丙烯品种涨跌停板幅度和最低交易保证金标准的通知	2015年11月30日结算时起，将聚乙烯和聚丙烯品种涨跌停板幅度调整至5%，最低交易保证金标准调整至6%
2015年11月27日	大商所发［2015］262号	关于调整鸡蛋品种指定交割仓库的通知	取消上海中外运冷链物流有限公司、无锡天鹏菜篮子工程有限公司的指定交割仓库资格，调整宜城市襄大农牧有限公司为指定交割厂库
2015年12月4日	大商所发［2015］269号	关于设立黄大豆1号品种指定交割仓库的通知	设立2家黄大豆1号品种非基准交割仓库，并确定升贴水
2015年12月22日	大商所发［2015］290号	关于修改鸡蛋合约及相关规则的通知	修改《大连商品交易所鸡蛋期货合约》、《大连商品交易所交割细则》、《大连商品交易所结算细则》、《大连商品交易所标准仓单管理办法》
2015年12月23日	大商所发［2015］292号	关于设立玉米延伸库区相关规则修改的通知	修改《大连商品交易所指定交割仓库管理办法》和《大连商品交易所交割细则》，允许玉米品种的指定交割仓库设立延伸库区
2015年12月28日	大商所发［2015］298号	关于调整聚丙烯品种交易手续费收取标准的通知	自2015年12月30日起，聚丙烯品种交易手续费标准由成交金额的万分之0.5调整为成交金额的万分之0.7

中国金融期货交易所发布文件

发布日期	文件标题	文件内容
2015年2月27日	关于修订5年期国债期货合约及其细则的通知	修订《5年期国债期货合约》、《中国金融期货交易所5年期国债期货合约交易细则》、《5年期国债期货合约交割细则》，并自2015年3月16日起实施
2015年3月6日	关于发布《10年期国债期货合约》及其实施细则的通知	为配合10年期国债新品种上市，制定并发布《10年期国债期货合约》、《中国金融期货交易所10年期国债期货合约交易细则》、《10年期国债期货合约交割细则》，并自2015年3月6日起实施
2015年3月9日	关于10年期国债期货合约上市交易有关事项的通知	对10年期国债期货合约上市交易有关事项进行通知
2015年3月10日	关于5年期国债期货最小变动价位和交易保证金有关事项的通知	根据2015年2月27日修订并发布的5年期国债期货合约及其细则有关事项变动发布本通知
2015年3月27日	关于发布上证50和中证500股指期货合约及其交易细则的通知	为配合上证50、中证500股指期货新品种上市，制定并发布《上证50股指期货合约》、《中证500股指期货合约》、《中国金融期货交易所上证50股指期货合约交易细则》、《中国金融期货交易所中证500股指期货合约交易细则》，并自2015年3月27日起实施
2015年3月30日	关于上证50、中证500股指期货合约上市交易有关事项的通知	对上证50、中证500股指期货合约上市交易有关事项进行通知
2015年4月3日	关于修订《中国金融期货交易所指定存管银行管理办法》的通知	修订《中国金融期货交易所指定存管银行管理办法》，并自2015年4月3日起实施
2015年4月10日	关于修订《中国金融期货交易所沪深300股指期货合约交易细则》和《中国金融期货交易所异常交易监控指引（试行）》的通知	修订《中国金融期货交易所沪深300股指期货合约交易细则》、《中国金融期货交易所异常交易监控指引（试行）》，将进行投机交易的客户某一合约单边持仓限额调整为5 000手、修订异常交易行为情形，并自2015年4月10日起实施
2015年6月12日	关于5年期国债期货和10年期国债期货跨品种双向持仓按照交易保证金单边较大者收取交易保证金的通知	自2015年7月10日15：15起，对5年期国债期货和10年期国债期货的跨品种双向持仓，按照交易保证金单边较大者收取交易保证金
2015年6月12日	关于修订《中国金融期货交易所结算细则》和《中国金融期货交易所风险控制管理办法》的通知	修订《中国金融期货交易所结算细则》、《中国金融期货交易所风险控制管理办法》，并自2015年7月10日15：15起实施

续表

发布日期	文件标题	文件内容
2015年6月26日	关于修订并发布《中国金融期货交易所国债期货合约交割细则》的通知	在修订《中国金融期货交易所10年期国债期货合约交割细则》和《中国金融期货交易所5年期国债期货合约交割细则》的基础上，合并形成统一的《中国金融期货交易所国债期货合约交割细则》，并自2015年7月1日起实施
2015年7月8日	关于调整中证500股指期货交易保证金的通知	对中证500股指期货交易保证金进行调整。自2015年7月8日结算时起，中证500股指期货各合约的卖出持仓交易保证金，由合约价值的10%提高到20%（套期保值持仓除外）；自2015年7月9日结算时起，中证500股指期货各合约的卖出持仓交易保证金进一步提高到合约价值的30%（套期保值持仓除外）
2015年7月31日	关于调整股指期货手续费标准的通知	自2015年8月3日起，调整股指期货手续费标准。手续费包括交易手续费和申报费两部分，交易手续费标准调整为成交金额的万分之零点二三；申报费根据客户沪深300、上证50和中证500股指期货各合约的申报数量收取，每笔申报费为一元
2015年7月31日	关于修订并发布《中国金融期货交易所沪深300股指期货合约交易细则》、《中国金融期货交易所上证50股指期货合约交易细则》和《中国金融期货交易所中证500股指期货合约交易细则》的通知	为实行差异化手续费收取制度，修订了《中国金融期货交易所沪深300股指期货合约交易细则》、《中国金融期货交易所上证50股指期货合约交易细则》、《中国金融期货交易所中证500股指期货合约交易细则》，并自2015年8月3日起实施
2015年8月7日	关于国债期货交割业务有关事项的通知	根据2015年6月26日修订并发布的《中国金融期货交易所国债期货合约交割细则》，对国债期货交割业务进行调整
2015年8月25日	关于调整沪深300、上证50、中证500股指期货非套期保值持仓交易保证金的通知	调整沪深300、上证50、中证500股指期货各合约非套期保值持仓交易保证金标准
2015年8月25日	关于调整股指期货手续费标准的通知	自2015年8月26日起，沪深300、上证50、中证500股指期货各合约平今仓交易手续费标准调整为成交金额的万分之一点一五
2015年8月28日	关于调整沪深300、上证50、中证500股指期货非套期保值持仓交易保证金的通知	进一步调整沪深300、上证50、中证500股指期货各合约非套期保值持仓交易保证金标准，并自2015年8月31日起实施
2015年9月2日	关于调整股指期货手续费标准的通知	自2015年9月7日起，沪深300、上证50、中证500股指期货各合约平今仓交易手续费标准调整为成交金额的万分之二十三

续表

发布日期	文件标题	文件内容
2015 年 9 月 2 日	关于调整沪深 300、上证 50、中证 500 股指期货交易保证金的通知	调整沪深 300、上证 50、中证 500 股指期货交易保证金，并自 2015 年 9 月 7 日起实施
2015 年 11 月 20 日	关于调整 5 年期国债期货平今仓手续费的通知	自 2015 年 12 月 1 日起，5 年期国债期货各合约的平今仓交易手续费调整为每手 3 元
2015 年 12 月 4 日	关于修订《中国金融期货交易所交易规则》及相关实施细则的通知	修订《中国金融期货交易所交易细则》、《中国金融期货交易所结算细则》、《中国金融期货交易所风险控制管理办法》、《沪深 300 股指期货合约》、《中国金融期货交易所沪深 300 股指期货合约交易细则》、《上证 50 股指期货合约》、《中国金融期货交易所上证 50 股指期货合约交易细则》、《中证 500 股指期货合约》及《中国金融期货交易所中证 500 股指期货合约交易细则》，并自 2016 年 1 月 1 日起实施

附录 2－3　中国期货业协会发布文件

发文日期	文号	文件标题	主要内容
2015 年 1 月 29 日	中期协字［2015］8 号	关于发布《期货公司资本补充指引》的通知	发布《期货公司资本补充指引》，明确期货公司应当积极拓宽资本补充渠道，充分利用境内外金融市场进行增资扩股、引进战略投资者、通过多层次资本市场上市和融资
2015 年 2 月 11 日	中期协字［2015］15 号	关于发布实施《期货行业人才培养战略规划》的通知	重点实施三方面的人才培养；开展五个方面的专项培训；注重四个方面的基础建设；加强与三个方面的合作；拓宽资金募集渠道，用好人才培养基金
2015 年 4 月 3 日	中期协字［2015］36 号	关于发布《期货公司资产管理业务投资者适当性评估程序》的通知	对比基金、证券公司资产管理业务投资者适当性评估方面的现行做法，对有关条款进行修订，删除了期货公司对自然人投资者综合评估的有关要求等
2015 年 4 月 7 日	中期协字［2015］37 号	关于发布《期货公司互联网开户规则》等相关规则的通知	明确期货公司应当通过中国期货保证金监控中心提供的期货互联网开户云平台为客户办理互联网开户
2015 年 4 月 7 日	中期协字［2015］39 号	关于发布《期货公司次级债管理规则》的通知	明确了期货公司次级债的定义、发行对象等内容；明确了登记要求及提前偿还次级债的限制条件；明确了信息披露要求、报告要求和方式；明确了计入净资本比例

续表

发文日期	文号	文件标题	主要内容
2015年4月16日		关于做好期货公司及其资管产品进入银行间债券市场备案工作的通知	明确期货公司及其资产管理产品可以进入银行间债券市场
2015年6月12日	中期协字［2015］59号	关于发布《关于建立全国期货行业自律协作机制的若干意见》的通知	中期协牵头建立全国期货行业自律协作机制，积极为地方协会开展自律服务工作提供支持。地方协会纳入全国期货行业自律协调体系
2015年8月11日	中期协字［2015］70号	关于发布《中国证券期货市场场外衍生品交易商品定义文件（2015年版）》等文件的通知	中国证券业协会、中国期货业协会、中国基金业协会联合制订了《中国证券期货市场场外衍生品交易商品衍生品定义文件（2015年版）》、《中国证券期货市场场外商品远期交易确认书（2015年版）》、《中国证券期货市场场外商品互换交易确认书（2015年版）》、《中国证券期货市场场外商品期权交易确认书（2015年版）》
2015年8月27日	中期协字［2015］88号	关于就《期货公司从事中间介绍业务规则》公开征求意见的通知	就《期货公司从事中间介绍业务规则》，面向社会公开征求意见
2015年8月27日	中期协字［2015］89号	关于就《期货公司代销金融产品业务规则》公开征求意见的通知	就《期货公司代销金融产品业务规则》，面向社会公开征求意见

附录3　统计数据①

附录3-1　分品种类型数据

2015年全国期货交易分布

	成交金额（万元）	比重（%）	成交量（手）	比重（%）
农产品	4 872 152 224	8.72	1 098 306 334	30.67
金属	5 783 493 878	10.35	999 130 808	27.90
能源化工及其他	3 458 784 194	6.19	1 142 814 966	31.91
金融	41 776 047 100	74.75	340 869 331	9.52
总计	55 890 477 396	100.00	3 581 121 439	100.00

① 有关期货市场的详细数据，收录在本书该部分的PDF电子版中。

2015 年农产品期货交易分布概况

品种	成交金额（万元）	比重（%）	成交量（手）	比重（%）
天然橡胶	1 024 481 756	21. 03	83 067 547	7. 56
棉花	143 494 382	2. 95	22 612 511	2. 06
晚籼稻	5 846	0. 00	1 059	0. 00
菜籽油	45 377 252	0. 93	7 775 243	0. 71
普通小麦	14 566	0. 00	1 175	0. 00
早籼稻	17 449	0. 00	3 545	0. 00
菜籽粕	558 083 747	11. 45	261 486 104	23. 81
油菜籽	167 168	0. 00	44 179	0. 00
白糖	1 006 117 674	20. 65	187 306 805	17. 05
优质强筋小麦	2 529 203	0. 05	457 594	0. 04
粳稻	609	0. 00	99	0. 00
玉米	82 760 100	1. 70	1 881	0. 00
黄大豆 1 号	77 220 852	1. 58	4 209	0. 00
黄大豆 2 号	15 026	0. 00	4 936	0. 00
豆粕	769 636 085	15. 80	289 496 780	26. 36
豆油	518 310 554	10. 64	92 504 264	8. 42
棕榈油	524 964 765	10. 77	111 515 010	10. 15
鸡蛋	59 364 047	1. 22	14 718 738	1. 34
胶合板	1 037 304	0. 02	182 704	0. 02
纤维板	200 789	0. 00	68 271	0. 01
玉米淀粉	58 353 050	1. 20	27 053 680	2. 46
总计	4 872 152 224	100. 00	1 098 306 334	100. 00

2015 年金属期货交易分布概况

品种	成交金额（万元）	比重（%）	成交量（手）	比重（%）
铜	1 759 137 989	38. 00	88 318 558	19. 36
铝	127 413 453	2. 75	22 900 691	5. 02
锌	321 788 536	6. 95	45 237 435	9. 92
铅	8 453 983	0. 18	1 310 106	0. 29
镍	11 247 404	0. 24	1 031 578	0. 23
锡	1 040 942 499	22. 48	127 180 236	27. 89
黄金	599 195 327	12. 94	25 317 200	5. 55
白银	761 514 725	16. 45	144 786 451	31. 75
螺纹钢	1 149 493 959	99. 63	541 035 860	99. 63
线材	842	0. 00	327	0. 00
热轧卷板	4 305 162	0. 37	2 012 366	0. 37
总计	5 783 493 878	100. 00	999 130 808	100. 00

2015 年能源化工及其他类期货交易分布概况

品种	成交金额（万元）	比重（%）	成交量（手）	比重（%）
燃料油	57 485. 45	0. 00	3 875	0. 00
石油沥青	73 588 144. 19	2. 13	32 397 823	2. 83
PTA	556 576 785. 04	16. 09	231 498 305	20. 26
甲醇	694 704 852. 79	20. 09	314 747 394	27. 54
动力煤	16 481 897. 45	0. 48	2 651 572	0. 23

续表

品种	成交金额（万元）	比重（%）	成交量（手）	比重（%）
聚乙烯	527 410 333.8	15.25	119 856 998	10.49
聚氯乙烯	4 078 845.61	0.12	1 566 571	0.14
聚丙烯	389 653 024.1	11.27	107 513 311	9.41
焦炭	131 627 366	3.81	15 662 329	1.37
焦煤	593 284	0.02	15 706 560	1.37
铁矿石	989 636 781.35	28.61	259 572 085	22.71
玻璃	74 192 424.53	2.15	41 548 298	3.64
硅铁	76 190.89	0.00	39 406	0.00
锰硅	106 778.73	0.00	50 439	0.00
总计	3 458 784 194.19	100.00	1 142 814 966	100.00

2015 年金融期货交易分布概况

品种	成交金额（亿元）	比重（%）	成交量（手）	比重（%）
沪深 300 指数期货	3 419 065.91	81.84	277 101 989	81.29
上证 50 指数期货	306 922.81	7.35	35 483 920	10.41
中证 500 指数期货	391 509.24	9.37	22 195 929	6.51
5 年期国债期货	43 594.99	1.04	4 403 572	1.29
10 年期国债期货	16 511.76	0.40	1 683 921	0.49
总计	4 177 604.71	100.00	340 869 331	100.00

附录 3－2　期货市场客户结构

2015 年期货市场客户数量　　单位：户

时间	有效客户数量	有效单位客户数量	有效个人客户数量
1 月	837 926	28 833	809 093
2 月	842 128	29 071	813 057
3 月	858 944	29 381	829 563
4 月	890 451	28 568	861 883
5 月	921 861	29 024	892 837
6 月	957 302	29 788	927 514
7 月	999 954	29 685	970 269
8 月	1 026 495	30 183	996 312
9 月	1 044 485	30 920	1 013 565
10 月	1 049 685	30 501	1 019 184
11 月	1 060 877	30 841	1 030 036
12 月	1 077 603	31 413	1 046 190

2015 年期货市场客户资金结构　　单位：户

权益规模	客户数量	占总客户数量比例
10 万元以下	1 868 220	94.01%
10 万—1 000 万元	113 641	5.72%
1 000 万元以上	5 461	0.27%

附录3－3 主要品种持仓量、成交量及成交金额分布

2015 年各月份品种持仓量占比情况

单位：%

品种	1月	2月	3月	4月	5月	6月	7月	8月	9月	10月	11月	12月
10 年期国债期货			0. 0408	0. 1493	0. 2175	0. 1788	0. 2634	0. 2112	0. 1870	0. 2121	0. 2134	0. 2629
5 年期国债期货	0. 2410	0. 3258	0. 3748	0. 3967	0. 3086	0. 2379	0. 2516	0. 2054	0. 1768	0. 1945	0. 1887	0. 2343
PTA	8. 1930	8. 8269	9. 4164	7. 0872	6. 3650	5. 9108	4. 9319	4. 9098	4. 3708	4. 2736	3. 3590	3. 9938
白糖	5. 4568	6. 2446	4. 2952	4. 4590	4. 2551	3. 7074	4. 0035	4. 7190	5. 3948	4. 8680	6. 0370	6. 1363
白银	2. 4866	1. 9182	2. 3899	2. 7271	1. 9582	2. 8126	3. 1856	2. 4425	1. 9641	1. 8750	2. 2504	2. 2064
玻璃	2. 3051	2. 9189	1. 9046	1. 1085	1. 1406	0. 9877	0. 9108	0. 9254	1. 3354	2. 1954	1. 3277	1. 2206
菜籽粕	6. 8193	7. 0439	8. 6937	7. 9939	7. 9708	6. 8274	4. 6652	3. 4770	3. 2332	3. 6634	2. 7636	2. 8753
菜籽油	0. 9520	0. 7269	0. 6666	0. 7065	0. 7174	1. 0049	1. 1481	1. 2138	0. 9859	0. 8501	0. 8591	1. 0400
动力煤	0. 1692	0. 1698	0. 2080	0. 1808	0. 1800	0. 1408	0. 1232	0. 1636	0. 1455	0. 1840	0. 2791	0. 3435
豆二	0. 0019	0. 0019	0. 0021	0. 0025	0. 0043	0. 0049	0. 0037	0. 0006	0. 0002	0. 0001	0. 0000	0. 0001
豆粕	17. 5101	18. 8851	19. 4948	19. 7854	23. 4426	20. 6550	14. 2734	11. 5845	10. 4797	11. 1045	10. 7440	9. 2296
豆一	1. 3885	1. 1447	1. 4965	1. 2021	0. 9772	0. 7847	0. 9333	1. 0350	0. 8478	1. 0597	1. 1968	1. 0979
豆油	5. 1475	5. 1761	5. 1093	5. 1701	4. 7811	4. 0445	4. 1671	3. 7937	3. 6646	3. 5004	3. 5267	3. 4132
硅铁	0. 0013	0. 0007	0. 0005	0. 0000	0. 0001	0. 0000	0. 0001	0. 0002	0. 0002	0. 0040	0. 0042	0. 0005
沪深 300 指数	2. 0544	2. 3245	1. 9946	1. 5898	1. 8979	1. 3274	1. 0122	0. 8175	0. 4035	0. 3603	0. 3418	0. 3179
黄金	1. 1003	1. 1480	0. 9504	0. 8620	0. 7637	0. 8033	1. 2880	1. 3846	1. 1674	0. 9267	1. 1485	1. 0993
鸡蛋	0. 8970	0. 8791	0. 6423	0. 4054	0. 4873	0. 4753	0. 6560	0. 6909	0. 9499	0. 8681	0. 7033	0. 7786
甲醇期货（MA）	2. 6881	3. 4864	3. 6301	2. 7832	2. 3497	2. 1025	2. 7628	3. 4065	2. 7284	3. 0251	3. 1107	2. 5681
甲醇期货（ME）	0. 0492	0. 0322	0. 0241	0. 0181								
焦煤	0. 7181	0. 5772	0. 6796	1. 3269	0. 9225	0. 5125	0. 4517	0. 4921	0. 4227	0. 5819	0. 7609	0. 9789
焦炭	0. 5466	0. 4024	0. 5469	0. 6021	0. 7021	0. 7125	0. 4962	0. 4238	0. 5652	0. 9422	1. 0126	0. 7883
粳稻（谷）	0. 0000	0. 0000	0. 0000	0. 0000	0. 0000	0. 0000	0. 0000	0. 0000	0. 0000	0. 0000	0. 0000	0. 0000
聚丙烯	2. 9709	2. 1064	2. 6504	2. 5349	2. 6574	2. 5629	2. 1461	1. 7083	2. 4193	2. 5653	2. 3934	3. 2320
聚氯乙烯	0. 3558	0. 2222	0. 1761	0. 1389	0. 1472	0. 1673	0. 2005	0. 1907	0. 2091	0. 2627	0. 2580	0. 2427
沥青	0. 0327	0. 0554	0. 0985	0. 2482	0. 2650	0. 2206	0. 1807	0. 2304	0. 2674	0. 6605	0. 5609	0. 8950

续表

品种	1月	2月	3月	4月	5月	6月	7月	8月	9月	10月	11月	12月
铝	1.8787	1.5815	1.4366	1.4691	1.3508	1.5648	2.0258	2.2145	1.8508	2.4784	3.1693	2.9590
螺纹钢	13.6000	12.7152	12.7060	14.1303	12.5644	15.7019	17.4532	17.7161	17.5522	15.4922	16.4909	16.0871
锰硅	0.0206	0.0228	0.0156	0.0000	0.0000	0.0001	0.0000	0.0000	0.0001	0.0026	0.0060	0.0009
棉花	2.3684	2.3832	1.4783	2.7040	2.2334	2.0187	2.3637	2.6612	2.4265	2.3687	2.4437	2.5519
镍			0.2531	0.7075	1.1804	1.2859	1.3139	1.3638	1.3223	1.2637	1.8640	2.2844
普麦	0.0001	0.0001	0.0001	0.0000	0.0001	0.0001	0.0002	0.0002	0.0002	0.0002	0.0003	0.0002
铅	0.1502	0.1427	0.1091	0.1380	0.1344	0.1548	0.1884	0.2091	0.1648	0.1107	0.1245	0.1464
强麦	0.0422	0.0467	0.0411	0.0277	0.0111	0.0480	0.0922	0.1408	0.1521	0.2900	0.2322	0.2960
燃料油	0.0003	0.0003	0.0010	0.0009	0.0007	0.0004	0.0005	0.0003	0.0002	0.0001	0.0001	0.0001
热轧卷板	0.1815	0.2938	0.1538	0.1458	0.1670	0.2167	0.3284	0.3096	0.2880	0.2006	0.2612	0.4248
上证50股指期货				0.4309	0.4289	0.7071	0.3270	0.3297	0.1837	0.1437	0.1396	0.1330
天胶	1.4301	1.5782	1.3232	1.4856	1.3775	1.1871	1.2440	1.3254	1.2480	1.5845	1.3912	1.5182
铁矿石	2.9406	2.9483	4.1939	5.0126	5.2586	8.1477	7.8899	10.1112	10.3150	10.2018	8.3357	7.9697
铜	4.5892	3.7229	3.5844	3.2069	2.5356	2.3942	3.9687	3.3807	3.1038	2.4472	3.1814	3.2813
晚籼稻	0.0025	0.0024	0.0020	0.0017	0.0000	0.0000	0.0000	0.0000	0.0000	0.0000	0.0000	0.0000
锡			0.0052	0.0240	0.0285	0.0274	0.0138	0.0099	0.0084	0.0171	0.0187	0.0285
细木工板（胶合板）	0.0319	0.0210	0.0200	0.0119	0.0074	0.0074	0.0057	0.0022	0.0008	0.0007	0.0001	0.0002
线材	0.0001	0.0001	0.0001	0.0001	0.0001	0.0001	0.0001	0.0001	0.0001	0.0000	0.0000	0.0000
线型低密度聚乙烯	3.9160	3.4771	3.1161	1.8985	2.4358	3.0008	2.9545	2.7486	2.7574	2.5690	2.3476	2.8134
锌	1.3741	1.2893	1.0765	1.3151	1.1610	1.2514	1.5254	1.7060	1.7465	1.3446	1.8119	1.7445
油菜籽	0.0004	0.0003	0.0003	0.0002	0.0003	0.0171	0.0242	0.0089	0.0023	0.0018	0.0021	0.0031
玉米	1.5952	1.6007	1.5782	1.5209	1.4866	2.7132	6.9756	7.8359	10.4676	8.9870	8.0145	7.3733
玉米淀粉	0.0876	0.1549	0.3092	0.1623	0.1271	0.1885	0.2354	0.3257	0.8135	2.1037	3.2046	3.2260
早籼稻	0.0025	0.0016	0.0013	0.0008	0.0007	0.0008	0.0010	0.0010	0.0009	0.0006	0.0006	0.0000
中密度纤维板（纤维板）	0.0134	0.0062	0.0043	0.0028	0.0036	0.0019	0.0012	0.0008	0.0009	0.0006	0.0004	0.0003
中证500股指期货				0.1791	0.4524	0.2996	0.1851	0.1963	0.1409	0.1456	0.1464	0.1520
棕榈油	3.6891	3.3938	3.1045	3.9447	4.5421	2.8828	2.8273	3.3754	3.5340	4.0672	3.7729	4.0508

2015 年各月份品种成交量占比情况

单位：%

品种	1月	2月	3月	4月	5月	6月	7月	8月	9月	10月	11月	12月
10 年期国债期货			0. 0040	0. 0130	0. 0247	0. 0266	0. 0196	0. 0289	0. 0341	0. 1340	0. 1559	0. 1231
5 年期国债期货	0. 0524	0. 0867	0. 1191	0. 0766	0. 0870	0. 0759	0. 0395	0. 0364	0. 0597	0. 3136	0. 3845	0. 1822
PTA	6. 7993	8. 3162	7. 4631	8. 1810	7. 3309	6. 3100	4. 9402	5. 4766	6. 9382	6. 3047	6. 3856	4. 5487
白糖	5. 4631	7. 7660	4. 8117	4. 2493	3. 4601	3. 1748	2. 8492	4. 4140	8. 2839	8. 9378	7. 3425	5. 3205
白银	8. 0428	7. 5847	5. 0949	3. 8971	4. 2279	3. 4177	3. 2439	5. 0718	3. 2688	2. 7012	2. 0558	1. 9916
玻璃	1. 7023	1. 0662	0. 9463	1. 2351	1. 1884	0. 9122	0. 6853	0. 7477	0. 9601	1. 6241	2. 1224	1. 0329
菜籽粕	7. 5494	7. 9451	9. 4601	7. 6118	8. 3416	7. 1893	11. 3777	7. 0765	6. 8677	5. 5347	4. 0556	3. 6249
菜籽油	0. 3067	0. 2565	0. 1329	0. 1351	0. 1758	0. 2613	0. 1833	0. 1790	0. 2460	0. 2401	0. 2526	0. 3068
动力煤	0. 0395	0. 0393	0. 0508	0. 0885	0. 1055	0. 0406	0. 0330	0. 0289	0. 0312	0. 0746	0. 1458	0. 1869
豆二	0. 0001	0. 0001	0. 0001	0. 0002	0. 0003	0. 0002	0. 0002	0. 0002	0. 0000	0. 0001	0. 0000	0. 0000
豆粕	9. 1279	9. 9240	8. 6903	7. 1616	7. 6347	9. 0494	10. 5694	9. 0682	6. 3938	7. 7294	6. 3094	5. 8127
豆一	0. 4602	0. 3893	0. 4303	0. 6402	0. 5194	0. 4313	0. 3864	0. 4872	0. 4816	1. 1167	0. 5729	0. 5254
豆油	1. 9164	2. 1759	1. 8516	2. 5023	3. 3085	3. 2463	1. 9832	2. 5600	2. 3911	3. 2324	2. 8236	3. 1868
硅铁	0. 0004	0. 0003	0. 0001	0. 0001	0. 0001	0. 0000	0. 0001	0. 0000	0. 0001	0. 0010	0. 0081	0. 0024
沪深 300 指数	11. 9868	11. 9431	8. 8190	10. 2159	10. 6207	14. 7547	11. 5736	11. 5297	0. 5867	0. 1473	0. 1218	0. 1242
黄金	0. 9632	0. 8936	0. 6496	0. 5777	0. 5029	0. 4083	0. 6134	1. 0573	0. 6488	0. 8268	0. 6853	0. 7946
鸡蛋	0. 5440	0. 5927	0. 3970	0. 3810	0. 3302	0. 3655	0. 3829	0. 3666	0. 4993	0. 4628	0. 4247	0. 3387
甲醇期货（MA）	6. 9670	9. 9051	20. 5949	10. 7855	7. 0676	5. 4525	4. 9379	8. 1979	10. 5990	6. 6884	7. 0466	6. 3256
甲醇期货（ME）	0. 0674	0. 0393	0. 0388	0. 0050	0. 0003							
焦煤	0. 4120	0. 1950	0. 2153	0. 5658	0. 9215	0. 4439	0. 3074	0. 2265	0. 2974	0. 3275	0. 5663	0. 6796
焦炭	0. 5006	0. 1923	0. 2127	0. 4889	0. 9503	0. 4562	0. 3812	0. 2535	0. 2615	0. 3875	0. 5390	0. 5487
粳稻（谷）	0. 0000	0. 0000	0. 0000	0. 0000	0. 0000	0. 0000	0. 0000	0. 0000	0. 0000	0. 0000	0. 0000	0. 0000
聚丙烯	2. 5491	2. 9971	3. 2739	2. 9419	2. 0727	1. 7733	1. 2660	1. 7251	3. 1154	3. 2357	5. 2838	5. 8885
聚氯乙烯	0. 0555	0. 0418	0. 0445	0. 0602	0. 0546	0. 0337	0. 0318	0. 0287	0. 0247	0. 0360	0. 0522	0. 0588
沥青	0. 0177	0. 0512	0. 1575	0. 5031	0. 2596	0. 1384	0. 2669	0. 4314	1. 9902	2. 4584	2. 3622	2. 3448
铝	0. 3741	0. 3577	0. 2540	0. 2442	0. 2519	0. 2488	0. 2359	0. 2407	0. 2632	1. 0897	1. 9291	2. 1101

续表

品种	1月	2月	3月	4月	5月	6月	7月	8月	9月	10月	11月	12月
螺纹钢	16. 2109	9. 3428	11. 7924	19. 7793	14. 2988	13. 3883	18. 9287	15. 1483	14. 3511	12. 4755	11. 5046	19. 2850
锰硅	0. 0010	0. 0010	0. 0014	0. 0006	0. 0000	0. 0000	0. 0000	0. 0000	0. 0000	0. 0008	0. 0099	0. 0015
棉花	0. 8932	0. 9618	0. 4442	0. 7315	0. 8329	0. 5070	0. 4197	0. 4440	0. 4468	0. 9398	0. 6715	0. 6483
镍			0. 0299	0. 6222	2. 3787	1. 6631	1. 9894	1. 5705	3. 5224	2. 5668	3. 0424	3. 3646
普麦	0. 0000	0. 0000	0. 0000	0. 0000	0. 0000	0. 0000	0. 0000	0. 0000	0. 0000	0. 0000	0. 0000	0. 0002
铅	0. 0592	0. 0295	0. 0218	0. 0450	0. 0327	0. 0299	0. 0247	0. 0305	0. 0334	0. 0356	0. 0473	0. 0514
强麦	0. 0044	0. 0026	0. 0018	0. 0022	0. 0018	0. 0044	0. 0109	0. 0127	0. 0145	0. 0543	0. 0260	0. 0259
燃料油	0. 0001	0. 0001	0. 0002	0. 0002	0. 0003	0. 0001	0. 0001	0. 0001	0. 0001	0. 0000	0. 0000	0. 0000
热轧卷板	0. 0475	0. 0561	0. 0437	0. 0422	0. 0443	0. 0410	0. 0655	0. 0503	0. 0494	0. 0363	0. 0527	0. 1309
上证50股指期货				0. 8318	1. 9096	3. 9567	2. 3306	1. 6371	0. 2060	0. 0519	0. 0482	0. 0503
天胶	2. 7767	2. 6861	1. 6956	1. 5080	2. 1435	2. 2407	1. 9104	1. 9389	2. 9156	3. 4091	2. 6648	2. 8490
铁矿石	2. 9803	2. 2702	2. 8719	5. 4485	8. 3583	7. 3709	8. 3203	8. 8077	10. 7123	10. 0923	8. 4253	9. 6747
铜	3. 5815	3. 4314	2. 3575	1. 6333	1. 4796	1. 5281	2. 1489	2. 2718	2. 6417	2. 7585	3. 6151	2. 9135
晚籼稻	0. 0002	0. 0000	0. 0000	0. 0000	0. 0000	0. 0000	0. 0000	0. 0000	0. 0000	0. 0000	0. 0000	0. 0000
锡			0. 0013	0. 0209	0. 0690	0. 0092	0. 0085	0. 0034	0. 0023	0. 0083	0. 0146	0. 0274
细木工板（胶合板）	0. 0423	0. 0101	0. 0044	0. 0069	0. 0024	0. 0011	0. 0007	0. 0009	0. 0001	0. 0001	0. 0000	0. 0000
线材	0. 0000	0. 0000	0. 0000	0. 0000	0. 0000	0. 0000	0. 0000	0. 0000	0. 0000	0. 0000	0. 0000	0. 0000
线型低密度聚乙烯	4. 2141	5. 0248	4. 1527	3. 2882	3. 0432	3. 0544	2. 5587	3. 2082	3. 0730	2. 5579	3. 5261	3. 2522
锌	1. 3447	0. 8042	0. 5852	0. 5919	0. 7348	0. 6078	0. 6407	0. 7271	1. 0168	1. 9412	3. 6367	2. 5818
油菜籽	0. 0000	0. 0000	0. 0000	0. 0000	0. 0001	0. 0041	0. 0053	0. 0033	0. 0001	0. 0000	0. 0002	0. 0001
玉米	0. 1998	0. 2878	0. 2237	0. 2381	0. 2036	0. 4214	0. 9322	1. 2327	2. 4464	2. 6920	3. 2116	2. 0563
玉米淀粉	0. 0484	0. 1231	0. 2015	0. 1418	0. 0853	0. 0637	0. 0560	0. 0736	0. 2211	1. 4444	3. 5356	2. 8092
早籼稻	0. 0002	0. 0002	0. 0001	0. 0001	0. 0000	0. 0001	0. 0001	0. 0001	0. 0001	0. 0001	0. 0000	0. 0001
中密度纤维板（纤维板）	0. 0119	0. 0069	0. 0022	0. 0031	0. 0012	0. 0005	0. 0002	0. 0002	0. 0001	0. 0001	0. 0000	0. 0001
中证500股指期货				0. 4301	1. 5244	2. 6262	1. 1838	0. 8689	0. 1749	0. 0868	0. 0696	0. 0672
棕榈油	1. 6855	2. 2022	1. 8562	2. 0732	3. 4182	4. 2704	2. 1567	2. 7366	3. 9292	5. 2440	4. 2718	4. 1515

2015 年各月份品种成交金额分布情况

单位：%

品种	1月	2月	3月	4月	5月	6月	7月	8月	9月	10月	11月	12月
10 年期国债期货			0.0277	0.0670	0.0999	0.0730	0.0900	0.1490	0.6459	2.6047	3.1090	2.7314
5 年期国债期货	0.2990	0.5137	0.8479	0.3963	0.3546	0.2116	0.1839	0.1912	1.1576	6.1702	7.7817	4.0790
PTA	0.9277	1.1934	1.3047	1.1198	0.8063	0.4697	0.5528	0.6765	3.1333	2.9014	2.9851	2.2319
白糖	1.5655	2.3655	1.7862	1.2440	0.8042	0.5102	0.7342	1.2386	8.8706	9.8312	8.1237	6.6023
白银	2.6159	2.4820	1.9627	1.0999	0.9735	0.5301	0.7728	1.3868	3.2183	2.7530	2.0461	2.1815
玻璃	0.1864	0.1200	0.1301	0.1190	0.0923	0.0497	0.0576	0.0711	0.3161	0.5453	0.7460	0.3815
菜籽粕	0.9514	1.0462	1.5630	0.8901	0.7536	0.4312	1.2206	0.7977	2.7355	2.1513	1.5351	1.5202
菜籽油	0.1075	0.0898	0.0568	0.0426	0.0446	0.0460	0.0526	0.0554	0.2718	0.2686	0.2891	0.3884
动力煤	0.0219	0.0218	0.0329	0.0387	0.0373	0.0098	0.0122	0.0116	0.0447	0.0934	0.1203	0.1279
豆二	0.0000	0.0000	0.0000	0.0000	0.0000	0.0000	0.0000	0.0000	0.0000	0.0000	0.0000	0.0000
豆粕	1.4620	1.6423	1.7707	1.0430	0.8459	0.6713	1.3845	1.3186	3.3512	3.9676	3.0850	3.0583
豆一	0.1203	0.1022	0.1301	0.1395	0.0947	0.0534	0.0772	0.1122	0.3894	0.8626	0.4415	0.4339
豆油	0.6294	0.7197	0.7383	0.7410	0.8062	0.5501	0.5354	0.7538	2.5228	3.5378	3.1517	4.0018
硅铁	0.0001	0.0000	0.0000	0.0000	0.0000	0.0000	0.0000	0.0000	0.0001	0.0004	0.0031	0.0009
沪深 300 指数	75.2788	74.4862	72.3589	72.6987	63.8605	63.2022	65.8493	67.6262	10.5631	2.9397	2.6927	3.0410
黄金	1.4346	1.3577	1.1333	0.7384	0.5090	0.2832	0.6686	1.3239	2.9644	3.8897	3.1296	3.9947
鸡蛋	0.1351	0.1504	0.1233	0.0872	0.0602	0.0438	0.0777	0.0813	0.3784	0.3339	0.3120	0.2487
甲醇期货（MA）	0.8219	1.3028	3.5958	1.4281	0.7369	0.3915	0.5482	0.8918	4.0395	2.5575	2.5998	2.3676
甲醇期货（ME）	0.0386	0.0250	0.0334	0.0032	0.0002							
焦煤	0.1062	0.0517	0.0663	0.1211	0.1567	0.0529	0.0565	0.0437	0.2040	0.2185	0.3686	0.4854
焦炭	0.3069	0.1194	0.1513	0.2384	0.3647	0.1190	0.1522	0.1104	0.3994	0.5623	0.7291	0.7691
粳稻（谷）	0.0000	0.0000	0.0000	0.0000	0.0000	0.0000	0.0000	0.0000	0.0000	0.0000	0.0000	0.0000
聚丙烯	0.5444	0.7067	0.9831	0.6722	0.3676	0.2183	0.2470	0.3573	2.2615	2.2615	3.2849	3.7427
聚氯乙烯	0.0083	0.0065	0.0088	0.0091	0.0066	0.0027	0.0041	0.0040	0.0120	0.0171	0.0242	0.0307
沥青	0.0030	0.0089	0.0351	0.0887	0.0347	0.0122	0.0329	0.0560	0.9388	1.1137	1.0151	0.9496
铝	0.1406	0.1409	0.1212	0.0858	0.0702	0.0463	0.0702	0.0778	0.3065	1.1514	1.0797	2.4716

续表

品种	1月	2月	3月	4月	5月	6月	7月	8月	9月	10月	11月	12月
螺纹钢	2.3968	1.4092	2.1252	2.4535	1.4222	0.8829	1.8645	1.6591	5.4165	4.4631	4.0101	7.3287
锰硅	0.0002	0.0002	0.0003	0.0001	0.0000	0.0000	0.0000	0.0000	0.0000	0.0003	0.0039	0.0006
棉花	0.3430	0.3855	0.2136	0.2564	0.2319	0.0959	0.1289	0.1496	0.5441	1.1044	0.8090	0.8322
镍			0.0211	0.3226	1.0622	0.4688	0.8122	0.6749	5.3665	3.9949	4.3947	5.2158
普麦	0.0000	0.0000	0.0000	0.0000	0.0000	0.0000	0.0000	0.0000	0.0000	0.0000	0.0000	0.0007
铅	0.0214	0.0110	0.0097	0.0159	0.0092	0.0056	0.0076	0.0108	0.0433	0.0469	0.0600	0.0741
强麦	0.0014	0.0008	0.0007	0.0006	0.0004	0.0007	0.0029	0.0037	0.0155	0.0585	0.0294	0.0331
燃料油	0.0000	0.0001	0.0002	0.0001	0.0002	0.0000	0.0000	0.0001	0.0003	0.0001	0.0000	0.0001
热轧卷板	0.0074	0.0088	0.0080	0.0054	0.0046	0.0028	0.0065	0.0055	0.0187	0.0133	0.0187	0.0539
上证50股指期货				4.3311	7.6744	10.7964	9.0031	6.0386	2.5192	0.6940	0.7076	0.8049
天胶	2.1193	2.1823	1.5925	1.0605	1.3071	0.9400	1.1858	1.2438	6.6390	7.6223	5.6396	6.5728
铁矿石	0.8662	0.6531	0.9195	1.1545	1.4986	0.9298	1.4745	1.7978	8.1662	7.2729	5.6637	6.4991
铜	4.3440	4.2563	3.6633	1.8831	1.3997	0.9436	2.0484	2.3644	10.3257	10.6752	13.0895	11.5479
晚籼稻	0.0001	0.0000	0.0000	0.0000	0.0000	0.0000	0.0000	0.0000	0.0000	0.0000	0.0000	0.0000
锡			0.0011	0.0128	0.0345	0.0030	0.0044	0.0020	0.0045	0.0157	0.0255	0.0570
细木工板（胶合板）	0.0144	0.0035	0.0019	0.0019	0.0005	0.0002	0.0002	0.0002	0.0001	0.0001	0.0000	0.0000
线材	0.0000	0.0000	0.0000	0.0000	0.0000	0.0000	0.0000	0.0000	0.0000	0.0000	0.0000	0.0000
线型低密度聚乙烯	1.0185	1.3364	1.4139	0.8542	0.6119	0.4228	0.5696	0.7379	2.5551	2.1062	2.7730	2.7644
锌	0.6382	0.3924	0.3360	0.2594	0.2595	0.1416	0.2340	0.2861	1.3997	2.7182	4.7155	3.6849
油菜籽	0.0000	0.0000	0.0000	0.0000	0.0000	0.0005	0.0009	0.0007	0.0001	0.0000	0.0001	0.0001
玉米	0.0283	0.0429	0.0410	0.0314	0.0208	0.0279	0.0962	0.1389	0.9079	0.9639	1.2110	0.8525
玉米淀粉	0.0077	0.0213	0.0438	0.0224	0.0106	0.0053	0.0074	0.0095	0.0975	0.5586	1.5217	1.2996
早籼稻	0.0001	0.0001	0.0000	0.0000	0.0000	0.0000	0.0000	0.0000	0.0001	0.0001	0.0000	0.0001
中密度纤维板（纤维板）	0.0021	0.0012	0.0005	0.0005	0.0001	0.0000	0.0000	0.0000	0.0001	0.0001	0.0000	0.0000
中证500股指期货				3.6933	11.8469	15.7122	8.6655	6.8842	3.8918	2.2676	2.0502	2.1986
棕榈油	0.4853	0.6422	0.6460	0.5282	0.7241	0.6418	0.5067	0.6571	3.3631	4.6910	3.7234	4.3383

附录 3－4　各期货品种交割仓库明细

2015 年各期货品种交割仓（厂）库明细

品种	交易所	交割仓库	库容	地址	电话
天然橡胶	上期所	上海晶通化轻发展有限公司		上海市南大路 478 号	021－62848595/62506407 Fax：021－63639098
		上海远盛仓储有限公司		上海市曲阳路 900 号 3 号楼 225 室	021－61806025/61806029 Fax：021－61806026
		中国外运华东有限公司		上海市福建中路 188 号	021－63221003/63222499 Fax：021－56441555
		中储发展股份有限公司		上海市宝杨路 2069 号	021－33792410/33797595 Fax：021－33793943
		中储发展股份有限公司		上海市宝山区南大路 257 号	021－51621983/51621965 Fax：021－62507360
		中储发展股份有限公司		上海市奉贤区平宇路 585 号	021－68280480 Fax：021－68280497
		中储发展股份有限公司		天津市北辰区顺义道	022－58986699/58986805 Fax：022－58986805
		天津全程物流配送有限公司		天津市东丽区华粮道 2298 号	022－84828862/84828366/84828228 Fax：022－84828553
		山东省奥润特贸易有限公司		山东省青岛市李沧区长顺路 15 号	0532－84816601 Fax：0532－84820047
		山东储备物资管理局八三二处		山东省青岛市城阳区文阳路 988 号	0532－87756961 Fax：0532－87756270
		中远物流仓储配送有限公司		青岛市高新技术产业开发区宝源路 789 号	0532－87707998 /82850297 Fax：0532－80967802
		云南天然橡胶储运中心		云南省昆明经济开发区洛羊街道王家营贮木场	0871－67459812 Fax：0871－67469813
		海南省海南港航物流有限公司		海南省海口市滨海大道 96 号海港大厦	0898－68623716 Fax：0898－68666405
		海南新思科电子商务有限公司		海南省海口市大同路 36 号华能大厦 301 室	0898－66700097 Fax：0898－66721940

续表

品种	交易所	交割仓库	库容	地址	电话
铜	上期所	上海国储天威仓储有限公司		上海市嘉定区黄渡工业园区星塔路1289号	021－39003152 Fax：021－39003150
				上海市外高桥保税区荷丹路68号	021－50640027 Fax：021－50640027
		中储发展股份有限公司		上海宝山区铁山路495号	021－33794175 Fax：021－33790685
				上海市宝山区南大路310号、257号	021－62500165 Fax：021－52846807
				江苏无锡市城南路32－1号	0510－85368888/85360319 Fax：0510－82444211
		上海期晟储运管理有限公司		上海市闵行区剑川路2280号	021－64305295 Fax：021－64629397
		上港物流金属仓储（上海）有限公司		上海市宝山区安达路240号	021－56440120/56446738 Fax：021－56443044
				江苏省苏州市高新区钢成路8号	0512－88877972 Fax：0512－88877797
		上海裕强物流有限公司		上海共和新路3699号A座11楼	021－36030075/51011135 Fax：021－56652176
				上海市闵行区剑川路2222号	021－36521992/36521983
		上海同盛物流园区投资开发有限公司		上海浦东芦潮港同顺大道777号	021－68281891/68280450 Fax：021－68281044
				上海洋山港区顺运路389号	021－68281891/68280450 Fax：021－68281044
		上海中储临港物流有限公司		上海洋山港双惠路195号	021－68280480 Fax：021－68280497
		国家物资储备局浙江837处		宁波镇海区大通路331号	0574－86266748 Fax：0574－86266748
		宁波港九龙仓仓储有限公司		宁波镇海区平海路299号	0574－27685010 Fax：0574－27693476
		无锡市国联物流有限公司		无锡市惠山区洛社镇石塘湾梅径村南	0510－83268687 Fax：0510－83071987
		广东储备物资管理局八三〇处		广州市萝岗区开发大道1330号	020－32288072 Fax：020－32288125
		江西国储物流有限公司		鹰潭火车南站鹰潭市平安路11号仓库	0701－7072930/7072932 Fax：0701－7072941
		常州融达现代物流有限公司		常州市钟楼区新闸镇运河路298号	0519－81081608 18151721003/81081607/ 17712301601 Fax：0519－81081606
		上海添马行物流有限公司		江苏省宜兴市十里牌文庄村火车北站	021－37601000/13901785660 37825272/13917145725 Fax：021－37601128

续表

品种	交易所	交割仓库	库容	地址	电话
铝	上期所	上海国储天威仓储有限公司		上海市嘉定区黄渡工业园区星塔路1289号	021－39003152 Fax：021－39003150
				上海市外高桥保税区荷丹路68号	021－50640027 Fax：021－50640027
		中储发展股份有限公司		上海宝山铁山路495号	021－33794175 Fax：021－33790685
				上海市宝山区南大路257号、310号	021－62500165 Fax：021－52846807
				上海市宝山区南大路137号	021－56681853 Fax：021－56680969
				江苏无锡市城南路32－1号	0510－85368888/85360319 Fax：0510－82444211
		广东储备物资管理局八三0处		广东佛山市南海区盐步镇三眼桥货场西侧	0757－85760802 Fax：0757－85760803
		广东晟世有色金属仓储物流有限公司		广东省佛山市南海区小塘西货场侧晟世物流小塘仓	0757－81162300 Fax：0757－81162309
		南储仓储管理有限公司		广东佛山市禅城区佛罗公路166号	0757－88015031/88015025 Fax：0757－88015022
		上海期晟储运管理有限公司		上海市闵行区剑川路2280号	021－64305295 Fax：021－64629397
		浙江康运仓储有限公司		杭州市拱康路98号（铁路康桥货场内）	0571－56725585/56725565 Fax：0571－88027132
				浙江诸暨市陶朱街道西二环路539号	0575－87501753 Fax：0575－87501753
		上港物流金属仓储（上海）有限公司		上海市宝山区安达路240号	021－56440120/56446738 Fax：021－56443044
				江苏省苏州市高新区钢成路8号	0512－88877972 Fax：0512－88877797
		上海裕强物流有限公司		上海共和新路3699号A座11楼	021－36030075/51011135 Fax：021－56652176
				上海市闵行区剑川路2222号	021－36521992 Fax：021－36521983
		国家物资储备局浙江837处		宁波镇海区大通路331号	0574－86266748 Fax：0574－86266748
		宁波港九龙仓仓储有限公司		宁波镇海区平海路299号	0574－27685010 Fax：0574－27693476

续表

品种	交易所	交割仓库	库容	地址	电话
铝	上期所	无锡市国联物流有限公司		无锡市惠山区洛社镇石塘湾梅径村南	0510－83268687 Fax：0510－83071987
		上海同盛物流园区投资开发有限公司		上海浦东芦潮港同顺大道777号	021－68281891/8280450 Fax：021－68281044
				上海洋山港区顺运路389号	021－68281891/68280450 Fax：021－68281044
		上海中储临港物流有限公司		上海洋山港双惠路195号	021－68280480 Fax：021－68280497
		中国外运华东有限公司		上海市逸仙路4088号	021－63222499 Fax：021－56441555
		佛山市中金圣源仓储管理有限公司		广东省佛山市南海区狮山小塘西货场中金仓	0757－81082830 Fax：0757－56441555
		江苏百金汇物流有限公司		江苏省海安县晓星大道35号（铁路一号线南侧）	0513－88763666 Fax：0513－88766555
		常州融达现代物流有限公司		常州市钟楼区新闸镇运河路298号	0519－81081608/81081607 18151721003/17712301601 Fax：0519－81081606
		上海全胜物流股份有限公司		上海市宝山区江杨南路1347号	021－36620106
		上海添马行物流有限公司		江苏省宜兴市十里牌文庄村火车北站	021－37601000/37825272 13901785660/13917145725 Fax：021－37601128
锌	上期所	上海国储天威仓储有限公司		上海市嘉定区黄渡工业园区星塔路1289号	021－39003151 Fax：021－39003152
		中储发展股份有限公司		上海宝山铁山路495号	021－33794175 Fax：021－33790685
				上海市宝山区南大路257号、310号	021－62500165 Fax：021－5284680/56681853
				上海市宝山区南大路137号	Fax：021－56680969
		上海期晟储运管理有限公司		上海市曹安路3645号	021－51642912 Fax：021－51642995
		上港物流金属仓储（上海）有限公司		上海市宝山区安达路240号	021－56440120/56446738 Fax：021－56443044
				江苏省苏州市高新区钢成路8号	0512－88877972 Fax：0512－88877797

续表

品种	交易所	交割仓库	库容	地址	电话
锌	上期所	上海裕强物流有限公司		上海市共和新路3501号	021－36521992 Fax：021－56771694
锌	上期所	上海裕强物流有限公司		上海市闵行区剑川路2222号	021－36521992 Fax：021－36521983
锌	上期所	上海同盛物流园区投资开发有限公司		上海浦东芦潮港同顺大道777号	021－68281891/68280450 Fax：021－68281044
锌	上期所	广东晟世有色金属仓储物流有限公司		广东省佛山市南海区小塘西货场侧晟世物流小塘仓	0757－81162300 Fax：0757－81162309
锌	上期所	南储仓储管理有限公司		广东佛山市禅城区佛罗公路166号	0757－88015031/88015025 Fax：0757－88015022
锌	上期所	浙江康运仓储有限公司		杭州市拱康路98号（铁路康桥货场内）	0571－56725585/56725565 Fax：0571－88026467
锌	上期所	浙江康运仓储有限公司		浙江诸暨市陶朱街道西二环路539号	0575－87501753 Fax：0575－87501753
锌	上期所	国家物资储备局浙江837处		宁波镇海区大通路331号	0574－86266748 Fax：0574－86266748
锌	上期所	宁波港九龙仓仓储有限公司		宁波镇海区平海路299号	0574－27685010 Fax：0574－27693476
锌	上期所	无锡市国联物流有限公司		无锡市惠山区洛社镇石塘湾梅径村南	0510－83076358 Fax：0510－83071987
锌	上期所	中国外运华东有限公司		上海市逸仙路4088号	021－63222499 Fax：021－56441555
锌	上期所	佛山市中金圣源仓储管理有限公司		广东省佛山市南海区狮山小塘西货场中金仓	0757－81082830 Fax：0757－56441555
锌	上期所	上海全胜物流股份有限公司		上海市宝山区江杨南路1347号	021－36620106
锌	上期所	江苏百金汇物流有限公司		江苏省海安县晓星大道35号（铁路一号线南侧）	0513－88763666 Fax：0513－88766555

续表

品种	交易所	交割仓库	库容	地址	电话
铅	上期所	中储发展股份有限公司		上海市宝山区宝杨路2069号	021－33792410 Fax：021－33794175
				上海市宝山区南大路137号、257号	021－56681853/62500165 Fax：021－56680969
				天津市北辰区顺义道（中储发展天津南仓分公司）	022－58986699/58986805 Fax：022－58986805
				江苏无锡市城南路32－1号	0510－85368888 Fax：0510－85360319
		上海期晟储运管理有限公司		上海市曹安路3645号	021－51642912 Fax：021－51642995
		上海国储天威仓储有限公司		上海市嘉定区黄渡工业园区星塔路1289号	021－39003152 Fax：021－39003150
				上海市浦东新区同顺大道1111号	021－20923076 Fax：021－20923076
		广东储备物资管理局八三〇处		广州市萝岗区开发大道1330号	020－32288072 Fax：020－32288125
		广东晟世有色金属仓储物流有限公司		广东省佛山市南海区小塘西货场侧晟世物流小塘西仓	0757－81162300 Fax：0757－81162309
		南储仓储管理有限公司		广东佛山市禅城区佛罗公路166号	0757－88015031/88015025 Fax：0757－88015022
		国家物资储备局浙江837处		宁波镇海区大通路331号	0574－86266748 Fax：0574－86266748
		浙江康运仓储有限公司		浙江诸暨市陶朱街道西二环路539号	0575－87501753 Fax：0575－87501753
		天津全程物流配送有限公司		天津市东丽区华粮道2298号	022－84828862 15620035893 Fax：022－84828553
		国家物资储备局天津八三三处		天津市滨海新区临港路15号	022－59823612 Fax：022－59823605
		上海宝钢物流有限公司		上海市宝山区宝杨路2035号	13917077735

续表

品种	交易所	交割仓库	库容	地址	电话
镍	上期所	上海国储天威仓储有限公司		上海市嘉定区黄渡工业园区星塔路1289号	021－39003152 Fax：021－39003150
		中储发展股份有限公司		上海市宝山区南大路137号	021－56681238 Fax：021－56680969/23025920
				江苏无锡市城南路32－1号	510－85368888/85360319 Fax：510－82444211
		上港物流金属仓储（上海）有限公司		上海市宝山区安达路240号	021－56440120/56446738 Fax：021－56443044
		山东物资储备局832处		青岛市城阳区文阳路988号	0532－87756961 Fax：0532－87756270
		国家物资储备局浙江837处		宁波镇海区大通路331号	0574－86266748 Fax：0574－86266748
		宁波港九龙仓仓储有限公司		宁波镇海区平海路299号	0574－27685010 Fax：0574－27693476
锡	上期所	上海国储天威仓储有限公司		上海市嘉定区黄渡工业园区星塔路1289号	021－39003152 Fax：021－39003150
		中储发展股份有限公司		上海市宝山区南大路137号	Fax：021－52846807
				江苏无锡市城南路32－1号	510－85368888/85360319 Fax：510－82444211
		广东储备物资管理局八三〇处		广州市萝岗区开发大道1330号	020－32288072 Fax：020－32288125
		南储仓储管理有限公司		广东佛山市禅城区佛罗公路166号	757－88015031/88015025 Fax：757－88015022
		上港物流金属仓储（上海）有限公司		江苏省苏州市高新区钢成路8号	0512－88877972 Fax：0512－88877797/27693476

续表

品种	交易所	交割仓库	库容	地址	电话
黄金	上期所	工商银行北京市分行营业部		北京市复兴门南大街2号天银大厦B座	010－66410615
		工商银行上海市分行营业部		上海市中山东一路24号	021－63215820/63211678－1038
		工商银行深圳市分行		深圳市深南东路金融中心北座二楼	0755－82246264/25930009
		工商银行贵溪支行		江西省贵溪市雄石路38号	0701－3773031 13970159069
		工商银行三门峡分行		河南省三门峡市崤山路40号	0398－2836749
		工商银行灵宝支行		河南省灵宝市函谷路中段	0398－8862627/8861995
		工商银行龙岩分行		福建省龙岩市新罗区九一南路47号	0597－2227697
		工商银行龙岩分行上杭支行		福建省龙岩市上杭县北环路东段	0597－3835952
		工商银行招远支行		山东省招远市魁星路95号	0535－8224694
		工商银行莱州支行		山东省莱州市鼓城街88号	0535－2211315
		工商银行洛阳分行		河南省洛阳市中州中路230号	0379－63336969
		建行北京市分行现金服务中心铁道分金库		北京西客站北广场东配楼铁道支行	010－51996686
		建设银行上海分行		上海陆家嘴环路900号	021－58880000－1311
		建设银行深圳市分行		广东省深圳市红岭南路金融中心东座	0755－82488307
		建设银行安徽省铜陵市分行		安徽省铜陵市长江西路41号	0562－2820013
		建设银行河南省三门峡市分行		河南省三门峡市崤山路52号	0398－2985036
		建设银行河南省灵宝支行金库		灵宝市金城大道西段7号	0398－8869166
		建设银行山东省烟台市分行		山东省烟台市南大街9号	0535－6603087
		建设银行福建省分行龙岩分行		福建省龙岩市九一北路111号	0597－2239529
		建设银行福建省分行上杭支行		福建省龙岩市上杭县临江镇北环路261号	0597－3843041

续表

品种	交易所	交割仓库	库容	地址	电话
黄金	上期所	建设银行贵州省分行		贵州省贵阳市中华北路56号	0851－6696431
		交通银行北京市分行		北京市西城区金融大街33号	010－66101331 010－66101327
		交通银行上海市分行		上海市闸北区万荣一路20号	021－63111000－4506
		交通银行深圳分行		深圳市福田区红荔西路3002号交行大厦	18938062370
		交通银行云南省分行		云南省昆明市盘龙区白塔路397号交银大厦	0871－65034125/66034126 13888971935
		交通银行湖北省分行		湖北省武汉市建设大道847号瑞通广场A座	027－85487301
		交通银行广西区分行		广西南宁市人民东路228号通银大厦	0771－2835721 13878836366
		交通银行陕西省分行		陕西省西安市西新街88号	029－87653294 13991877857
		中国银行上海市分行		上海市中山东一路23号	021－63291331
		中国银行深圳市分行		深圳市和平路1195号中怡大厦	0755－22333088
		中国银行莱州支行		山东省莱州市莱州北路733号	0535－2273355
		中国银行招远支行		山东省招远市府前路78号	0535－8261210
		中国银行福建省分行		福建省福州市五四路136号	0591－87090661
		中国银行三门峡分行		河南省三门峡市崤山东路15号	0398－2982761
		中国银行灵宝支行		河南省灵宝市金城大道10号	0398－2982822
		中国银行陕西省分行		陕西省西安市新城区东新街246号中银大厦	029－87509090 13991906569
		浦发银行宁波分行		宁波市江夏街21号	0574－87268011
		浦发银行大连分行		大连市沙河口区会展路45号	0411－66866866

续表

品种	交易所	交割仓库	库容	地址	电话
白银	上期所	中储发展股份有限公司		上海市宝山区宝杨路2069号	021－33791452/33792410/33791449/33790944
		中国外运华东有限公司		上海市虹井路865号	021－63221003 13501724955
螺纹钢	上期所	上海宝钢物流有限公司		上海市宝杨路2035号	021－33790928/33790325 Fax：021－33790928
		浙江康运仓储有限公司		浙江省杭州市拱康路98号（铁路康桥货场内）	0571－88027012 Fax：0571－88027132
				浙江省杭州市崇贤镇长路兜22－1号	0571－86278702 Fax：0571－88293234
				浙江省宁波市江北区白沙路353号	0574－27690096 Fax：0574－27690096
		镇江惠龙长江港务有限公司		江苏镇江金桥大道88号	0511－85898888/85938558/85938557 Fax：0511－85588959
		上海期晟储运管理有限公司		江苏省靖江市经济开发区新港园区六助港路1号	0523－84835065 Fax：0523－84835092
		中储发展股份有限公司		无锡市新区城南路32－1号	0510－85368888 Fax：0510－85360317
				天津市北辰区顺义道	022－58986699/58986805 Fax：022－58986805
		江苏金驹物流投资有限公司（仅限螺纹钢）		江苏省徐州市鼓楼区三环北路1号，徐州金驹物流园	0516－87533988/87533819 Fax：0516－87533988
		广东广物物流有限公司（仅限螺纹钢）		广州市白云区石井镇龙湖乡唐阁村西街4号	020－62110238
		天津开发区泰达公共保税仓有限公司		天津经济技术开发区渤海路39号	022－59858176 Fax：022－59858179

续表

品种	交易所	交割仓库	库容	地址	电话
线材	上期所	上海宝钢物流有限公司		上海市宝杨路2035号	021－33790928/33790325 Fax：021－33790928
		浙江康运仓储有限公司		浙江省杭州市拱康路98号（铁路康桥货场内）	0571－88027012 Fax：0571－88027132
				浙江省杭州市崇贤镇长路兜22－1号	0571－86278702 Fax：0571－88293234
				浙江省宁波市江北区白沙路353号	0574－27690096 Fax：0574－27690096
		镇江惠龙长江港务有限公司		江苏镇江金桥大道88号	0511－85898888/85938558/85938557 Fax：0511－85588959
		上海期晟储运管理有限公司		江苏省靖江市经济开发区新港园区六助港路1号	0523－84835065 Fax：0523－84835092
		中储发展股份有限公司		无锡市新区城南路32－1号	0510－85368888 Fax：0510－85360317
				天津市北辰区顺义道	022－58986699/58986805 Fax：022－58986805
		江苏金驹物流投资有限公司（仅限螺纹钢）		江苏省徐州市鼓楼区三环北路1号，徐州金驹物流园	0516－87533988/87533819 Fax：0516－87533988
		广东鱼珠物流基地有限公司（仅限螺纹钢）		广州市白云区石井镇龙湖乡唐阁村西街4号	020－62110238
		天津开发区泰达公共保税仓有限公司		天津经济技术开发区渤海路39号	022－59858176 Fax：022－59858179
热轧卷板	上期所	中国外运华东有限公司		上海市逸仙路4088号	021－63221003
				苏州市高新区长江路748号	Fax：021－56441555
		镇江惠龙长江港务有限公司		江苏镇江金桥大道88号	0511－85898888/85938558/85938557 Fax：0511－85588959
		无锡市国联物流有限公司		无锡市钱皋路168号	0510－83268687 13771149693/13861857611 Fax：0510—83268687

续表

品种	交易所	交割仓库	库容	地址	电话
热轧卷板	上期所	上港物流金属仓储（上海）有限公司		苏州市高新区钢成路8号	0512－88877213 13061707938/15821008607 Fax：0512－66725260
		江苏金驹物流投资有限公司		江苏省徐州市鼓楼区三环北路1号，徐州金驹物流园	0516－87533988/87533819 Fax：0516－87533988
		上海期晟储运管理有限公司		江苏省靖江市经济开发区新港园区六助港路1号	0523－84835065 Fax：0523－84835092
		玖隆钢铁物流有限公司		江苏省张家港市锦丰镇江苏扬子江国际冶金工业园锦绣路181号	0512－58568372 15895595421 Fax：0512－58953504
		广东广物物流有限公司		广州市白云区石井镇龙湖乡唐阁村西街4号	020－62110238
		广东欧浦钢铁物流股份有限公司		广东省佛山市南海区九江镇龙高路钢铁西四路15号	13928292980
		浙江康运仓储有限公司		浙江省杭州市崇贤镇长路兜22－1号	0571－86278702 Fax：0571－88293234
		宁波港九龙仓仓储有限公司		宁波镇海区平海路299号	0574－27685010 Fax：0574－86298111
		中储发展股份有限公司		无锡市新区城南路32－1号	0510－85368888 Fax：0510－85360317
				南京市江宁区滨江经济开发区丽水大街	025－81032367 Fax：025－81032355
				天津市北辰区顺义道	022－58986699/58986805 Fax：022－58986805
				湖北省武汉市汉口区解放大道2020号	027－82314973 13037182696 Fax：027－82304379
		天津开发区泰达公共保税仓有限公司		天津经济技术开发区渤海路39号	022－59858176 Fax：022－59858179

续表

品种	交易所	交割仓库	库容	地址	电话
燃料油	上期所	中石油燃料油有限公司湛江仓储分公司		湛江市霞山区友谊路1号港务局二区	0759－2259008/2259019 18575935454 Fax：0759－2259058
		广州南沙振戎仓储有限公司		广州南沙区黄阁镇小虎岛石化工业区粤海大道	020－34689468 13928898020 Fax：020－84416284
		广州发展碧辟油品有限公司		广州南沙区环市大道北19号	020－84684191 13928830100 Fax：020－84688600/34682007
		中国石化燃料油销售有限公司广东分公司		广州市天河区体育西路191号中石化大厦A塔9楼	020－85507913 13609023657 Fax：020－85507950
		珠海中燃石油有限公司		珠海市九洲大道西2021号中海大厦A座2001	0756－3231907 13926938985 Fax：0756－3231670
		中化兴中石油转运（舟山）有限公司		浙江省舟山市兴中路1号	0580－2061786 13906807550 Fax：0580－2036444
		洋山申港国际石油储运有限公司		上海市浦东新区张杨路500号华润时代广场14楼DEF楼	021－68405060/68405060 15921888108/15121014099 Fax：021－68405060
		浙江海洋石油仓储有限公司		浙江省舟山市定海区岑港镇海洋化工工业园区22号（烟墩）	0580－8710828/8710858 13857205955/15005808007 Fax：0580－8710858/8710777
石油沥青	上期所	金海宏业（镇江）石化有限公司		江苏省丹徒经济开发区	0511－80866292 13861399318 Fax：0511－80866322
		江苏恒泰沥青有限公司		江苏省镇江市大港新区临江东路6号	0511－83173168 13655285528/13615282288 Fax：0511－83173168
		江苏新越沥青有限公司		江苏省镇江市丁卯新区谷阳路89号钻石名苑9栋1201室	0511－88893355 13505288023/18052829908 Fax：0511－88893365

续表

品种	交易所	交割仓库	库容	地址	电话
石油沥青	上期所	宁波爱思开宝盈沥青仓储有限公司		宁波市镇海区威远路111号	0574－27695040 13516787839 Fax：0574－27695007
		南京蓝途沥青有限公司		南京市栖霞区燕子矶街道太新路81号	025－85494884 13770564197/13805140907 Fax：025－85494884/85494884/85494884
		安徽环宇公路沥青材料有限责任公司		安徽省芜湖市开发区四褐路23号	0553－5806967 13856024162/18715189857 Fax：0553－5801558
		池州华远新材料有限公司		安徽池州经济技术开发区临港工业园	18963733533/13615669995 Fax：0566－2412738/2412738
		中石油江苏燃料沥青有限责任公司		江阴市滨江开发区澄后路7号	0510－86197670 13382272666 Fax：0510－86191377
		中海油气（泰州）石化有限公司		江苏省泰州市经济开发区滨江大道6号	0523－86391026/86981609 13852865559/13382558599 Fax：0523－86391036
		金海宏业（镇江）石化有限公司		江苏省丹徒经济开发区	0511－80866292 13861399318 Fax：0511－80866322
		中海沥青股份有限公司		山东省滨州市滨城区黄河七路817号	0543－2116268 13326296182/15305436165 Fax：0543－2116266
		中化弘润石油化工有限公司		山东省青州市开发区弘润工业园销售营业大楼一楼	0536－3554526/3556558 13455652990/15263695730 Fax：0536－3554598
		山东金石沥青股份有限公司		山东日照岚山化工大道1号	0633－2935009 13963300305 Fax：0633－2935010
		佛山高富中石油燃料沥青有限责任公司		广东省佛山市高明区富湾工业开发区	0757－88911508 13928505026 Fax：0757－88911831

续表

品种	交易所	交割仓库	库容	地址	电话
玉米	大商所	中国华粮物流集团北良有限公司	10 万吨	大连经济技术开发区海青岛柳柴沟	0411－39898625
		大连港股份有限公司	5 万吨	大连市开发区新华路1号	0411－87598178 15841170857
		大连吴家国家粮食储备库有限公司	5 万吨	大连市金州区站前街道吴家村	0411－87851969
		中国船舶工业物资大连有限公司	5 万吨	大连市中山区长江路48号	0411－87859062 13322291358
		中央储备粮大连直属库	10 万吨	大连市甘井子区华北路286号	0411－86537018
		营口港务集团有限公司	5 万吨	营口市鲅鱼圈区新港大路1号	0417－6268751 13504170439
		锦州港股份有限公司	5 万吨	锦州经济技术开发区锦港大街一段1号	13604166961
		辽宁锦州锦阳国家粮食储备（中转）库	5 万吨	锦州经济技术开发区兴海路西段	0416－3581537 13704065668
黄大豆1号	大商所	大连良运集团储运有限公司	5 万吨	大连市甘井子区新水泥路2号	0411－88101455 15541177081
		中粮辽宁粮油进出口公司大连储运贸易公司	5 万吨	大连市甘井子区西北路	0411－86429383/86428034
		大连高泰仓储有限公司	5 万吨	大连市甘井子区毛营子村	13842818308
		辽宁大连粮贸国家粮食储备库	5 万吨	大连市甘井子区大连湾镇后盐村	0411－86872111
		中国外运辽宁储运公司	5 万吨	大连市甘井子区后革镇革钢路	0411－86428574
		中国华粮物流集团北良有限公司	10 万吨	大连开发区海青岛柳柴沟	0411－39898625
		大连港股份有限公司	5 万吨	大连市开发区新华路1号	0411－87598178 15841170857
		中央储备粮大连直属库	10 万吨	大连市甘井子区华北路286号	0411－86537018
		中央储备粮哈尔滨直属库	10 万吨	哈尔滨市香坊区哈平路7.5公里处	0451－87066679
		益海嘉里（哈尔滨）粮油食品工业有限公司	10 万吨	哈尔滨市平房开发区哈平东路10号	15776422235

续表

品种	交易所	交割仓库	库容	地址	电话
黄大豆1号	大商所	中央储备粮绥棱直属库	5万吨	黑龙江省绥化市绥棱县绥棱镇繁华大街364号	0455－4658007
		维维东北食品饮料有限公司	5万吨	黑龙江省绥化市经济开发区	0455－7860017 18745557288
		中央储备粮北安直属库	5万吨	黑龙江省黑河市北安市北岗区九一八电台西	0456－6867193 18645088990
黄大豆2号	大商所	中粮辽宁粮油进出口公司大连储运贸易公司		辽宁省大连市甘井子区西北路	0411－86429383/86428034 13941127111
		大连港股份有限公司		辽宁省大连市开发区大窑湾	0411－87598928 13904080578
		中国华粮物流集团北良有限公司		辽宁省大连开发区海青岛柳柴沟	0411－39898186 13304110388
		中国华粮物流集团南通粮油接运有限责任公司		江苏南通市任港路62号	0513－83508460 13951411759 Fax：0513－83516954
		日照港（集团）有限公司		山东日照市海滨五路南首	0633－7381619 13963039255 Fax：0633－7381530
		青岛港（集团）有限公司		山东青岛市港青路6号	0532－82984649 13969820312
		日照港（集团）岚山港务有限公司		山东日照岚山港	0633－2633037 13306335027
豆粕	大商所	江苏省江海粮油贸易公司张家港储运部	10000	江苏张家港市金港镇西五街桥1号	0512－58388066 13906249916 Fax：0512－58380903
		中国华粮物流集团南通粮油接运有限责任公司	10000	江苏南通市任港路62号	0513－83554727 13912286772
		南京铁心桥国家粮食储备库	10000	江苏省南京市雨花台区铁心桥镇吴尚村	025－52890848 13851421688 Fax：025－52890972
		中粮新沙粮油工业（东莞）有限公司	20000	广东省东莞市麻涌镇新沙港科技工业园区	0769－81257476 13928922223 Fax：0769－88236050

续表

品种	交易所	交割仓库	库容	地址	电话
豆粕	大商所	东莞嘉吉饲料蛋白科技有限公司	12000	广东省东莞市麻涌镇新沙港科技工业园区	0769－82661731 15622280377 Fax：0769－88239556
		中粮东海粮油工业（张家港）有限公司	60000	江苏省张家港市金港镇东海路1号	0512－58389121 13115110095 Fax：0512－58388235
		张家港江海粮油工业有限公司	27000	江苏张家港市金港镇宝岛路1号	025－84798199 13906249916 Fax：025－84799258
		益海（连云港）粮油工业有限公司	48000	江苏省连云港市墟沟大港路	0518－82387266 13971088817
		中粮黄海粮油工业（山东）有限公司	30000	山东省日照市岚山港北	0633－2639066 13561906170 Fax：0633－2639065
		山东新良油脂有限公司	12000	山东省日照市海滨五路南首新良路1号	0633－2216076 15806337544
		邦基三维油脂有限公司	15000	山东省日照市经济开发区海滨五路	0633－3988280 13506336735 Fax：0633－3988810
		九三集团天津大豆科技有限公司	45000	天津市天津港保税区新港大道266号	022－66271996 13752197872 Fax：022－66271988
		东莞市富之源饲料蛋白开发有限公司	22500	广东省东莞市洪梅镇樱花台盈工业区	0769－88436102 13802371105 Fax：0769－88433118－904
		南通来宝谷物蛋白有限公司	30000	江苏省南通市跃龙南路214号	0513－81193335 13921464604 Fax：0513－85719527
		中纺粮油（湛江）有限公司	30000	广东省湛江市霞山区友谊路1号港务局1区	0759－2227021 13859213090 Fax：0759－2227878
		嘉吉粮油（南通）有限公司	37500	江苏省南通市经济技术开发区同兴路	0513－85966020 13951302082

续表

品种	交易所	交割仓库	库容	地址	电话
豆粕	大商所	中纺粮油（东莞）有限公司	15000	广东省东莞市麻涌镇新沙工业园区	0769－88235178 13412562657 Fax：0769－88235181
		东莞嘉吉粮油有限公司	15000	东莞市麻涌镇新沙工业园区	0769－82661731 15622280377 Fax：0769－88239556
		嘉吉粮油（阳江）有限公司	18000	广东省阳江市阳江港沿港大道3－6号	0769－82661731 15622280377 Fax：0769－88239556
		中储粮油脂工业东莞有限公司	18000	广东省东莞市麻涌镇新沙港后工业区	0769－88236688－1164 13829192825 Fax：0769－88230388
		中纺粮油（日照）有限公司	20250	山东省日照市海滨五路157号	0633－2166266/168 18263328577/13792028121 Fax：0633－2166299
		京粮（天津）粮油工业有限公司	20250	天津滨海新区临港经济区渤海四十路1306号	022－25618368/358 18512212611/18512212766 Fax：022－25618380
		中储粮镇江粮油有限公司	18000	江苏省镇江市谏壁镇粮山村	0511－81996632/81996644 15051116866/13861350613 Fax：0511－81996630
		益海（泰州）粮油工业有限公司	30000	江苏省泰州市高港区永安洲镇疏港北路	0523－86991728 15295279725 Fax：0523－86991319
		泰兴市振华油脂有限公司	30000	江苏省泰兴市经济开发区沿江路9号	0523－87926769 18061888001 Fax：0523－87926751
		中粮佳悦（天津）有限公司	20250	天津市滨海新区临港经济区渤海40路510号	022－25618208 13602031376 Fax：022－25618209
		金天源食品科技（天津）有限公司	20250	天津市滨海新区临港经济区渤海40路2068号	022－59585888－166 13821904621 Fax：022－59855800
		路易达孚（霸州）饲料蛋白有限公司	22500	广东省东莞市麻涌镇新沙港科技工业园区（路易达孚（霸州）饲料蛋白有限公司东莞分公司）	0769－82922441 13501500286 Fax：0769－88280667

续表

品种	交易所	交割仓库	库容	地址	电话
豆油	大商所	泰州市过船港务有限公司	30000	江苏省泰兴市经济开发区通江西路45号	0523－87671657 13812490696 Fax：0523－87671292
		秦皇岛金海粮油工业有限公司	20000	河北省秦皇岛市海港区滨海路35号丙码头	0335－3094524/3421531 13903358762 Fax：010－52177154
		中储粮镇江粮油有限公司	30000	江苏省镇江市谏壁镇粮山村	0511－81996632/81996644 15051116866/13861350613 Fax：0511－81996630
		益海（泰州）粮油工业有限公司	30000	江苏省泰州市高港区永安洲镇疏港北路	0523－86991728 15295279725 Fax：0523－86991319
		江苏省江海粮油集团有限公司	30000	江苏省张家港市金港镇宝岛路1号	025－84798199 13906249916 Fax：025－84799258
		中储粮油脂（天津）有限公司	30000	天津市天津港保税区海滨六路29号	022－66275096 13820205822 Fax：022－66271975
		中储粮日照粮油储备库	40000	山东省日照市海滨五路139号	0633－3699233/0633－3699219 18363368880/13356337661 Fax：0633－3699226
		中粮佳悦（天津）有限公司	30000	天津市滨海新区临港经济区渤海40路510号	022－25618208 13602031376 Fax：022－25618209
		中粮东海粮油工业（张家港）有限公司	45000	江苏省张家港市金港镇东海路1号	0512－58389121 13115110095 Fax：0512－58388235
		嘉里粮油（天津）有限公司	30000	天津港保税区津滨大道95号	022－66271665 13752718639 Fax：022－66271187
		九三集团天津大豆科技有限公司	15000	天津港保税区新港大道266号	022－66271996 13752197872 Fax：022－66271988
		天津龙威粮油工业有限公司	15000	天津港保税区海滨五路136号	022－25764808 13820819160

续表

品种	交易所	交割仓库	库容	地址	电话
豆油	大商所	益海（连云港）粮油工业有限公司	30000	江苏省连云港市墟沟大港路	0518－82388336 13605133363
		中粮黄海粮油工业（山东）有限公司	12000	山东省日照市岚山港北	0633－2639066 13561906170 Fax：0633－2639065
		山东新良油脂有限公司	9000	山东省日照市新良路1号	0633－2216076 15806337544
		路易达孚（霸州）饲料蛋白有限公司	9000	河北省霸州市开发区地方货场西物资库（岔河集乡津保路北）	0316－7903558 15033169347 Fax：0316－7903610
		南通来宝谷物蛋白有限公司	15000	江苏省南通市跃龙南路214号	0513－81193335 13921464604 Fax：0513－85719527
		金光食品（宁波）有限公司	15000	浙江省宁波市北仑区黄河北路1号	0574－86886932 13906693639 Fax：0574－86886931
		邦基三维油脂有限公司	9000	山东省日照市经济开发区海滨五路	0633－3988280 13506336735 Fax：0633－3988810
		龙口新龙食油有限公司	12000	山东省龙口市开发区新港路39号	0535－8857427 18660565596 Fax：0535－8857370
		嘉吉粮油（南通）有限公司	15000	江苏省南通市经济技术开发区同兴路	0513－85966703 13811170634 Fax：0513－85966703
		中纺粮油（日照）有限公司	15000	山东省日照市海滨五路157号	06332166211 13963050583 Fax：0633－2166158
棕榈油	大商所	天津龙威粮油工业有限公司	30000	天津港保税区海滨五路136号	022－25764808 13820819160 Fax：022－25764725
		华东油脂工业（泰兴）有限公司	9000	江苏省泰兴市经济技术开发区沿江路12号	0523－87679332 13852885897 Fax：0523－87679353
		仪征方顺粮油工业有限公司	12000	江苏省仪征市油港路3号	0514－83299628 13773360371 Fax：0514－83299605

续表

品种	交易所	交割仓库	库容	地址	电话
棕榈油	大商所	靖江龙威粮油工业有限公司	18000	江苏省靖江市经济开发区新港园区安宁村岳怀埭68号	0523－84228416 13641570858 Fax：0523－84228422
		广州植之元油脂实业有限公司	15000	广州市南沙区万顷沙镇万环西路新安工业园	020－87520888 15922116937 Fax：020－85506263
		泰州市过船港务有限公司	10000	江苏省泰兴市经济开发区通江西路45号	0523－87671657 13812490696 Fax：0523－8767129
		丰益（上海）生物技术研发中心有限公司	10000	上海市浦东新区高东路118号	021－31197013 18621681299 Fax：021－68467908
		金光食品（宁波）有限公司	10000	浙江省宁波市北仑区黄河北路1号	0574－86886932 13906693639 Fax：0574－86886931
		中粮新沙粮油工业（东莞）有限公司	30000	广东省东莞市麻涌镇新沙港后工业区	0769－81257476 13928922223 Fax：0769－88236050
		中储粮油脂工业东莞有限公司	40000	广东省东莞市麻涌镇新沙港后工业区	0769－88236688－1193 13829192702 Fax：0769－88230288
		益海（广州）粮油工业有限公司	30000	广州经济技术开发区东江大道2号	020－82208122 13826117915 Fax：020－82089791
		中储粮镇江粮油有限公司	20000	江苏省镇江市谏壁镇粮山村	0511－81996632/81996644 15051116866/13861350613 Fax：0511－81996630
		中粮东海粮油工业（张家港）有限公司	10000	江苏省张家港市金港镇东海路1号	0512－58389121 13115110095 Fax：0512－58388235
		嘉里粮油（天津）有限公司	10000	天津港保税区津滨大道95号	022－66271665 13752718639 Fax：022－66271187
		东莞嘉吉粮油有限公司	20000	广东省东莞市麻涌镇新沙港工业区	0769－82661731 15622280377 Fax：0769－88239556

续表

品种	交易所	交割仓库	库容	地址	电话
棕榈油	大商所	江苏省江海粮油集团有限公司	20000	江苏省张家港市金港镇宝岛路1号	025－84798199 13906249916 Fax：02584799258
		嘉吉粮油（南通）有限公司	20000	江苏省南通市经济技术开发区同兴路1号	0513－85966703 13811170634 Fax：0513－85966703
		中纺油脂（天津）有限公司	40000	天津市塘沽区保税区东方大道68号	022－66272182/66272276 13602186480/13752714481 Fax：022－66272285
		中粮佳悦（天津）有限公司	30000	天津市滨海新区临港经济区渤海40路510号	022－25618208 13602031376 Fax：022－25618209
		中储粮油脂（天津）有限公司	20000	天津市天津港保税区海滨6路29号	022－66275096 13820205822 Fax：022－66271975
鸡蛋	大商所	石家庄双鸽食品有限责任公司	2400	河北省石家庄市胜利南大街307号	13803117189 Fax：0311－85210316
		南通汇益食品有限公司	500	江苏省海安县迎宾路266号	0513－88699888 18962756989 Fax：0513－88815599
		大连韩伟养鸡有限公司	1050	辽宁省大连市旅顺口区三涧堡镇东泥河村	13840844621
		青岛田瑞牧业科技有限公司	300	山东省青岛即墨市店集镇池戈庄村	0532－87875378 13335078617
		德州和膳生态农业有限公司	300	山东省德州市宁津县宁津镇洼赵村南	0534－7074008 18605341250 Fax：0534－7075666
		河北金凯牧业有限责任公司	300	河北省沙河市金百家工业园区329省道39号	0311－85268861 15175988888 Fax：0311－86691867
		河北民旺饲料有限公司	300	河北省馆陶县工业园区河北民旺集团	0310－5541855 18232021816 Fax：0310－2736666
		河南省惠民禽业有限公司	300	河南省睢县尚屯镇刘祥府寨	0370－8182526 15903837366 Fax：0370－8182526

续表

品种	交易所	交割仓库	库容	地址	电话
鸡蛋	大商所	河南龙丰实业股份有限公司	150	河南省濮阳市清丰县产业集聚区食品产业园文化路与和义路交叉口	0393－7699999 13103938522 Fax：0393－7257777
		江苏鸿轩生态农业有限公司	450	江苏省南通市如东县东安科技园区海新路	18217476860
		苏州欧福蛋业有限公司	150	江苏省苏州吴江区金家坝社区金贤路386号	0512－63206111－202 15851592100 Fax：0512－63206222
		南通天成现代农业科技有限公司	150	江苏省海安县滨海新区友谊路西侧滩涂垦区	0513－68878688 13348085259 Fax：0513－68878688
		湖北神丹健康食品有限公司	1050	湖北省孝感市安陆解放大道东3号	027－87399611 13607155272 Fax：027－87392286
		湖北神鹭水产品有限公司	1050	湖北省浠水县散花工业园湖北神鹭水产集团	15972351480 Fax：0713－4109861
		湖北神地农业科贸有限公司	150	湖北省荆门市京山县经济技术开发区	0724－7211311 13797976898 Fax：0724－7211311
		宜城市襄大农牧有限公司	450	湖北省宜城市经济开发区楚都大道655号	0710－4263685 13871782110
胶合板	大商所	镇江惠龙长江港务有限公司	3000（平方米）	江苏省镇江市金桥大道88号	0511－85938558/85938557 13852940132/15052911987 Fax：0511－85588959/85588960
		江苏武进港务有限公司	3000	江苏省常州市武进区奔牛镇奔牛港	0519－68850505 13706111983 Fax：0519－67898300
		浙江省国际贸易集团物流有限公司	3000	浙江省嘉兴市塘汇镇铁路东站内	0571－85778718
				浙江省海宁市连杭经济开发区启潮路28号	Fax：0571－85779652
		天津全程物流配送有限公司	3000	天津市东丽区华粮道2298号	022－84828862/84828366 15620035893/15822972951 Fax：022－84828553/84828553

续表

品种	交易所	交割仓库	库容	地址	电话
胶合板	大商所	中储发展股份有限公司	3000	天津市滨海新区塘沽新港四号路北	022－59815152 13821256116 Fax：022－59815042
			3000	天津市北辰区南仓道	022－58986699 18920287007 Fax：022－58986805
			3000	河北省廊坊市光明东道25号	0316－2316226 13231638750 Fax：0316－2316226
		立晨物流股份有限公司	3000	山东省临沂市经济开发区杭州路21号	0539－6012272 18805390851 Fax：0539－6012316
		广东国储物流股份有限公司	3000	广东省广州市萝岗区开发大道1330号	020－32288125 13580531500 Fax：020－32288125
		中国物资储运广州公司	5000	广东省东莞市麻涌镇新基村新基工业区	020－82299020 13826216834 Fax：020－82290581
		浙江尖峰国际贸易有限公司	5000	浙江省金华市金东经济开发区B区	0579－82382768 13757965528 Fax：0579－82398390
		平湖华瑞仓储有限公司	5000	浙江省平湖市独山港镇海涛路88号	0571－83786752 13777877291 Fax：0571－83786730
纤维板	大商所	广东国储物流股份有限公司	3000	广东省广州市萝岗区开发大道1330号	020－32288125 13580531500 Fax：020－32288125
		中国物资储运广州公司	5000	广东省东莞市麻涌镇新基村新基工业区	020－82299020 13826216834 Fax：020－82290581
		中储发展股份有限公司	3000	天津市滨海新区塘沽新港四号路北	022－59815152 13821256116 Fax：022－59815042
				天津市北辰区南仓道	022－58986699 18920287007 Fax：022－58986805

续表

品种	交易所	交割仓库	库容	地址	电话
纤维板	大商所	天津全程物流配送有限公司	3000	天津市东丽区华粮道2298号	022－84828862/84828366 15620035893/15822972951 Fax：022－84828553/84828553
		镇江惠龙长江港务有限公司	3000	江苏省镇江市金桥大道88号	0511－85938558/85938557 13852940132/15052911987 Fax：0511－85588959/85588960
		江苏武进港务有限公司	3000	江苏省常州市武进区奔牛镇奔牛港	0519－68850505 13706111983 Fax：0519－67898300
		浙江省国际贸易集团物流有限公司	3000	浙江省嘉兴市塘汇镇铁路东站内	0571－85778718 Fax：0571－85779652
				浙江省海宁市连杭经济开发区启潮路28号	13958019189
玉米淀粉	大商所	中粮生化能源（榆树）有限公司	15000	吉林省长春五棵树开发区东风大街1号	0431－83827068
		中粮生化能源（公主岭）有限公司	30000	吉林省公主岭市河南大街2887号	0434－6281861
		嘉吉生化有限公司	15000	吉林省松原市经济技术开发区江南工业园区裕丰街2888号	021－33327178
		辽宁益海嘉里地尔乐斯淀粉科技有限公司	15000	辽宁省铁岭市开原市北环路19号	024－74380333
		山东寿光巨能金玉米开发有限公司	15000	山东省寿光市开发区安顺街中段	0536－5185363
		保龄宝生物股份有限公司	7500	山东省禹城市高新开发区东外环路1号	0534－8918652
		山东中谷淀粉糖有限公司	6000	山东省乐陵市经济技术开发区星光工业园	0534－6292996
		山东福洋生物科技有限公司	6000	山东省平原县经济技术开发区东区	0534－2169136
		诸城兴贸玉米开发有限公司	10500	山东省诸城市东环路385号	0536 6060020

续表

品种	交易所	交割仓库	库容	地址	电话
玉米淀粉	大商所	营口港务集团有限公司	50000	辽宁省营口市鲅鱼圈区营港路1号	0417－6268751
		青岛港国际股份有限公司	50000	山东省青岛市港青路6号	0532－82982898
聚丙烯	大商所	浙江省国际贸易集团物流有限公司	2万吨	杭州市体育场路229号	0571－85778718
		宁波保税区高新货柜有限公司	2万吨	宁波保税区东区兴业四路二号	0574－86820043
		国家物资储备局浙江八三七处	1.5万吨	浙江省宁波市镇海区大通路331号	0574－86378767
		中储发展股份有限公司	2万吨	上海市宝山区南大路257号	021－51621983
		上港集团物流有限公司	2万吨	上海市黄浦路53号	021－56443180
		中国物资储运广州公司	2万吨	广州市黄埔区黄埔东路268号怡港大厦A座905－910室	020－82299020
		金发科技股份有限公司	4万吨	广州市高新技术产业开发区科学城科丰路33号	020－66221450
		青州中储物流有限公司	3万吨	山东省青州市玲珑山北路638号	0536－3292571
		立晨物流股份有限公司	5万吨	山东临沂经济开发区杭州路21号	0539－6012272
		江苏金发科技新材料有限公司	1.5万吨	苏州昆山开发区西江路388号	0512－83688565
		浙江尖峰国际贸易有限公司	1.5万吨	浙江金东经济开发区B区	0579－82382768
聚氯乙烯	大商所	中国物资储运广州公司	1万吨	广州市黄埔区黄埔东路268号怡港大厦A座905－910室	020－82299020
		南储仓储管理集团有限公司	1万吨	佛山市禅城区佛罗公路166号	0757－88015031
		中储发展股份有限公司	1万吨	上海市奉贤区平宇路585路	021－37123026
		国家物资储备局浙江八三七处	1.5万吨	浙江省宁波市镇海区大通路331号	0574－86378767

续表

品种	交易所	交割仓库	库容	地址	电话
聚氯乙烯	大商所	浙江省国际贸易集团物流有限公司	3 万吨	杭州市体育场路 229 号	0571 - 85778718
		上海华谊天原化工物流有限公司	0.5 万吨	上海市金山区漕泾镇合展路 155 号	021 - 64340000 - 3515
		浙江尖峰国际贸易有限公司	1 万吨	浙江金东经济开发区 B 区	0579 - 82382768
		广东储备物资管理局八三〇处	1 万吨	广东省广州市萝岗区开发大道 1330 号	020 - 32288072
		上港集团物流有限公司	2 万吨	上海市黄浦路 53 号	021 - 56443180
		江阴市协丰棉麻有限公司	2.5 万吨	江苏省江阴市华西村商贸城物流园	0510 - 86060698
		广州市川金路物流有限公司	0 万吨	广东省广州市萝岗区开发大道 1330 号综合楼 101 - 102 房	020 - 32287605
线性低密度聚乙烯	大商所	天津全程物流配送有限公司	4.5 万吨	天津市东丽区华明镇华粮道 2298 号	022 - 84828862
		天津开发区泰达公共保税仓有限公司	1 万吨	天津经济技术开发区渤海路 39 号	022 - 59858176
		青州中储物流有限公司	4 万吨	山东省青州市玲珑山北路 638 号	0536 - 3292571
		中储发展股份有限公司	1.5 万吨	上海市宝山区南大路 257 号	021 - 51621983
			1 万吨	上海市奉贤区平宇路 585 路	021 - 37123026
			4 万吨	天津市北辰区南仓道	022 - 58986699
		国家物资储备局浙江八三七处	1.5 万吨	浙江省宁波市镇海区大通路 331 号	0574 - 86378767
		中国物资储运广州公司	2 万吨	广州市黄埔区黄埔东路 268 号怡港大厦 A 座 905 - 910 室	020 - 82299020
		南储仓储管理集团有限公司	1 万吨	佛山市禅城区佛罗公路 166 号	0757 - 88015031
		宁波保税区高新货柜有限公司	3 万吨	宁波保税区东区兴业四路一号	0574 - 86820043

续表

品种	交易所	交割仓库	库容	地址	电话
线性低密度聚乙烯	大商所	上海远盛仓储有限公司	3万吨	上海市虹口区曲阳路900号3号楼225室	021－61806025
		浙江省国际贸易集团物流有限公司	1.5万吨	杭州市体育场路229号	0571－85778718
		浙江尖峰国际贸易有限公司	3万吨	浙江金东经济开发区B区	0579－82382768
		广州市川金路物流有限公司	2万吨	广东省广州市萝岗区开发大道1330号综合楼101－102房	020－32287605
		厦门速传物流发展股份有限公司（保税仓库）	3万吨	天津市河西区友谊路5号北方金融大厦14层	022－88350652
		上港集团物流有限公司	1.5万吨	上海市黄浦路53号	021－56443180
		立晨物流股份有限公司	3万吨	山东临沂经济开发区杭州路21号	0539－6012272
		金发科技股份有限公司	2万吨	广州市高新技术产业开发区科学城科丰路33号	020－66221450 13958019189
焦煤	大商所	天津港交易市场有限责任公司	40万吨	天津港散货物流中心金岸2道481号	022－25703477
		江苏连云港港口股份有限公司	20万吨	连云港市连云区鑫港大厦2220室	0518－82389267
		日照港股份有限公司	20万吨	山东日照海滨五路南首	0633－8383068
		青岛港国际股份有限公司	100万吨	青岛市港青路6号青岛港集团业务部309室	0532－82988356
		唐山市港口物流有限公司	50万吨	唐山港集团股份有限公司南办公楼	0315－2916471
		山西省焦炭集团天津仓储有限公司	6万吨	天津港散货物流中心T207	022－66225364 18698053089
		山西焦煤集团有限责任公司	最大仓单量15万吨	山西省太原市新晋祠路一段1号山西焦煤大厦1107室	0351－8305033
		山西美锦煤焦化有限公司	最大仓单量9.6万吨	山西省太原市杏花岭区府西街92号天隆仓大厦13层	0351－4236868

续表

品种	交易所	交割仓库	库容	地址	电话
焦碳	大商所	天津港交易市场有限责任公司	100万吨	天津港散货物流中心金岸2道481号	022－25703477
		江苏连云港港口股份有限公司	8万吨	连云港市连云区鑫港大厦2220室	0518－82389267
		日照港股份有限公司	10万吨	山东日照海滨五路南首	0633－8383068
		中钢国际货运有限公司	8万吨	天津开发区第三大街51号滨海金融街西区W5－C1－5	022－66281820
		山西省焦炭集团天津仓储有限公司	6万吨	天津港散货物流中心T207	022－66225364
		青岛港国际股份有限公司	60万吨	青岛市港青路6号青岛港集团业务部309室	0532－82988356
		河北旭阳焦化有限公司	最大仓单量5.4万吨	河北省定州市定曲路	010－51103379
		唐山佳华煤化工有限公司	最大仓单量7.2万吨	河北省唐山市海港开发区1号路南	0315－2923416
		山西美锦煤焦化有限公司	最大仓单量6.6万吨	山西省太原市杏花岭区府西街92号天隆仓大厦13层	0351－4236869
		山西宏安焦化科技有限公司	最大仓单量2.4万吨	山西省太原市平阳路126号安泰大厦20层	0351－7658122
		山东铁雄冶金科技有限公司	最大仓单量4.5万吨	山东省滨州市邹平县黛溪工业园	0543－4300399
		迁安市宏奥工贸有限公司	最大仓单量3万吨	河北省迁安市太平庄乡崇家峪村南	0315－7026698
		山西阳光焦化集团股份有限公司	最大仓单量3万吨	山西铝厂一号路北	0359－2315776
		徐州伟天化工有限公司	最大仓单量3万吨	铜山区利国镇马元村	0516－87051898

续表

品种	交易所	交割仓库	库容	地址	电话
铁矿石	大商所	天津港交易市场有限责任公司	100万吨	天津港散货物流中心金岸2道481号	022－25703089/25703892 13389023855/13389953530
		江苏连云港港口股份有限公司	20万吨	连云港市连云区鑫港大厦2220室	0518－82389267 13605132219
		日照港股份有限公司	40万吨	山东省日照市上海路调度中心大楼107室	0633－8382823 13686333206
		青岛港国际股份有限公司	300万吨	青岛市港青路6号青岛港集团业务部309室	0532－82988356 13805428892
		唐山市港口物流有限公司	50万吨	唐山港集团股份有限公司南办公楼	0315－2916471 13931521582
		天津港俊物流发展有限公司	50万吨	天津市塘沽区新港南航路北侧	022－25703947 13820893028
		曹妃甸港有限公司	100万吨	河北省唐山市曹妃甸工业区弘毅码头508室	0315－8850587 13313297826
		河北钢铁集团矿业有限公司	15万吨	河北唐山建设北路81号	0315－2793187/2793198 15081656960/18732511756
		江苏沙钢国际贸易有限公司	20万吨	江苏省张家港市锦丰镇沙钢大厦605	0512－58953861 18662232026
		中国中钢股份有限公司	20万吨	北京市海淀区海淀大街8号33层	010－62689292 13693546961/13911086903
优质强筋小麦	郑商所	山东济宁市第一粮库	核定	山东省济宁市车站西路67号	0537－2250416 15166763339
		菏泽市粮油中转储备库	..	菏泽市人民南路43号	0530－5967760 18653098369
		河北藁城永安国家粮食储备库	..	河北藁城永安路18号	0311－88199970 13831155700
		河北省粮食局直属机械化粮油储备库	..	河北省元氏县城北	0311－84626134 18831177717
		河北邢台国家粮食储备库有限公司	..	邢台市中兴西大街36号	0319－2166003 13930927599
		河北衡水和平国储粮有限责任公司	..	衡水市和平东路道岔街4号	0318－2057008 13603189586
		江苏徐州国家粮食储备库	..	徐州市下淀路174号	0516－83643222 13705213101
		河南濮阳皇甫国家粮食储备库	..	河南濮阳市高新区黄河路西段	0393－8998052 13803935338

续表

品种	交易所	交割仓库	库容	地址	电话
优质强筋小麦	郑商所	陕西西瑞粮食储备库有限公司	核定	陕西咸阳市兴平食品工业园区	029－38412031 13892896168
		南京铁心桥国家粮食储备库	··	南京市雨花台区铁心桥镇吴尚村	025－52891674 13851421688
		河南安阳安林国家粮食储备库	··	安阳市柏庄镇青春村	0372－8798529 18568415930
		河南延津金麦粮食储备库	··	河南省延津县司寨乡通村	0371－69106826 13598731431
		中央储备粮淇县直属库	··	河南省鹤壁市淇县高村镇西大街8号	13937193876
		河南郑州兴隆国家粮食储备库	··	郑州市南阳路北段粮仓路1号	0371－63757525 13837106972
普通小麦	郑商所	山东济宁市第一粮库	核定	山东省济宁市车站西路67号	0537－2250416 15166763339
		菏泽市粮油中转储备库	··	菏泽市人民南路43号	0530－5967760 18653098369
		河北省粮食局直属机械化粮油储备库	··	河北省元氏县城北	0311－88199970 13831155700
		河北邢台国家粮食储备库有限公司	··	邢台市中兴西大街36号	0319－2166003 13930927599
		河北衡水和平国储粮有限责任公司	··	衡水市和平东路道岔街4号	0318－2057008 13603189586
		江苏徐州国家粮食储备库	··	徐州市下淀路174号	0516－83643222 13705213101
		河南郑州兴隆国家粮食储备库	··	郑州市南阳路北段粮仓路1号	0371－63757525 13837106972
		南京铁心桥国家粮食储备库	··	南京市雨花台区铁心桥镇吾尚村	025－52891674 13851421688
		河南安阳安林国家粮食储备库	··	安阳市柏庄镇青春村	0372－8798529 15037255816
		河南许昌新兴国家粮食储备管理有限公司	··	河南许昌市文峰路北段1042号	0374－2330399 13937422899
		河南周口东郊国家粮食储备库	··	周口市交通路东段31号	0394－8912808 13193600018
		陕西西瑞粮食储备库有限公司	··	陕西咸阳市兴平食品工业园区	029－38412031 13892896168
		河南省粮油对外贸易有限公司郾城粮食储备库	··	河南省漯河市郾城区孟庙镇文明路	0395－6932898 13939505839
		中粮粮油阜阳国家粮食储备库	··	安徽省颍上县南照镇中谷大道	0558－4137615 13905609459

续表

品种	交易所	交割仓库	库容	地址	电话
早籼稻	郑商所	中央储备粮万年直属库	核定	江西万年县城六零南大道82号	0793－3841888 15807933601
		湖南金霞粮食产业有限公司	··	湖南省长沙市开福区金霞路二段289号	0731－84471311 13607487349
		金健粮食有限公司	··	湖南省常德市德山开发区崇德路	0736－7308680 13873659639
		湖南永州下河国家粮食储备库	··	湖南省永州市冷水滩区零陵路411号	0746－8466615 13874607385
		江西樟树国家粮食储备库	··	江西樟树市药都北大道15号	0795－7348126 13970568889
		江西省温圳粮库	··	江西省进贤县温圳镇城北大道169号	0791－5540486 13807001492
		九江市粮油总公司储备仓库	··	江西省九江市滨江路577号五丰大厦9楼	0792－8138902 13979289831
		湖南赤山国家粮食储备库	··	湖南省沅江市南嘴镇沅南路8号	0737－2286511 13907373286
		江西省粮油集团新干购销有限公司	··	江西省新干县城南工业园	13755423388 0796－2689566
		武汉市大花岭粮食储备库	··	湖北省武汉市江夏区大桥街环岭路18号	027－81946536 13098868698
		湖南衡阳三塘国家粮食储备库	··	湖南省衡南县三塘镇环城南路65号	0734－8722197 13723833485
白砂糖	郑商所	广西荣桂贸易公司	核定	手续：广西南宁市竹溪大道中段43号荣桂商厦B座六楼	0771－5757656
				提货：钦州市钦州港经济开发区勒沟作业区	13877726676
		广西柳州桂糖有限责任公司	··	柳州市航生路9号	0772－3213992 13977219332/13768896068
		广西贵港桂糖储备有限公司	··	广西贵港市台湾产业园	0775－4906569/4906579 13347575930/13397855553
		广西北部湾弘信供应链管理有限公司	··	广西南宁市高新区丰达路28号	0771－2539399 18778086366
		广西黑五类物流有限公司	··	广西南宁市江南区五一西路48号沙井仓库	13978827973

续表

品种	交易所	交割仓库	库容	地址	电话
早籼稻	郑商所	广西荣桂贸易公司来宾仓储分公司	..	广西来宾市盘古大道	13978291363
		广西弘信供应链管理有限公司	..	广西扶绥县新宁镇空港大道与华阳路交汇处	0771－2539399 18778086366
		广西来宾西江港务有限公司		广西来宾市兴宾区江镇罗村	18078295097
		昆明国家粮食储备有限公司	.	云南省昆明市东郊小石坝黄龙山	0871－67330035 13888171852
		云南广大铁路物资储运有限公司	..	云南祥云火车站、大理东火车站	0878－3399195 13987072245/13987872909
		云南新储物流有限公司	..	云南省昆明市凉亭路156号	0878－4882230 13887896878
		佛山市华商物流有限公司	..	广东省佛山市南海区小塘工业大道（小塘段）45号	0757－86667199 13923192628
		广东北部湾农产品批发中心有限公司	..	广东省湛江市麻章区金川路32号	0759－3306501 13828243808
		天津中糖华丰物流有限公司	..	天津市西青区中北镇东姜井村南	022－27515479/27513708 13702162792/13920103115
		天津市军粮城国家粮食储备库	..	天津市东丽区军粮城大街193号	022－24351358 13502090596
		营口港务集团有限公司	..	辽宁省营口市鲅鱼圈新港大路1号	0417－6268740 15141749440/13940781058
		营口北方糖业有限公司	..	辽宁省营口市熊岳大铁工业园	0417－6881888 13464717000
		中糖世纪股份有限公司河南分公司	..	新郑市和庄镇道西北4号	13383781031/15837155018
		中储发展股份有限公司郑州南阳寨分公司	..	郑州市惠济区兴隆铺路9号	0371－63751820 13333822838/13503828205
		陕西西瑞粮食储备库有限公司	..	陕西省咸阳市兴平食品工业园区	029－84429980/84416007 13892896168/13630216096
		河北藁城国家粮食储备有限责任公司	..	河北省石家庄市藁城去永安路新桥西169号	0311－88198155 13731185957
		河北永安国家粮食储备库	..	河北省石家庄市藁城区永安路10号	0311－88199970 13831155700/13473782071

续表

品种	交易所	交割仓库	库容	地址	电话
早籼稻	郑商所	中粮糖业（唐山）仓储物流有限公司	‥	河北省唐山市曹妃甸工业区二港池西岸	18231569520 13820560727
		南京铁心桥国家粮食储备库	‥	南京市栖霞区石埠桥河西里1号	025－52890848 13851421688
		山东黄岛国家粮食储备库	‥	山东省黄岛市黄岛区澎湖岛街2号	13589296685 13658661997
		日照凌云海糖业集团有限公司	‥	日照市秦皇岛路59号	0633－3601359 18706339096
		中糖世纪股份有限公司湖北分公司	‥	武汉市解放大道1127号富商大厦六楼	13707180650 13707180639
		平湖华瑞仓储有限公司	‥	平湖市独山港镇海路88号	0573－85656921 13511332030
		日照粒粒金粮油贸易有限公司		日照市北经济开发区山河路58号	18263368506 18963399689
		中糖世纪股份有限公司江苏分公司	‥	江苏省南通市跃龙南龙路179号	0513－85105732
菜籽油	郑商所	东海粮油工业（张家港）有限公司	核定	江苏省张家港市金港镇	0512－58388235 13115110095
		中粮贸易安徽有限公司	‥	安徽省合肥市双凤工业区中谷园	13956918665
		益海嘉里（武汉）粮油工业公司	‥	湖北武汉市东西湖区慈惠农场良种站	15071199962
		中粮祥瑞粮油工业（荆门）有限公司	‥	湖北省钟祥市莫愁湖经济开发区	0724－4285729 13774057872
		益海（广汉）粮油饲料有限公司	‥	四川省（德阳市）广汉市湘潭路一段80号	0838－5303973 18502830017
		中储粮镇江粮油有限公司	‥	镇江市京口区谏壁镇粮山村	0511－83355571 13861350613
		中储合肥油脂库	‥	合肥市蒙城北路双凤经济开发区	0551－62917588 13721109885
		中央储备粮四川新津直属库	‥	四川省成都市新津县普兴镇	028－67716023 13693425531
		益海（泰州）粮油工业有限公司	‥	江苏省泰州市高港区永安洲镇港北路1号	0523－86991728 152952797250
		南京铁心桥国家粮食储备库	‥	南京市栖霞区石埠桥河西里1号	025－52890972 13851421688

续表

品种	交易所	交割仓库	库容	地址	电话
菜籽油	郑商所	陕西西瑞粮食储备库有限公司	..	西安西站108专线	029－38412031 13630216096
		中纺粮油（湛江）有限公司	..	湛江市霞山区友谊路一号港务局第一作业区内	0759－2227021 13859213090
		厦门银祥油脂有限公司	..	福建省厦门市同安区美禾六路99号	0592－7399766 15959289777
		防城港枫叶粮油工业有限公司	..	西壮族自治区防城港市港口区东湾大道东侧	0770－6128060 13560289548
		中粮油脂（钦州）有限公司	..	广西钦州市钦州港经济技术开发区建港路39号	0777－3815388 18278701718
菜籽粕	郑商所	靖江龙威粮油港务有限公司（仓库）	核定	江苏省靖江市新港园区	0523－84228031
		中国华粮物流集团南通粮油接运有限责任公司（仓库）	..	南通市任港路62号	0513－83540360 13912286772
		益海嘉里（盐城）粮油工业有限公司（仓库）	..	江苏省盐城市射阳县临港工业区	0515－89211802 13611536655
		益海嘉里（安徽）粮油工业有限公司（仓库）	..	安徽芜湖市无为县二坝镇经济开发区	0553－2539266 13673417666
		中粮粮油工业（巢湖）有限公司（仓库）	..	安徽省巢湖市居巢经济开发区旗山路	0551－82355254 15856914992
		中粮粮油工业（黄冈）有限公司（仓库）	..	湖北省黄冈市黄州工业园高新技术产业区	0713－8399253 13581238465
		湖北宏凯工贸发展有限公司（仓库）	..	湖北省荆州市江陵工业园区	0716－4735267 13593871144
		中粮祥瑞粮油工业（荆门）有限公司（仓库）	..	湖北省钟祥市经济开发区	0724－4285729 13774057872
		中粮粮油工业（荆州）有限公司（仓库）	..	湖北省荆州市公安县青吉工业园	0716－5396152 18627298606
		湖南盈成油脂工业有限公司（仓库）	..	湖南常德市澧县工业大道一号	15907368726
		中纺粮油（四川）有限公司（仓库）	..	四川省彭山县观音镇文昌村	028－37675618 13550555966
		中纺粮油（湛江）有限公司（厂库）	..	湛江市霞山区友谊路一号港务局第一作业区内	0759－2227021 13859213090

续表

品种	交易所	交割仓库	库容	地址	电话
菜籽油	郑商所	中粮油脂（钦州）有限公司（厂库）	..	广西钦州市钦州港经济技术开发区建港路39号	0777-3815388
		厦门银祥油脂有限公司（厂库）	..	福建省厦门市同安区美禾六路99号	0592-7399766
		东莞市富之源饲料蛋白开发有限公司（厂库）	..	东莞市洪梅镇樱花台盈工业区	0769-88436102 13802371105
		大海粮油工业（防城港）有限公司（厂库）	..	防城港市港口区出海大道一号	0770-6130724 13877088327
		福州集佳油脂有限公司（厂库）	..	福州市元洪投资区	0591-85586990 13724052014
		中纺粮油（福建）有限公司（厂库）	..	漳州市招商局招商大道129号	0596-6856582 13516334599
		防城港枫叶粮油工业有限公司（厂库）	..	广西壮族自治区防城港市港口区东湾大道东侧	0770-6128060 13560289548
油菜籽	郑商所	靖江龙威粮油港务有限公司	核定	江苏省靖江市新港园区	0523-84228031
		中国华粮物流集团南通粮油接运有限责任公司	..	南通市任港路62号	0513-83540360 13912286772
		益海（盐城）粮油工业有限公司	..	江苏省盐城市射阳县临港工业区	0515-89211802 13611536655
		益海嘉里（安徽）粮油工业有限公司	..	安徽芜湖市无为县二坝镇经济开发区	0553-2539266 13673417666
		中粮粮油工业（巢湖）有限公司	..	安徽省巢湖市居巢经济开发区旗山路	0551-82355254 15856914992
		中粮粮油工业（黄冈）有限公司	..	湖北省黄冈市黄州工业园高新技术产业区	0713-8399253 13581238465
		湖北宏凯工贸发展有限公司	..	湖北省荆州市江陵工业园区	0716-4735267 13593871144
		中粮祥瑞粮油工业（荆门）有限公司	..	湖北省钟祥市经济开发区	0724-4285729 13774057872
		中粮粮油工业（荆州）有限公司	..	湖北省荆州市公安县青吉工业园	0716-5396152 18627298606
		湖南盈成油脂工业有限公司	..	湖南常德市澧县工业大道一号	15907368726
		中纺粮油（四川）有限公司	..	四川省彭山县观音镇文昌村	028-37675618

续表

品种	交易所	交割仓库	库容	地址	电话
一号棉	郑商所	河南储备物资管理局四三二处	核定	河南省获嘉县史庄镇南	0373－5965905/5965918 13569868886/13598695666
		南阳市红棉仓储有限公司	..	河南省南阳市光武西路万商街9号	0377－63298106 13838776788/13598226020
		河南豫棉物流有限公司	..	河南郑州管城区南曹乡小李庄火车站	0371－66713101 13937160659
		衡水市棉麻总公司储备库	..	衡水市人民西路西段98号	0318－2398268 13932894467
		菏泽市棉麻公司	..	菏泽市长江路东段	0530－5110033 13805302233
		中国储备棉管理总公司徐州直属库	..	江苏省徐州市铜山县新区二堡	0516－66665978 13685123609
		湖北银丰仓储物流有限责任公司	..	湖北省武汉市东西湖区余氏墩	15827420551
		芜湖市棉麻有限责任公司	..	芜湖市褐山路79号	0553－58093070 13955315865
		山东省禹城棉麻有限公司	..	禹城市人民路777路	0534－2126278 13953458198
		中国储备棉管理总公司绍兴直属库	..	浙江省绍兴市亭山工业园区	0575－88337653 1390575243
		南通棉麻有限公司	..	江苏省南通市崇川区崇川路46号	0513－85597011 13912272686
		滨州中纺银泰实业有限公司	..	山东省滨州市高新区小营办事处虎跃三路十四号	0543－3613613 13905430020
		江阴市协丰棉麻有限公司	..	江阴市华西村物流园（沿江高速华西出口处）	0510－86060698 13801522007
		中棉集团山东物流园有限公司	..	山东省潍坊市滨海经济开发区汉江西街00666号	0536－7572919 18663600647
		江苏银海农佳乐仓储有限公司	..	江苏省建湖县上冈镇人民南路666号	0515－87116736 18021855169
		湖北储备物资管理局三三八处	..	湖北省孝昌县卫店镇三三八处	0712－4835048 13871898880
		新疆农资集团北疆农佳乐有限责任公司	..	奎屯市火车站南侧	0992－3337113 13579150318
		石河子天银物流有限公司	..	石河子市东一路213号	0993－2833356 13519926618

续表

品种	交易所	交割仓库	库容	地址	电话
一号棉	郑商所	库尔勒银星物流有限责任公司	..	新疆库尔勒市火车西站	0996－2060079 13899060503
		中国供销集团南通供销产业发展有限公司	..	江苏省南通市通州经济开发区南区锦绣路888号	0513－86599195 18921602649
		中储棉漯河有限公司		河南省漯河市郾城区纬三路	0395－3325118 15939519888
PTA	郑商所	国家物资储备局浙江八三七处	核定	浙江省宁波市镇海区大通路331号	0574－86378767 13566523632
		江苏省江海粮油贸易公司张家港储运部	..	江苏省张家港市金港镇宝岛路1号	0512－58388066 13906249916
		张家港保税区华瑞物流有限公司	..	张家港保税区福建南路	0512－56308901 13773225051
		杭州临港物流有限公司	..	浙江省杭州市萧山区瓜沥镇临港工业园区	0571－83786763 15067159380
		宁波保税区高新货柜有限公司	..	宁波保税东区兴业四路2号	0574－87270612 13806669798
		翔鹭石化（漳州）股份有限公司	..	福建省漳州市漳浦县古雷开发区腾龙3号	0592－6808310 13606007320
		江阴市协丰棉麻有限公司	..	江阴市华西村物流园（沿江高速华西出口处）	0510－86060699 13801522007
		中国储备棉管理总公司绍兴直属库	..	浙江省绍兴市亭山工业园区	0575－88337653 13905755243
		平湖华瑞仓储有限公司	..	平湖市独山港镇海路88号	0573－85656921 13511332030
		嘉兴石化有限公司	..	浙江省嘉兴市港区乍浦镇中山西路388号	0573－88187783 13750791019
		江苏恒科新材料有限公司	..	江苏省南通市通州区五接镇恒力纺织产业园	0513－86768000 18796181599
		江苏海伦石化有限公司	..	江阴市临港新城利港润华路20号	0510－86093556 13915246283
		张家港保税区外商投资服务有限公司	..	张家港保税区台湾路	0512－58320239 15862621558
		浙江逸盛石化有限公司	..	宁波市北仑区戚家山街道港口路8号	0574－86189186 13732179879
		桐昆集团浙江恒盛化纤有限公司	..	浙江省桐乡市经济开发区光明路199号	0574－86189186 13732179879

续表

品种	交易所	交割仓库	库容	地址	电话
PTA	郑商所	荣盛石化股份有限公司	··	浙江省杭州市萧山区益农镇红阳路98号	0571－82520190 15990120947
		上海恒逸聚酯纤维有限公司	··	上海化学工业区奉贤分区目华北路333号	021－57448668 13681641246
		浙江特产中棉物流有限公司	··	浙江省海宁市尖山新区新城路398号	0573－87397811 13867324585
		宁波三菱化学有限公司	··	宁波市大榭开发区环岛北路111号	0574－86763030 18958301983
		苏州港口张家港保税区现代物流有限公司	··	张家港市保税区上海路18号	0512－58321182 13815293618
甲醇	郑商所	太仓阳鸿石化有限公司（仓库）	核定	江苏太仓市港口开发区石化路1号	0512－53370166 13812907677
		南通千红石化港储有限公司（仓库）	··	南通经济技术开发区江海港区（通盛南路6号）	0513－83590922 0513－83590922
		江阴华西化工码头有限公司（仓库）	··	江阴临港新城石庄办事处诚信路1号	0510－86668555 13812139676
		江苏海企化工仓储有限公司（仓库）	··	江苏省泰州高港区永安洲工业园	052－386991210 13952618356
		河南省中原大化集团有限责任公司（厂库）	··	河南省濮阳市人民路西段	0393－8958681 13525619997
		兖矿煤化供销有限公司（厂库）	··	办公地点：山东邹城西外环路1888号； 提货地点：兖矿国宏化工有限公司（山东邹城市北外环国宏大道）	15725376198
		新能凤凰（滕州）能源有限公司（厂库	··	山东省滕州市木石镇驻地	0632－2225366 13589612016
		江阴澄利散装化工有限公司	··	江苏省江阴经济开发区西区滨江西路1200号	0510－86668728 13914287099
		宁波市镇海宁远化工仓储有限公司	··	浙江省宁波市镇海区威远路111号	0574－27685030 15869330582
		泉州振戎石化仓储有限公司	··	福建省泉州市泉港区后龙镇上西化工码头区	0595－87777028 13959818672
		东莞市百安石化仓储有限公司	··	广东省东莞市沙田镇立沙岛大流管理区	0769－89985600 13922175242

续表

品种	交易所	交割仓库	库容	地址	电话
甲醇	郑商所	广州发展碧辟油品有限公司	..	广东省广州市南沙经济技术开发区坦头村（环市大道北15号）	020－84684191 13711033258
		定州天鹭新能源有限公司（厂库）	..	河北省定州市定曲路北侧	0312－5538517 18831900511
		内蒙古博源联合化工有限公司（厂库）	..	内蒙古鄂尔多斯市东胜区大桥路西19号（博源物流院内）	0477－8139890 18647171616
		新能能源有限公司（厂库）	..	内蒙古鄂尔多斯市达拉特旗新能能源有限公司	0477－5285752 15004773886
		南通阳鸿石化有限公司（仓库）	..	江苏省如皋市长江镇堤顶路65号	0512－53370167 13776181321
		常州新润石化仓储有限公司（仓库）	..	常州新北工业园区龙江北路1585号	0519－81697028 18015858060
		建滔（常州）石化码头有限公司（仓库）	..	常州市新北区滨江工业园区新化路88号	0519－85779398 15251921798
		江苏德桥仓储有限公司	..	江苏省靖江市新港园区敦土路1号	13626237585
		张家港保税区长江国际港务有限公司	..	张家港保税物流园区西区南京路	0512－58387580 18951130879
		广州中石油鸿业储运有限公司	..	广州市南沙区黄阁镇粤丰路1号	15915971787
玻璃	郑商所	沙河市安全实业有限公司	核定	河北省沙河市经济开发区安全路1号	0319－8840176 13831927199
		河北大光明实业集团嘉晶玻璃有限公司	..	河北省沙河市南环路东端路北	0319－8920770 15612969145
		中国耀华玻璃集团有限公司	..	河北省秦皇岛市海港区西港北路61号	0335－7068119 13081864988
		山东金晶科技股份有限公司	..	山东省淄博市高新区金晶大道204号	18653376729 13953317772
		山东巨润建材有限公司	..	山东省菏泽市巨野县巨润路1号	0530－2089130 18963053117
		河北德金玻璃有限公司	..	河北省沙河市济南国际开发区纬三路26号	0319－8848168 15931995839
		荆州市亿钧玻璃股份有限公司	..	湖北省荆州市开发区东方大道52号	0716－8336578 13872201732

续表

品种	交易所	交割仓库	库容	地址	电话
玻璃	郑商所	武汉长利玻璃（汉南）有限公司	..	汉南区汉南大道458号	027－84738120 15926309947
		河北迎新集团浮法玻璃有限公司	..	河北省沙河市东环路东段路西	0319－8988528
		河北正大玻璃有限公司	..	河北省沙河市经济开发区纬二路9号	0319－8781075 13103096662
		中玻蓝星（临沂）玻璃有限公司	..	山东省临沂市罗庄区付庄办事处驻地	010－69781066
		滕州金晶玻璃有限公司	..	滕州市鲍沟镇南沙河东站西厂区	0755－29795622 13963212478
粳稻	郑商所	中央储备粮哈尔滨直属库（仓库）	核定	黑龙江省哈尔滨市香坊区哈平路新发屯7.5公里	0451－86664904 18045165777
		中粮米业（绥化）有限公司（仓库、厂库）	..	黑龙江省绥化市经济技术开发区食品工业园区	0455－8713026
		益海嘉里（哈尔滨）粮油食品工业有限公司（仓库、厂库）	..	黑龙江省哈尔滨市平房开发区哈平东路10号	0451－86783031 13766805505
		沈阳粮油集团直属粮食收储公司（仓库）	..	辽宁省沈阳市浑南新区沈营路52号	024－23788258 13555812303
		中粮米业（吉林）有限公司（仓库）	..	吉林省吉林市吉林经济技术开发区吉孤路668号	18643148816 0431－88790336
		北京古船米业有限公司（仓库）	..	办公地址：北京市顺义区牛栏山镇正大路二号 仓库地址：吉林省榆树市环城工业集中区	15500091990
		营口港务集团有限公司（仓库）	..	辽宁省营口市鲅鱼圈新港大路1号	0417－6268751 13841790121/13504170439
动力煤	郑商所	中国中煤能源股份有限公司	核定	北京市朝阳区黄寺大街1号中煤大厦	010－82256721 18618228712
		神华销售集团有限公司	..	北京市东城区安德路16号神华大厦	010－58134803 18601183697
		大同煤矿集团有限责任公司	..	山西省大同市矿区新平旺	010－58134803 18601183697
		陕西煤业化工集团有限责任公司	..	陕西省西安市高新区锦业路1号	029－89282181 18629562979

续表

品种	交易所	交割仓库	库容	地址	电话
动力煤	郑商所	绿地能源集团有限公司	..	上海市杨浦区国定东路233号绿地能源大厦18楼	021－35316593 15821007339
		巨化集团公司	..	浙江省杭州市上城区江城路849号	0570－3096512 13395700968
		内蒙古满世煤炭集团股份有限公司	..	内蒙古自治区鄂尔多斯市东胜区校园路2号	0477－5117707 15934904820
		中誉控股集团有限责任公司	..	内蒙古鄂尔多斯市东胜区迎宾路中誉大厦	0477－8115786 18347746777
		江苏晋和电力燃料有限公司	..	江苏省泰州市高港区永安镇堂圩七组	18637101718
		内蒙古伊泰煤炭股份有限公司	..	内蒙古鄂尔多斯市东胜区天骄北路伊泰大厦	0477－8565917 18947777979
硅铁	郑商所	天津市东丽区魏王储运有限公司（仓库）	核定	天津市东丽区军粮城街东金路以西、津塘二线以北	022－24361755 13652190176
		天津全程物流配送有限公司（仓库）	..	天津市东丽区华粮道2298号	022－84828862 15620035893
		曲周县东之桦生物科技有限公司（仓库）	..	河北省邯郸市曲周县南工业园区晨光路东段路南	0310－8892022 13463066699
		江苏武进港务有限公司（仓库）	..	江苏省常州市奔牛镇奔牛港仓储配送区	0519－83133012 15261110098
		湖北储备物资管理局三三八处（仓库）	..	湖北省孝昌县卫店镇三三八处	0712－4835148 13797179803
		鄂尔多斯市西金矿冶有限责任公司（厂库）	..	内蒙古鄂尔多斯市 鄂托克旗棋盘井工业园区	0477－6486040 15049458800
		宁夏天净冶金有限公司（厂库）	..	银川市经济技术开发区和信商务中心D栋	0951－5673881 13723399910
		腾达西北铁合金有限责任公司（厂库）	..	甘肃省兰州市永登县连城镇	13993153517
		青海福鑫硅业有限公司（厂库）	..	西宁经济技术 开发区甘河工业园区	0971－5219684 13309788133

续表

品种	交易所	交割仓库	库容	地址	电话
硅锰	郑商所	中钢集团吉林铁合金股份有限公司（厂库）	核定	吉林省吉林市昌邑区和平街21号	13943272822
		鄂尔多斯市西金矿冶有限责任公司（厂库）	..	内蒙古鄂尔多斯市鄂托克旗棋盘井工业园区	0477－6486040 15049458800
		宁夏晟晏实业集团有限公司（厂库）	..	宁夏银川市兴庆区国贸中心B座16层	0951－5190091 18295009955
		岑巩县金源冶金有限公司（厂库）	..	贵州省黔东南州岑巩县思阳镇原气象局	0855－3572133 18685451133
		贵州忆祥矿业（集团）镇远润达有限公司（厂库）	..	贵州省镇远县羊坪工业园区	13568993929
		广西铁合金有限责任公司（厂库）	..	广西来宾市兴宾区凤凰工业园区	0772－6689528 13978296621
		云南汇通锰业有限公司（厂库）	..	昆明市海埂路123号中成酒店5楼	0871－64111751 15925366936
		天津市东丽区魏王储运有限公司（仓库）	..	天津市东丽区军粮城街 东金路以西、津塘二线以北	022－24361755 13652190176
		天津全程物流配送有限公司（仓库）	..	天津市东丽区华粮道2298号	022－84828862 15620035893
		曲周县东之桦生物科技有限公司（仓库）	..	河北省邯郸市曲周县 南工业园区晨光路东段路南	0310－8892022 13463066699
		玖隆钢铁物流有限公司（仓库）	..	张家港市锦丰镇江苏扬子江 国际冶金工业园锦绣路1号	0512－58568370 13962224270
		江苏武进港务有限公司（仓库）	..	江苏常州市奔牛镇 奔牛港仓储配送区	0519－83133012 15261110098
		湖北储备物资管理局三三八处（仓库）	..	湖北省孝昌县 卫店镇三三八处	0712－4835148 13797179803
		立晨物流股份有限公司（仓库）	..	山东省临沂经济 技术开发区杭州路21号	0539－6012303 13505391490
晚籼稻	郑商所	益海嘉里（南昌）粮油食品有限公司	核定	江西省南昌市南昌县南新乡益海大道99号	13803529867
		湖北康宏粮油食品有限公司	..	湖北省黄梅县经济开发区大胜关山工业园	13986269757
		中粮粮油安徽国家粮食储备库	..	安徽省合肥市双凤工业区（金宁路）	13856962266
		湖南赤山国家粮食储备库	..	湖南省沅江市沅南路8号	0737－2288508
		武汉市大花岭粮食储备库	..	湖北省武汉市江夏区大桥街环岭路18号	13098868698
		江西省粮油集团新干购销有限公司	..	江西省新干县城南工业园区	0796－2687080

附录4　机构名录

附录4－1　中国期货业协会会员名录（截至2015年12月31日）

普通会员——期货公司

机构名称	联系地址	邮编
安徽		
安粮期货有限公司	合肥市芜湖路168号同济大厦10－11层	230001
华安期货有限责任公司	合肥市庐阳区长江中路419号	230061
徽商期货有限责任公司	合肥市芜湖路258号3号楼6－7层、6号楼1－2层	230061
北京		
安信期货有限责任公司	北京市东城区北三环东路36号环球贸易中心A座26层	100013
北京首创期货有限责任公司	北京市西城区闹市口大街1号院长安兴融中心4号楼11层	100031
第一创业期货有限责任公司	北京市西城区新街口北大街3号星街坊购物中心6层603、604室	100035
方正中期期货有限公司	北京市朝阳区东三环北路38号院1号楼泰康金融大厦22层（100026）	100026
格林大华期货有限公司	北京市朝阳区光华东里8号院2号楼中海广场中楼6层（501内601室）	100032
冠通期货有限公司	北京市朝阳区朝外大街甲6号万通中心D座20层	100020
国都期货有限公司	北京市东城区东直门南大街3号国华投资大厦8层、10层	100007
国元期货有限公司	北京市东城区东直门外大街天恒大厦B座21层	100027
宏源期货有限公司	北京市西城区太平桥大街19号4层	100033
金鹏期货经纪有限公司	北京市西城区金融大街27号投资广场B座九层	100033
九州期货有限公司	北京市海淀区西直门北大街甲43号金运大厦B座1418室	110013
民生期货有限公司	北京市东城区建国门内大街28号民生金融中心A座16层	100005
首创京都期货有限公司	北京市朝阳区北辰东路8号辰运大厦B区2层	100088
银河期货有限公司	北京市朝外大街16号中国人寿大厦13层	100045

续表

机构名称	联系地址	邮编
银建期货经纪有限责任公司	北京市丰台区方庄芳古园一区 29 号楼 3 层	100078
英大期货有限公司	北京市东城区建国门内大街乙 18 号院英大国际大厦二层	100005
中钢期货有限公司	北京市海淀区海淀大街 8 号 19 层	100080
中国国际期货有限公司	北京市朝阳区建国门外光华路 14 号中国中期大厦 A 座 9 层	100020
中粮期货有限公司	北京市东城区东直门南大街 5 号中青旅大厦 15 层	100007
中衍期货有限公司	北京市朝阳区东四环中路 82 号金长安大厦 B 座 7 层	100026
大连		
渤海期货股份有限公司	大连市中山区玉光街 11 号远洋大厦 B 座写字间 1 单元 9 层	116001
大连良运期货经纪有限公司	辽宁省大连市沙河口区会展路 129 号期货大厦 37 层	116023
国富期货有限公司	大连市沙河口区会展路 129 号期货大厦 2809 室	116023
天风期货股份有限公司	辽宁省大连市沙河口区中山路 478 号华邦上都大厦 A 座 3 楼	116021
福建		
福能期货股份有限公司	福州市福州市鼓楼区华林路 93 号 1 座 5、6 层	350003
鑫鼎盛期货有限公司	福州市台江区鳌峰路升龙汇金大厦 15 楼 07 – 08 单元	350001
兴证期货有限公司	福州市鼓楼区温泉街道湖东路 268 号 6 层（兴业证券大厦）	350001
甘肃		
华龙期货股份有限公司	甘肃省兰州市城关区静宁路 308 号信托大厦 4 楼	730000
广东		
广发期货有限公司	广东省广州市天河区体育西路 57 号红盾大厦 9 楼、14 楼、15 楼	510620
广永期货有限公司	广东省广州市天河区体育西路 103 号维多利广场 A 塔 19 楼	510620
广州期货股份有限公司	广东省广州市天河区临江大道 5 号第 21 层 04 – 06 单元	510623
华联期货有限公司	广东省东莞市城区可园南路 1 号金源中心 17 层	523000
华泰期货有限公司	广州市越秀区先烈中路 65 号东山广场东楼 12 层	510095
集成期货股份有限公司	广东省广州市天河区珠江新城珠江西路 17 号广晟国际大厦 1501 – B	510623
摩根大通期货有限公司	广东省中山市东区中山四路盛景园三期 A2 幢 86	528403
新晟期货有限公司	广州市海珠区新港东路 1000 号保利世贸东塔 8 楼	510308
海南		
华融期货有限责任公司	海南省海口市龙昆北路 53 – 1 号	570105

续表

机构名称	联系地址	邮编
金元期货有限公司	海南省海口市南宝路36号证券大厦1楼	570206
中银国际期货有限责任公司	中国（上海）自由贸易试验区世纪大道1589号903－907、1201－1202室	200122
河北		
河北恒银期货经纪有限公司	石家庄市槐安东路90号国富大厦三层	50020
河南证监局		
华信万达期货股份有限公司	郑州市郑东新区商务内环路27号楼万达期货大厦3层	450016
中原期货有限公司	河南省郑州市郑东新区商务外环路10号中原广发金融大厦四楼	450046
黑龙江		
大通期货经纪有限公司	黑龙江哈尔滨南岗区西大直街118号1号楼6楼	150001
黑龙江时代期货经纪有限公司	黑龙江省哈尔滨市香坊区中山路93号保利大厦401室	150036
湖北		
美尔雅期货有限公司	湖北省武汉市江汉区新华路218号（浦发银行大厦）9层1室、10层1室	430022
长江期货有限公司	湖北省武汉市汉口新华路特8号长江证券大厦	430015
湖南		
大有期货有限公司	湖南省长沙市天心区芙蓉南路二段128号现代广场三、四楼	410011
德盛期货有限公司	湖南省长沙市五一西路2号第一大道14楼	410005
金信期货有限公司	湖南省芙蓉区长沙市车站北路459号证券大厦五楼	410001
吉林		
东方汇金期货有限公司	吉林省长春市朝阳区西安大路2128号绿地．蓝海5A第二十层	130061
天富期货有限公司	吉林省长春市经开区浦东路1199号	130041
江苏		
创元期货股份有限公司	江苏省苏州市三香路120号万盛大厦2楼、3楼	215004
道通期货经纪有限公司	江苏省南京市鼓楼区广州路188号苏宁环球大厦5层02座	210024
东海期货有限责任公司	上海市浦东新区东方路1928号东海证券大厦8楼	200125
国联期货股份有限公司	江苏省无锡市金融一街8号6楼	214121
弘业期货股份有限公司	南京市中华路50号弘业大厦9楼	210001
江苏东华期货有限公司	江苏省南京市王府大街63号5层	210004
江西瑞奇期货经纪有限公司	江西省南昌市广场南路333号恒茂国际中心16号楼A座6层	330003

续表

机构名称	联系地址	邮编
锦泰期货有限公司	江苏省南京市中央路258－28号锦盈大厦7楼	210009
南证期货有限责任公司	南京市秦淮区长乐路226号	210006
文峰期货有限公司	南通市青年东路15号锦峰大厦301室	226007
新纪元期货有限公司	江苏省徐州市淮海东路153号	221005
辽宁		
江海汇鑫期货有限公司	辽宁省沈阳市沈河区青年大街51－2号商会总部大厦B座12层	110014
江信国盛期货有限责任公司	辽宁省鞍山市铁东区园林路162号－80	114003
宁波		
兴业期货有限公司	上海市浦东新区银城中路68号时代金融中心35楼	315040
青海证监局		
中金期货有限公司	北京市朝阳区建外大街甲6号SK大厦38层	100022
厦门		
国贸期货有限公司	福建省厦门市湖滨南路国贸大厦11层、2层A1单元、5层B1单元、27层B单元、3层A2单元	361004
瑞达期货股份有限公司	厦门市思明区塔埔东路169号13层	361000
山东		
鲁证期货股份有限公司	济南市市中区经七路86号15、16层	250001
招金期货有限公司	山东省淄博市张店区柳泉路45号甲3号5层	255000
中州期货有限公司	山东省烟台市芝区南大街117号文化宫大厦17层	264003
山西		
和合期货经纪有限公司	山西省太原市菜园东街2号和合期货	30012
山西三立期货经纪有限公司	山西省太原市府西街69号国贸A座18层	30002
晟鑫期货经纪有限公司	山西省阳泉市德胜东街23号	45000
陕西		
迈科期货股份有限公司	西安市高新区唐延路迈科国际大厦2209	710075
西部期货有限公司	西安市新城区东新街232号陕西信托大厦三层	710004
长安期货有限公司	西安市浐灞生态区浐灞大道1号浐灞商务中心二期四层	710001
上海		
东航期货有限责任公司	上海市吴中路686弄3号D幢16楼201103	201103
东吴期货有限公司	上海市西藏南路1208号6楼	200011
东兴期货有限责任公司	上海市虹口区杨树浦路248号22楼	200082
光大期货有限公司	上海市新闸路1508号2楼	200040
国泰君安期货有限公司	上海市静安区延平路121号26层	200042
国投中谷期货有限公司	北京市西城区广安门外南滨河路1号高新大厦9层	200080

续表

机构名称	联系地址	邮编
国信期货有限责任公司	深圳市罗湖区红岭中路1010号国际信托大厦13楼	450008
海通期货有限公司	上海市浦东新区世纪大道1589号17楼	200122
海证期货有限公司	上海市临平北路19号3楼	200086
恒泰期货股份有限公司	上海市浦东新区峨山路91弄120号2层201单元	200122
华闻期货有限公司	上海市浦东新区浦东大道720号国际航运金融大厦22楼A、B、C、D、M、N、I室	200120
华鑫期货有限公司	上海市黄浦区宁海东路200号27、28楼	200021
建信期货有限责任公司	上海市浦东新区银城路99号502、503室	200023
瑞银期货有限责任公司	上海市浦东新区花园石桥路33号花旗大厦1608室	200063
上海大陆期货有限公司	上海市徐汇区凯旋路3131号明申中心大厦25楼	200030
上海东方期货经纪有限责任公司	上海市浦东新区松林路300号1603室	200122
上海东亚期货有限公司	上海市浦东新区松林路300号2203室	200122
上海东证期货有限公司	上海市中山南路318号东方国际金融广场2号楼35楼	200122
上海浙石期货经纪有限公司	上海市浦东新区浦电路438号双鸽大厦10－G室	200122
上海中财期货有限公司	上海市浦东新区陆家嘴环路958号23楼	200120
上海中期期货有限公司	上海市浦东新区世纪大道1701号1301单元	200122
申银万国期货有限公司	上海市东方路800号7、8、10楼	200122
天鸿期货经纪有限公司	上海市虹口区东大名路1080号21层	200082
通惠期货有限公司	上海市浦东新区陆家嘴西路99号7楼	200120
同信久恒期货有限责任公司	上海市浦东新区世纪大道1500号东方大厦12楼北座	200122
铜冠金源期货有限公司	上海市浦东新区源深路273号（1、2、3楼）	200135
新湖期货有限公司	上海市裕通路100号36层	200070
中辉期货有限公司	上海市浦东新区新金桥路27号10号楼5层A	30002
中融汇信期货有限公司	上海市浦东新奇源深路1088号25层	130022
深圳		
海航东银期货股份有限公司	深圳市福田区益田路6001号太平金融大厦11层04、05单元	518031
混沌天成期货股份有限公司	广东省深圳市福田区金田路大中华国际交易广场东区2612－2616室	518038
金瑞期货股份有限公司	深圳市福田区彩田路东方新天地广场A座31楼	518033
平安期货有限公司	深圳市福田区金田路4036号荣超大厦14层01单元	518026
乾坤期货有限公司	广东省深圳市福田区中心四路1号嘉里建设广场第一座第十六层02B，03A2室	518048
深圳金汇期货经纪有限公司	深圳市福田区深南大道6013号中国有色大厦18楼	518040

续表

机构名称	联系地址	邮编
深圳瑞龙期货有限公司	深圳市南山区深南大道 9676 号大冲商务中心 2 栋 3 号楼 12 层 C1 号房	518026
神华期货有限公司	广东省深圳市福田区深南大道 6008 号特区报业大厦西区 29F	518009
五矿经易期货有限公司	深圳市福田区益田路西福中路北新世界商务中心 4801 - A、4802 - B、4803、4804	518026
招商期货有限公司	深圳福田区福华一路免税商务大厦 9 层 9 - 15 单元、7 层 1 - 8、22 - 26 号单元	518048
中航期货有限公司	深圳市福田区华富路 1006 号航都大厦 21 层	518026
中投天琪期货有限公司	深圳市福田区深南大道 4009 号投资大厦 3 层中投期货	518048
中信期货有限公司	深圳福田中心三路 8 号卓越时代广场二期 14 层	518048
四川		
倍特期货有限公司	成都市高新区锦城大道 539 号盈创动力大厦 A 座 4 楼 406 室	610031
国金期货有限责任公司	成都市锦江区东大街芷泉段 229 号 1 栋 2 单元 28 层	610061
华西期货有限责任公司	成都市青羊区通惠门路 3 号	610015
天津证监局		
财达期货有限公司	天津市和平区南京路君隆广场 B 座 501 - 503	300000
和融期货有限责任公司	天津市和平区郑州道 18 号港澳大厦 103201 - 1201 - 2302 - 1302 - 2	300050
金谷期货有限公司	天津市和平区五大道街南京路 183 号世纪都会商厦办公楼 22 层 2203 - 2207 室	300021
津投期货经纪有限公司	天津市河西区马场道 59 号国贸中心大厦 A 座 9 层	300203
山金期货有限公司	天津市南开区长江道与三马路交口融汇广场 B 座 21 层	300457
一德期货有限公司	天津市和平区解放北路 188 号信达大厦 16 层	300042
新疆证监局		
金石期货有限公司	新疆乌鲁木齐市天山区解放北路 90 号天际大厦 2 楼	830002
新疆天利期货经纪有限公司	新疆乌鲁木齐市天山区西河坝后街 137 号瑞达国际大厦七楼	830002
云南		
红塔期货有限责任公司	云南省昆明市北辰财富中心商住楼 A 幢 28 楼	650224
云晨期货有限责任公司	云南省昆明市人民东路 111 号	650051
浙江		
宝城期货有限责任公司	杭州市西湖区求是路 8 号公元大厦南裙楼 5 层	310013
大地期货有限公司	浙江省杭州市延安路 511 号元通大厦 12 楼	310006
大越期货股份有限公司	浙江省绍兴市解放北路 186 号 7 楼	312000

续表

机构名称	联系地址	邮编
国海良时期货有限公司	杭州市河东路91号	310014
南华期货股份有限公司	杭州市西湖大道193号二层、三层	310002
盛达期货有限公司	杭州市萧山区宁围镇宁泰路27号江宁大厦2幢第8－9层	510120
信达期货有限公司	浙江省杭州市文晖路108号浙江出版物资大厦1125室、1127室、12楼、16楼	310004
永安期货股份有限公司	杭州市潮王路208号浙江协作大厦3、5－10、22楼	310005
浙江新世纪期货有限公司	浙江省杭州市体育场路335号	310006
浙商期货有限公司	杭州市庆春路173号8－10层	310006
中大期货有限公司	浙江省杭州市中山北路310号3层12层东	310003
重庆		
华创期货有限责任公司	重庆市渝中区中山三路131号希尔顿商务楼13楼	400015
西南期货有限公司	重庆市江北区东升门路61号29－2、29－3	400015
中电投先融期货有限公司	重庆市渝中区邹容路邹容广场A座14楼	400010
中信建投期货有限公司	重庆市渝中区中山三路107号皇冠大厦11楼	400014

普通会员——证券公司

机构名称	联系地址	邮编
安徽		
华安证券股份有限公司	合肥市政务文化新区天鹅湖路198号	230081
国元证券股份有限公司	安徽省合肥市梅山路18号	230001
北京		
中国银河证券股份有限公司	北京市西城区金融大街35号国际企业大厦C座	100033
东兴证券股份有限公司	北京市西城区金融大街5号新盛大厦12－15层	100033
国都证券股份有限公司	中国北京市东城区东直门南大街3号国华投资大厦九层	100007
华林证券有限责任公司	广东省深圳市福田区民田路178号华融大厦六楼	518048
华融证券股份有限公司	北京市西城区金融大街8号中国华融大厦A座	100033
民生证券股份有限公司	北京市东城区建国门内大街28号民生金融中心A座18层	100005
首创证券有限责任公司	北京市西城区德胜门外大街115号德胜尚城E座	100088
新时代证券股份有限公司	北京市海淀区北三环西路99号院1号楼15层1501	100086
信达证券股份有限公司	北京市西城区闹市口大街9号楼1号楼	100031
中国国际金融股份有限公司	北京市朝阳区建国门外大街1号国贸大厦2座28层	100004
中国民族证券有限责任公司	北京市朝阳区北四环中路27号盘古大观A座40－43层	100101

续表

机构名称	联系地址	邮编
中信建投证券股份有限公司	北京市东城区朝内大街188号	100010
大连		
大通证券股份有限公司	大连市沙河口区会展路129号大连期货大厦39层	116023
福建		
兴业证券股份有限公司	福州市湖东路268号	350003/200135
华福证券有限责任公司	福建省福州市鼓楼区五四路157号新天地大厦8层	350003
长城国瑞证券有限公司	福建省厦门市莲前西路2号莲富大厦17楼	361009
甘肃		
华龙证券股份有限公司	兰州市城关区东岗西路638号兰州财富中心21楼	730000
广东		
广发证券股份有限公司	广州市天河区天河北路183号大都会广场43楼	510075
东莞证券股份有限公司	广东省东莞市莞城区可园南路1号金源中心30楼	523011
广州证券股份有限公司	广州市珠江西路5号广州国际金融中心20层	510623
联讯证券股份有限公司	广东省惠州市惠城区江北东江三路55号广电大楼裙楼4楼	516003
万联证券有限责任公司	广州市天河珠江东路11号19楼	510623
海南		
金元证券股份有限公司	深圳市深南大道4001号时代金融中心大厦17楼	518048
河北		
财达证券有限责任公司	河北省石家庄市自强路35号庄家金融大厦24层	50000
河南		
中原证券股份有限公司	河南省郑州市郑东新区商务外环路10号	450018
黑龙江		
江海证券有限公司	哈尔滨市香坊区赣水路56号	150036
湖北		
天风证券股份有限公司	湖北省武汉市武昌区中南路99号保利广场A座37楼	430024
湖南		
方正证券股份有限公司	长沙市芙蓉中路二段华侨国际大厦22－24层	410015
湘财证券股份有限公司	长沙市天心区湘府中路198号新南城商务中心A栋11楼	410004
吉林		
东北证券股份有限公司	长春市自由大路1138号	130021
江苏		
东吴证券股份有限公司	江苏省苏州工业园区星阳街5号	215021
国联证券股份有限公司	无锡市金融一街8号国联金融大厦8楼	214121

续表

机构名称	联系地址	邮编
华泰证券股份有限公司	江苏省南京市建邺区江东中路 228 号华泰证券广场 1 号楼	210002
南京证券股份有限公司	南京市玄武区大钟亭 8 号	210008
江西		
国盛证券有限责任公司	江西省南昌市西湖区北京西路 88 号中江国际大厦	330046
中航证券有限公司	江西省南昌市红谷滩新区红谷中大道 1619 号国际金融中心 A 座 41 层	330038
辽宁		
中天证券有限责任公司	辽宁省沈阳市和平区光荣街 23 甲	110003
内蒙古		
恒泰证券股份有限公司	内蒙古呼和浩特市赛罕区敕勒川大街东方君座 D 座 17 层，邮编 010090	10010
青岛		
九州证券有限公司	北京市西城区金融大街 7 号英蓝国际金融中心 D 座 5 层	100033
中信证券（山东）有限责任公司	山东省青岛市崂山区深圳路 222 号 1 号楼 2001	266061
山东		
中泰证券股份有限公司	济南市市中区经七路 86 号 21 层	250001
山西		
大同证券有限责任公司	山西省太原市小店区长治路 111 号山西世贸中心 A 座 12 层	30012
山西证券股份有限公司	山西省太原市府西街 69 号山西国际贸易中心东塔	30002
陕西		
开源证券股份有限公司	陕西省西安市锦业路 1 号都市之门 B 座 5 层	710065
西部证券股份有限公司	西安市东新街 232 号信托大厦	710004
上海		
德邦证券股份有限公司	上海市浦东新区福山路 500 号城建国际中心 26 楼	200122
东方证券股份有限公司	上海市中山南路 318 号 2 号楼 22 层	200010
东海证券股份有限公司	上海市浦东新区东方路 1928 号东海证券大厦	200125
光大证券股份有限公司	上海市静安区新闸路 1508 号静安国际广场	200336
海通证券股份有限公司	上海市黄浦区广东路 689 号海通证券大厦	200001
华宝证券有限责任公司	上海市浦东新区世纪大道 100 号 57 层	200120
上海证券有限责任公司	上海市黄浦区西藏中路 336 号华旭国际大厦 6 楼	200001
长江证券股份有限公司	湖北省武汉市江汉区新华路特 8 号	430015
中银国际证券有限责任公司	上海市浦东新区银城中路 200 号中银大厦 40 层	200120
深圳		

续表

机构名称	联系地址	邮编
安信证券股份有限公司	深圳市福田区金田路4018号安联大厦35层	518026
第一创业证券股份有限公司	深圳市福田区福华一路115号投行大厦10楼	
国信证券股份有限公司	广东省深圳市罗湖区红岭中路1012号国信证券大厦16－26楼	518001
平安证券有限责任公司	深圳市福田区金田路4036号荣超大厦18楼	518048
世纪证券有限责任公司	深圳市福田区深南大道7088号招商银行大厦40－42层	518040
万和证券有限责任公司	深圳市福田区深南大道7028号时代科技大厦西厅20层	518040
银泰证券有限责任公司	深圳市福田区竹子林四路紫竹七道光大银行大厦18楼	518040
长城证券股份有限公司	深圳市福田区深南大道6008号特区报业大厦16－17层	518034
中山证券有限责任公司	深圳市南山区华强高新发展大楼7、8层	518026
中信证券股份有限公司	广东省深圳市福田区中心三路8号中信证券大厦	518048
众成证券有限责任公司	深圳市福田区华强北路圣廷苑酒店B座26楼	518028
四川		
宏信证券有限责任公司	四川省成都市人民南路二段18号川信大厦10楼	610016
华西证券股份有限公司	成都市高新区天府二街198号	610095
天津		
渤海证券股份有限公司	天津市南开区宾水西道8号	300381
西藏		
西藏同信证券股份有限公司	上海市永和路118弄24号楼	200072
云南		
红塔证券股份有限公司	云南省昆明市北京路155号附1号红塔大厦9楼	650011
太平洋证券股份有限公司	云南省昆明市青年路389号志远大厦18层	650021
浙江		
财通证券股份有限公司	杭州市杭大路15号嘉华国际商务中心	310007
浙商证券股份有限公司	浙江省杭州市杭大路1号黄龙世纪广场A座6F	310007
中信证券（浙江）有限责任公司	浙江省杭州市解放东路29号迪凯银座22层	310052
重庆		
西南证券股份有限公司	重庆市江北区桥北苑8号西南证券大厦	400023

普通会员——资产管理公司

序号	名称	联系地址	邮编
1	华期梧桐成都资产管理有限公司	成都青羊区通惠门路3号	610015
2	混沌天成投资管理（深圳）有限公司	深圳市福田区金田路大中华国际交易广场东座2612－2616室	510000

续表

序号	名称	联系地址	邮编
3	厦门国贸资产管理有限公司	厦门市湖滨南路388号国贸大厦27楼	361000
4	上海杰询资产管理有限公司	上海市徐汇区凯旋路3131号名申中心大厦26楼	200030
5	深圳天风天成资产管理有限公司	湖北省武汉市武昌区八一路银海华庭A座二楼	518000
6	深圳中金岭南金汇资本管理有限公司	深圳市福田区卓越世纪中心4号楼1401	518000
7	四川倍特资产管理有限公司	四川省成都市高新区锦城大道539号盈创动力大厦4楼405室	610000
8	中电投先融（上海）资产管理有限公司	上海市黄浦区中山南路268号新源广场1号楼1106室	200010
9	中信盈时资产管理有限公司	中国（上海）自由贸易试验区杨高南路799号23层04单元	200127

普通会员——风险管理公司

序号	名称	联系地址	邮编
1	百安赛贸易有限公司	河南省郑州市郑东新区中储粮大厦	450000
2	东海资本管理有限公司	中国（上海）浦东新区东方路1928号东海证券大厦	200125
3	东兴财富资产管理有限公司	上海市虹口区杨树浦路248号22层	200082
4	东证润和资本管理有限公司	上海市中山南路318号东方国际金融广场2号楼35层	200010
5	格林大华资本管理有限公司	上海市浦东新区源深路1088号7层	200122
6	光大光子投资管理有限公司	上海市福山路458号同盛大厦1309A室	200122
7	广发商贸有限公司	上海市浦东新区东方路1217号陆家嘴金融服务广场11楼E室	200127
8	国海良时资本管理有限公司	杭州市下城区河东路91号230室	310014
9	国联汇富资本管理有限公司	江苏省无锡市金融一街8号615室	214121
10	国贸启润资本管理有限公司	上海市浦东新区张杨路620号中融恒瑞大厦东楼902室	200122
11	国泰君安风险管理有限公司	上海市静安区延平路121号28楼	200042
12	弘业资本管理有限公司	南京市中华路50号弘业大厦	210001
13	宏源恒利（上海）实业有限公司	上海市浦东新区源深路1088号2104室	200122
14	华期创一成都投资有限公司	四川省成都市青羊区通惠门路3号	610015

续表

序号	名称	联系地址	邮编
15	华泰长城资本管理有限公司	上海市浦东新区世纪大道1589号长泰国际金融大厦	200122
16	汇信融植资本管理有限公司	上海市浦东新区源深路1088号25层	200120
17	江苏锦盈资本管理有限公司	南京市玄武区中央路258号-28号（锦盈大厦5805）	210009
18	金财汇顶投资有限公司	上海浦东新区浦电路500号2402室	200122
19	金瑞前海资本管理（深圳）有限公司	深圳市福田区彩田路东方新天地广场A座32楼	518033
20	鲁证经贸有限公司	北京市海淀区北三环西路99号西海国际中心1号楼2层	100098
21	迈科资产管理（上海）有限公司	上海市浦东新区世纪大道1568号中建大厦1907室	200122
22	睦盛投资管理（上海）有限公司	上海市浦东新区伽利略路338号5幢5302室	201203
23	平安商贸有限公司	深圳市福田区金田路4036号荣超大厦14楼	518026
24	瑞达新控资本管理有限公司	福建厦门市南投路11号6层	361000
25	上海东吴玖盈投资管理有限公司	苏州市工业园区星阳街5号东吴证券大厦8F	215021
26	上海方顿投资管理有限公司	上海市浦东世纪大道1777号东方希望大厦1层G室	200122
27	上海海通资源管理有限公司	上海市浦东新区世纪大道1568号中建大厦1602室	200122
28	上海华闻金融信息服务有限公司	上海市黄浦区北京东路668号东楼31楼	200001
29	上海新湖瑞丰金融服务有限公司	上海市浦东新区浦电路500号1801B	200122
30	上期资本管理有限公司	上海市浦东新区银城中路488号太平金融大厦1104A	200120
31	申银万国智富投资有限公司	上海市浦东新区东方路800号宝安大厦2702B	200122
32	五矿产业金融服务（深圳）有限公司	深圳市福田区益田路6009号新世界中心48层	518026
33	武汉长江产业金融服务有限公司	武汉市东湖新技术开发区光谷大道77号光谷金融港A10栋7楼	430070
34	银河德睿资本管理有限公司	上海市虹口区东大名路687号401室	200080
35	浙江济海贸易发展有限公司	杭州市延安路511号元通大厦1258-5室	310006
36	浙江南华资本管理有限公司	浙江省杭州市西湖大道193号定安名都B座336室	310002

续表

序号	名称	联系地址	邮编
37	浙江永安资本管理有限公司	杭州市潮王路208号浙江协作大厦22楼	310005
38	浙江浙期实业有限公司	浙江省杭州市西湖区黄姑山路9号天科大厦9楼	310012
39	中粮祈德丰投资服务有限公司	北京市东城区东直门南大街5号中青旅大厦310室	100007
40	中衍期（天津）投资管理有限公司	北京市朝阳区东四环中路82号金长安大厦B座7层	100124
41	中证资本管理（深圳）有限公司	深圳市福田区中心三路卓越时代广场二期13楼	518040

普通会员——私募期货基金

序号	名称	联系地址	邮编
1	白石资产管理（上海）有限公司	上海市浦东新区东方路18号保利广场E座603室	200120
2	敦和资产管理有限公司	杭州市上城区白云路12号	310008
3	华风投资咨询有限公司	杭州市江干区富春路188号市民中心F座	310016
4	深圳市凯丰投资管理有限公司	深圳市福田区香梅路1061号中投国际商务中心A座11A	518000

中国地方期货自律组织名录（截至2015年12月31日）

序号	名称	联系地址	邮编
1	北京期货商会	北京市海淀区紫竹园路31号华澳中心嘉慧苑1216室	100089
2	天津市期货协会	天津市河东区十一经路61号人保大厦310室	300171
3	黑龙江省期货业协会	哈尔滨市香坊区赣水路41号6层	150001
4	上海市期货同业公会	上海浦东新区浦电路500号上海期货大厦2201A	200122
5	江苏省期货业协会	中山东路90号华泰证券大厦17层	210002
6	深圳市期货同业协会	深圳市福田区中心三路8号卓越时代广场二期1306室	518048
7	河北省期货业联席会	河北省石家庄市新华西路505号河北南海大厦5层	518048
8	大连期货业协会	大连市中山区中山路136号希望大厦1505室	116001
9	辽宁期货业协会	辽宁省沈阳市和平区十一纬路12号银基发展中心1002室	110003

续表

序号	名称	联系地址	邮编
10	浙江期货行业协会	杭州市余杭塘路515号矩阵国际中心5号楼602、604（丰潭路与余杭塘路交叉口）	310005
11	宁波市证券期货业协会	宁波市海曙区中山西路2号恒隆中心24楼－E	315000
12	安徽省证券期货业协会	安徽省合肥市蒙城路109号地税大厦17楼	230061
13	山东省期货业协会	济南市市中区经七路86号证券大厦11楼1103室	250001
14	河南省证券期货业协会	郑州市农业路与中州大道交叉口苏荷中心6楼东南636室	450046
15	江西省证券期货业协会	江西省南昌市东湖区证券街1号紫金大厦4楼	330006
16	广东证券期货业协会	广州市天河区临江大道3号发展中心17楼C单元	510623
17	广西证券期货业协会	南宁市金湖北路52－1号东方曼哈顿大厦20楼2011	530028
18	福建省证券期货业协会	福州市铜盘路软件大道89号福州软件园10号楼华兴创业中心201室	350003
19	厦门证券期货业协会	厦门市湖滨南路388号国贸大厦6楼601室	361004
20	四川省证券期货业协会	四川省成都市洗面桥街39号银谷基业10楼	610000
21	重庆市证券期货业协会	重庆市渝中区临江支路2号合景大厦15楼	400010
22	甘肃证券期货业协会	甘肃省兰州市张掖路延寿巷8号基隆大厦9层001室	730000
23	新疆证券期货业协会	新疆乌鲁木齐金银路53号金融大厦1806室	830001
24	海南证券期货业协会	海南省海口市大英山西三路9号（3A）海南迎宾馆北区2－3夹层	570206
25	云南省证券业协会	昆明市北京路577号209室	650051
26	陕西证券期货业协会	陕西西安高新四路高科广场A座2309室	710075
27	青岛证券期货业协会	青岛市市南区东海西路28号龙翔广场一号楼一楼	266071
28	吉林省证券业协会	长春市净月开发区生态大街2099号伟峰东第11栋27层2702室和2703室	130061
29	宁夏证券期货业协会	宁夏银川市北京东路379号金源大厦11楼1110室	750004
30	贵州证券业协会	贵州省贵阳市云岩区北京路9号京玖大厦8楼B座	550001
31	湖南省期货业协会	长沙市车站北路459号证券大厦1202	410001
32	湖北省期货业协会	湖北省武汉市洪山区珞瑜路540号	430079
33	内蒙古证券期货业协会	呼和浩特市赛罕区敕勒川大街东方君座D座14楼1412	010010
34	山西省期货业协会	山西省太原市平阳路101号国瑞大厦12\01	030006

资料来源：中国期货业协会。

附录4－2　期货保证金存管银行名录（截至2015年12月31日）

序号	名称	联系地址	邮编
1	中国工商银行股份有限公司	北京市西城区复兴门内大街55号	100140
2	中国农业银行股份有限公司	北京东城区建国门内大街69号	100005
3	中国银行股份有限公司	北京市复兴门内大街1号中国银行总行金融机构部	100818
4	中国建设银行股份有限公司	中国北京西城区金融大街25号	100033
5	交通银行股份有限公司	上海市浦东新区银城中路188号23层	200120
6	上海浦东发展银行股份有限公司	上海市北京东路689号东银大厦	200001
7	兴业银行股份有限公司	上海市江宁路168号兴业大厦20楼	350003
8	汇丰银行（中国）有限公司	上海浦东新区世纪大道8号上海国金中心（汇丰银行大楼）33楼证券服务部	200120
9	中国光大银行股份有限公司	北京市西城区太平桥大街25号中国光大中心B座909	100033
10	招商银行股份有限公司	上海市浦东新区陆家嘴环路1088号招商银行上海大厦28楼同业部	200120
11	中信银行股份有限公司	北京市东城区朝阳门北大街9号	100010
12	中国民生银行股份有限公司	北京市西城区复兴门内大街2号	100031
13	平安银行股份有限公司	广东省深圳市深南东路5047号22楼	518001

后　　记

在2015年《中国期货市场年鉴》的编撰过程中，我们得到了中国证监会领导的关心和指导，得到了中国证监会内外相关单位的大力支持和配合。他们是：中国证监会期货监管部、中国证监会证券基金机构监管部、上海期货交易所、郑州商品交易所、大连商品交易所、中国金融期货交易所、中国期货市场监控中心、中国期货业协会、华泰期货有限公司。中国财政经济出版社在年鉴的编辑、出版及发行过程中给予了大力的支持。在此，我们对上述单位表示衷心的感谢！

具体参与年鉴编撰的人员有：

万继峰　尹小为　王之言　王春卿　王晓明　王盟凯
卢京艳　刘　宇　刘　岩　孙大鹏　成　亮　师翼飞
张宜生　李　坤　杨建明　陈建平　陈茜茜　陈静怡
周小舟　郑凌云　段立明　赵冬华　海　洋　贾　燕
常鑫鑫　符文翔　黄小平　黄　伟　谢小卉　谢　亚

中国证券监督管理委员会
中国期货业协会
2016年6月